北京文物与考古系列丛书
北京市考古研究院田野考古报告第70号

小关北里元、明、清墓葬发掘报告

北京市考古研究院　编著

科学出版社
北　京

内 容 简 介

小关北里43号地位于北京市朝阳区北三环外侧、元大都城外附近。2019年3月1日~4月11日北京市考古研究院（原北京市文物研究所）对前期考古勘探的古代墓葬进行了考古发掘。此次发掘面积691平方米，共发现古墓葬83座，其中元代墓葬5座，明代墓葬14座，清代墓葬50座，时代不详墓葬14座。墓葬包括土坑墓和砖椁墓两类。葬具除个别为骨灰罐外，其余全部为木棺。有火葬和土葬两种葬俗。出土器物270余件（套），包括陶器、瓷器、铜饰、铜钱等。上述墓葬为研究元明清时期的墓葬面貌提供了实物材料。

本书可供从事考古、文物、历史等研究的专家学者及高校相关师生参考、阅读。

图书在版编目（CIP）数据

小关北里元、明、清墓葬发掘报告 / 北京市考古研究院编著. -- 北京：科学出版社, 2024. 12. -- (北京文物与考古系列丛书). -- ISBN 978-7-03-079261-7

Ⅰ. K878.85

中国国家版本馆CIP数据核字第2024CR0633号

责任编辑：王琳玮 / 责任校对：邹慧卿
责任印制：肖　兴 / 封面设计：金舵手世纪

科学出版社 出版
北京东黄城根北街16号
邮政编码：100717
http://www.sciencep.com

北京中科印刷有限公司印刷
科学出版社发行　各地新华书店经销

*

2024年12月第　一　版　开本：889×1194　1/16
2024年12月第一次印刷　印张：17　插页：29
字数：600 000

定价：328.00 元
（如有印装质量问题，我社负责调换）

目　　录

第一章　绪论 ……………………………………………………………………………（1）

　　第一节　自然环境与历史沿革 ………………………………………………………（1）

　　第二节　辖区内地下文物及考古发现 ………………………………………………（3）

　　第三节　地理位置与发掘概况 ………………………………………………………（4）

　　第四节　资料整理与报告编写 ………………………………………………………（6）

第二章　地层堆积 ………………………………………………………………………（7）

第三章　元代墓葬 ………………………………………………………………………（8）

　　一、M21 …………………………………………………………………………………（8）

　　二、M27 …………………………………………………………………………………（9）

　　三、M29 …………………………………………………………………………………（13）

　　四、M44 …………………………………………………………………………………（21）

　　五、M52 …………………………………………………………………………………（23）

第四章　明代墓葬 ………………………………………………………………………（31）

　　第一节　单棺墓 ………………………………………………………………………（31）

　　一、M6 ……………………………………………………………………………………（31）

　　二、M9 ……………………………………………………………………………………（33）

　　三、M18 …………………………………………………………………………………（34）

四、M36 ……………………………………………………………………………（37）

　　五、M59 ……………………………………………………………………………（39）

　　六、M62 ……………………………………………………………………………（43）

　　七、M76 ……………………………………………………………………………（45）

　　八、M80 ……………………………………………………………………………（48）

　第二节　双棺合葬墓 …………………………………………………………………（49）

　　一、M1 ………………………………………………………………………………（49）

　　二、M24 ……………………………………………………………………………（52）

　　三、M66 ……………………………………………………………………………（56）

　第三节　三棺合葬墓 …………………………………………………………………（59）

　　M14 …………………………………………………………………………………（59）

　第四节　四棺合葬墓 …………………………………………………………………（62）

　　一、M41 ……………………………………………………………………………（62）

　　二、M67 ……………………………………………………………………………（66）

第五章　清代墓葬 …………………………………………………………………（70）

　第一节　单棺墓 ………………………………………………………………………（70）

　　一、M3 ………………………………………………………………………………（70）

　　二、M15 ……………………………………………………………………………（73）

　　三、M16 ……………………………………………………………………………（75）

　　四、M23 ……………………………………………………………………………（76）

　　五、M25 ……………………………………………………………………………（77）

　　六、M34 ……………………………………………………………………………（80）

　　七、M35 ……………………………………………………………………………（83）

　　八、M37 ……………………………………………………………………………（85）

　　九、M38 ……………………………………………………………………………（86）

　　十、M39 ……………………………………………………………………………（87）

十一、M46 （91）
十二、M47 （92）
十三、M48 （95）
十四、M49 （96）
十五、M50 （98）
十六、M51 （100）
十七、M56 （102）
十八、M61 （106）
十九、M71 （109）
二十、M74 （111）
二十一、M75 （113）
二十二、M77 （116）
二十三、M81 （118）
二十四、M82 （119）
二十五、M83 （121）
二十六、M84 （122）

第二节 双棺合葬墓 （124）

一、M4 （124）
二、M5 （127）
三、M10 （130）
四、M11 （132）
五、M13 （136）
六、M17 （140）
七、M26 （144）
八、M30 （146）
九、M32 （147）
十、M33 （151）

十一、M45 ……………………………………………………………………………………（152）

十二、M54 ……………………………………………………………………………………（156）

十三、M55 ……………………………………………………………………………………（160）

十四、M57 ……………………………………………………………………………………（163）

十五、M58 ……………………………………………………………………………………（165）

十六、M60 ……………………………………………………………………………………（167）

十七、M63 ……………………………………………………………………………………（169）

十八、M68 ……………………………………………………………………………………（172）

十九、M73 ……………………………………………………………………………………（176）

第三节　三棺合葬墓 ……………………………………………………………………（180）

一、M7 …………………………………………………………………………………………（180）

二、M53 ………………………………………………………………………………………（183）

三、M64 ………………………………………………………………………………………（187）

第四节　四棺合葬墓 ……………………………………………………………………（191）

M69 ……………………………………………………………………………………………（191）

第五节　火葬墓 …………………………………………………………………………（196）

M65 ……………………………………………………………………………………………（196）

第六章　时代不详墓葬 …………………………………………………………………（199）

一、M2 …………………………………………………………………………………………（199）

二、M8 …………………………………………………………………………………………（200）

三、M12 ………………………………………………………………………………………（201）

四、M19 ………………………………………………………………………………………（203）

五、M20 ………………………………………………………………………………………（204）

六、M22 ………………………………………………………………………………………（205）

七、M28 ………………………………………………………………………………………（206）

八、M31 ………………………………………………………………………………………（207）

九、M40 (209)
　　十、M42 (210)
　　十一、M43 (211)
　　十二、M72 (212)
　　十三、M78 (213)
　　十四、M79 (214)

第七章　结语 (216)

第一节　墓葬年代分析 (216)
　　一、元代墓葬 (216)
　　二、明清墓葬 (217)
　　三、年代不详墓葬 (219)

第二节　对元明清时期墓葬面貌的整体认识 (219)
　　一、元代墓葬 (219)
　　二、明清墓葬 (220)

第三节　明清墓葬出土随葬品分类 (221)
　　一、罐 (222)
　　二、头饰 (223)
　　三、耳饰 (225)
　　四、首饰 (225)
　　五、其他 (225)

第四节　对墓地的整体认识 (226)

附表 (227)

　　附表一　元代墓葬登记表 (227)
　　附表二　明代墓葬登记表 (227)
　　附表三　清代墓葬登记表 (228)

附表四　时代不详墓葬登记表 …………………………………………………………（232）

附表五　墓葬出土铜钱数量统计表 ………………………………………………………（234）

附录　小关墓地M52、M59烧骨加热温度及火葬方式研究 ……………………（238）

一、红外光谱技术测定烧骨温度原理 ……………………………………………………（238）

二、研究材料与方法 ………………………………………………………………………（240）

三、实验结果 ………………………………………………………………………………（243）

四、讨论 ……………………………………………………………………………………（248）

五、结论 ……………………………………………………………………………………（250）

插 图 目 录

图一	朝阳区位置图	（2）
图二	发掘区位置示意图	（5）
图三	墓葬分布总平面图	（插页）
图四	T0826~T1826探方东壁地层堆积	（7）
图五	M21平、剖面图	（9）
图六	M21出土陶灯（M21:1）	（9）
图七	M27平、剖面图	（10）
图八	M27出土器物	（11）
图九	M27出土铜钱	（12）
图一〇	M29平、剖面图及俯视图	（14）
图一一	M29底部及四壁立面图	（15）
图一二	M29出土双系筒形罐（M29:1）	（15）
图一三	M29出土黑瓷双系罐	（16）
图一四	M29出土黑瓷双系罐	（17）
图一五	M29出土黑瓷双系罐（M29:9）	（17）
图一六	M29出土黑瓷双系瓶	（18）
图一七	M29出土瓷盂、瓷盏	（18）
图一八	M29出土铜镜、铜钗	（19）
图一九	M29出土骨器、铁器	（20）
图二〇	M29出土砖瓦	（21）

图二一	M29出土石块	（21）
图二二	M44平、剖面图	（22）
图二三	M44出土陶罐（M44∶1）	（23）
图二四	M52平、剖面图	（23）
图二五	M52出土双系筒形罐（M52∶3）	（24）
图二六	M52出土陶桶	（25）
图二七	M52出土陶罐（一）	（26）
图二八	M52出土陶罐（二）	（26）
图二九	M52出土陶罐（三）	（27）
图三〇	M52出土陶瓶	（27）
图三一	M52出土陶盏	（28）
图三二	M52出土陶盆	（29）
图三三	M52出土陶杯	（29）
图三四	M52出土陶灯	（30）
图三五	M52出土陶釜	（30）
图三六	M52出土青砖（M52∶29）	（30）
图三七	M6平、剖面图	（32）
图三八	M6出土铜钱	（32）
图三九	M9平、剖面图	（33）
图四〇	M9出土陶罐（M9∶1）	（34）
图四一	M18平、剖面图	（35）
图四二	M18出土铁棺钉（M18∶2）	（36）
图四三	M18出土铜钱	（37）
图四四	M36平、剖面图	（38）
图四五	M36出土铜钱	（40）
图四六	M59平、剖面图	（41）

图四七	M59出土铜钱	（42）
图四八	M59出土器物	（43）
图四九	M62平、剖面图	（44）
图五〇	M62出土器物	（45）
图五一	M76平、剖面图	（46）
图五二	M76出土器物	（47）
图五三	M80平、剖面图	（48）
图五四	M80出土陶罐（M80∶1）	（49）
图五五	M1平、剖面图	（50）
图五六	M1出土器物	（51）
图五七	M24平、剖面图	（53）
图五八	M24出土器物	（54）
图五九	M24出土铜钱	（55）
图六〇	M66平、剖面图	（57）
图六一	M66出土器物	（58）
图六二	M66出土铜钱	（58）
图六三	M14平、剖面图	（60）
图六四	M14出土陶罐	（61）
图六五	M14出土器物	（62）
图六六	M41平、剖面图	（64）
图六七	M41出土陶罐	（65）
图六八	M41出土器物	（66）
图六九	M67平、剖面图	（67）
图七〇	M67出土陶罐	（69）
图七一	M68出土铜钱	（69）
图七二	M3平、剖面图	（71）

图七三	M3出土器物	（72）
图七四	M3出土铜钱	（73）
图七五	M15平、剖面图	（74）
图七六	M16平、剖面图	（75）
图七七	M16出土乾隆通宝（M16:1）	（76）
图七八	M23平、剖面图	（77）
图七九	M25平、剖面图	（78）
图八〇	M25出土陶罐（M25:1）	（79）
图八一	M25出土器物	（80）
图八二	M34平、剖面图	（81）
图八三	M34出土器物	（82）
图八四	M34出土乾隆通宝（M34:3-1）	（83）
图八五	M35平、剖面图	（84）
图八六	M35出土铜钱	（84）
图八七	M37平、剖面图	（85）
图八八	M38平、剖面图	（86）
图八九	M38出土铜钱	（87）
图九〇	M39平、剖面图	（88）
图九一	M39出土陶罐（M39:4）	（89）
图九二	M39出土器物	（90）
图九三	M46平、剖面图	（91）
图九四	M46出土器物	（92）
图九五	M47平、剖面图	（93）
图九六	M47出土器物	（94）
图九七	M48平、剖面图	（95）
图九八	M48出土乾隆通宝（M48:1）	（96）

图九九	M49平、剖面图	（97）
图一〇〇	M49出土铜钱	（98）
图一〇一	M50平、剖面图	（99）
图一〇二	M50出土器物	（100）
图一〇三	M51平、剖面图	（101）
图一〇四	M51出土器物	（102）
图一〇五	M56平、剖面图	（103）
图一〇六	M56出土器物（一）	（105）
图一〇七	M56出土器物（二）	（106）
图一〇八	M61平、剖面图	（107）
图一〇九	M61出土器物	（108）
图一一〇	M71平、剖面图	（110）
图一一一	M71出土器物	（111）
图一一二	M74平、剖面图	（112）
图一一三	M74出土器物	（113）
图一一四	M75平、剖面图	（114）
图一一五	M75出土器物	（115）
图一一六	M77平、剖面图	（117）
图一一七	M77出土器物	（117）
图一一八	M81平、剖面图	（118）
图一一九	M82平、剖面图	（120）
图一二〇	M82出土器物	（120）
图一二一	M83平、剖面图	（121）
图一二二	M84平、剖面图	（122）
图一二三	M84出土器物	（123）
图一二四	M4平、剖面图	（125）

图一二五　M4出土器物 …………………………………………………………（127）

图一二六　M5平、剖面图 …………………………………………………………（128）

图一二七　M5出土器物 ……………………………………………………………（129）

图一二八　M10平、剖面图 …………………………………………………………（130）

图一二九　M10出土器物（一） ……………………………………………………（132）

图一三〇　M10出土器物（二） ……………………………………………………（133）

图一三一　M11平、剖面图 …………………………………………………………（134）

图一三二　M11出土陶罐 ……………………………………………………………（135）

图一三三　M11出土器物 ……………………………………………………………（136）

图一三四　M13平、剖面图 …………………………………………………………（137）

图一三五　M13出土青釉瓷罐 ………………………………………………………（138）

图一三六　M13出土器物（一） ……………………………………………………（139）

图一三七　M13出土器物（二） ……………………………………………………（140）

图一三八　M17平、剖面图 …………………………………………………………（141）

图一三九　M17出土釉陶罐（M17∶4） ……………………………………………（142）

图一四〇　M17出土青花瓷罐（M17∶3） …………………………………………（143）

图一四一　M17出土铜钮扣、银簪 …………………………………………………（143）

图一四二　M26平、剖面图 …………………………………………………………（145）

图一四三　M26出土器物 ……………………………………………………………（146）

图一四四　M30平、剖面图 …………………………………………………………（146）

图一四五　M30出土铜钱 ……………………………………………………………（147）

图一四六　M32平、剖面图 …………………………………………………………（148）

图一四七　M32出土器物（一） ……………………………………………………（150）

图一四八　M32出土器物（二） ……………………………………………………（151）

图一四九　M33平、剖面图 …………………………………………………………（152）

图一五〇　M45平、剖面图 …………………………………………………………（153）

图一五一	M45出土陶罐（M45：4）	（154）
图一五二	M45出土器物	（155）
图一五三	M54平、剖面图	（157）
图一五四	M54出土器物	（159）
图一五五	M55平、剖面图	（160）
图一五六	M55出土陶罐	（161）
图一五七	M55出土器物	（162）
图一五八	M57平、剖面图	（163）
图一五九	M57出土器物	（165）
图一六〇	M58平、剖面图	（166）
图一六一	M58出土咸丰重宝（M58：1）	（167）
图一六二	M60平、剖面图	（168）
图一六三	M62出土乾隆通宝（M60：1）	（168）
图一六四	M63平、剖面图	（169）
图一六五	M63出土陶罐（M63：4）	（170）
图一六六	M63出土器物	（171）
图一六七	M68平、剖面图	（172）
图一六八	M68出土鼻烟壶	（174）
图一六九	M68出土器物	（175）
图一七〇	M68出土铜钱	（176）
图一七一	M73平、剖面图	（177）
图一七二	M73出土器物	（179）
图一七三	M73出土铜钱	（180）
图一七四	M7平、剖面图	（181）
图一七五	M7出土陶罐	（182）
图一七六	M7出土康熙通宝	（183）

图一七七	M53平、剖面图	（184）
图一七八	M53出土器物	（186）
图一七九	M64平、剖面图	（188）
图一八〇	M64出土银扁方、发簪	（189）
图一八一	M64出土器物	（190）
图一八二	M69平、剖面图	（192）
图一八三	M69出土黑釉瓷罐（M69：7）	（194）
图一八四	M69出土器物（一）	（195）
图一八五	M69出土器物（二）	（196）
图一八六	M65平、剖面图	（197）
图一八七	M65出土瓷罐	（198）
图一八八	M2平、剖面图	（200）
图一八九	M8平、剖面图	（201）
图一九〇	M12平、剖面图	（202）
图一九一	M19平、剖面图	（203）
图一九二	M20平、剖面图	（204）
图一九三	M22平、剖面图	（206）
图一九四	M28平、剖面图	（207）
图一九五	M31平、剖面图	（208）
图一九六	M40平、剖面图	（209）
图一九七	M42平、剖面图	（210）
图一九八	M43平、剖面图	（211）
图一九九	M72平、剖面图	（212）
图二〇〇	M78平、剖面图	（214）
图二〇一	M79平、剖面图	（215）
图二〇二	釉陶罐、青瓷罐演变趋势图	（223）

彩 版 目 录

彩版一　　M21、M27、M29全景照片

彩版二　　M44、M52全景照片及M52棺尾处随葬品

彩版三　　M6、M9全景照片

彩版四　　M18、M36、M59、M62全景照片

彩版五　　M76、M80、M1全景照片

彩版六　　M24、M66全景照片

彩版七　　M14、M41、M67全景照片

彩版八　　M3、M15全景照片

彩版九　　M16、M23全景照片

彩版一〇　　M25、M34、M35全景照片

彩版一一　　M37、M38全景照片

彩版一二　　M39、M46全景照片

彩版一三　　M47～M50全景照片

彩版一四　　M51、M56全景照片

彩版一五　　M61、M71全景照片

彩版一六　　M74、M75、M77全景照片

彩版一七　　M81、M4全景照片

彩版一八　　M5、M10全景照片

彩版一九　　M11、M13全景照片

彩版二〇　　M17、M26全景照片

彩版二一　M30、M32、M33全景照片

彩版二二　M45、M54全景照片

彩版二三　M55、M57全景照片

彩版二四　M58、M60全景照片

彩版二五　M63、M68全景照片

彩版二六　M73、M7全景照片

彩版二七　M53、M64全景照片

彩版二八　M65、M2、M8全景照片

彩版二九　M12、M19、M20全景照片

彩版三〇　M22、M28全景照片

彩版三一　M31、M40、M72全景照片

彩版三二　M78、M79全景照片

彩版三三　M21、M27、M29出土器物

彩版三四　M29出土器物

彩版三五　M29、M44、M52出土器物

彩版三六　M52出土器物

彩版三七　M52出土器物

彩版三八　M1、M9、M59、M62、M80出土器物

彩版三九　M14、M24、M41、M66出土器物

彩版四〇　M41、M67出土器物

彩版四一　M3、M25、M34出土器物

彩版四二　M39、M46、M47出土器物

彩版四三　M47、M50、M51、M56出土器物

彩版四四　M56、M61、M71、M74出土器物

彩版四五　M75、M77、M4出土器物

彩版四六　M4、M5、M10出土器物

彩版四七　M11、M13出土器物

彩版四八　M13、M17出土器物

彩版四九　M17、M26、M32、M45出土器物

彩版五〇　M54出土器物

彩版五一　M55、M57、M63出土器物

彩版五二　M68、M73出土器物

彩版五三　M7、M53、M64出土器物

彩版五四　M64、M69出土器物

彩版五五　M65、M69出土器物

第一章　绪　论

第一节　自然环境与历史沿革

小关北里43号地位于北京市朝阳区西北部。朝阳区是北京城六区之一，其他五区分别为东城区、西城区、海淀区、丰台区和石景山区。朝阳区位于北京中心城区东侧，西边界中段大部分与东城区相接，偏北有少部分与西城区接壤，北段与海淀区相连，北连昌平区、顺义区，东与通州区相邻，南与丰台区、大兴区接壤，形状像一个反写的字母"C"，包围着东、西城区，辖区面积470.8平方千米，是北京近郊各区中面积最大的一个区（图一）。

辖区内整体地势平坦，无山脉丘陵，地势西北高，东南低，平均海拔34米。区域内水系众多，有温榆河、清河、通惠河、亮马河、坝河及北小河等。

在新石器时代，根据区域类型划分地理单元，今天的北京地区属北方区系。传说时代，禹分天下为九州，北京属冀州。《周礼·职方》载云"东北曰幽州"。至少在周时，北京隶属幽州。

西周初，武王封黄帝（一说帝尧）之后于蓟（今北京广安门一带），建为蓟国。朝阳区当在蓟国疆域范围内。后燕国灭蓟，改属燕国。春秋战国时，燕国都蓟，地为燕都蓟城之东北郊野。秦时，分属广阳郡和渔阳郡。两汉至南北朝时，分属广阳国之蓟县和渔阳郡之路县（东汉时改为潞县）、安乐县。隋唐五代时，分属幽州蓟县、潞县、安乐县、幽都县等。契丹会同元年（938）后，分属南京道幽都府蓟北县（蓟县改）、幽都县、潞县等。辽开泰元年（1012）后，分属析津府（幽都府改）析津县（蓟北县改）、宛平县（幽都县改）和潞县等。金初，分属燕京路析津府之析津县、宛平县、通县和潞县等。贞元元年（1153）、二年（1154），分属中都路永安府（后称大兴府）之析津县、宛平县和通州路县、漷阴县。元世祖至元元年（1264），分属中都路大兴府之大兴县、宛平县和通州路县、漷阴县等。至元九年（1272），分

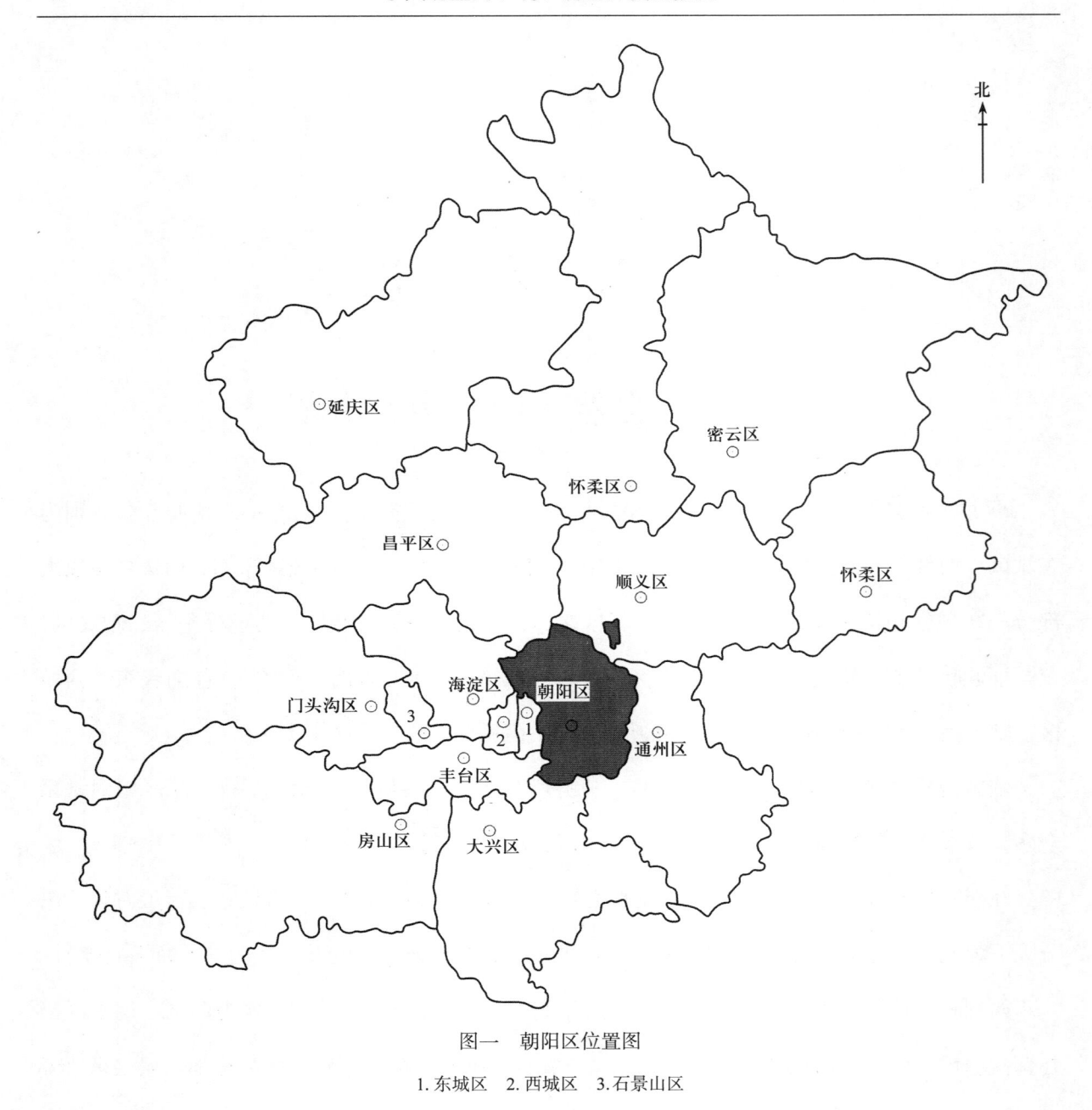

图一　朝阳区位置图
1. 东城区　2. 西城区　3. 石景山区

属大都路（中都路改）大兴府之大兴县、宛平县和通州潞县、潞阴县等。至元十三年（1276），分属大都路大兴府之大兴县、宛平县和通州潞县以及漷州（潞阴县升州）等。明洪武元年至十四年（1368～1381），分属山东行省（后称北平行省）北平府之大兴县、宛平县和通州潞县、漷州等。明永乐元年至十九年（1403～1421），分属北平行部顺天府（北平府改）及京师顺天府之大兴县、宛平县和通州、漷县（漷州改）。清初如明旧。顺治十六年（1659）废漷县后，区境内西半部、北部仍为城属，归部军统领衙门管理，其余区域分属直隶省顺天府之大兴县、通州等[①]。

第二节　辖区内地下文物及考古发现

朝阳区地下文物丰富。在北部立水桥曾发现过新石器时代石斧、石镰、石纺轮等，据此可知，自新石器时代以来就有人类活动居住于此。在呼家楼北街曾发现过战国时期钱币窖藏，出土钱币3789枚，有刀币和布币两种。在和平街北口曾发现过汉代钱币窖藏，在一陶瓮内贮有钱币100~150千克，计有汉四铢半两、武帝五铢、东汉五铢及东汉磨郭、剪轮、私铸五铢钱等。发现的汉墓有三台山汉墓、三岔河汉墓等。汉代之后，唐、元、明、清等时期墓葬均有发现，比较重要的有元耿完者秃墓、张弘纲墓等。到了清代，公主、王爷的园寝多选址于朝阳区，如和婉公主园寝、恪纯公主园寝、和敬公主园寝、寿恩公主园寝、寿安公主园寝、荣寿公主园寝、肃武亲王豪格园寝、显谨亲王衍璜园寝、肃恪亲王华丰园寝等，有些园寝的地面建筑尚有遗存。

除上述之外，最重要的当属区域内的元大都都城遗址和运河水利文化遗产。元大都遗址的东北部在今朝阳区境内，其北城墙东门安贞门位于今安定门外小关，东城墙北门光熙门位于今和平里东。元大都北城墙的东段在今地表尚有遗存，墙体残存高度距地面最高处有7米，墙基宽24米，有大小豁口九处，已建成元大都土城遗址公园。在和平街街道转角楼东里还曾发掘出元大都东城墙下的石砌排水涵洞。

通惠河和坝河是北运河的两大支流，也是大都至通州的两条重要运道。两条河的大部分河道在朝阳区境内。坝河出光熙门（今东直门）即入朝阳区，东流至通州交界处入温榆河。通惠河沿金口河故道出东便门后即入朝阳区，至永通桥出朝阳界进通州区。坝河沿途建有七坝，地名犹存，坝址无考。通惠河河道上原建有庆丰上闸、庆丰下闸，平津上（今高碑店闸）、中、下闸和普济上、下闸（在今普济闸村）。

小关地区的考古发现见诸报道的仅1处，为1996年时在小关街道江西九江石化总公司驻

---

① 北京市朝阳区文化委员会：《朝阳文物志》，文物出版社，2014年。

京办事处发现的一座清代砖室墓。墓葬由墓室和天井两部分组成，外观呈院落式。墓门前天井由东、西、南三面砖墙构成长方形院落。墓室内部平面呈长方形，东西长1.68米，南北宽1.36米，通高1.76米。墓顶为券顶，矢高0.36米。墓室外观为小式硬山建筑，门前立小石狮一对。墓室内东、西墓壁各有一小龛，两龛内放置一组青花五谷罐。墓室南壁券顶正对连楹月牙孔处，采用房屋建筑的形式，留有安插门闩的方槽。出土的随葬品有金簪、金耳环、铜烟袋、锡冥器。墓葬已迁至北京古代建筑博物馆保存[①]。

第三节　地理位置与发掘概况

小关北里43号地位于北京市朝阳区北苑路东侧，北土城东路北400余米处，即在元大都北城墙北约400米处（图二）。

2018年10月28日至12月21日，北京市文物研究所依据《中华人民共和国文物保护法》《北京市实施〈中华人民共和国文物保护法〉办法》等相关规定，为配合工程项目建设，本着"既有利于文物保护，又有利于工程建设"的原则，对该区域内的地下文物埋藏情况进行了考古勘探。依据考古勘探成果，2019年3月1日至4月11日，对前期勘探发现的古代遗迹进行了考古发掘。

此次发掘严格按照田野考古工作规程进行，采取整体布方发掘法对遗迹进行全面揭露。以项目区域西南为坐标原点，围绕勘探发现的遗迹共布设10米×10米的探方92个。根据实际情况，所布探方并非全部揭露。针对零散分布的墓葬，采取以墓葬为单位的方式进行发掘。在具体发掘过程中，严格遵循由晚及早、由上到下逐层清理的原则。在墓葬清理之前，先画出开口线，然后拍照。清理合葬墓时，在开口部位即画出各墓坑之间的打破关系。对脆弱的文物及时进行加固，打包到实验室后再进行提取。对出土人骨进行体质人类学上的鉴定。

此次发掘共清理墓葬83座，发掘面积共计691平方米（图三）。

---

① 本节内容仅参照《北京市文物地图集》择要摘录了相关内容。另该区2000~2009年的考古发现可参见：宋大川编：《北京考古工作报告·朝阳卷》《北京考古工作报告·建筑遗址卷》《北京考古工作报告·奥运卷》，上海古籍出版社，2011年。

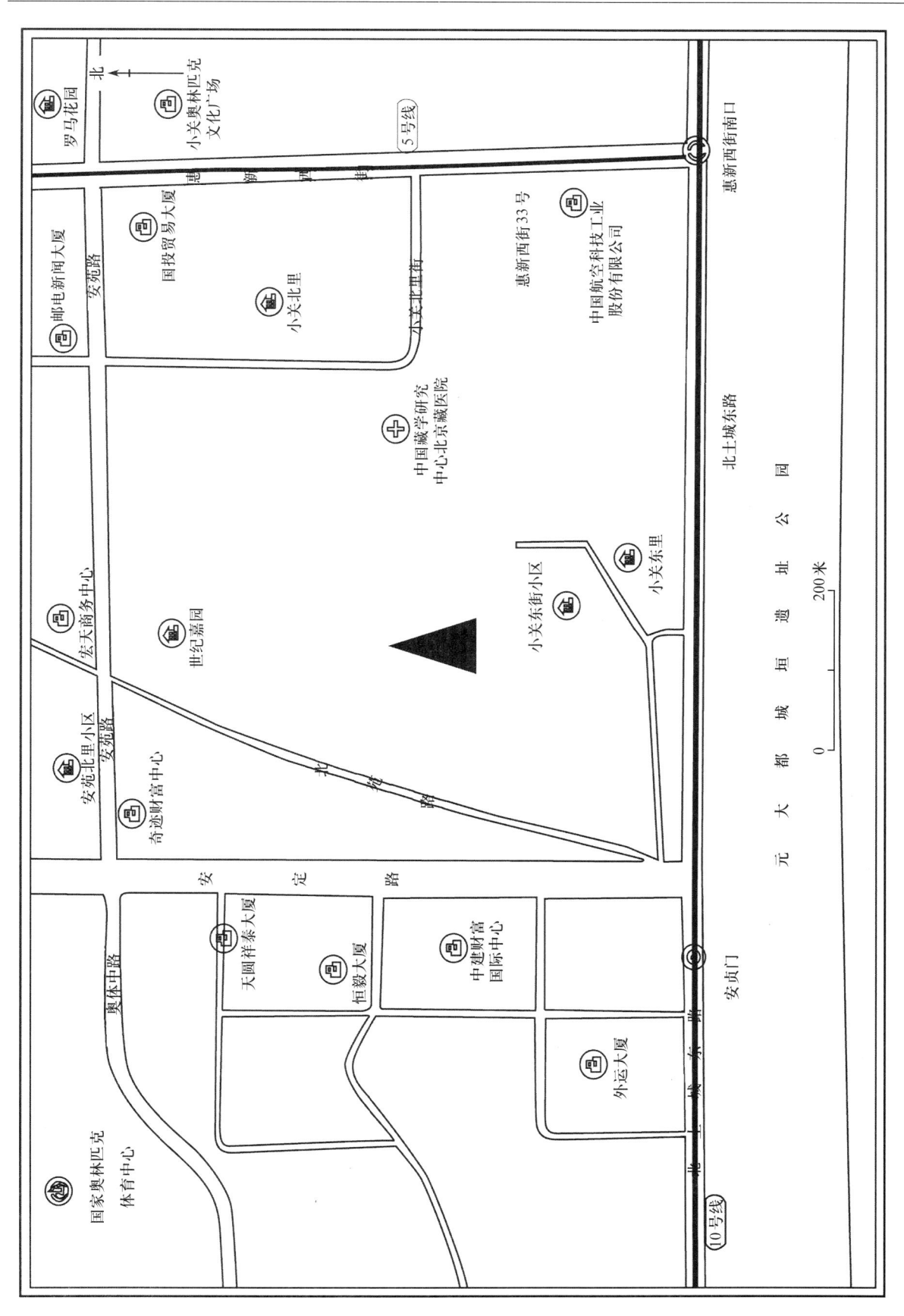

图二 发掘区位置示意图

第四节　资料整理与报告编写

小关北里43号地的考古发掘工作虽然早在2019年就结束了，但囿于基建任务繁忙，故迟至2021年3月份才开始着手后期的资料整理工作，包括器物修复、绘图、拓片、拍照等。

本报告共分七章。为方便读者阅读、检索，除第一章绪论、第二章地层堆积、最后一章结语外，主体部分章节以时代早晚为序进行编排，即第三章元代墓葬、第四章明代墓葬、第五章清代墓葬。

由于发掘区域内的原始地层堆积受到晚期扰乱破坏，所有墓葬均开口于扰土层下。这就导致无法从遗迹开口层位来进行年代判断，只能根据墓葬形制及出土遗物特征进行分析。对于没有任何遗物出土的墓葬来说，年代便无从考辨。为了审慎起见，凡是没有明确年代特征的墓葬，报告将其单独列为一个章节，按时代不详墓葬对待。

第二章 地层堆积

小关北里43号地所在地块地势平坦，起伏较小，地表堆积有大量建筑渣土及垃圾。综合前期勘探及此次发掘情况，根据土质、土色、包含物等的不同，该发掘区域内的地层堆积情况较为一致。以发掘区域内具有代表性的T0826～T1826探方剖面为例，堆积情况如下（图四）。

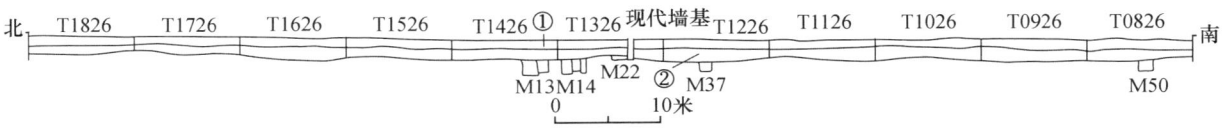

图四 T0826～T1826探方东壁地层堆积

第1层：渣土层，厚0.7～1.1米，黄褐色，土质较疏松，含砖石、灰土粒、植物根系、建筑垃圾等。

第2层：扰土层，厚0.3～1.2米，浅褐色，土质较疏松，含炭灰颗粒、石粒、植物根系等。墓葬均开口于该层下。

该层下为自然堆积层，土质致密，土色呈浅黄色，为生土层。

第三章　元 代 墓 葬

共5座，编号分别为M21、M27、M29、M44、M52。除M29为砖椁墓外，其余均为竖穴土坑墓。全部为单人葬。M29和M52墓室未被盗扰，出土随葬品组合完好。

一、M21

（一）位置及形制

M21位于发掘区东北部T1426内，西与M18相距2.6米，南部被扰坑打破。开口于第2层下，打破生土。南北向，方向12°。

竖穴土坑墓（图五；彩版一，1）。墓口距地表1米，墓底距地表1.5米。平面近梯形，南宽北窄，南北长2.36米，东西宽0.88~0.96米，深0.5米。墓壁较直、底较平。内填花土，未见扰动痕迹。

葬具为木棺，腐朽严重，仅剩板灰痕迹。南北长1.76米，东西宽0.3~0.5米，板灰厚2厘米。内葬一人，残存长度1.1米，保存较差，髋骨以下被扰坑破坏。头向北，仰身直肢。从牙齿磨损程度和骨盆、头骨特征判断，墓主为年龄约35岁，为女性。

（二）出土器物

仅发现陶灯1件，位于墓主人下颌骨右侧。

陶灯　1件。标本M21:1，残。泥质灰陶。手、轮兼制，制作较粗糙。灯盘敞口，尖圆

第三章　元代墓葬

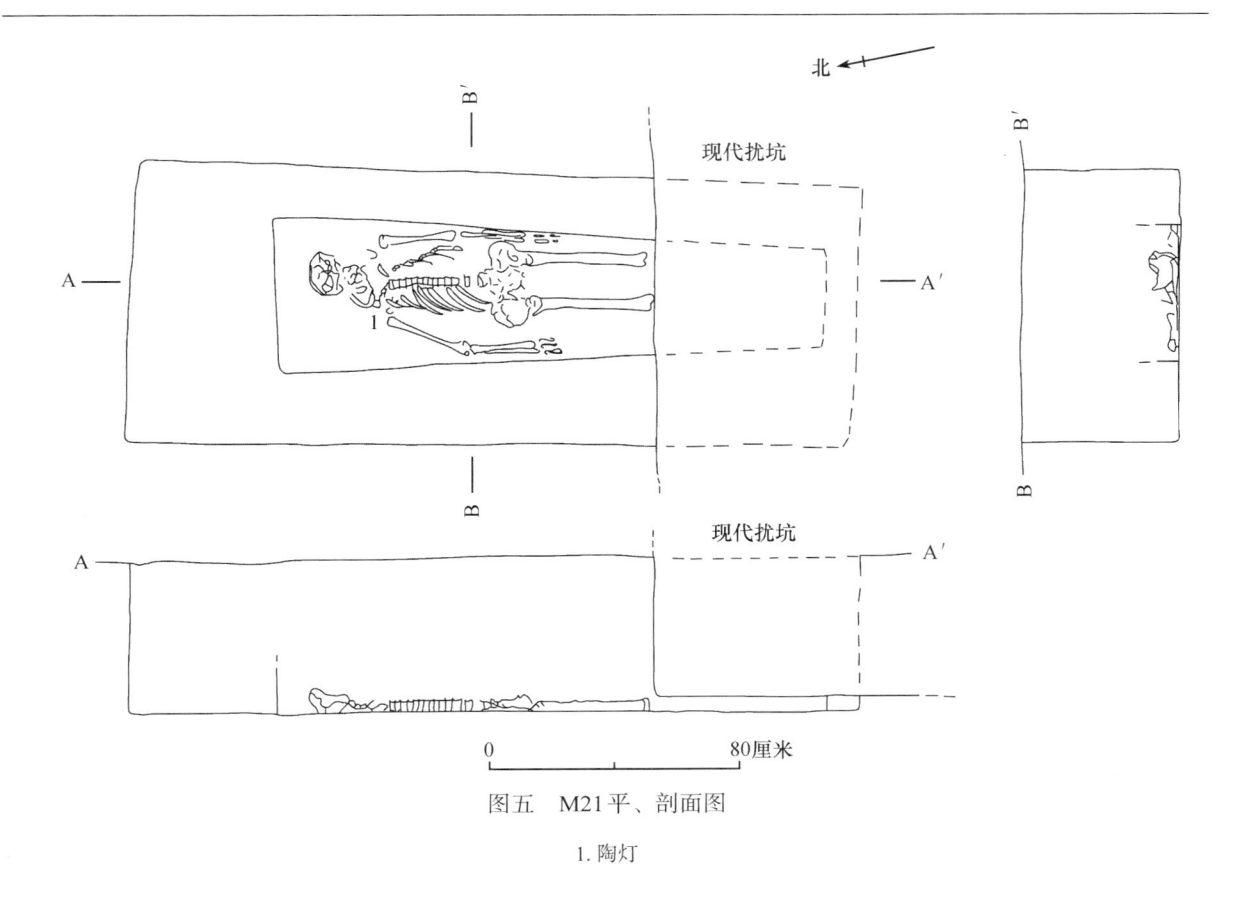

图五　M21平、剖面图
1. 陶灯

唇，柄做葫芦形，底座呈喇叭状。器表有指纹捏痕和轮旋痕。口径2、底径4.8、残高5.5厘米（图六；彩版三三，1）。

二、M27

（一）位置及形制

M27位于发掘区东北部，T1528西南部，西与M24相距6.4米。开口于第2层下，打破生土。南北向，方向185°。

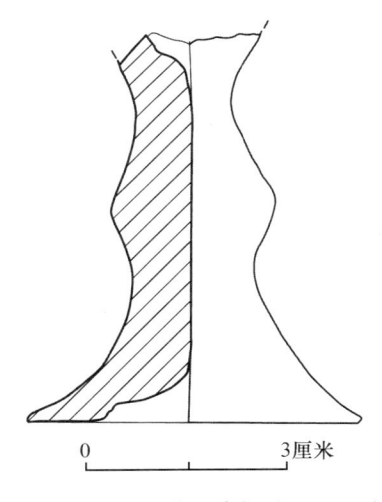

图六　M21出土陶灯（M21∶1）

竖穴土坑墓（图七；彩版一，2）。墓口距地表0.99米，墓底距地表1.85米。平面近梯形，南宽北窄，南北长2.2米，东西宽0.56~0.78米，深0.86米。直壁平底。内填灰褐土花土和夹杂有姜石的红黏土、细黄沙土等，内含较多植物根系。

葬具为木棺，已腐朽，距开口0.6米处见板灰痕迹。棺痕南北长1.86米，南侧宽0.5米，北

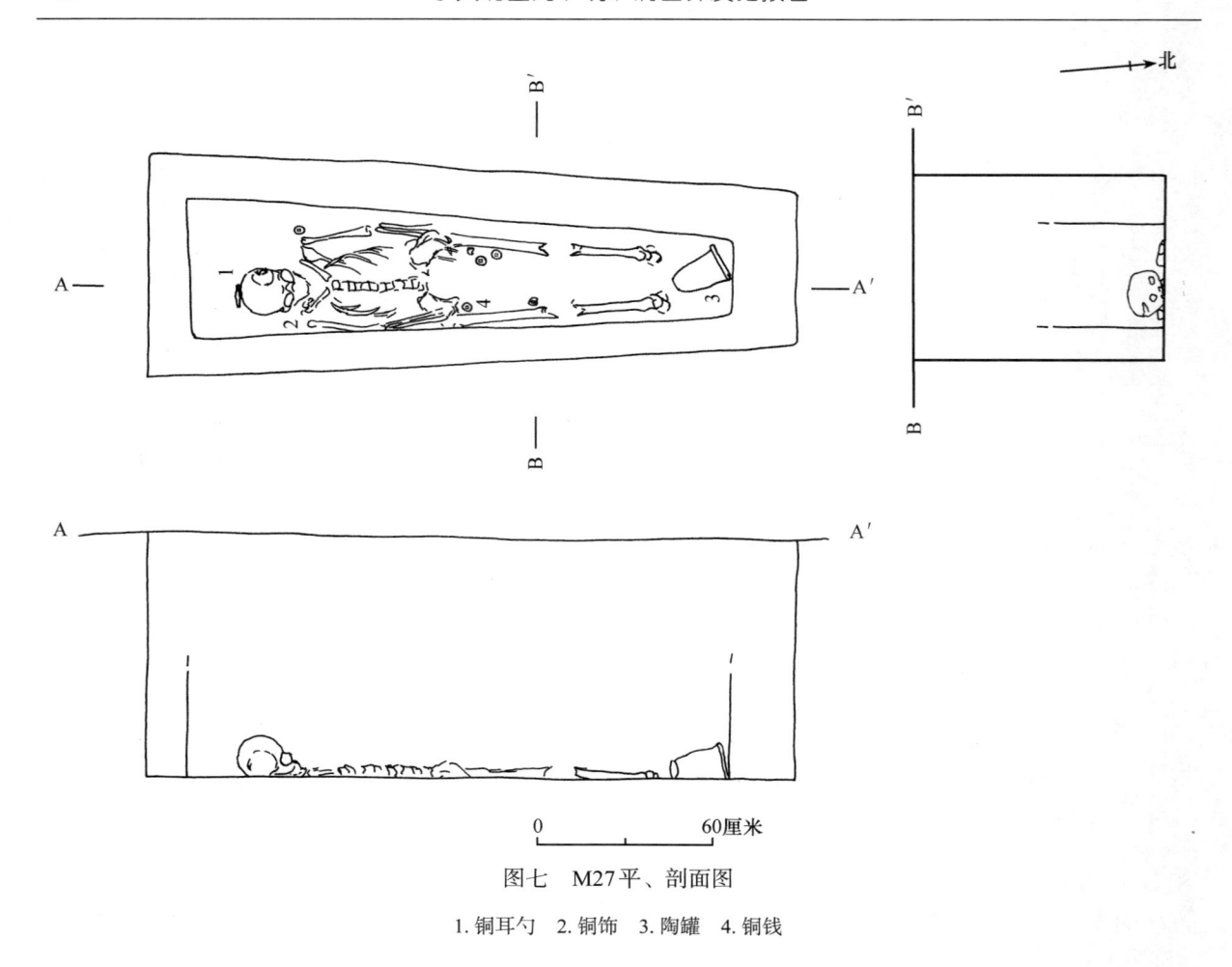

图七　M27平、剖面图
1.铜耳勺　2.铜饰　3.陶罐　4.铜钱

侧宽0.3米。内有人骨一具，保存较差，骨架长1.5米。头向南，面向上，头骨前倾，双手放在盆骨处，仰身直肢。从头骨和骨盆特征判断，墓主为女性。牙齿磨损较重，年龄约50岁以上。

（二）出土器物

陶罐1件，位于墓主人脚下。耳勺1件，位于墓主人头顶。铜饰1件，位于墓主人右侧锁骨处。铜钱8枚，位于棺内底部人骨下面，可辨有开元通宝、景祐元宝、天禧通宝、大定通宝、正隆元宝等。

1. 陶器

陶罐　1件。标本M27:3，轮制。泥质灰陶，腹部略有残损。口部及上腹深灰色，下腹浅灰色。浅灰色胎。直口，卷沿。口沿下有捏制粘接的倒鼻形耳，左右对称。双耳处有粘接捏制时留下的指纹印痕。深腹，微鼓，下部斜收成小平底。器表内外有轮旋痕，外壁有数道凹弦纹。下腹有指纹印痕。口径13.1、底径6、最大腹径11.5、通高17.7~18厘米（图八，3）。

2. 铜器

耳勺　1件。标本M27：1，残。勺部弯曲略呈椭圆形，颈部稍窄，扁条形柄。残长7.8、柄宽0.2~0.6、厚0.12厘米（图八，1；彩版三三，3）。

铜饰　1件。标本M27：2，残。外观呈花瓣状，一面凹，一面凸。上端尖圆，下端残缺。凸面四周有边框，框内饰回纹。边框正中为一盛开的牡丹花朵。长径4.2、短径3.2、厚0.1厘米（图八，2；彩版三三，2）。

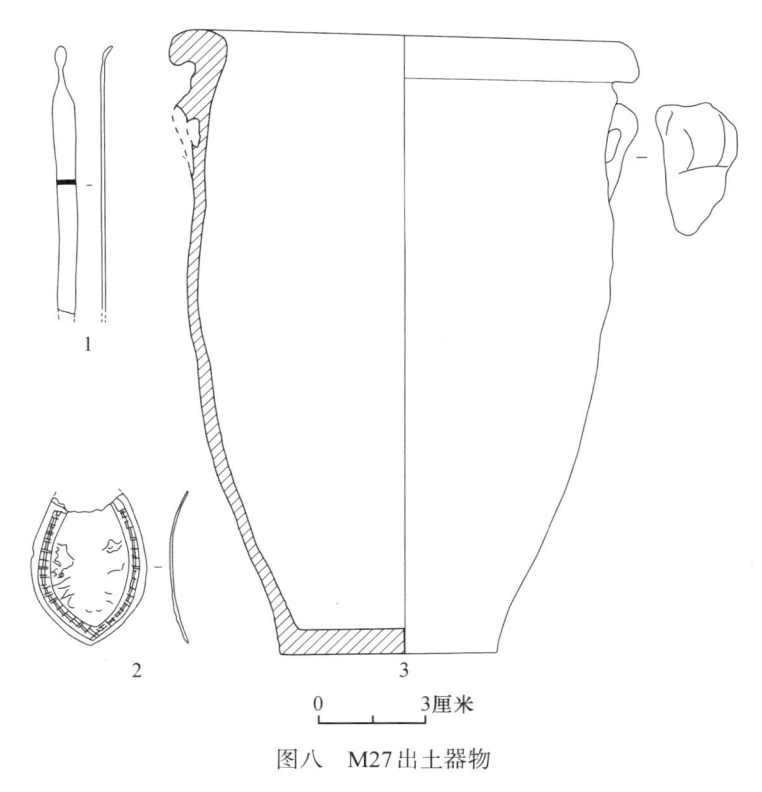

图八　M27出土器物

1.铜耳勺（M27：1）　2.铜饰（M27：2）　3.陶罐（M27：3）

3. 铜钱

8枚。

开元通宝　1枚。标本M27：4-1，锈蚀。圆形，方穿，正背面有圆郭，正面铸钱文"开元通宝"四字，隶书，对读。光背无纹。钱径2.45、穿宽0.64、郭宽0.2厘米，重3克（图九，1）。

天禧通宝　1枚。标本M27：4-2，圆形，方穿，正、背面有圆郭，正面铸钱文"天禧通宝"四字，楷书，旋读。素背。钱径2.45、穿宽0.65、郭宽0.3厘米，重3克（图九，2）。

景祐元宝　1枚。标本M27：4-3，圆形，方穿，正、背面有圆郭，正面铸钱文"景祐元宝"四字，楷书，旋读。素背。钱径2.45、穿宽0.6、郭宽0.4厘米，重4克（图九，3）。

正隆元宝　1枚。标本M27：4-6，圆形，方穿，正、背面有圆郭，正面铸钱文"正隆元宝"四字，楷书，旋读。素背。钱径2.4、穿宽0.55、郭宽0.2厘米，重3克（图九，4）。

熙宁元宝　1枚。标本M27：4-4，圆形，方穿，正、背面有圆郭，正面铸钱文"熙宁元宝"四字，篆书，旋读。素背。钱径2.45、穿宽0.65、郭宽0.22厘米，重4克（图九，6）。

皇宋通宝　1枚。标本M27：4-5，圆形，方穿，正、背面有圆郭，正面铸钱文"皇宋通宝"四字，篆书，对读。素背。钱径2.6、穿宽0.64、郭宽0.22厘米，重3克（图九，5）。

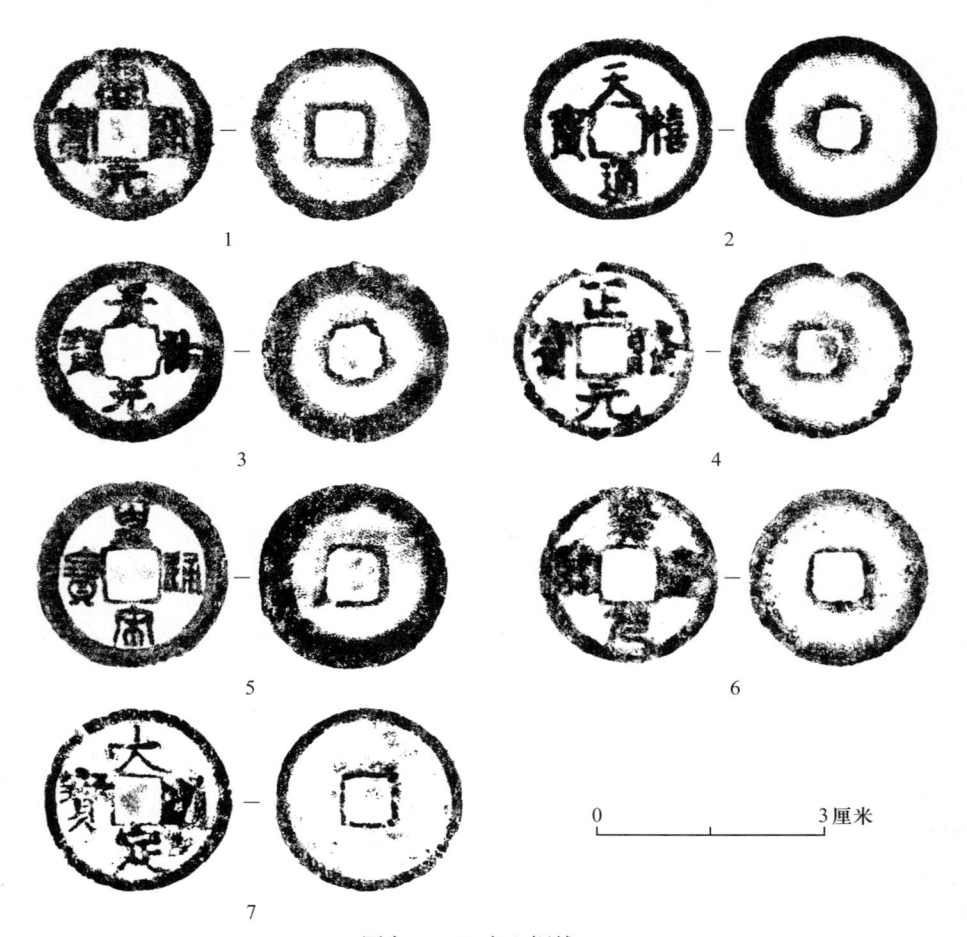

图九　M27出土铜钱

1. 开元通宝（M27：4-1）　2. 天禧通宝（M27：4-2）　3. 景祐元宝（M27：4-3）　4. 正隆元宝（M27：4-6）
5. 皇宋通宝（M27：4-5）　6. 熙宁元宝（M27：4-4）　7. 大定通宝（M27：4-7）

大定通宝　1枚。标本M27：4-7，圆形，方穿，正、背面有圆郭，正面铸钱文"大定通宝"四字，楷书，对读。素背。钱径2.5、穿宽0.56、郭宽0.25厘米，重3克（图九，7）。

元丰通宝　1枚。标本M27：4-8，圆形，方穿，正、背面有圆郭，正面铸钱文"元丰通宝"四字，行书，旋读。钱径2.4、穿宽0.64、郭宽0.29厘米，重3克。

三、M29

（一）位置及形制

M29位于发掘区东北部T1328、T1428内，西北与M16相距4.2米。开口于第2层下，打破生土。南北向，方向187°。

砖椁墓（图一〇、图一一；彩版一，3、4）。墓口距地表1米，墓底距地表2.1米。开挖土圹后内砌砖椁。土圹平面近梯形，南宽北窄，南北长2.9米，东西宽1.6～1.76米，直壁平底，深1.1米。填土花杂，包括灰褐土、夹杂姜石的红黏土、细黄沙土。

砖椁南宽北窄，平面呈梯形，南北长2.1米，南宽0.76米，北宽0.6米。侧面南高北低，南侧高0.6米，北侧高0.52米。顶部用条砖盖顶。棺木腐朽后盖顶塌陷。东、西两壁用条砖横向斗砌，共三层；北壁用条砖纵向斗砌；南壁先用条砖横向斗砌一层，其上用条砖横向平砌一层，再用条砖横向斗砌两层，其外侧用一块条砖纵向斗砌。底部用条砖顺缝铺地。条砖规格为29.5厘米×14厘米×4厘米。

砖椁内有板灰痕迹，在头骨、脚骨部位均发现铁质棺钉，可知原砖椁内有木质葬具。木棺外南侧竖立板瓦一块，板瓦上残留有朱书痕迹，脱落严重。

棺内葬一人，仰身直肢，头南脚北，头骨向右侧倾斜。人骨保存较差，腐朽严重，骨架长1.56米。牙齿磨损较重，经鉴定为女性，年龄40～50岁。

（二）出土器物

共计20件，包括双系筒形罐1件，位于墓主人脚下。黑釉双系罐5件，位于棺外南侧，砖

图一〇 M29平、剖面图及俯视图

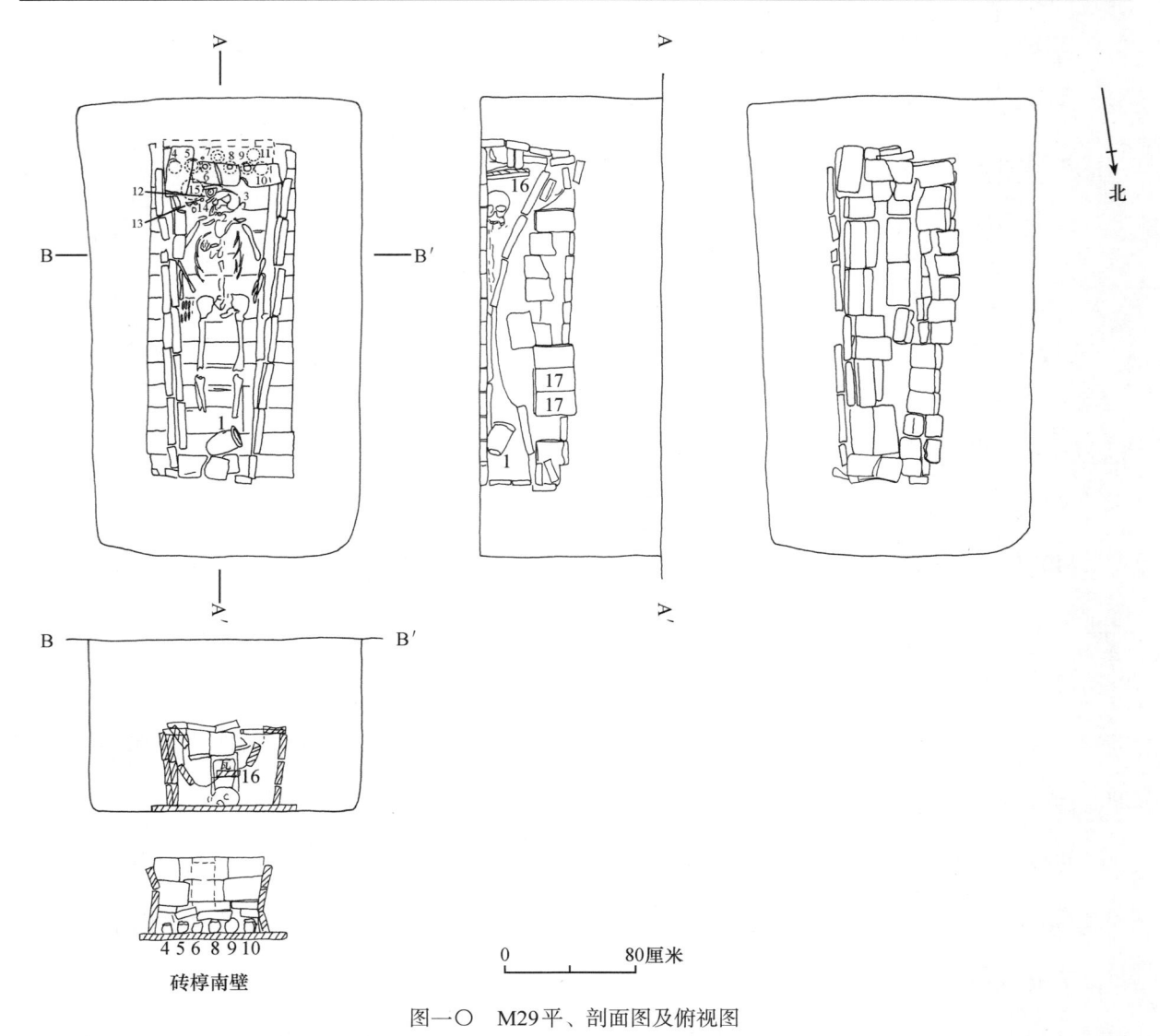

1.双系筒形罐 2.铜钱 3.铜簪 4、5、7、9、10.双系瓷罐 6、8.双系瓷瓶
11.黑釉瓷盏 12.瓷盂 13.耳挖 14.骨刷 15.铜镜 16.板瓦 17.青砖

椁之内。黑釉双系瓶2件，位于棺外南侧，砖椁之内。黑釉盏1件，位于棺外南侧，砖椁之内。天蓝色瓷盂1件，位于墓主人头顶部位。铁耳挖1件，位于墓主人头部。骨刷2件，位于墓主人头部。骨簪1件，残损严重，位于墓主人头部。铜镜1件，铜钗1件，均位于棺内头骨顶部。铜钱1枚，残损严重，位于墓主人口内。板瓦1块，位于棺外南侧砖椁内，规格为28厘米×（15～17）厘米×1.5厘米。绿松石1块，位于砖椁外东北侧。红褐石块1块，位于砖椁外东北侧。

1. 陶器

双系筒形罐 1件。标本M29∶1，保存完好。轮制。泥质灰陶。直口微侈，圆唇，卷沿，短

图一一　M29底部及四壁立面图

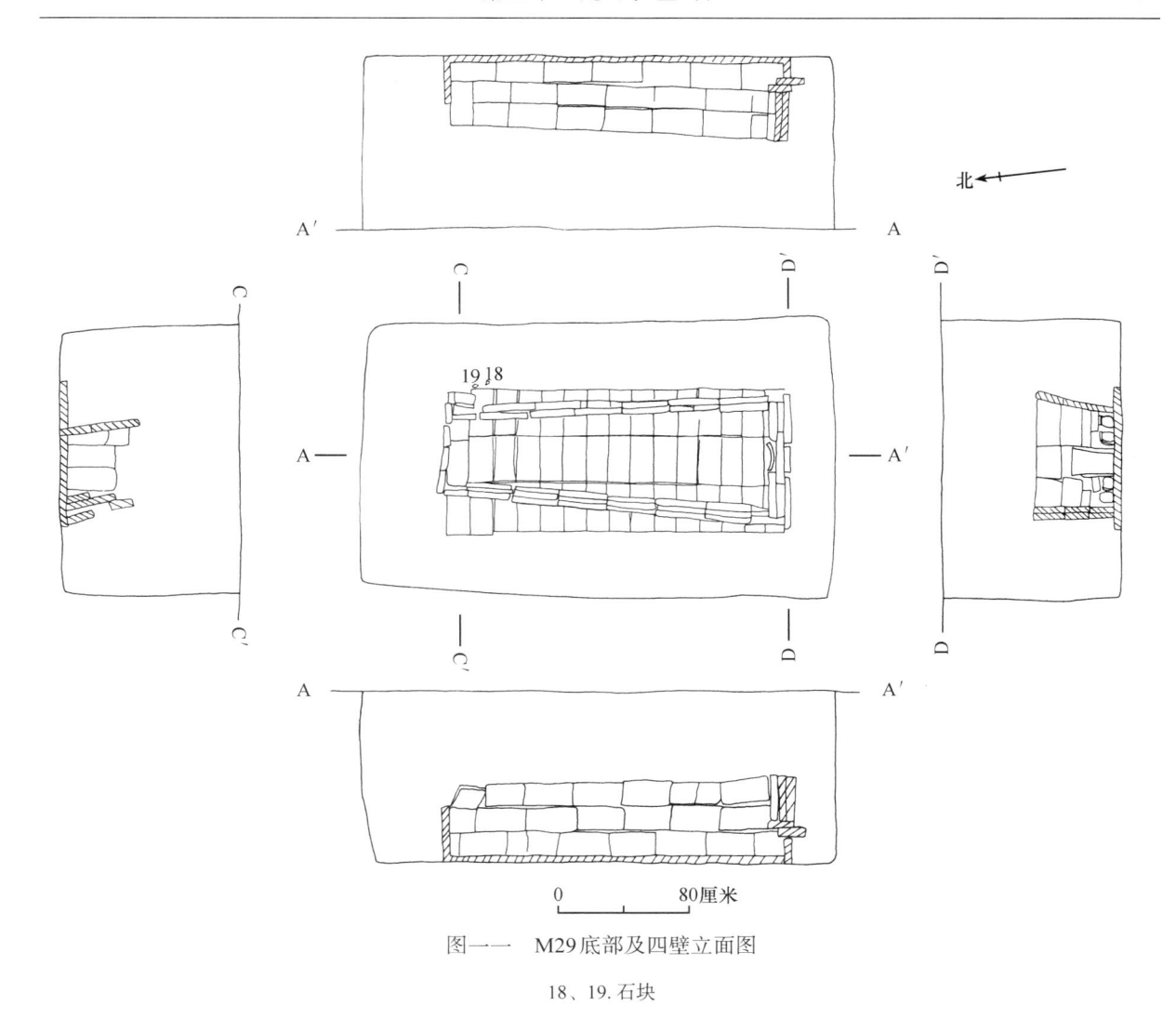

18、19.石块

束颈，深弧腹，小平底。口沿下有捏制粘接对称的倒鼻形耳。口沿及腹部有指纹划痕和涂抹刷黑的痕迹，器壁内外均有轮旋痕痕迹。口径14.7、底径8.4、最大腹径15、通高17.8～18.1厘米（图一二；彩版三三，4）。

2. 瓷器

黑瓷双系罐　5件，形制相同（彩版三三，5）。标本M29∶5，直口微敞，矮领，口部与器盖分别设置子母口，扣合严密。沿面靠外一侧较平，靠内一侧的子口凸出。溜肩，圆弧腹，深圈足。领肩处粘贴

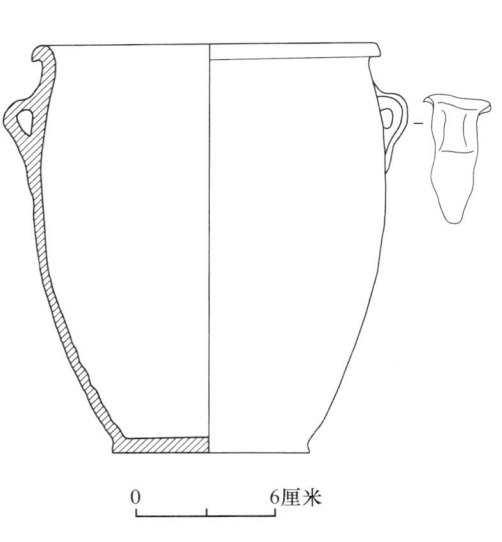

图一二　M29出土双系筒形罐
（M29∶1）

有对称的双竖耳，耳面饰两道竖向凹弦纹。器盖顶面微弧，中心有一较小的乳钉钮。盖面四周有向下内扣的母口。胎红褐色，不甚细腻。罐内、外壁和盖面均施酱黑色釉，釉面匀净黑亮，圈足底部施釉不彻底。口径6.6、最大腹径8.7、底径3.9、足深0.7、罐高9.9、通高11.2厘米（图一三，1）。标本M29：7，直口微敞，沿面内侧凸出一子口，与器盖扣合。直领，溜肩，圆弧腹，深圈足。领肩部粘贴有对称的竖双耳，耳面饰两道竖向凹弦纹。器盖顶面微弧，中心有一较小的乳钉钮。盖面四周有向下内扣的母口。瓷胎红褐色，不甚细腻。罐内、外壁和盖面均施酱黑色釉，釉面匀净黑亮，腹部有窑烧形成的小孔眼，圈足足迹部分釉面脱落。口径6.7、最大腹径8.9、底径4.8、足深0.6、罐高9.5、通高10.9厘米（图一三，2）。标本M29：4，直口微敞，沿面内侧凸出一子口，与器盖扣合。直领，溜肩，圆弧腹，深圈足。领肩部粘贴有对称的竖双耳，耳面饰两道竖向凹弦纹。器盖顶面微弧，中心有一较小的乳钉钮。盖面四周有向下内扣的母口。瓷胎红褐色，不甚细腻，罐内、外壁和盖面均施酱黑色釉，内壁及底部施釉不全面，釉面匀净黑亮。口径6.3、最大腹径8.5、底径4、足深0.6、罐高9.5、通高10.9厘米（图一四，1）。标本M29：10，直口微敞，沿面内侧凸出一子口，与器盖扣合。直领，溜肩，圆弧腹，深圈足。领肩部粘贴有对称的竖双耳，耳面饰两道竖向凹弦纹。盖顶面微弧，中心有一较小的乳钉钮，残。盖面四周有向下内扣的母口。瓷胎红褐色，不甚细腻。罐内、外壁和盖面均施酱黑色釉，釉面匀净黑亮，腹部及耳部下方有窑烧形成的粘连痕，圈足底部釉面有脱落现象。口径6.7、最大腹径8.8、底径3.9、足深0.8、罐高9.4～9.7、通高11.1厘米（图一四，2）。

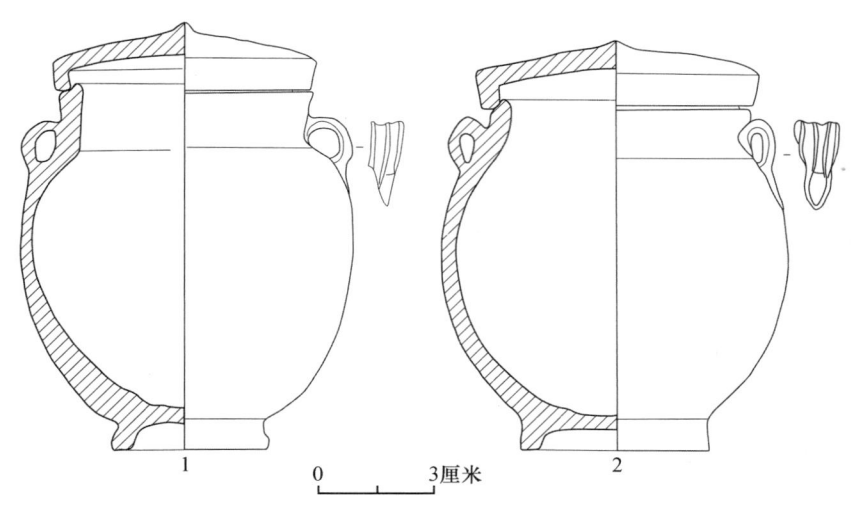

图一三　M29出土黑瓷双系罐

1. M29：5　2. M29：7

图一四　M29出土黑瓷双系罐

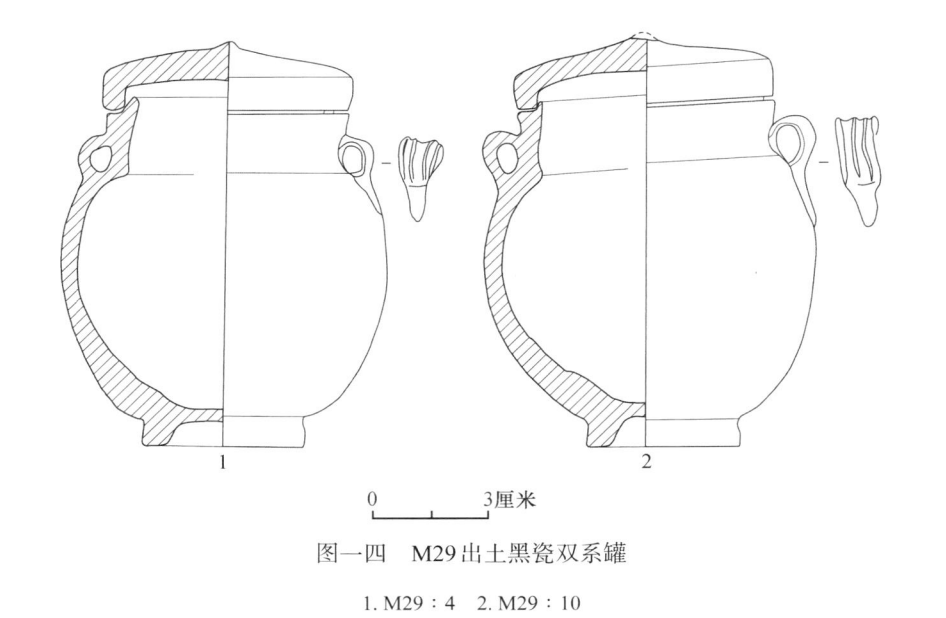

1. M29∶4　2. M29∶10

标本M29∶9，直口微敞，沿面内侧凸出一子口，与器盖扣合。直领，溜肩，圆弧腹，深圈足。领肩部粘贴有对称的竖双耳，耳面饰两道竖向凹弦纹。盖顶面微弧，中心有一较小的乳钉钮。盖面四周有向下内扣的母口。瓷胎呈红褐色，不甚细腻，夹细砂。罐内、外壁均施酱黑色釉，盖面釉色稍浅，略显棕黄色。釉色匀净黑亮。腹部及耳部下方的釉面有窑烧时形成的粘连痕，圈足底部釉面有脱落现象。口径7.2、最大腹径9.7、底径4.1、足深0.8、罐高10.3、通高11.8厘米（图一五）。

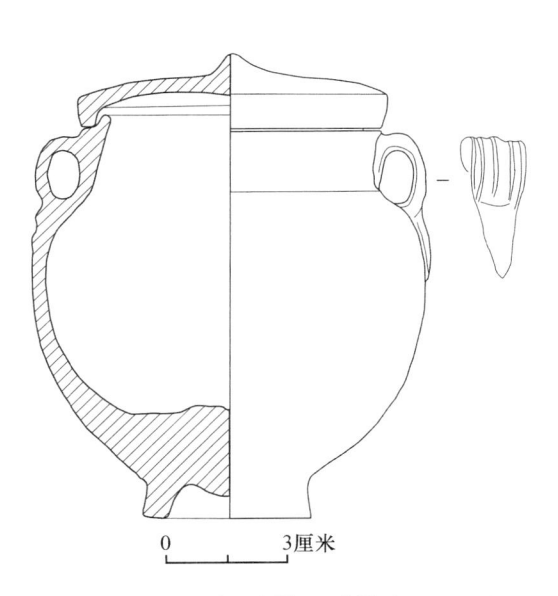

图一五　M29出土黑瓷双系罐（M29∶9）

黑瓷双系瓶　2件，形制相同（彩版三三，6）。标本M29∶8，轮制。夹砂红褐胎。盘形口，方唇，束颈，下腹圆鼓，圈足。口沿下有对称竖立的桥形耳，下端呈燕尾形，耳面饰三道竖向的凹弦纹。内、外壁均施酱黑色釉，釉面匀净黑亮，圈足部分未施釉。腹部有窑烧时形成的小孔眼。口径4.2、最大腹径8.1、底径5.2、足深0.7、通高12.5厘米（图一六，1）。标本M29∶6，夹砂红褐胎。盘形口，方唇，束颈。下腹圆鼓，圈足。口沿下有对称竖立的桥形耳，下端燕尾形，耳面饰三道竖向的凹弦纹。内壁和外壁均施酱黑色釉，釉面匀净黑亮，圈足部分未施釉。腹部有

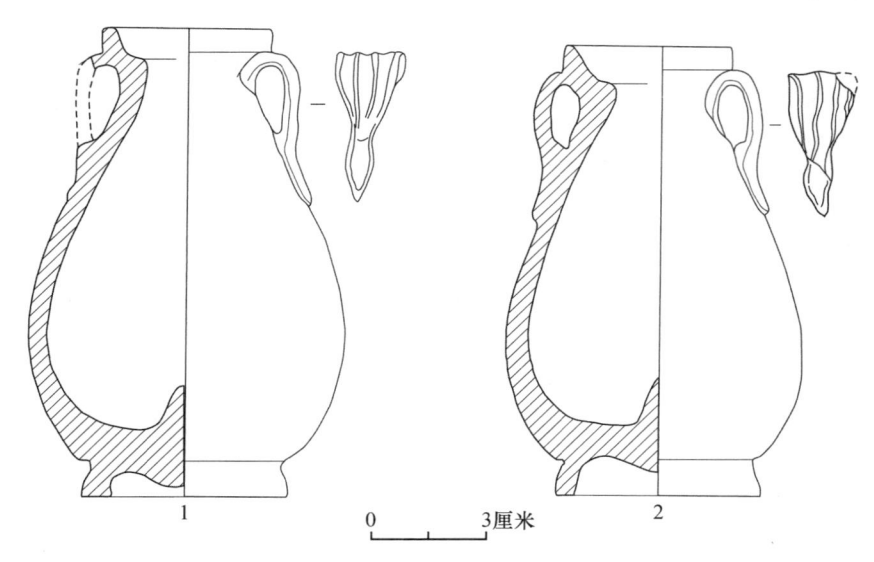

图一六　M29出土黑瓷双系瓶
1. M29：8　2. M29：6

窑烧形成的小孔眼。口径4.2、最大腹径7.7、底径5.3、足深0.7、罐高12厘米（图一六，2）。

瓷盂　1件。标本M29：12，灰褐色胎。器壁及口沿内壁施天青色釉，近底部及圈足未施釉。釉面较厚，腹下部有淤釉现象。小口微侈，尖圆唇，肩微鼓，圆鼓腹，小圈足底。器形制作不甚规整，腹部有两道竖向的挤压痕，一左一右相对称。器盖顶面正中内凹，亦施天青色釉，盖底内凸，类似瓶塞。凸出的塞部未施釉。口径3、底径2.9、最大腹径6.1、通高5.5厘米，盖径3.5、高1.2厘米（图一七，1；彩版三三，7）。

瓷盏　1件。标本M29：11，轮制。敞口，尖圆唇，浅弧腹，圈足。底部正中有一制作时留下的尖凸。内外均施酱黑色釉，下腹及圈足未施釉。胎呈浅青灰色，质地坚硬。外壁有流釉痕迹。口径8.9、底径4.1、高3.2厘米（图一七，2；彩版三三，8）。

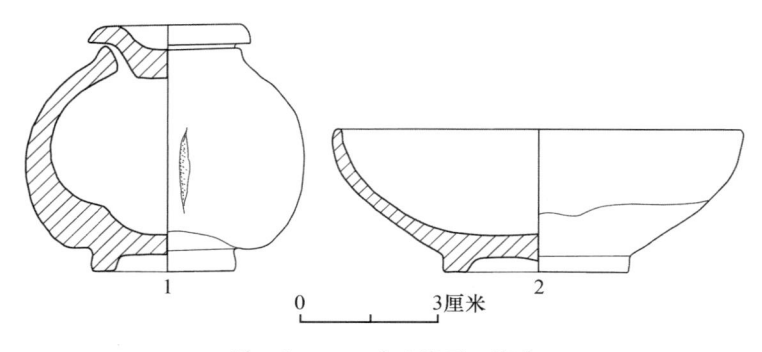

图一七　M29出土瓷盂、瓷盏
1. 瓷盂（M29：12）　2. 瓷盏（M29：11）

3. 铜器

铜镜　1面。标本M29:15，带柄，葵瓣形镜缘，由8组如意花边组成，镜面及柄部粘有布纹痕迹，柄上窄下宽。镜背中心有凸起的圆形乳钉钮，其上有直上云霄的卷云纹。镜钮两侧各有一只凤鸟，展翅飞舞。镜面直径13、厚0.6厘米；柄长10.5、宽2.3～2.7厘米（图一八，1；彩版三四，1）。

铜钗　1件。标本M29:3，残。锈蚀严重。整体形状呈"U"字形，钗脚呈圆锥状，尾端尖圆。残长5.6厘米（图一八，2）。

4. 铁器

耳挖　1件。标本M29:13，完整。耳勺首部呈圆形，体呈铁剑状，一面平直，另一面为弧面。柄宽0.2～0.49厘米，厚1.9厘米，勺头直径0.4厘米，总长12.7厘米（图一九，3；彩版三四，2）。

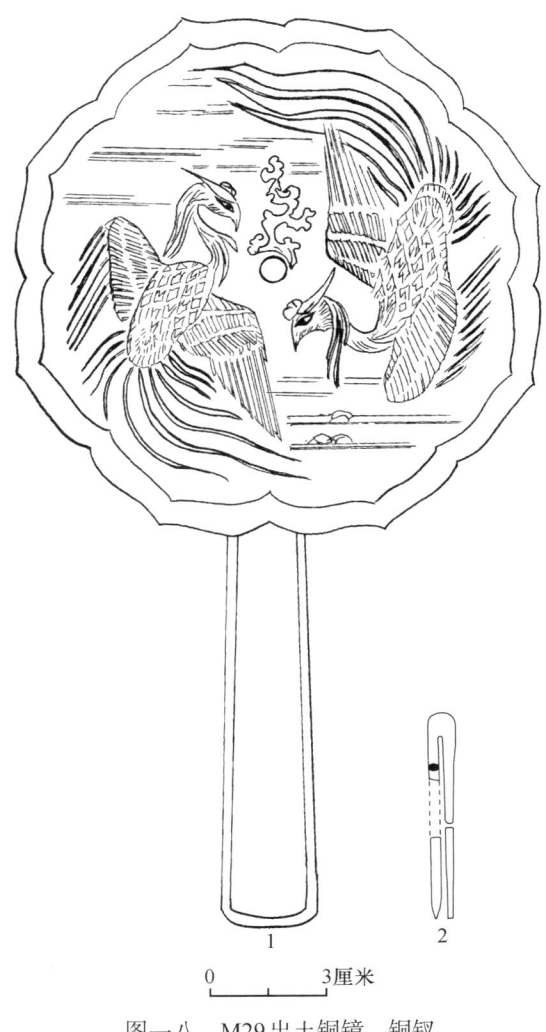

图一八　M29出土铜镜、铜钗
1.铜镜（M29:15）　2.铜钗（M29:3）

5. 骨器

骨刷　2件。标本M29:14-1，残断。刷头呈圆角长方形，表面钻有两排共26个小圆孔，每排13个，刷毛脱落无存。柄呈长条形。长15.4、宽0.65～0.82、厚0.25厘米（图一九，1；彩版三四，3）。标本M29:14-2，基本完好。刷头呈圆角长方形，表面钻有两排共26个小圆孔，每排13个，刷毛脱落无存。柄呈圆柱状，表面有红色染料涂层，尾端稍细，钝尖。刷头长4、宽0.6～0.8、厚0.5厘米，柄径0.3～0.6、通长20.5厘米（彩版三四，4）。

骨簪　1件。标本M29:20，簪首残断缺失，簪体呈扁圆锥形，尾端较细，表面粘有橘黄颜色。残长7.6、径0.2～0.4厘米（图一九，2；彩版三四，2）。

6. 板瓦

1件。标本M29：16，残。泥质灰陶，外观梯形，一头宽一头窄，横截面呈弧形，两侧面有线切痕。凸面有朱书文字，字迹大部分脱落，从能辨识的文字看，似为买地券券文，书写内容大致为地契界畔四至。能释读者九行，"辛安母高氏定故，葬少历宅北……到……屯……龙西……虎南……封部界畔道……诃若……财地……藏……孝……"凹面有麻布纹。长29.4、宽15.6～19、厚4.2厘米（图二〇，1；彩版三四，5、6）。

7. 青砖

1块。标本M29：17，青灰色。素面。长29.6、宽14.8、厚4.4厘米（图二〇，2；彩版三四，7）。

8. 石块

2件。标本M29：19，红褐色，外观不规则，略呈梯形，铁锈色。长2.8～2.6、宽1.4～2.5、厚1.3～2.5厘米（图二一，1；彩版三四，8）。标本M29：18，绿色，外观不规则。长2.6、宽1.8、厚1.3厘米（图二一，2；彩版三五，1）。

9. 铜钱

大定通宝　1枚。标本M29：2，锈蚀严重，残碎。圆形，方穿，正、背面有圆郭，正面铸钱文"大定通宝"四字，楷书，对读。钱径2.5、穿宽0.55、郭宽0.25厘米。

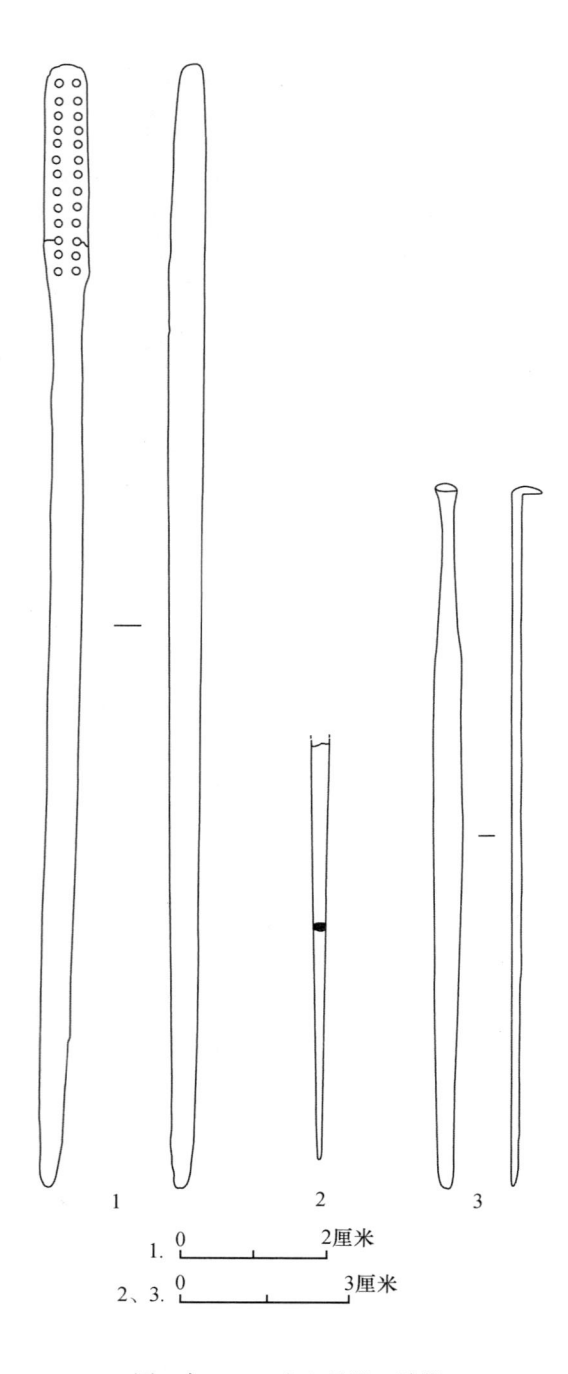

图一九　M29出土骨器、铁器
1. 骨刷（M29：14-1）　2. 骨簪（M29：20）
3. 铁耳挖（M29：13）

图二〇　M29出土砖瓦

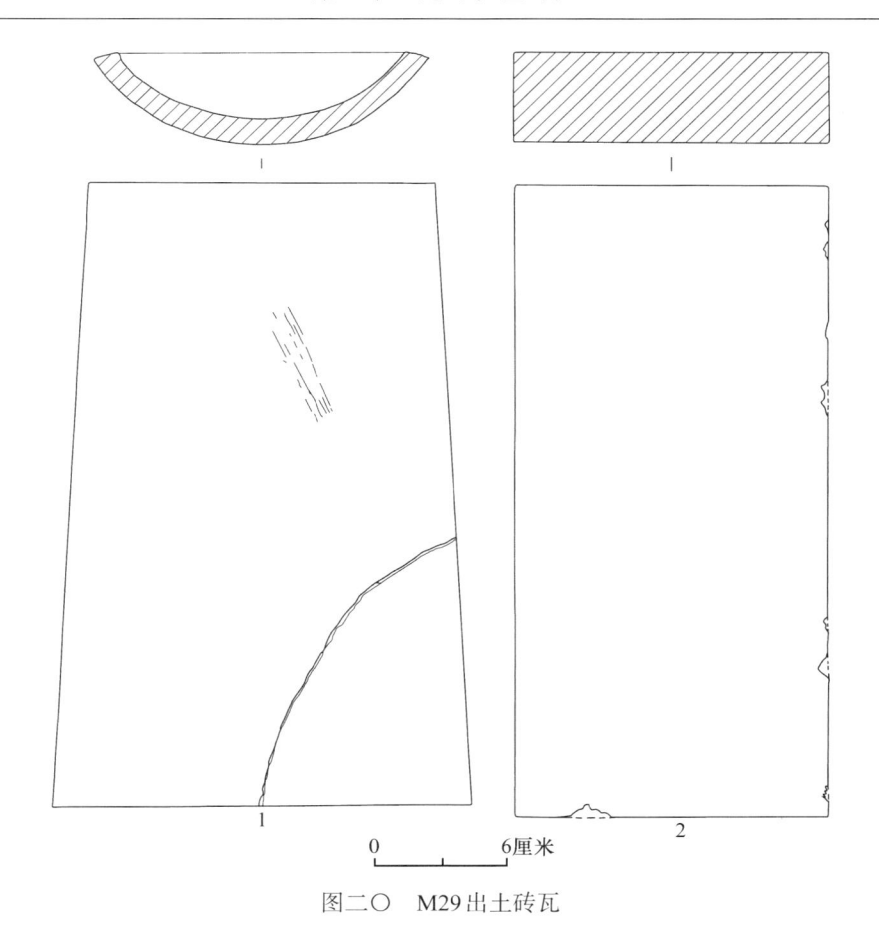

1. 板瓦（M29：16）　2. 青砖（M29：17）

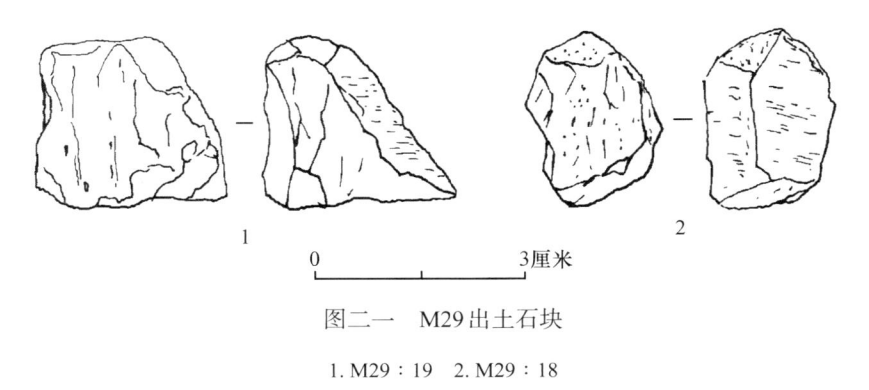

图二一　M29出土石块

1. M29：19　2. M29：18

四、M44

（一）位置及形制

M44位于发掘区东北部T1529内，西与M27相距10.2米，东侧被M43打破。开口于第2层下，打破生土。南北向，方向190°。

竖穴土坑墓（图二二；彩版二，1）。墓口距地表0.9米，墓底距地表1.3米。平面呈梯形，南宽北窄，南北长2.4米，南宽1.5米，北宽1米，直壁平底，深约0.4米。内填散乱花土，上部有扰动的痕迹。

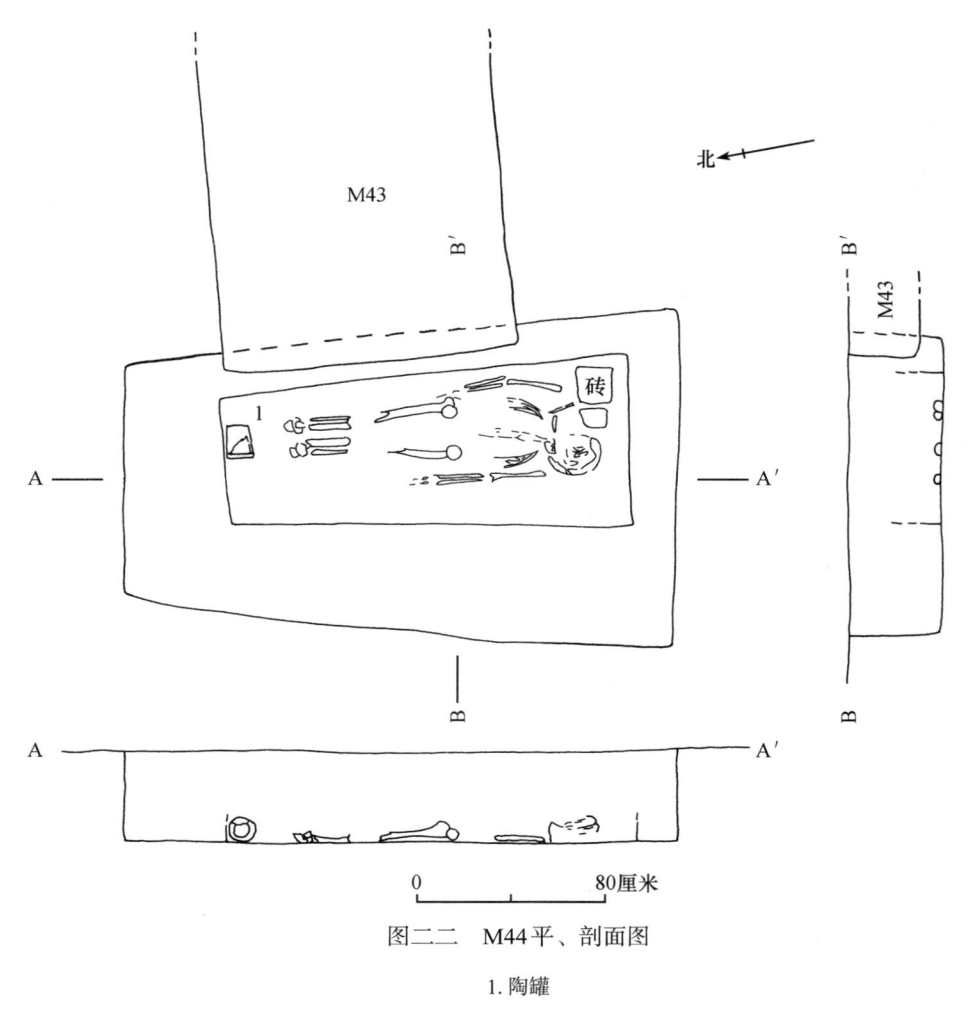

图二二 M44平、剖面图
1.陶罐

葬具为单棺，已朽，棺痕较明显，南宽北窄，南北长1.74米，东西宽0.58～0.72米，残高0.1米，板灰厚约3厘米。内葬一人，仰身直肢，头南面西，头下枕一青灰色砖。人骨保存较差，经鉴定为女性，年龄40～50岁。

（二）出土器物

陶罐　1件。位于墓主人脚下。标本M44：1，轮制。泥质灰陶。直口，圆唇，卷沿，深腹，平底。口下粘接有对称的桥形耳，制作粗糙不规整，粘接歪斜。通体有轮旋痕，下腹部有指纹划痕和数道凹弦纹。口径10.5、底径6.3、最大腹径10.1、通高14.4~14.6厘米（图二三；彩版三五，2）。

五、M52

（一）位置及形制

M52位于发掘区东部T0829内，西与M50相距23.6米。开口于第2层下，打破生土。南北向，方向357°。

竖穴土坑墓（图二四；彩版二，2、3）。墓口距地表1米，墓底距地表2.1米。平面呈梯形，北宽南窄，南北长2.24米，南侧宽0.76米，北侧宽0.92米，直壁平底，深1.1米。内填黄褐色花土，土质疏松，以黄沙土为主，夹杂灰褐色土块，含有少量料姜石粒、植物根系。

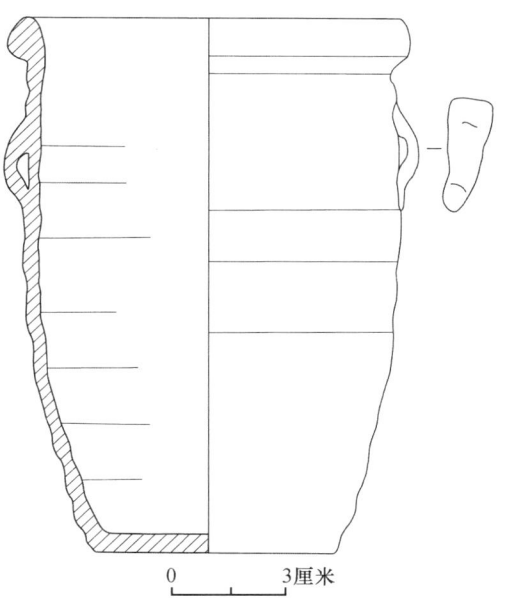

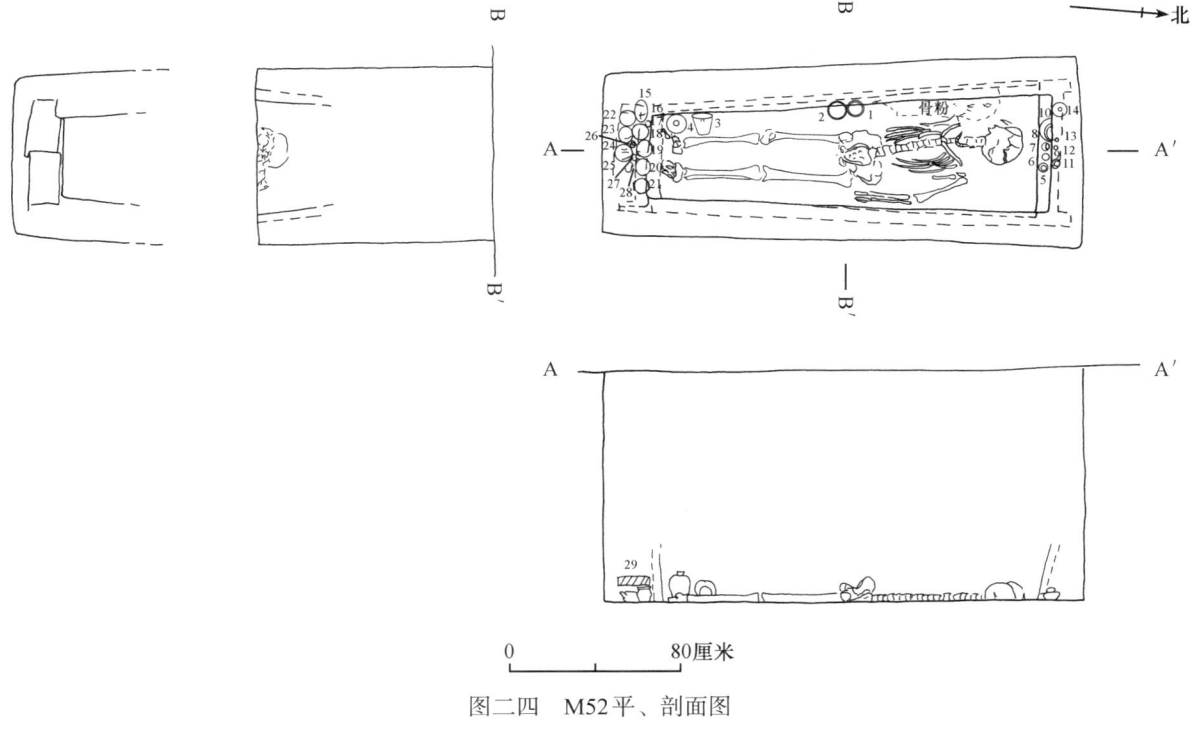

图二三 M44出土陶罐（M44：1）

图二四 M52平、剖面图

1、2、15、19~22.陶罐　3.双耳罐　4、14.陶瓶　5、16、23、24.陶盆　6、27.陶杯
7、17.陶灯　8、10、11、28.陶盏　9、18.陶釜　12、13、25、26.陶桶　29.条砖

葬具为木棺，已朽，棺痕较明显。平面呈梯形，两侧板稍向内侧倾斜，上部南北长1.88米，

东西宽0.4~0.56米；底部南北长1.8米，东西宽0.46~0.62米，残高0.45米，板灰厚3厘米。内葬一人，仰身直肢，头向北，面向西。人骨保存情况较差，头骨破碎，骨架长1.68米。经鉴定，年龄40~50岁，为女性。墓主人右肩处有一堆火烧过的碎骨，因骨块碎小，无法判定其年龄、性别。

（二）出土器物

共计29件，包括陶罐7件，棺内人骨右手处2件，棺外南侧5件；陶双耳罐1件，出土于棺内人骨右脚骨处；陶瓶2件，棺内人骨右脚处1件，棺外北侧1件；陶釜2件，1件出土于棺外北侧，1件出土于棺外南侧；陶杯2件，出土于棺外南、北侧各1件；陶盏4件，出土于棺外南侧3件，出土于棺外北侧1件；陶灯2件，1件出土于棺外北侧，1件出土于棺外南侧；陶桶4件，出土于棺外南、北侧各2件；陶盆4件，出土于棺外南侧，1件出土于棺外北侧；条砖2块，位于棺外南侧，东西并排覆盖在器物上。

1. 陶器

双系筒形罐　1件。标本M52：3，轮制。泥质灰陶。口微侈，卷沿，深腹微鼓，平底。颈部粘接有对称的倒鼻形耳。通体有轮旋痕，下腹部有指纹痕迹，器形制作不甚规整。口径10.3、底径5.8、通高13.2、最大腹径11.2厘米（图二五；彩版三五，3）。

陶桶　4件。标本M52：25，手、轮兼制。泥质灰陶。侈口，尖唇，短颈，溜肩，直筒腹，微鼓，下腹内折弧收，平底。提梁由泥条搓制而成，粘接到口

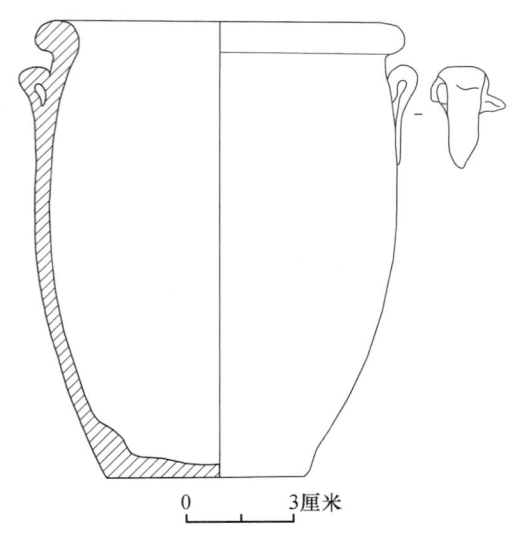

图二五　M52出土双系筒形罐（M52：3）

颈部，黏结处有手指捏纹。通体有轮旋痕，桶口因粘接提梁时受力挤压而变形，略呈椭圆束腰状。口径4.4、腹径4.4~4.5、底径3、桶高3.4、通高4.9厘米（图二六，1；彩版三五，6）。标本M52：26，手、轮兼制。泥质灰陶。侈口，尖唇，短束颈，圆鼓腹，下腹内折弧收，近底部稍外撇，平底外撇。提梁由泥条搓制而成，粘接到口颈部，黏结处有手指捏纹。通体有轮旋痕，桶口因粘接提梁时受力挤压而变形，略呈椭圆束腰状。口沿下有一周凹弦纹。口径4.8、

腹径5、底径3.3、桶高4.3、通高5.4厘米（图二六，2；彩版三五，7）。标本M52：12，手、轮兼制。泥质灰陶。侈口，腹略鼓，下腹内折弧收，平底。提梁由泥条搓制而成，粘接到腹壁，与腹壁黏结处有手指捏纹。通体有轮旋痕，桶口因粘接提梁时受力挤压而变形，略呈椭圆束腰状。口径4.8、腹径5、底径3.3、桶高4.3、通高5.4厘米（图二六，3；彩版三五，4）。标本M52：13，手、轮兼制。泥质灰陶。侈口，尖唇，束颈，鼓腹，下腹内折弧收，平底。提梁由泥条搓制而成，粘接到口颈部，黏结处有手指捏纹。通体有轮旋痕，桶口因粘接提梁时受力挤压而变形，略呈椭圆束腰状。口径3～4.1、底径2.8、桶高3.2、通高4.1厘米（图二六，4；彩版三五，5）。

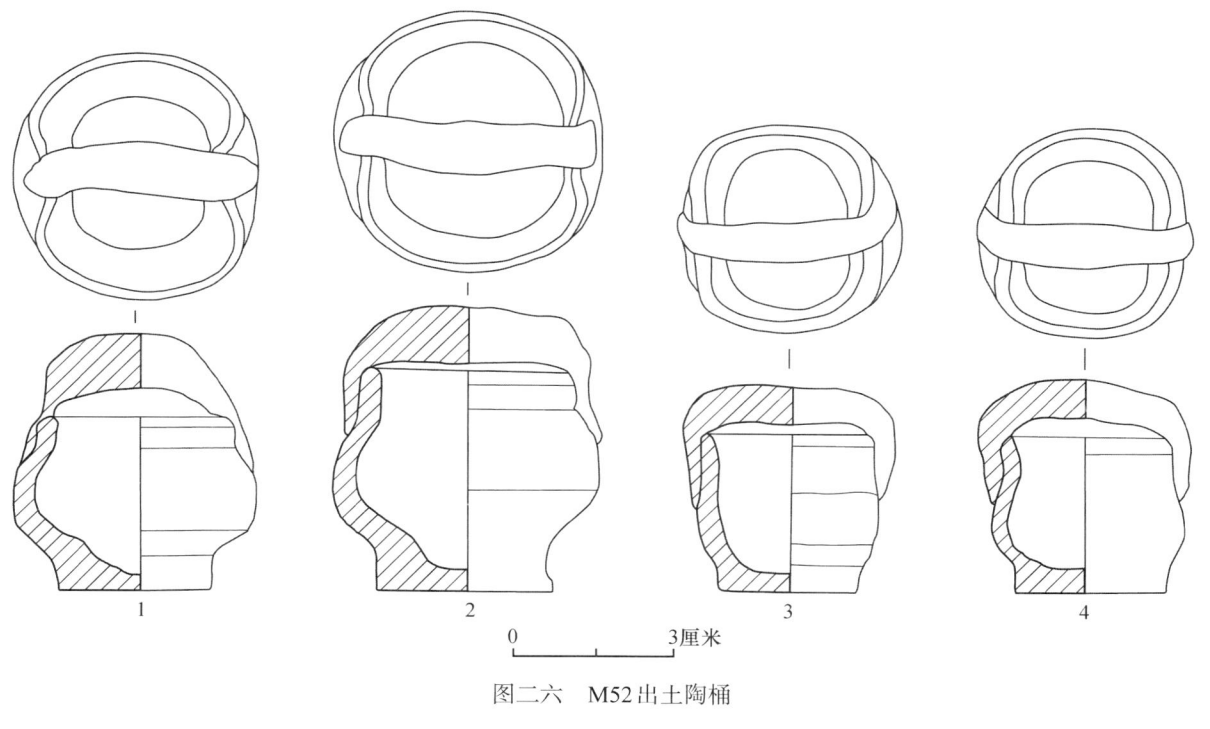

图二六　M52出土陶桶

1. M52：25　2. M52：26　3. M52：12　4. M52：13

陶罐　7件（彩版三五，8）。标本M52：1，轮制。泥质灰黑陶，浅灰褐色胎。口沿部分稍有残损。敞口，尖圆唇，斜直领，束颈，圆鼓腹，腹部施两道凹弦纹，近底处弧收，小平底，稍外撇。通体有慢轮修整痕迹，器底有陶泥粘痕和轮旋痕。口径8、通高6.3、最大腹径7.9、底径4厘米（图二七，1）。标本M52：2，轮制。泥质灰陶，浅灰褐色胎。口沿部分稍有残损。敞口，尖圆唇，斜直领，束颈，溜肩，圆鼓腹，近底处弧收，小平底，稍外撇。通体有轮旋痕，腹部和内底有制陶时的疤痕和空洞，下腹部有指纹印痕和泥条粘接的痕迹，底有陶泥粘痕和轮旋痕，口沿残缺，修复完整。口径8.2、通高6、最大腹径7.7、底径4厘米（图二七，2）。

标本M52：15，轮制。泥质灰陶，浅灰色胎。保存完好。敞口，方唇，斜直领，束颈，溜肩，弧腹，近底弧收，小平底。通体有轮旋痕，腹部有凸弦纹和指痕，近底部有陶泥粘痕，器底有轮旋痕。口径7.8、通高6.8、最大腹径7.7、底径3.2厘米（图二八，1）。标本M52：20，轮制，泥质灰陶，浅灰色胎。保存完好。侈口，方唇，唇面略朝下倾斜，斜直领，束颈，溜肩，圆鼓腹，近底弧收，小平底，稍外撇。通体有轮旋痕，颈部有一周凹弦纹，下腹部有指痕，底有轮旋痕。口径7.4、通高7、最大腹径7.5、底径4厘米（图二八，2）。标本M52：21，轮制。泥质灰陶，浅灰色胎。敞口，尖圆唇，斜直领，束颈，溜肩，圆鼓腹，近底弧收稍外撇，小平底。通体有轮旋痕，下腹部有指纹印痕和泥条粘接痕，器底有轮旋痕。口径7.8、通高6.7、最大腹径7.8、底径4.2厘米（图二九，1）。标本M52：22，轮制。泥质灰陶，浅灰色胎。敞口，方唇，唇面倾斜，束颈，溜肩，圆鼓腹，近底弧收略外撇，小平底。下腹部有指纹印痕，器底有轮旋痕。口径7.7、通高6.6、最大腹径7.8、底径6.5厘米（图二九，2）。标本M52：19，轮制。泥质灰陶，浅灰色胎。敞口，方唇，斜直领外撇，束颈，溜肩，弧腹，底弧收稍外撇，小平底。

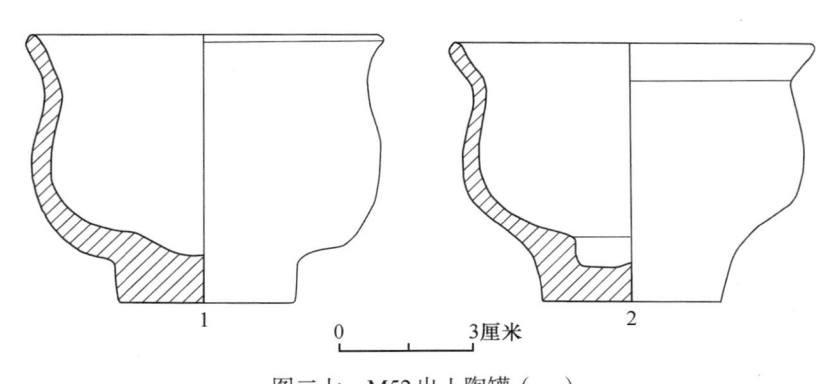

图二七 M52出土陶罐（一）

1. M52：1 　2. M52：2

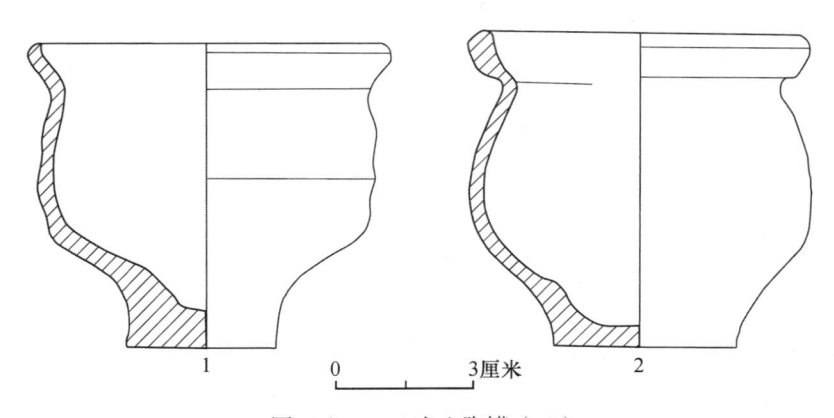

图二八 M52出土陶罐（二）

1. M52：15 　2. M52：20

图二九　M52出土陶罐（三）

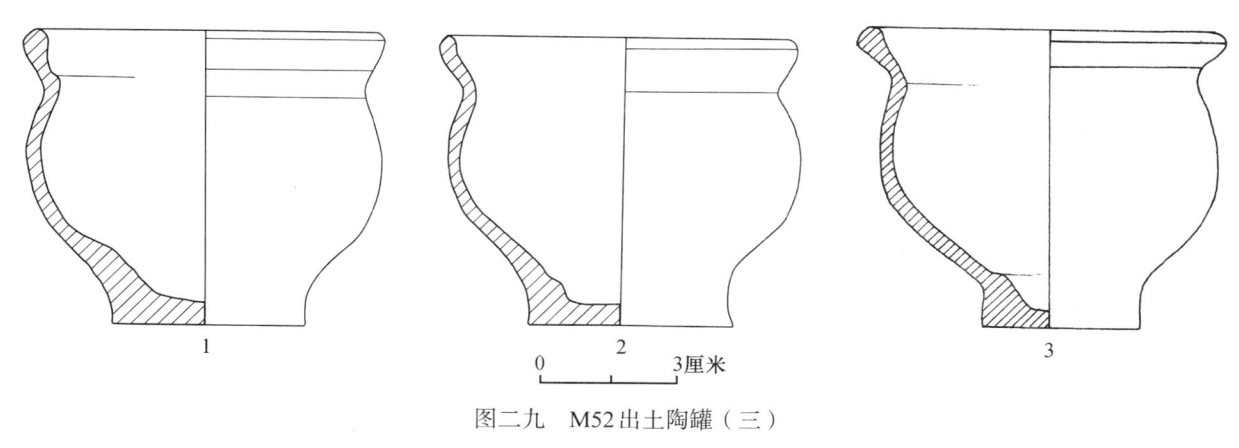

1. M52∶21　2. M52∶22　3. M52∶19

通体有轮旋痕，颈部有一周凹弦纹，近底部有指纹痕迹，底部有轮旋痕。口沿残缺，修复完整。口径7.8、通高6.8、最大腹径7.7、底径3.2厘米（图二九，3）。

陶瓶　2件（彩版三六，1）。标本M52∶4，轮制。泥质灰陶，浅灰褐色胎。小口，直领，丰肩，下腹弧收，平底。器表和器底均有旋修时留下的弦纹。口径3.8、底径6.7、最大腹径10、通高13.7厘米（图三〇，1）。标本M52∶14，轮制。泥质灰陶，浅灰色胎。直口，直领，圆唇，丰肩，下腹弧收，平底。器表和器底均有数旋削时留下的弦纹。口径4、底径6.3、最大腹径9.6、通高13厘米（图三〇，2）。

陶盏　4件。标本M52∶8，保存完好。轮制。泥质灰陶，浅灰色胎。敞口，方平沿，方唇，

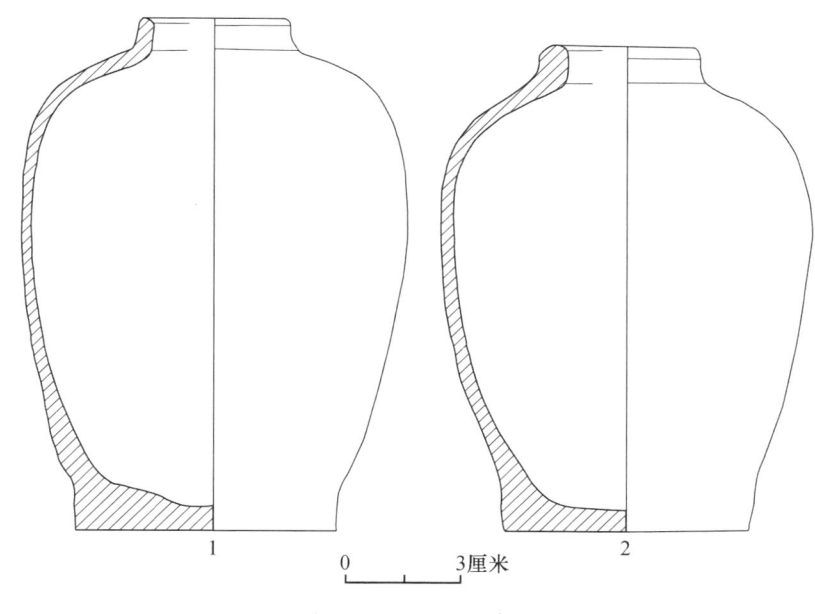

图三〇　M52出土陶瓶

1. M52∶4　2. M52∶14

斜腹，平底。器表有慢轮修整痕迹和指纹印痕，底部有轮旋痕。口径8.7、底径4.2、高2.6厘米（图三一，1；彩版三六，2）。标本M52∶10，保存完好。轮制。泥质灰陶，浅灰色胎。敞口，平沿，方圆唇，沿面略向内倾斜，斜腹，平底。器表有慢轮修整痕迹和指纹印痕，底部有轮旋痕和陶泥粘痕。口径9.1、底径4.9、高2.9厘米（图三一，2；彩版三六，4）。标本M52∶28，保存完好。轮制。泥质灰陶。敞口，圆唇。斜直腹。小平底，外撇。器表有慢轮修整痕迹，底部有轮旋痕。口径4.9、底径3.2、高1.5厘米（图三一，3；彩版三六，3）。标本M52∶11，保存完好。轮制。泥质灰陶，浅灰色胎。口微敛，尖唇，斜弧腹，平底。器表有慢轮修整痕迹，底部有轮旋痕。口径5.4、底径3.5、高2.3厘米（图三一，4；彩版三六，5）。

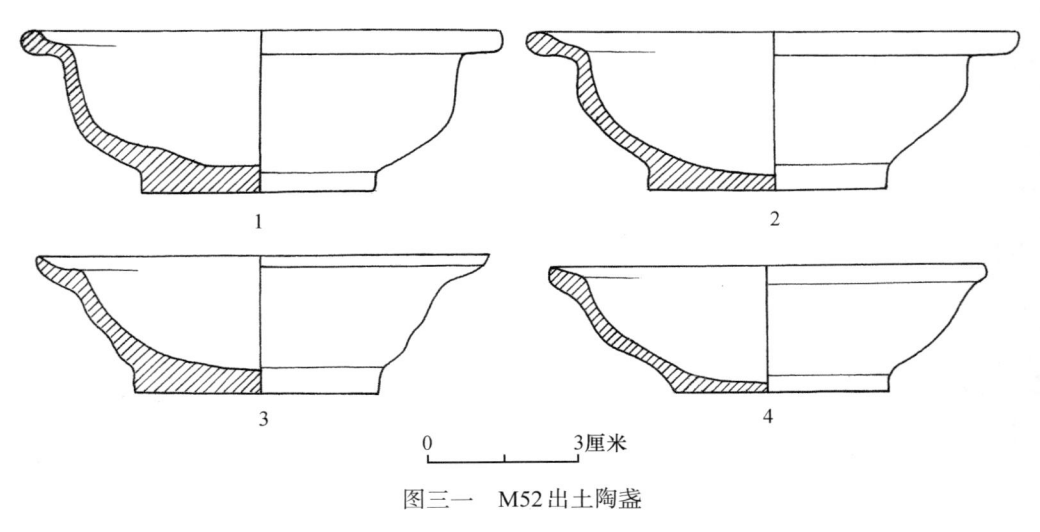

图三一　M52出土陶盏
1. M52∶8　2. M52∶10　3. M52∶28　4. M52∶11

陶盆　4件。标本M52∶23，轮制。保存完好。泥质灰陶，浅灰色胎。敞口，平沿，方唇。沿面有一凹槽。浅腹微鼓，平底。通体有轮旋痕。口径9.6、底径4.6、腹径7.8、通高3.4厘米（图三二，1；彩版三六，8）。标本M52∶24，轮制。保存完好。泥质灰陶，浅灰色胎。敞口，平沿，方唇，沿面略向内倾斜。浅弧腹，近底弧收稍外撇，平底。下腹部有指纹印痕和陶泥粘接痕，底部有轮旋痕。口径9.8、底径4.5、腹径7.8、高3.3厘米（图三二，2；彩版三七，1）。标本M52∶5，保存完好。泥质灰陶，浅灰褐色胎。直口微侈，平沿，尖圆唇，沿面微凹，略向内倾斜，腹微鼓，平底。下腹近底处有陶泥碎块粘连。口径5、底径3.6、高2.8厘米（图三二，3；彩版三六，6）。标本M52∶16，保存完好。泥质灰陶，浅灰褐色胎。直口，微敛，平沿，方唇，沿面上有一周凹弦纹，外圈略向内倾斜，腹微鼓，平底。器表有慢轮修整痕迹和

图三二　M52出土陶盆

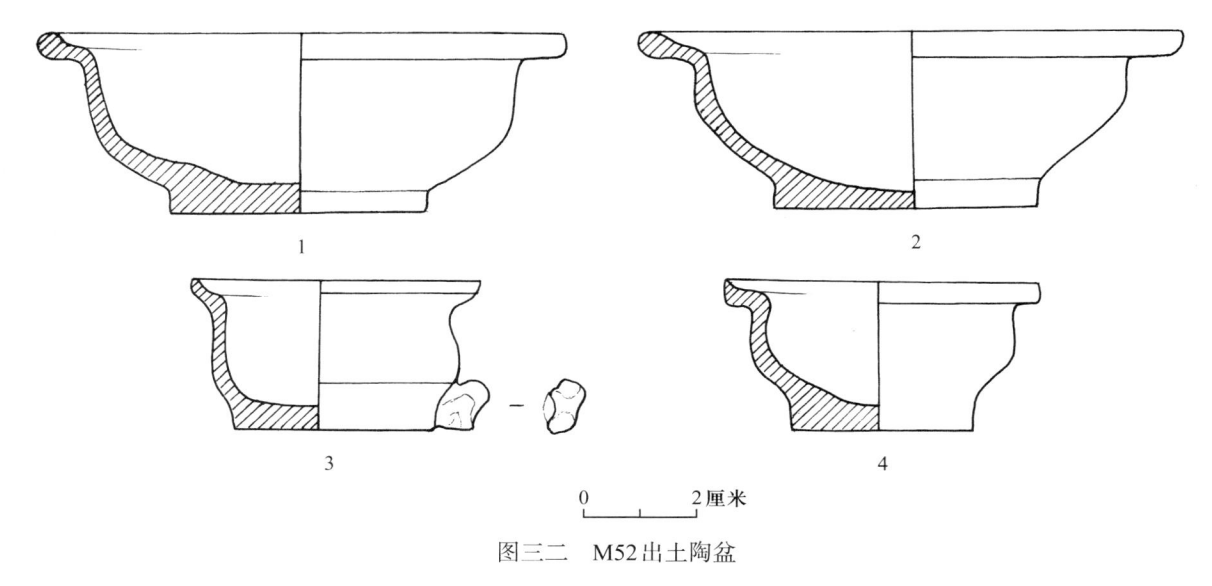

1. M52∶23　2. M52∶24　3. M52∶5　4. M52∶16

指纹印痕，底部有轮旋痕。口径5.7、底径3.2、腹径4.7、高2.8厘米（图三二，4；彩版三六，7）。

陶杯　2件。标本M52∶27，保存完好。轮制。泥质灰陶，浅灰色胎。侈口，圆唇，斜壁，平底。器表有两道凹弦纹和慢轮修整痕迹。口径5.4、底径3.3、高4.1厘米（图三三，1；彩版三七，3）。标本M52∶6，保存完好。泥质灰陶，浅灰褐色胎。敞口，尖圆唇，束颈，深弧腹，平底。器表有慢轮修整的痕迹和陶泥指纹的粘痕，底有轮旋痕。口径5.2、底径2.5、高4.1厘米（图三三，2；彩版三七，2）。

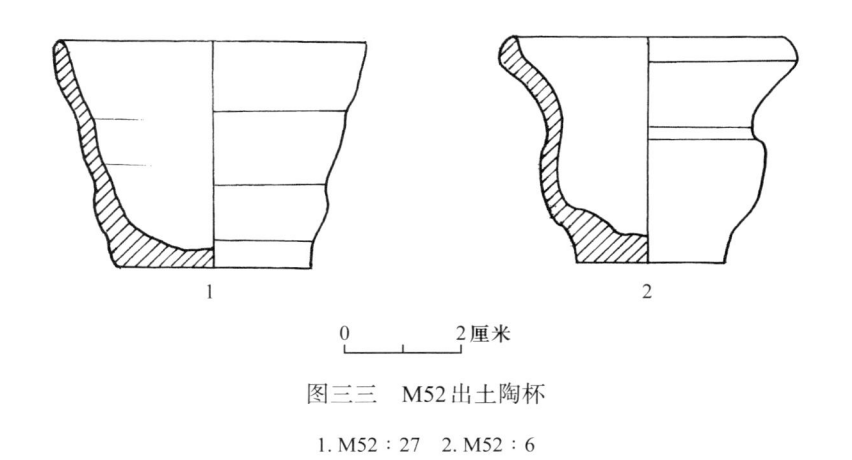

图三三　M52出土陶杯

1. M52∶27　2. M52∶6

陶灯　2件。标本M52∶17，保存完好。手、轮兼制。泥质灰陶。灯盘敞口，方唇，浅腹，内底中心下凹，有孔直通柄部。柄做竹节葫芦状。圆形底座，底面凹凸不平，有孔和轮旋痕，完整。口径3.2、底径4、高6厘米（图三四，1；彩版三七，5）。标本M52∶7，保存完好。手、

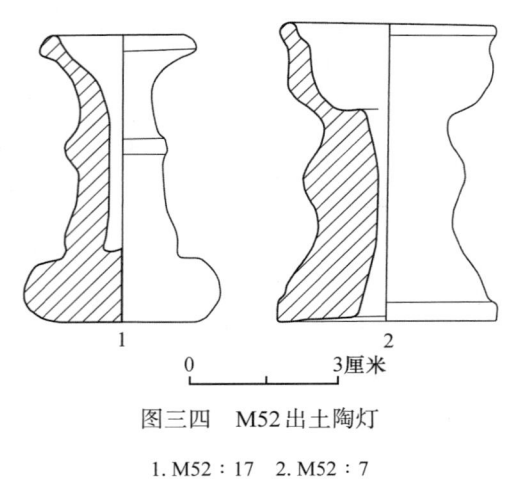

轮兼制。泥质灰陶。灯盘敞口，方唇，束颈，鼓腹斜收，内底中心下凹有垂直穿孔，柄做葫芦状，圆锥形底座中心有圆形孔与灯盘互通。底部有轮旋痕。口径4.3、底径4.5、高6.3厘米（图三四，2；彩版三七，4）。

陶釜　2件。标本M52：9，保存完好。轮制。泥质灰陶，浅灰色胎。直口，尖圆唇。口下有五组锯齿形花式与5组鸡冠状扳手相间。弧腹斜收，平底。器表有慢轮修整痕迹和指纹印痕，底部有轮旋痕和陶泥粘痕。口径7.4、底径5.1、高3.2厘米（图三五，1；彩版三七，6）。标本M52：18，残，可复原。轮制。泥质灰陶，浅灰色胎。侈口，尖圆唇，平沿，沿面微弧凹，沿外侧做成锯齿状。弧腹内收，平底。口部有对称的双錾。器表有慢轮修整痕迹和指纹印痕，腹部有轮旋痕、指纹与陶泥粘痕。口径9.9、底径5.1、高3.2～3.5厘米（图三五，2；彩版三七，7）。

2. 青砖

2块。标本M52：29，一角残缺。泥质灰陶。素面。长29.6、宽14.8、厚4.4厘米（图三六；彩版三七，8）。

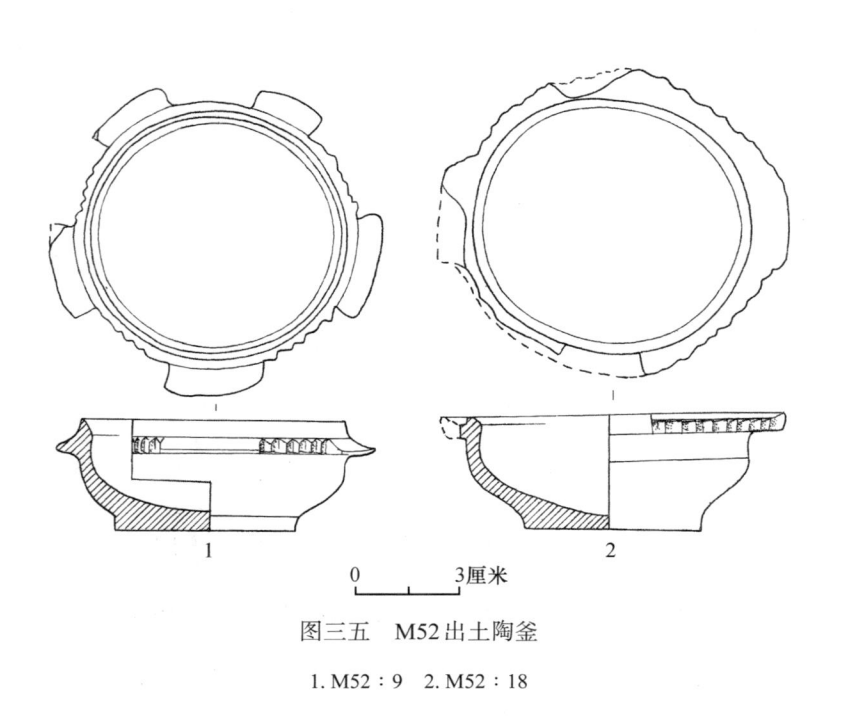

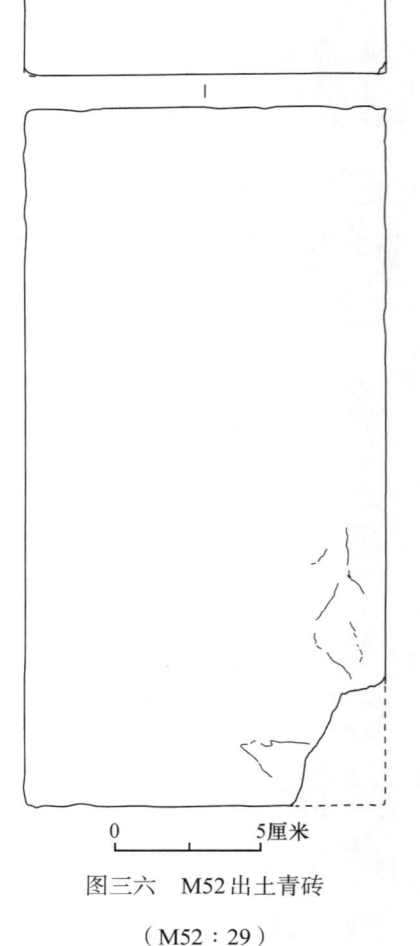

图三四　M52出土陶灯
1. M52：17　2. M52：7

图三五　M52出土陶釜
1. M52：9　2. M52：18

图三六　M52出土青砖
（M52：29）

第四章 明代墓葬

共14座，其中，单棺墓8座，编号分别为M6、M9、M18、M36、M59、M62、M76、M80；双棺合葬墓3座，编号分别为M1、M24、M66；三棺合葬墓1座，编号为M14；四棺合葬墓2座，编号分别为M41、M67。

第一节 单 棺 墓

8座，编号分别为M6、M9、M18、M36、M59、M62、M76、M80。

一、M6

（一）位置及形制

M6位于发掘区东北部T1226内，东北与M5相距15米，开口于第2层下，打破生土。东西向，方向87°。

竖穴土坑墓（图三七；彩版三，1）。墓口距地表深0.8米，墓底距地表深1.62米。墓圹平面呈梯形，东西长2.34米，南北宽0.82～0.88米，深0.82米。内填黄褐色五花土，以黄沙土为主，土质较疏松。

葬具为木棺，腐朽严重，仅剩板灰痕迹，发现有散落的铁棺钉。棺内底部铺有草木灰。棺平面呈梯形，长1.66米，宽0.4～0.5米，残高0.12米，板灰厚5厘米。人骨保存一般，头东脚西，右腿弯曲，面向及身体向右微侧。骨架长1.52米。经鉴定墓主为女性，年龄在30～35岁。

图三七　M6平、剖面图

1.铜钱

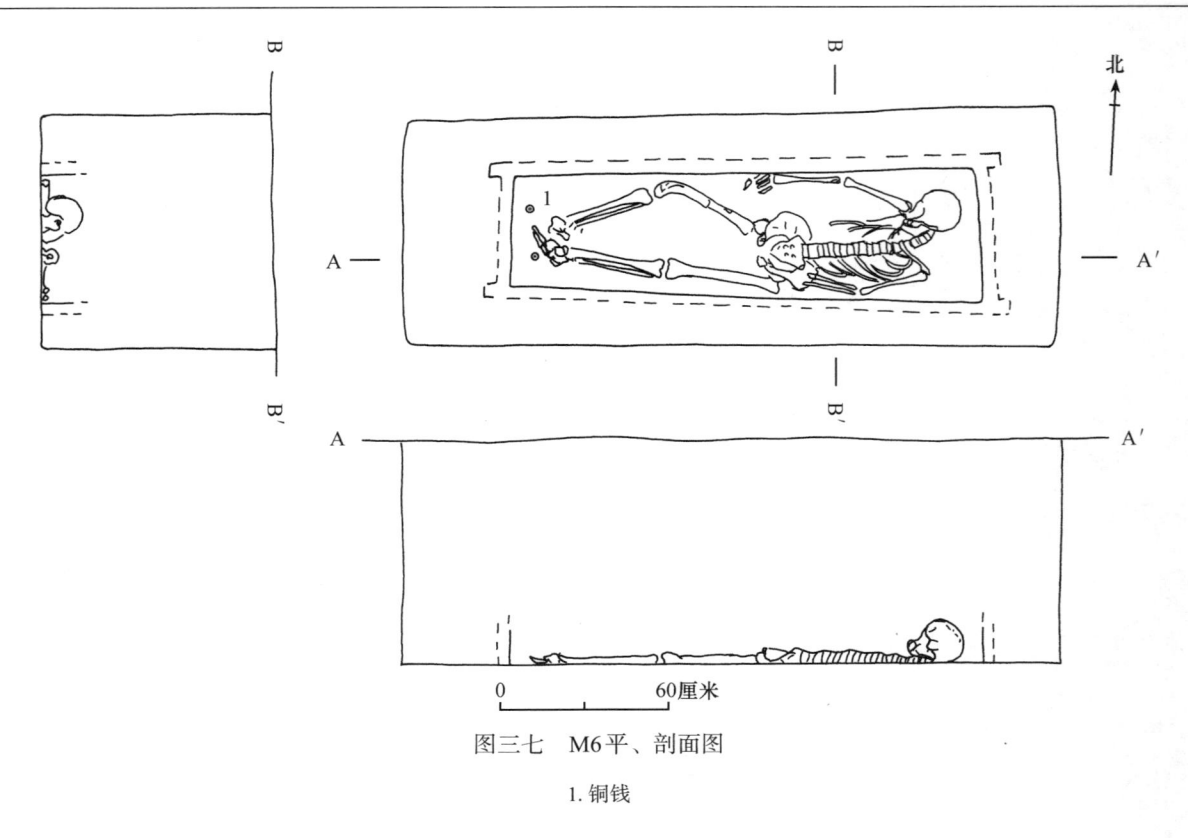

（二）出土器物

铜钱2枚，位于墓主人脚部。

宣德通宝　1枚。标本M6：1-2，锈蚀严重。圆形，方穿，正背面有圆郭，正面铸"宣德通宝"四字，楷书，对读，背面无纹。钱径2.5厘米，穿宽0.59、郭宽0.3厘米，重3.2克（图三八，1）。

嘉靖通宝　1枚。标本M6：1-1，锈蚀严重。圆形，方穿，正背面有圆郭，正面铸"嘉靖通宝"四字，楷书，对读，背光素无纹。钱径2.5厘米，穿宽0.55、郭宽0.25厘米，重4.07克（图三八，2）。

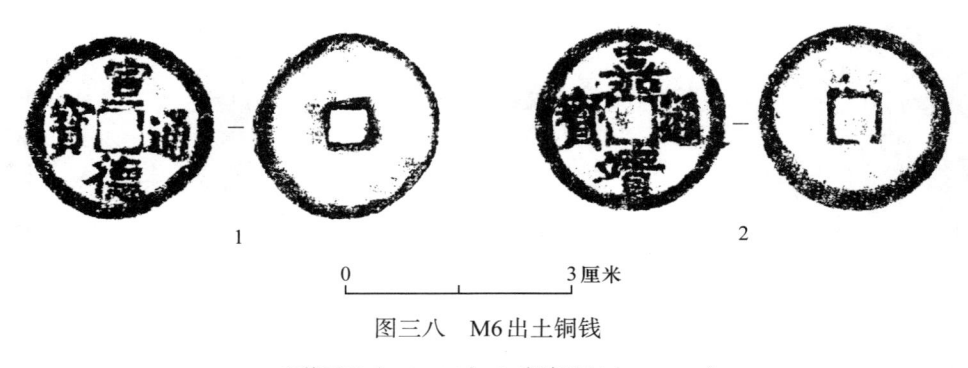

图三八　M6出土铜钱

1.宣德通宝（M6：1-2）　2.嘉靖通宝（M6：1-1）

二、M9

（一）位置及形制

M9位于发掘区东北部T1829内，西与M1相距3.5米，东南为M2。南部被现代管道沟打破。开口于第2层下，打破生土。南北向，方向355°。

竖穴土坑墓（图三九；彩版三，2）。墓口距地表深1米，墓底距地表深1.6米。墓圹平面呈梯形，南北残长1.8米，东西宽0.72~0.9米，残深0.6米。墓壁较直，墓底较平。内填黄褐色五花土，以黄沙土为主，含有较多料姜石颗粒。

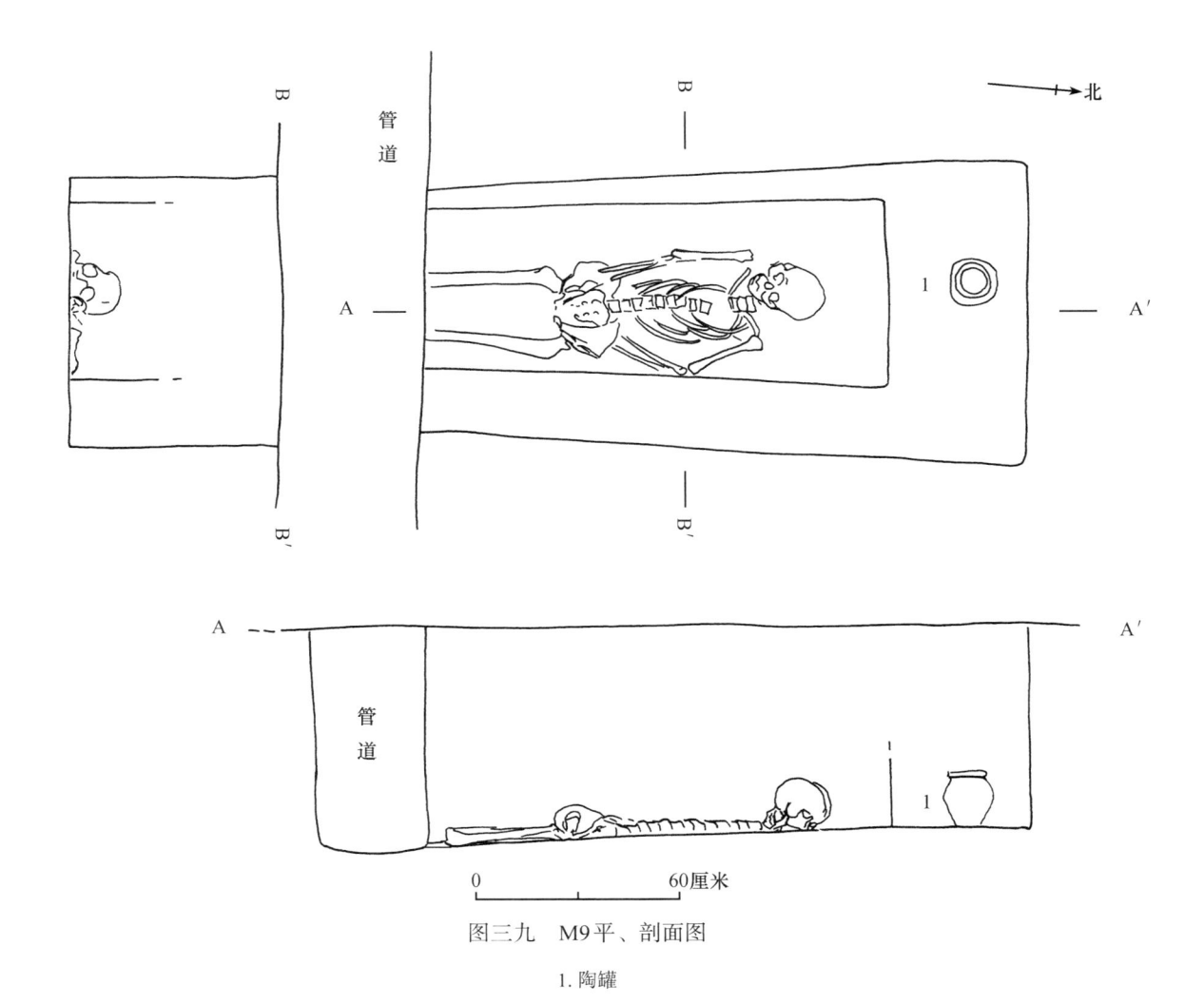

图三九 M9平、剖面图

1. 陶罐

葬具为单棺，腐朽严重，棺痕明显，发现有铁棺钉。棺内底部铺有草木灰。棺平面呈梯形，残长1.4米，宽0.48~0.56米，残高0.26米，板灰厚3厘米。人骨保存一般，头北脚南，面向上，仰身直肢，骨架残长1.18米。经鉴定为女性，年龄在20~25岁。

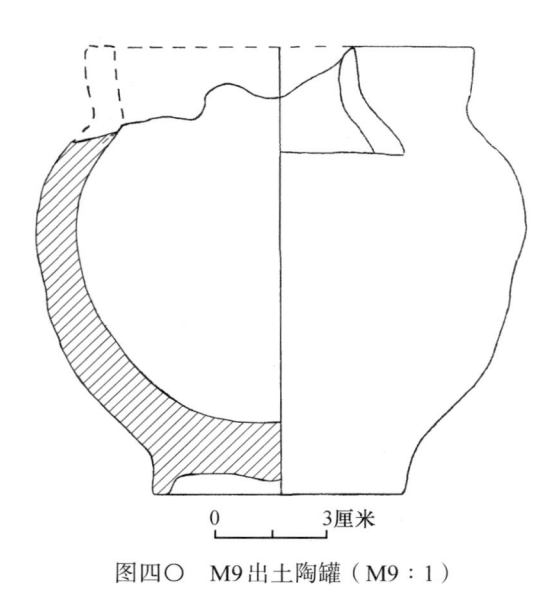

（二）出土器物

陶罐1件，位于棺头档外侧。

陶罐 标本M9:1，轮制，泥质红陶。口部残。直口方唇，矮领，短束颈，溜肩，鼓腹，下腹弧收，圈足。火候一般，硬度较低。器表有慢轮修整痕迹。器身内外有数周修坯旋痕和两道凹弦纹。口径10.4、底径6.7、最大腹径13.1、通高12.4厘米（图四〇；彩版三八，1）。

图四〇 M9出土陶罐（M9:1）

三、M18

（一）位置及形制

M18位于发掘区东北部T1426内，北与M17相距0.6米。开口于第2层下，打破生土。东西向，方向75°。

长方形竖穴土坑墓（图四一；彩版四，1）。墓口距地表深0.9米，墓底距地表深1.54米。墓圹东西长2.6米，南北宽0.94米，深0.64米。墓壁较直，墓底较平。内填灰褐色花土和细黄沙土及夹杂有料姜石颗粒的灰白色土，土质较硬。

葬具为木棺，棺木已朽，棺痕明显，发现有铁质棺钉3枚。棺内底部铺有草木灰。棺平面呈梯形，长1.76米，宽0.34~0.5米，残高0.34米，板灰厚5厘米。棺内人骨保存较差，仰身直肢，头向东北，盆骨以下保存稍好。根据头骨残留痕迹测量，骨架长1.5米。经鉴定为男性，年龄在40岁左右。

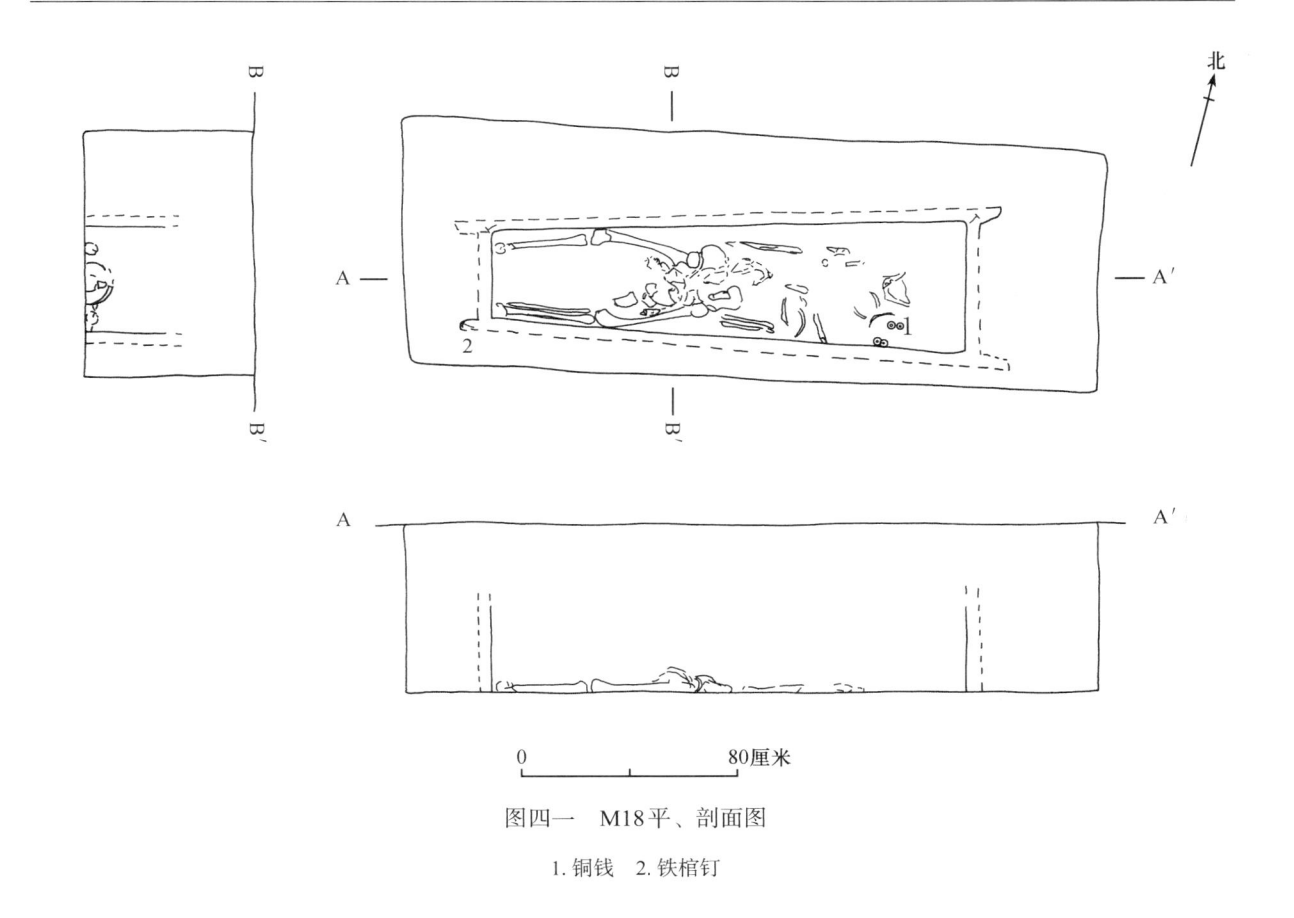

图四一　M18平、剖面图
1.铜钱　2.铁棺钉

（二）出土器物

铁棺钉3枚，位于棺板灰附近。铜钱39枚，均出土于棺内人骨左肩处，其中唐代钱币4枚，均为开元通宝；宋代钱币19枚；明代钱币弘治通宝（残损）和嘉靖通宝各1枚；另有14枚钱币，因锈蚀严重，钱面字迹模糊不清，无法辨识其具体年号。

1. 铁棺钉

铁棺钉　3枚。标本M18：2，锈蚀严重。钉帽残。钉帽扁平状，钉身四棱柱状锥形，尖端双面扁圆形。钉身直径0.6～0.9厘米，残长12厘米（图四二）。

2. 铜钱

开元通宝　4枚。标本M18：1-8，锈蚀严重。圆形，方穿，正背面有圆郭，正面铸钱文"开元通宝"四字，隶书，对读。光背无纹。钱径2.45、穿宽0.7、郭宽0.2厘米，重2.1克

（图四三，1）。

至道元宝　2枚。标本M18：1-7，锈蚀严重。圆形，方穿，正背面有圆郭，正面铸钱文"至道元宝"四字，隶书，对读。光背无纹。钱径2.45、穿宽0.7、郭宽0.2厘米，重2.1克。

咸平元宝　1枚。标本M18：1-5，圆形，方穿，正、背面有圆郭，正面铸钱文"咸平元宝"四字，楷书，旋读。钱径2.5、穿宽0.6、郭宽0.4厘米，重3.37克（图四三，2）。

景德元宝　1枚。标本M18：1-9，圆形，方穿，正、背面有圆郭，正面铸钱文"景德元宝"四字，楷书，旋读。钱径2.45、穿宽0.6、郭宽0.4厘米，重3.47克（图四三，3）。

祥符元宝　3枚。标本M18：1-2，圆形，方穿，正、背面有圆郭，正面铸钱文"祥符元宝"四字，楷书，旋读，光背无纹。钱径2.45、穿宽0.65、郭宽0.3厘米，重3.1克（图四三，4）。

天禧通宝　2枚。标本M18：1-1，圆形，方穿，正、背面有圆郭，正面铸钱文"天禧通宝"四字，楷书，旋读。钱径2.45、穿宽0.65、郭宽0.3厘米，重3克（图四三，5）。

元丰通宝　7枚。标本M18：1-4，圆形，方穿，正、背面有圆郭，正面铸钱文"元丰通宝"四字，篆书，旋读。钱径2.4、穿宽0.7、郭宽0.3厘米，重3克。

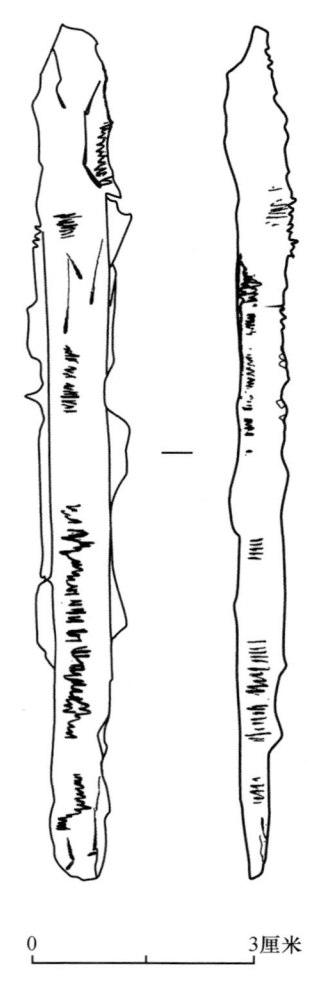

图四二　M18出土铁棺钉（M18：2）

嘉祐元宝　1枚。标本M18：1-10，圆形，方穿，正面郭缘略宽，背面无郭，正面楷书"嘉祐元宝"四字，旋读。钱径2.5、穿径0.65、郭厚0.1厘米（图四三，6）。

治平元宝　1枚。标本M18：1-6，圆形，方穿，正、背面有圆郭，正面铸钱文"治平元宝"四字，篆书，旋读。钱径2.4、穿宽0.55、郭宽0.3厘米（图四三，7）。

嘉靖通宝　1枚。标本M18：1-3，圆形，方穿，正、背面有圆郭，正面铸钱文"嘉靖通宝"四字，楷书，对读。光背无纹。钱径2.5、穿宽0.55、郭宽0.25厘米，重4克（图四三，8）。

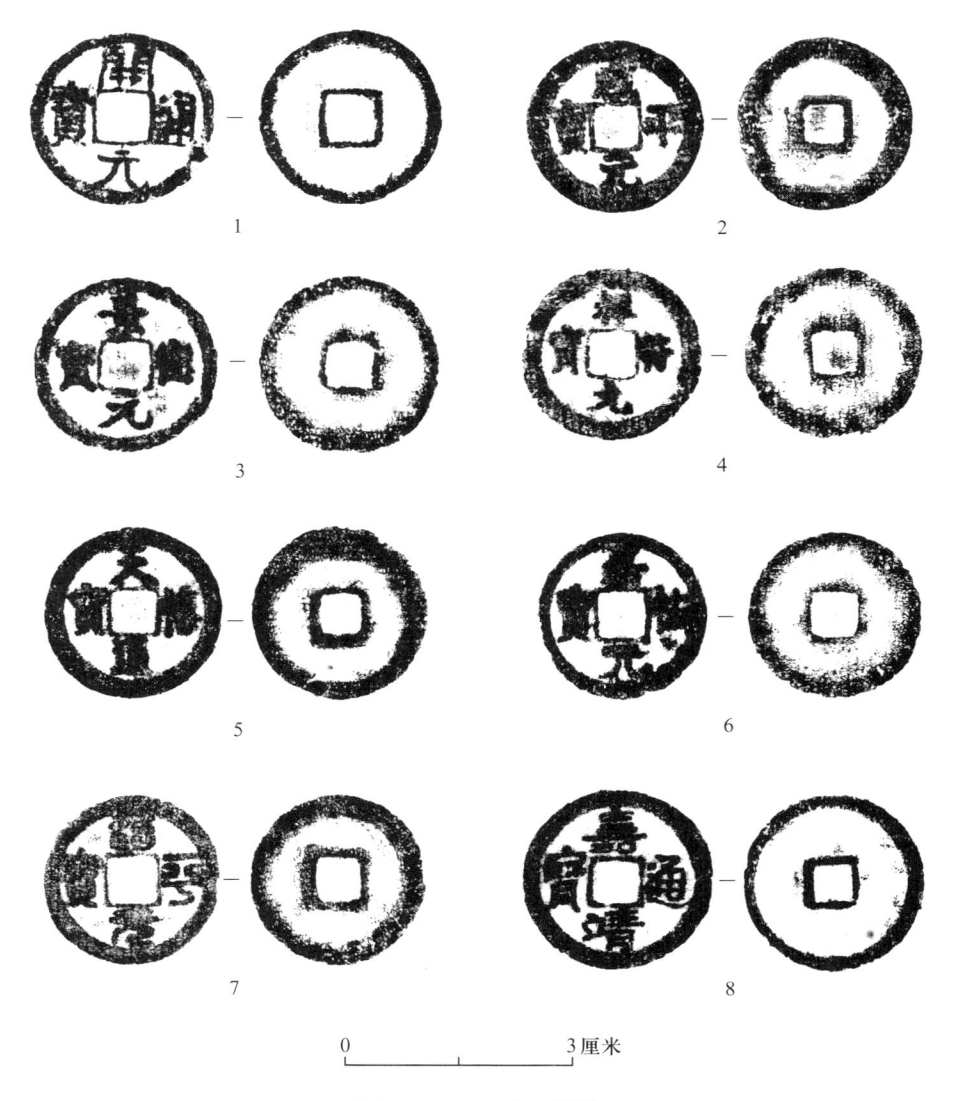

图四三　M18出土铜钱

1. 开元通宝（M18∶1-8）　2. 咸平元宝（M18∶1-5）　3. 景德元宝（M18∶1-9）　4. 祥符元宝（M18∶1-2）
5. 天禧通宝（M18∶1-1）　6. 嘉祐元宝（M18∶1-10）　7. 治平元宝（M18∶1-6）　8. 嘉靖通宝（M18∶1-3）

四、M36

（一）位置及形制

位于发掘区东北部T1326内，北与M19相距4.5米，北侧被现代房基打破。开口于第2层下，打破生土。东西向，方向105°。

长方形竖穴土坑墓（图四四；彩版四，2）。墓口距地表深1米，墓底距地表深2.36米。墓圹直壁，平底，东西长2.4米，南北宽0.82～0.86米，深1.36米。内填花土，有扰动痕迹。

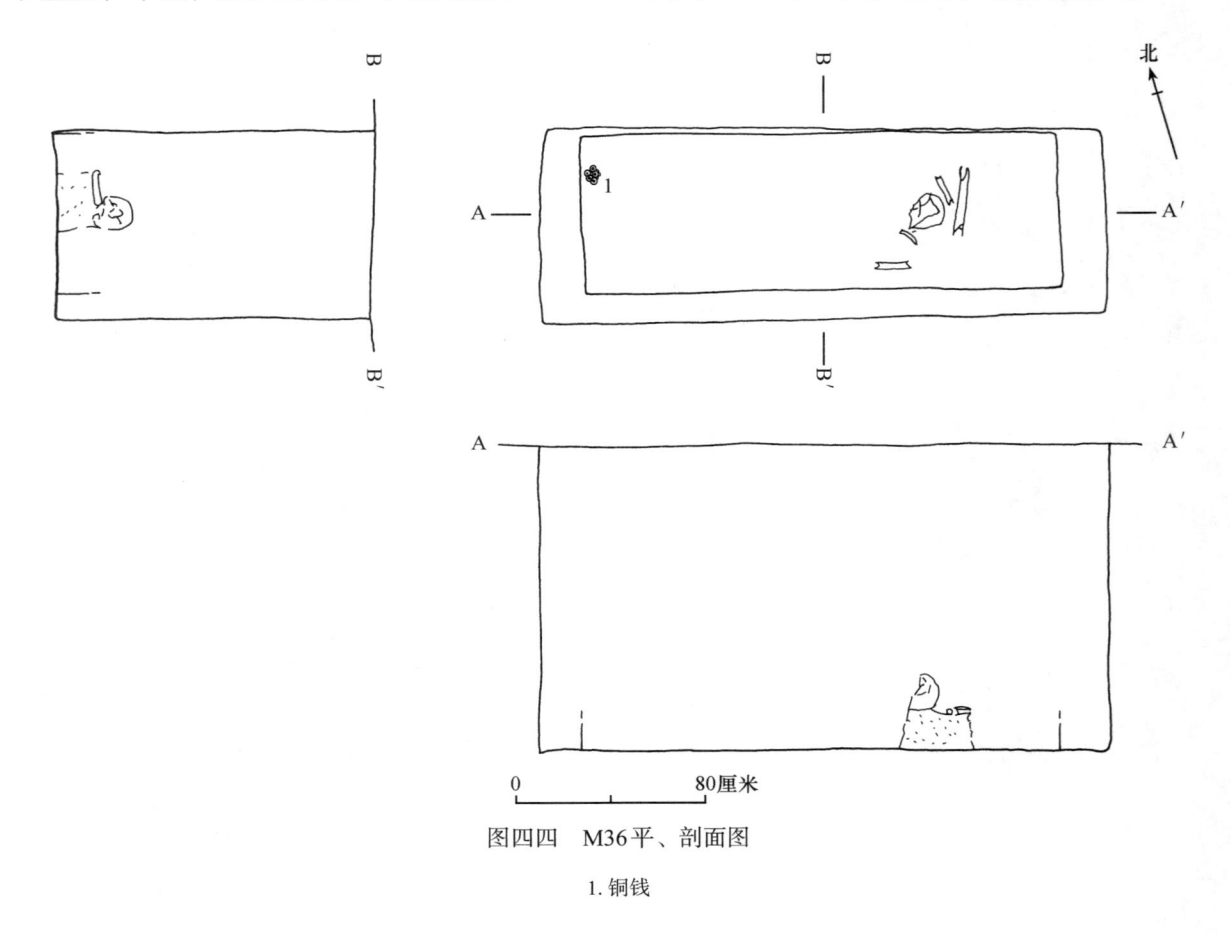

图四四　M36平、剖面图
1.铜钱

葬具为木棺，腐朽严重，仅残存隐约的板灰痕迹。棺长2米，宽0.7米，残高0.15米。棺内人骨大部分缺失，仅残存部分头骨和少量肢骨，葬式不明。

（二）出土器物

铜钱11枚，均出土于棺内西侧墓主人脚骨附近，有宋元通宝1枚、景德元宝1枚、天禧通宝1枚、元丰通宝2枚、天圣元宝1枚、熙宁重宝1枚、元祐通宝2枚、宣和通宝1枚、大定通宝1枚。

宋元通宝　1枚。标本M36：1-5，圆形，方穿，正、背面有圆郭，正面铸钱文"宋元通宝"四字，楷书，对读。钱径2.6、穿宽0.54、郭宽0.32厘米，重4克（图四五，1）。

景德元宝 1枚。标本M36∶1-6，圆形，方穿，正、背面有圆郭，正面铸钱文"景德元宝"四字，楷书，旋读。钱径2.5、穿宽0.55、郭宽0.3厘米，重4克（图四五，2）。

天禧通宝 1枚。标本M36∶1-7，圆形，方穿，正、背面有圆郭，正面铸钱文"天禧通宝"四字，楷书，旋读。钱径2.45、穿宽0.62、郭宽0.3厘米，重3克（图四五，3）。

元丰通宝 2枚。标本M36∶1-3，圆形，方穿，正、背面有圆郭，正面铸钱文"元丰通宝"四字，篆书，旋读。钱径2.9、穿宽0.53、郭宽0.35厘米，重8克（图四五，4）。标本M36∶1-2，圆形，方穿，正、背面有圆郭，正面铸钱文"元丰通宝"四字，行书，旋读。钱径3、穿宽0.6、郭宽0.36厘米，重9克。

天圣元宝 1枚。标本M36∶1-8，圆形，方穿，正、背面有圆郭，正面铸钱文"天圣元宝"四字，篆书，旋读。钱径2.54、穿宽0.66、郭宽0.3厘米，重4克（图四五，5）。

熙宁重宝 1枚。标本M36∶1-1，圆形，方穿，正、背面有圆郭，正面铸钱文"熙宁重宝"四字，楷书，旋读。钱径3.2、穿宽0.7、郭宽0.37厘米，重8克（图四五，6）。

元祐通宝 2枚。标本M36∶1-9、M36∶1-2，圆形，方穿，正、背面有圆郭，正面铸钱文"元祐通宝"四字，行书，旋读。钱径2.4、穿宽0.65、郭宽0.28厘米，重4克（图四五，7、8）。

宣和通宝 1枚。标本M36∶1-4，圆形，方穿，正、背面有圆郭，正面铸钱文"宣和通宝"四字，篆书，对读。钱径3.1、穿宽0.66、郭宽0.3厘米，重6克（图四五，9）。

大定通宝 1枚。标本M36∶1-10，圆形，方穿，正、背面有圆郭，正面铸钱文"大定通宝"四字，楷书，对读，背铸"酉"字。钱径2.45、穿宽0.65、郭宽0.3厘米，重4克（图四五，10）。

五、M59

（一）位置及形制

M59位于发掘区东部T0826内，东与M50相距4.9米，南部被东西向现代房基打破。开口于第2层下，打破生土。南北向，方向350°。

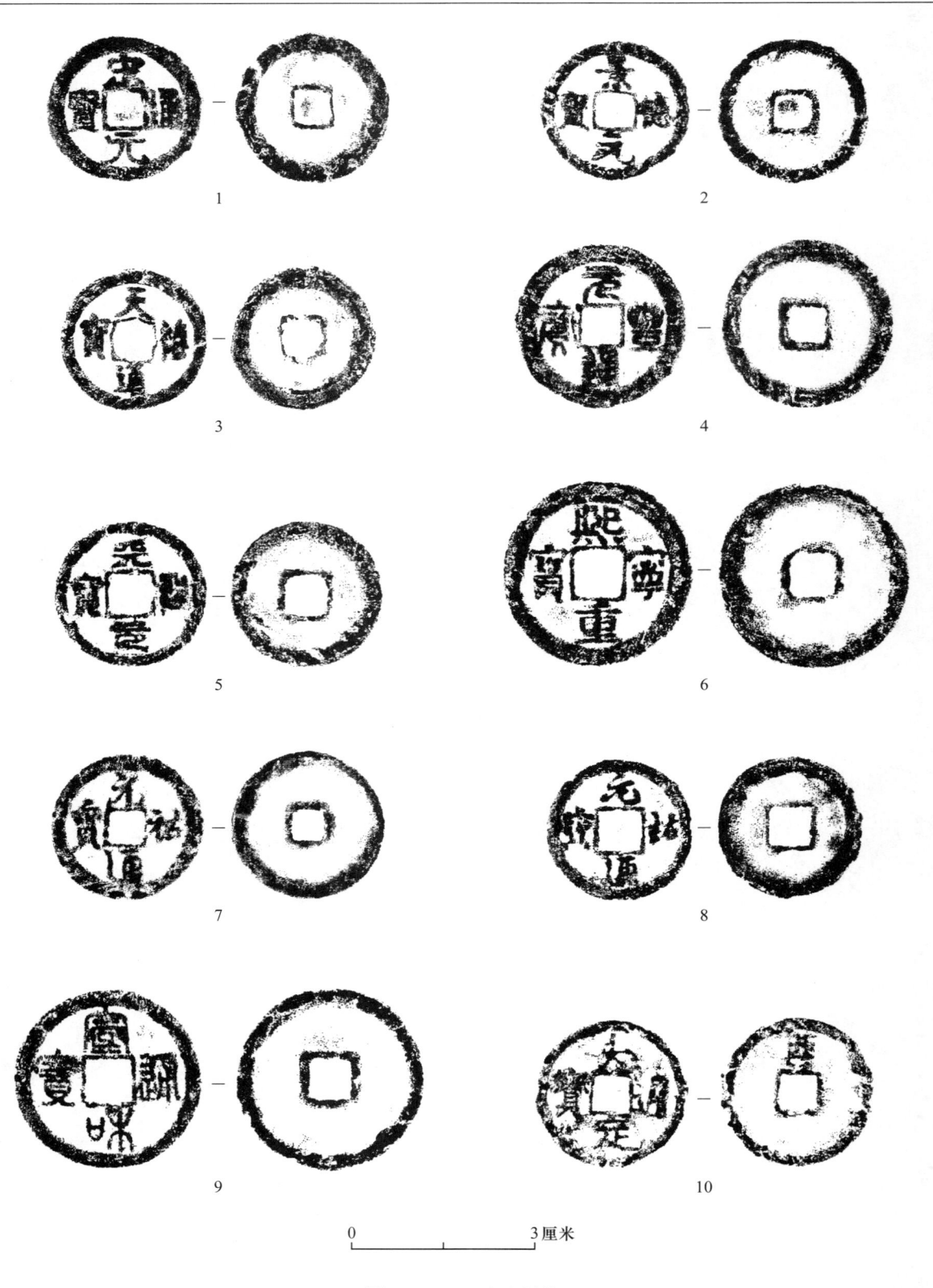

图四五 M36出土铜钱

1.宋元通宝（M36：1-5） 2.景德元宝（M36：1-6） 3.天禧通宝（M36：1-7） 4.元丰通宝（M36：1-3） 5.天圣元宝（M36：1-8） 6.熙宁重宝（M36：1-1） 7、8.元祐通宝（M36：1-9、M36：1-2） 9.宣和通宝（M36：1-4） 10.大定通宝（M36：1-10）

长方形竖穴土坑墓（图四六；彩版四，3）。墓口距地表深0.9米，墓底距地表深2.02米。墓圹南北长2.2米，东西宽1.32米，深1.12米。东北角有东西长0.42米，南北宽0.4米，高0.3米的生土台。内填花土，土质较硬。

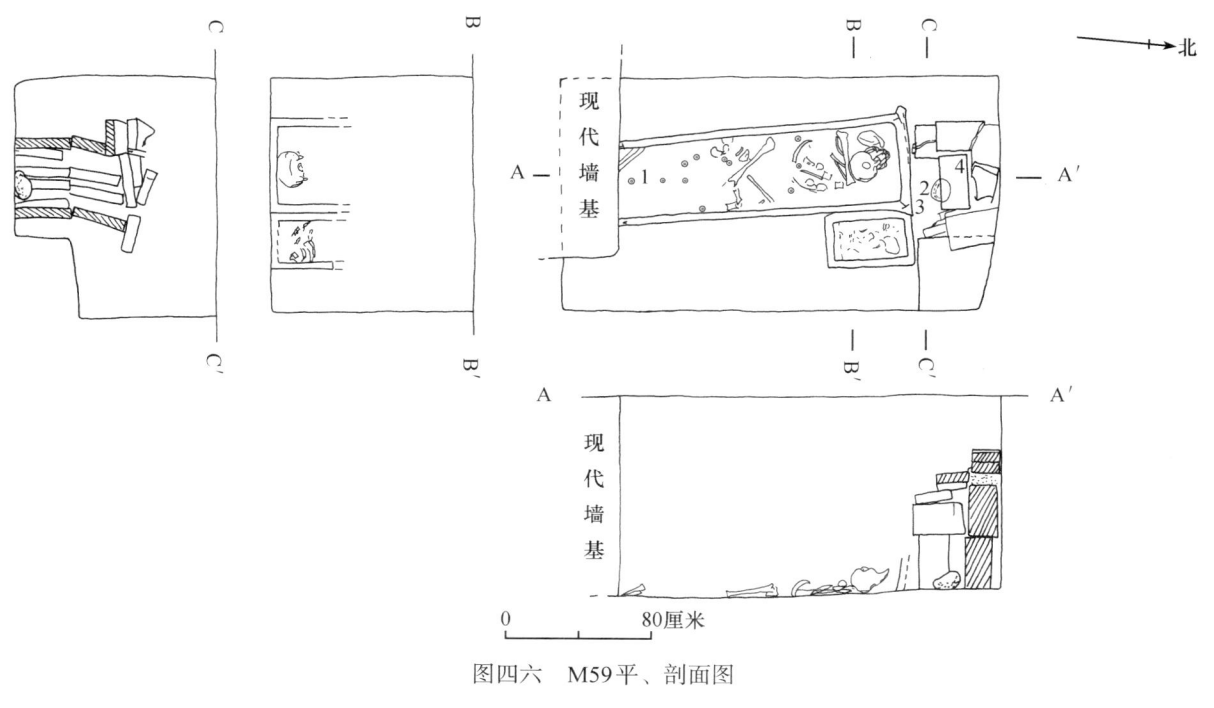

图四六 M59平、剖面图
1.铜钱 2.石块 3.铁棺钉 4.青砖

内葬两人，葬具分别木棺和木匣。木棺位于西侧，已朽，棺痕较明显，南宽北窄，南北长约1.6米，东西宽0.44～0.54米，残高约0.4米，板灰厚约3厘米。棺内骨架散乱，但仍能看出头北脚南下葬，头骨、肩胛骨等叠压在一起，桡尺骨、腿骨混在一处，骨架之下散落有铜钱。棺外北部有一砖龛，中空，北、东、西三面用条砖砌成，平砖盖顶，砖的规格为30厘米×14厘米×4厘米。龛内下部发现扁圆形河卵石一块。

木匣位于木棺东侧，已腐朽，板灰痕迹较明显。木匣平行放置，平面呈长方形，南北长0.48米，东西宽0.3米，残高0.3米，内有烧过的人骨，较碎，可辨有头盖骨等。

（二）出土器物

铜钱43枚，铁棺钉4枚，石块1块。铜钱均出土于棺内人骨下面，可辨有开元通宝、元祐通宝、永乐通宝。石块出土于墓主人头部砖龛内。另采集青砖1块。

1. 铜钱

开元通宝　41枚。标本M59∶1-1，锈蚀。圆形，方穿，正背面有圆郭，正面铸钱文"开元通宝"四字，隶书，对读。光背无纹。钱径2.45、穿宽0.64、郭宽0.2厘米，重3克（图四七，1；彩版三八，2）。

元丰通宝　1枚。标本M59∶1-2，圆形，方穿，正、背面有圆郭，正面铸钱文"元丰通宝"四字，行书，旋读。钱径2.3、穿宽0.6、郭宽0.3厘米，重3克（图四七，2）。

永乐通宝　1枚。标本M59∶1-3，锈蚀，圆形，方穿，正背面有圆郭，正面铸钱文"永乐通宝"四字，楷书，对读。光背无纹。钱径2.5、穿宽0.53、郭宽0.25厘米，重3克（图四七，3；彩版三八，3）。

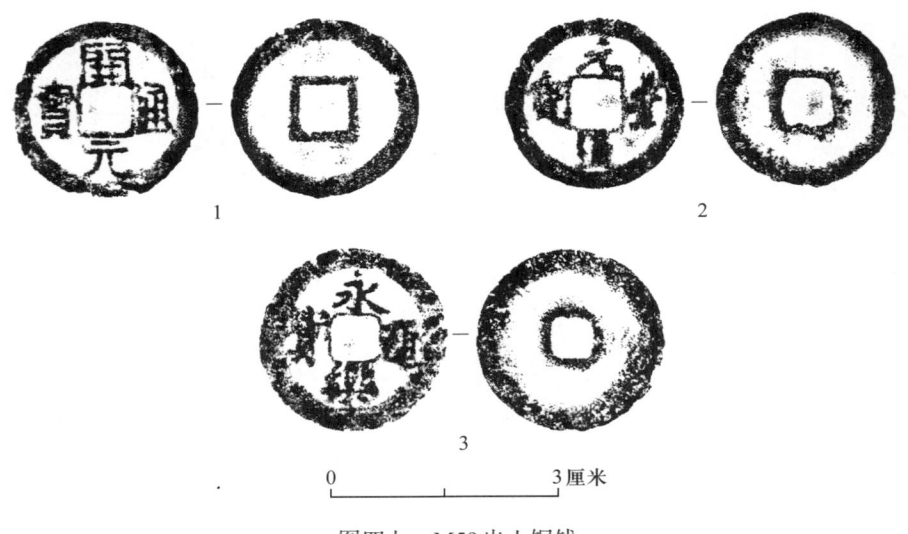

图四七　M59出土铜钱

1. 开元通宝（M59∶1-1）　2. 元丰通宝（M59∶1-2）　3. 永乐通宝（M59∶1-3）

2. 铁棺钉

4枚。标本M59∶3，残。锈蚀严重。长14、径0.8厘米（图四八，2）。

3. 石块

1块。标本M59∶2，深灰色卵石，略呈椭圆形。长径11.5、宽径9.2厘米（图四八，1）。

4. 青砖

1块。标本M59∶4，青灰色。素面。长29.8、宽14.8、厚4.2厘米（图四八，3；彩版三八，4）。

第四章　明代墓葬

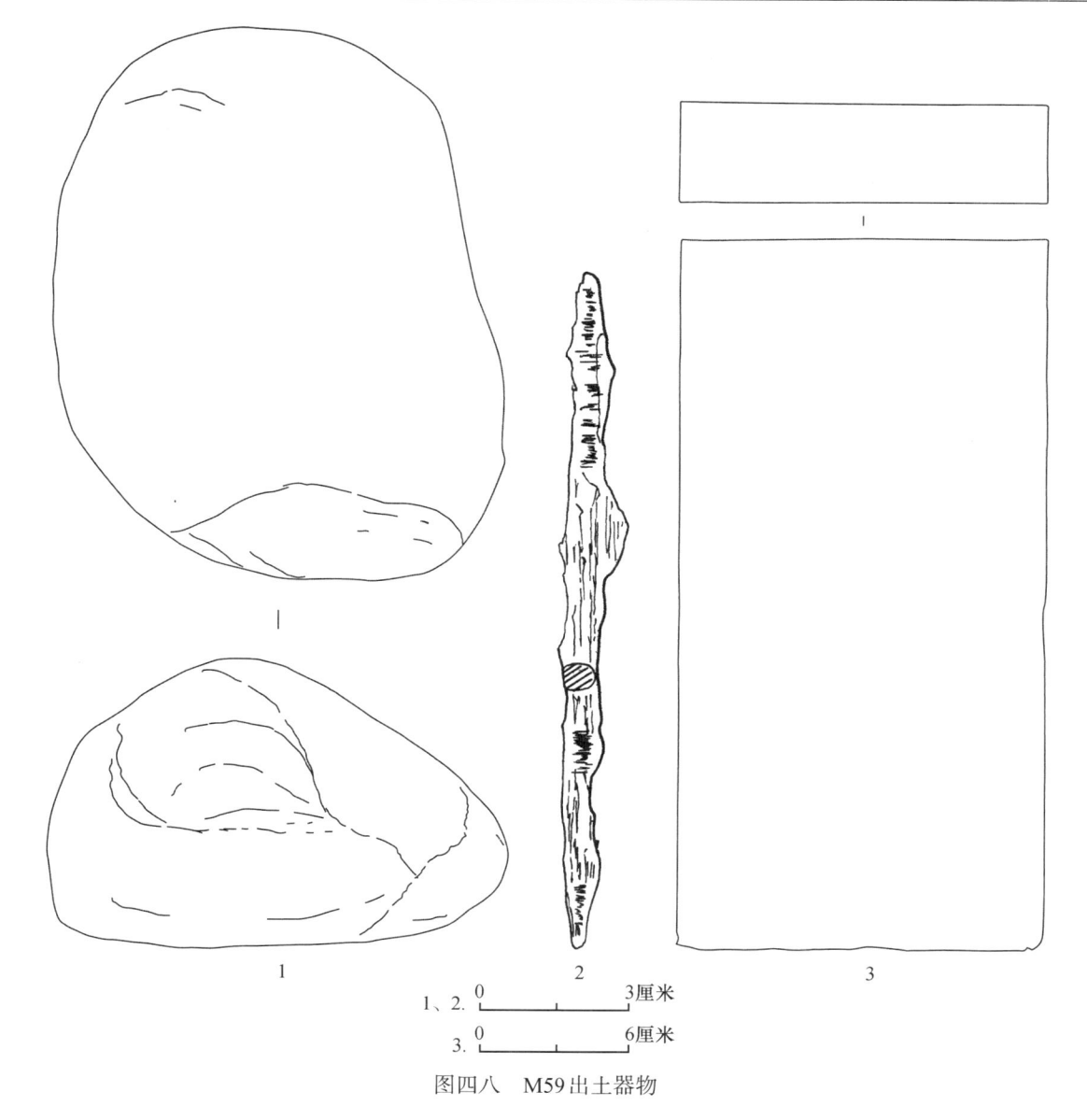

图四八　M59出土器物

1. 石块（M59：2）　2. 铁棺钉（M59：3）　3. 青砖（M59：4）

六、M62

（一）位置及形制

M62位于发掘区西南部T0718内，西与M61相距16.5米，西邻M61。开口于第2层下，打破生土。南北向，方向8°。

长方形竖穴土坑墓（图四九；彩版四，4）。墓口距地表深1米，墓底距地表深2.5米。墓圹

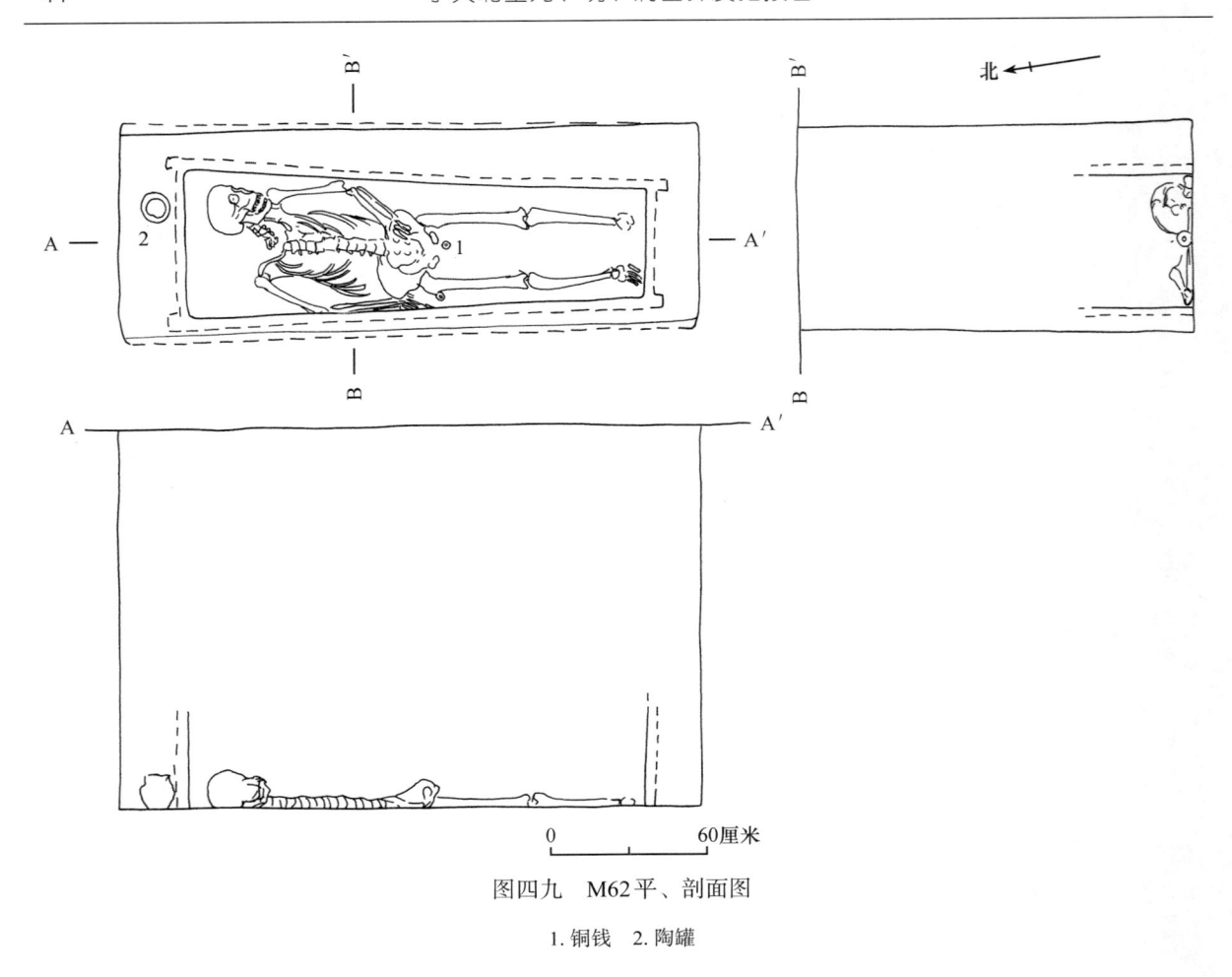

图四九　M62平、剖面图
1. 铜钱　2. 陶罐

南北长2.22米，东西宽0.8~0.84米，深1.5米。内填花土，土质疏松。

葬具为木棺，腐朽严重，仅剩板灰痕迹，平面呈梯形，长1.9米，宽0.5~0.7米，残高0.4米。棺内人骨保存较好，头北脚南，面向东，仰身直肢。经鉴定墓主为男性，年龄在30~35岁。

（二）出土器物

陶罐1件，位于棺头档外侧。铜钱2枚，出土于棺内墓主人盆骨处，可辨为天启通宝。

1. 陶罐

1件。标本M62∶2，泥质红陶。直口，方唇，矮直领，折肩，下腹斜收，平底。浅红色胎。火候较高，器身内外有慢轮修整痕迹，间施数道凹凸的弦纹。口部及肩部施酱黄色釉，内口有釉。外壁有流釉现象。器物内外壁见明显修坯旋痕，器底部有手指划痕和指纹粘痕。口径

8.9、底径7.7、最大腹径12、通高10.7~11.1厘米（图五〇，1；彩版三八，5）。

2. 铜钱

天启通宝　2枚。标本M62:1，锈蚀。圆形，方穿，正、背面有圆郭，正面铸钱文"天启通宝"四字，楷书，对读。光背无纹。钱径2.5、穿宽0.48、郭宽0.25、肉厚0.12厘米（图五〇，2）。

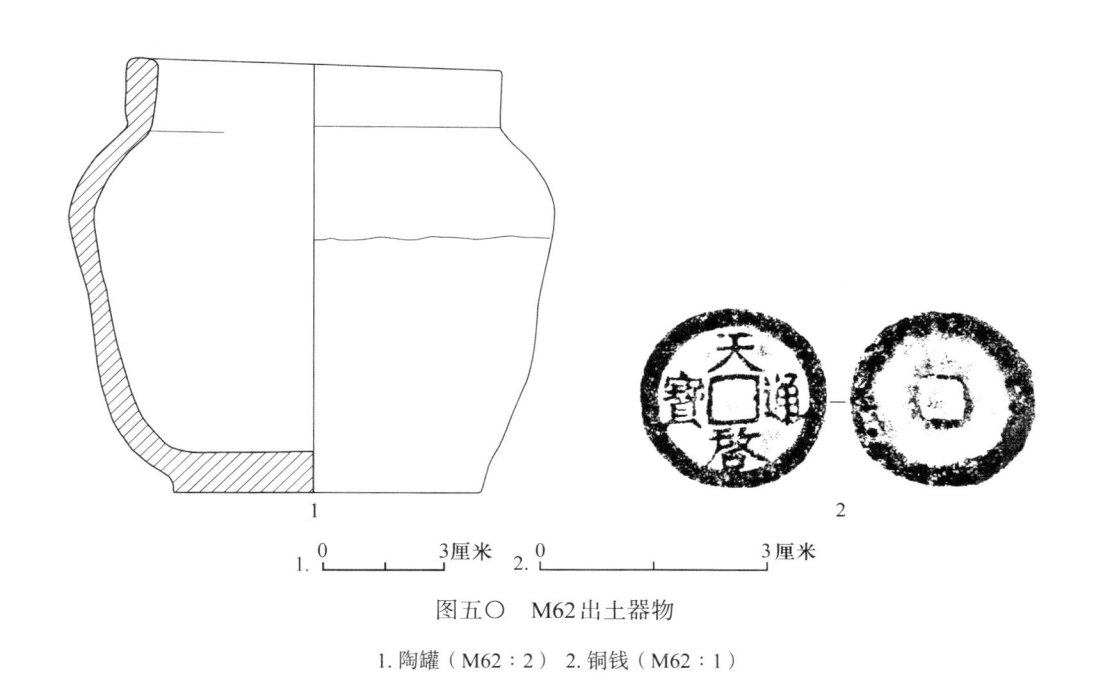

图五〇　M62出土器物

1. 陶罐（M62:2）　2. 铜钱（M62:1）

七、M76

（一）位置及形制

M76位于发掘区东部T1327内，南与M32相距3.4米，北部被M23打破。开口于第2层下，打破生土。东西向，方向92°。

长方形竖穴土坑墓（图五一；彩版五，1）。墓口距地表深0.9米，墓底距地表深1.14米。墓圹东西长2.2米，南北宽0.74~0.76米，深0.24米。内填较疏松的黄褐色花土，含料姜石颗粒、植物根系。

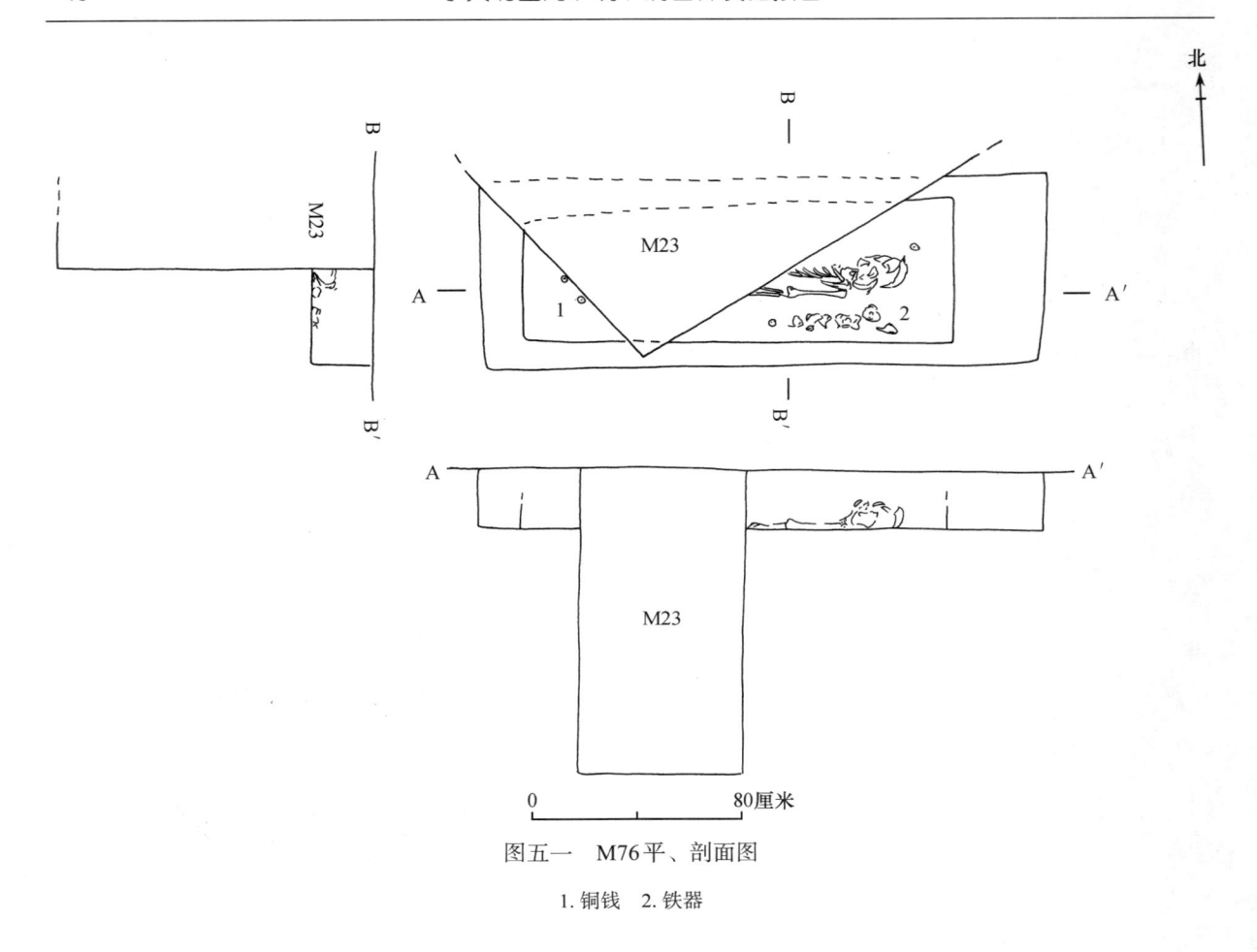

图五一　M76平、剖面图
1. 铜钱　2. 铁器

葬具为木棺，腐朽严重，仅能隐约看出板灰痕迹。根据痕迹测量棺长1.64米，残宽0.46~0.58米，残高0.1米。人骨保存较差，头东脚西，残存长0.6米，头骨已碎，面向、性别及葬式不明。

（二）出土器物

铜钱5枚，于棺内零散分布，可辨有元丰通宝、万历通宝、天启通宝、崇祯通宝。此外，还发现残锈的铁器1件。

1. 铁器

1件。标本M76：2，残碎。外观呈弧形片状，似铁锅底部残块。凸面有3个圆形乳钉凸起。残块长7.6、厚0.6厘米（图五二，5）。

2. 铜钱

元丰通宝　1枚。标本M76：1-4，圆形，方穿，正、背面有圆郭，正面铸钱文"元丰通宝"四字，篆书，旋读。钱径2.5、穿宽0.52、郭宽0.3厘米，重3克（图五二，1）。

万历通宝　2枚。标本M76：1-1，圆形，方穿，正、背面有圆郭，正面铸钱文"万历通宝"四字，楷书，对读。光背无纹。钱径2.5、穿宽0.47、郭宽0.25、肉厚0.12厘米（图五二，2）。

天启通宝　1枚。标本M76：1-2，圆形，方穿，正、背面有圆郭，正面铸钱文"天启通宝"四字，楷书，对读。光背无纹。钱径2.5、穿宽0.5、郭宽0.32、肉厚0.13厘米（图五二，3）。

崇祯通宝　1枚。标本M76：1-3，圆形，方穿，正、背面有圆郭，正面铸钱文"崇祯通宝"

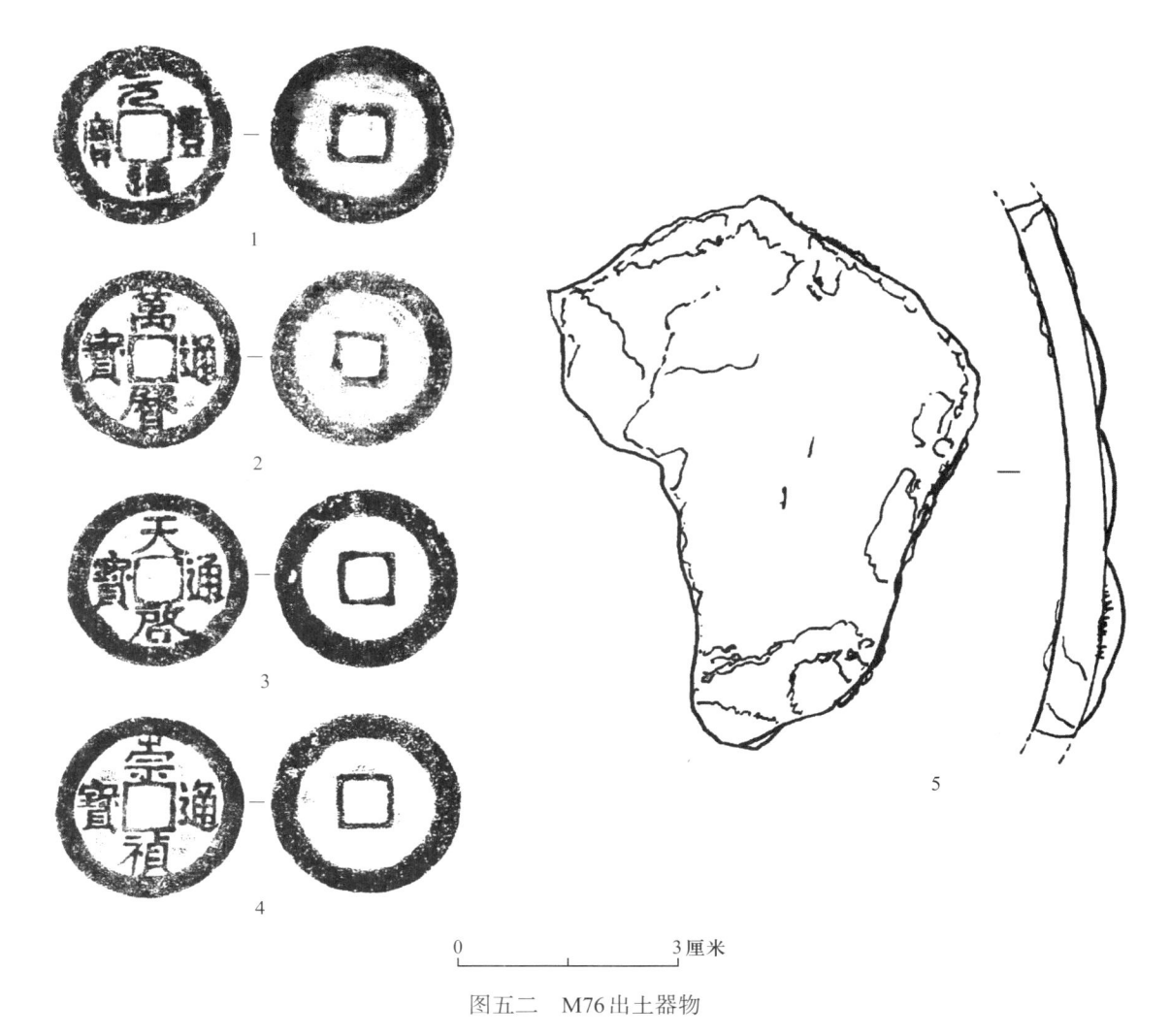

图五二　M76出土器物

1. 元丰通宝（M76：1-4）2. 万历通宝（M76：1-1）3. 天启通宝（M76：1-2）4. 崇祯通宝（M76：1-3）5. 铁器（M76：2）

四字，楷书，对读。光背无纹。钱径2.6、穿宽0.49、郭宽0.3、肉厚0.12厘米（图五二，4）。

八、M80

（一）位置及形制

M80位于发掘区西南部T0613内，北与M67相距1.2米，西部被M69打破。开口于第2层下，打破生土。南北向，方向355°。

长方形竖穴土坑墓（图五三；彩版五，2）。墓口距地表深0.9米，墓底距地表深1.8米。墓圹南北长2.5米，东西宽0.9~1.3米，深0.9米。内填较疏松的黄褐色花土，内含有碎砖和沙粒。

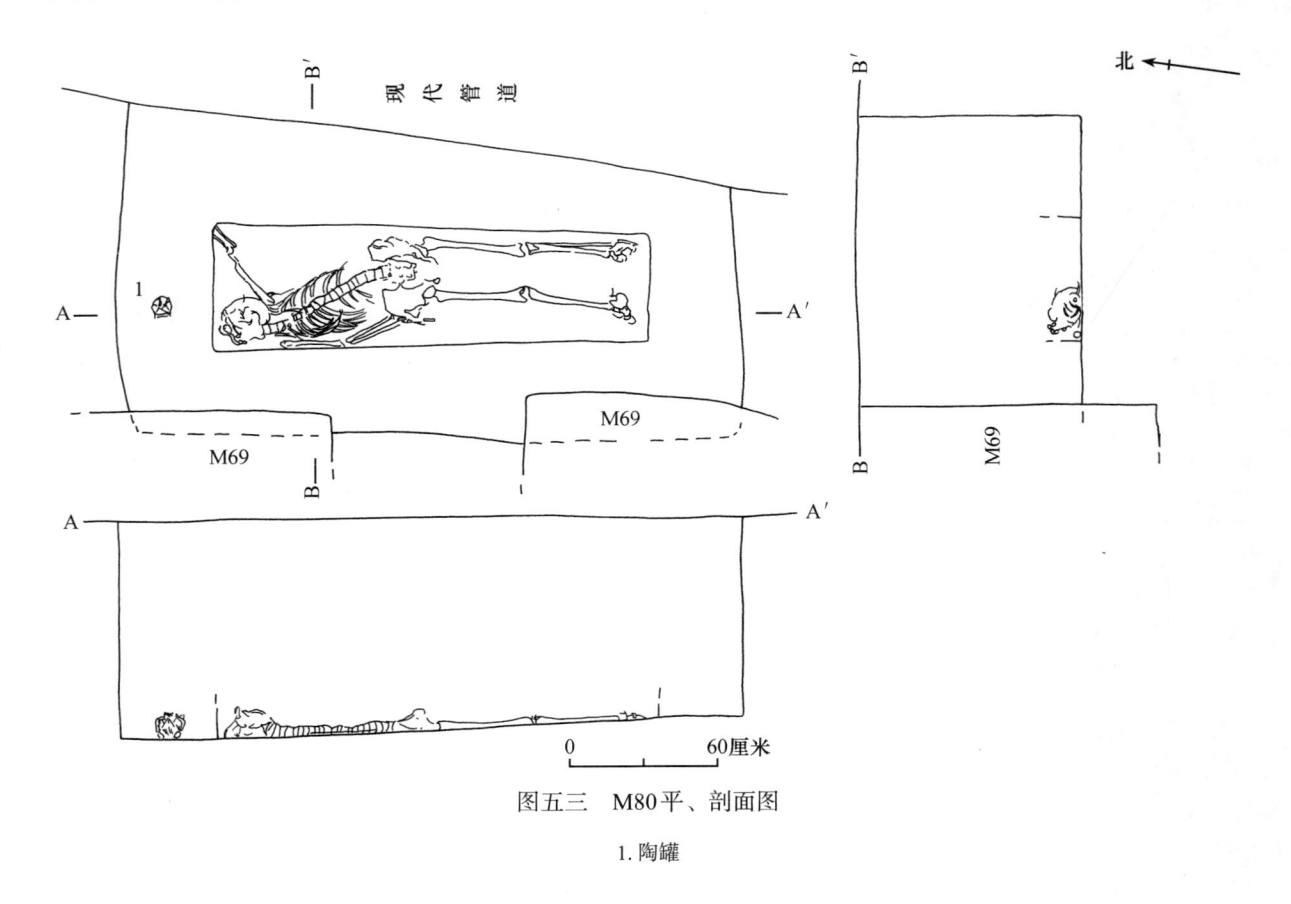

图五三　M80平、剖面图
1.陶罐

葬具为木棺，腐朽严重，棺痕不明显，棺底铺有白灰。棺痕长1.96米，宽0.46~0.54米，残高0.1米。人骨保存较好，头北脚南，上身向右倾斜，左手臂伸向东北，仰身直肢，人骨长1.7米。经鉴定为男性，年龄在40~45岁。

（二）出土器物

陶罐1件，位于棺头档外侧。

陶罐 标本M80：1，泥质红陶。直口微侈，方圆唇，溜肩，弧腹，上腹略鼓，下腹斜收，平底。胎呈浅红色。素面。火候一般。器表有慢轮修整痕迹和指纹粘痕，内外间施凹弦纹。口径11.4、底径6.5、最大腹径12.2、通高11.8厘米（图五四；彩版三八，6）。

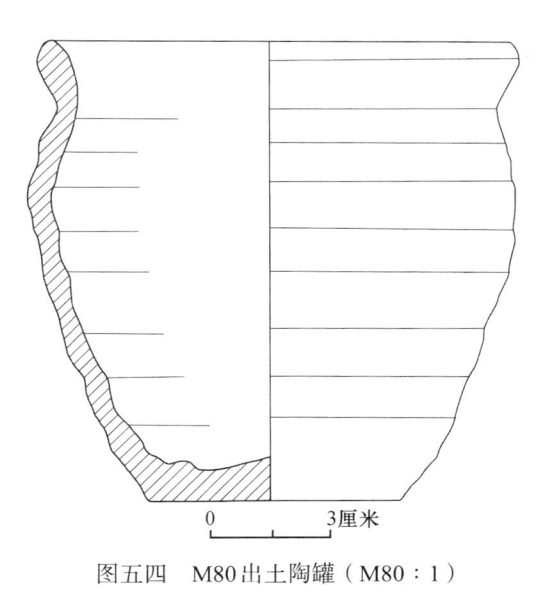

图五四　M80出土陶罐（M80：1）

第二节　双棺合葬墓

3座，编号分别为M1、M24、M66。

一、M1

（一）位置及形制

M1位于发掘区东北部T1828内。开口于第2层下，打破生土。南北向，方向11°。

长方形竖穴土坑墓（图五五；彩版五，3）。墓口距地表深1米，墓底距地表深1.88~1.74米。墓圹南北长2.34~2.4米，东西宽1.5米。墓壁较直，底部较平。内填疏松的黄褐色五花土，以黄沙为主，含有较多料姜石粒等。

内置双棺，棺木已朽，棺痕不甚明显，双棺间距0.22米。西棺墓穴打破东棺墓穴。西棺墓圹南北长2.34米，东西宽0.76米，深0.88米。棺长1.9米，宽0.4~0.5米，残高0.32米，板灰厚0.02米。棺板上残留有铁钉，棺内有草木灰铺底。棺内人骨保存状况一般，头向北，头骨破

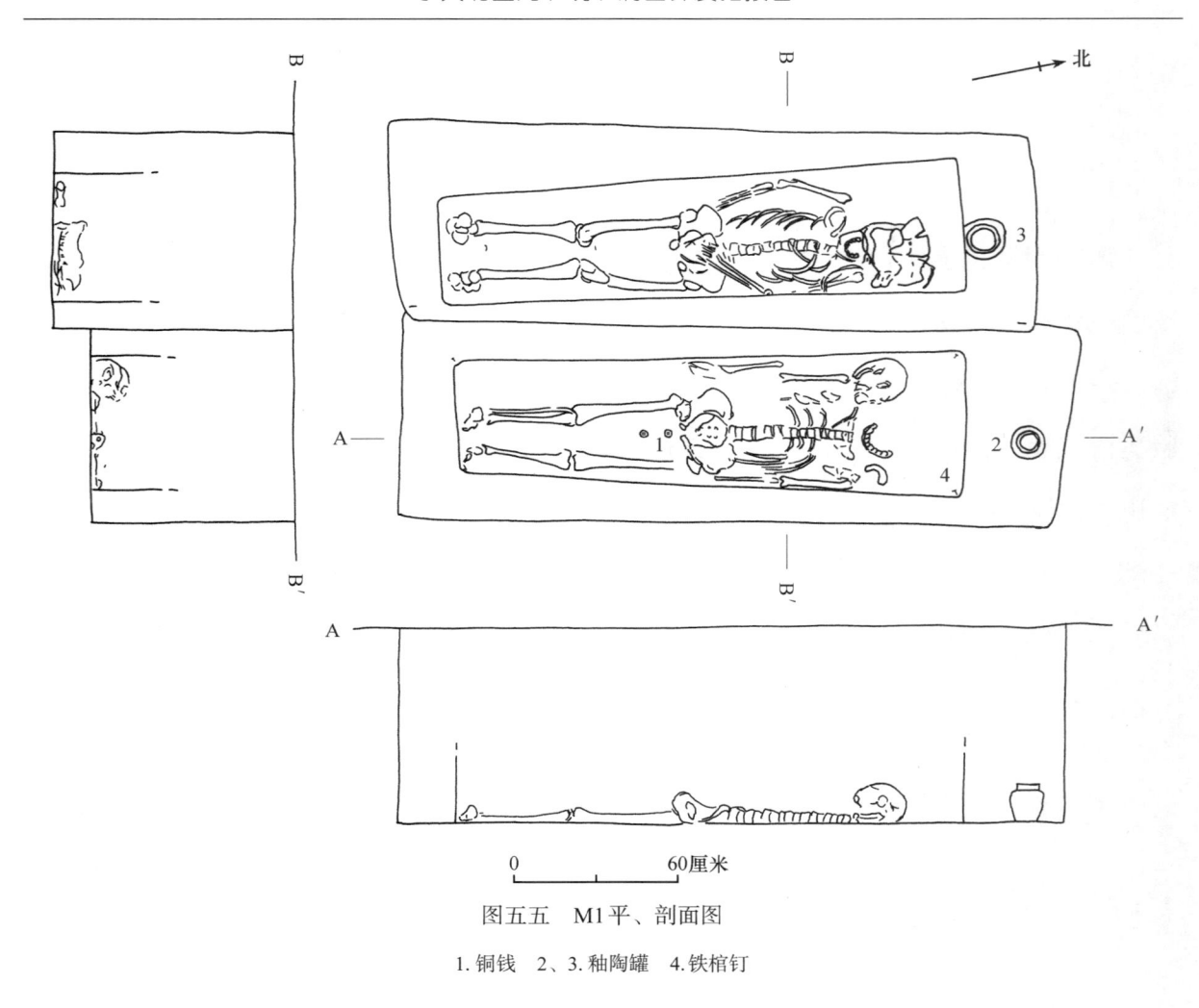

图五五 M1平、剖面图
1. 铜钱 2、3. 釉陶罐 4. 铁棺钉

碎，仰身直肢，骨架长1.74米。从头骨和骨盆特征判断，墓主为女性，年龄在40~45岁。

东棺墓穴南北长1.46~2.4米，东西宽0.74米，深0.74米。棺南北长1.86米，东西宽0.42~0.54米，残高0.26米，板灰厚0.02米。棺板上残留有铁钉，棺底部铺有草木灰。棺内人骨保存较好，头骨与下颚骨自然分离、移位，仰身直肢，骨架长1.64米。从头骨和骨盆特征分析，墓主为男性，年龄约35岁。

（二）出土器物

釉陶罐2件，分别出土于两棺头档外侧。铜钱2枚，出土于东棺内墓主人盆骨下方，崇祯通宝、万历通宝各1枚。铁棺钉4枚，出土于棺板灰附近。

1. 釉陶罐

2件，均为泥质红陶。标本M1∶2，直口，方唇，矮直领，折肩，下腹斜收，平底。胎呈红褐色，火候较高。口肩部施酱黄色釉，器内仅口部粘有一层较薄的酱黄色釉，有脱釉和流釉现象。内外壁均有明显修坯旋痕，器底有刮痕。口径8.9、通高11.5、最大腹径11.7、底径7.9厘米（图五六，1；彩版三八，8）。标本M1∶3，直口，方唇，短直领，丰肩微折，下腹斜收，平底。胎呈浅红色，胎质粗疏，火候一般。口肩部施酱黄色釉，器内仅口部粘有少量釉。釉色较光亮莹润。有流釉现场。内外壁均有明显的修坯旋痕和手指划痕，外底布满数圈同心圆。器

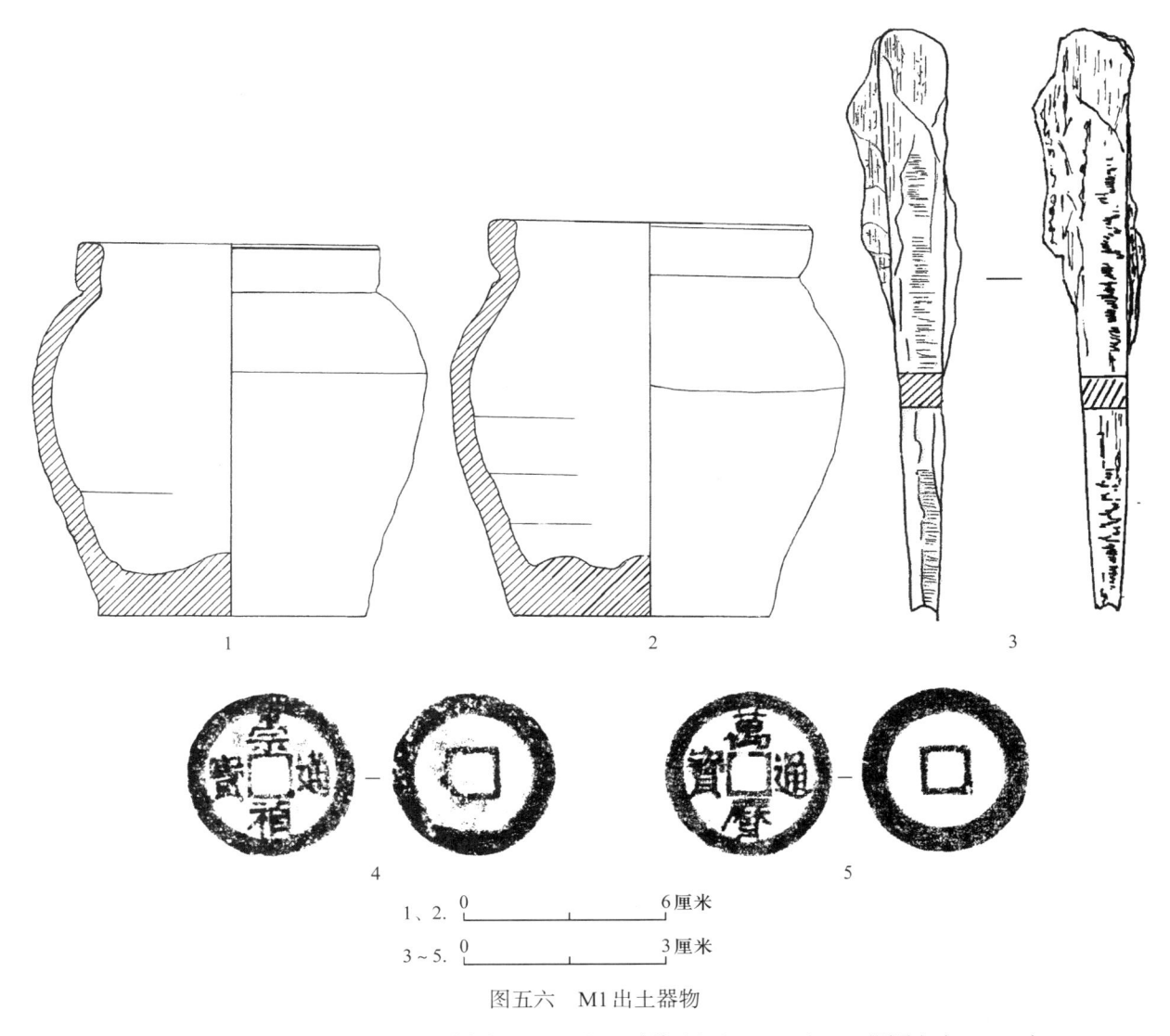

图五六　M1出土器物

1、2.陶罐（M1∶2、M1∶3）　3.铁棺钉（M1∶4）　4.崇祯通宝（M1∶1-1）　5.万历通宝（M1∶1-2）

形制作不甚规整，器底有叠烧时留下的粘痕。口径9.4、通高12.1~12.2、最大腹径11.6、底径7.6厘米（图五六，2；彩版三八，7）。

2. 铜钱

万历通宝　1枚。标本M1:1-2，圆形，方穿，正、背面有圆郭，正面铸钱文"万历通宝"四字，楷书，对读。钱径2.5、穿宽0.48、郭宽0.3厘米，重4克（图五六，5）。

崇祯通宝　1枚。标本M1:1-1，圆形，方穿，正、背面有圆郭，正面铸钱文"崇祯通宝"四字，楷书，对读，背光素无纹。钱径2.5、穿宽0.55、郭宽0.34厘米，重4.2克（图五六，4）。

3. 铁棺钉

4枚。标本M1:4，锈残。钉帽扁平状，钉身四棱长条锥形，尖部残断。器身带有棺木朽痕。钉帽直径1.1、身径0.4~0.9、残长9厘米（图五六，3）。

二、M24

（一）位置及形制

M24位于发掘区东北部T1427和T1527内，东为M28、M27，西南为M14，西与M13相距0.6米。开口于第2层下，打破生土。东西向，方向60°。

长方形竖穴土坑墓（图五七；彩版六，1）。墓口距地表深0.9米，墓底距地表深1.78~1.98米。墓圹东西长2.58米，南北宽1.5~1.84米，深0.88~1.08米。直壁平底，内填较致密的灰褐色五花土，并夹杂有白色土粒及黄沙和少量的料姜石粒等。

内置双棺，棺木已朽，棺痕明显，板灰附近残留有铁质棺钉。双棺间距0.3~0.34米。北棺墓穴打破南棺墓穴，东壁比南墓圹凸出0.06米。北棺土圹东北—西南长2.5~2.6米，西北—东南宽0.66~0.85米，深0.88米。棺长1.8米，宽0.44米，残高0.38米，板灰厚0.04米。棺内底部铺有一层黑色木炭。棺内有人骨一具，骨架凌乱，头骨破碎，头向东，面向不清。经鉴定

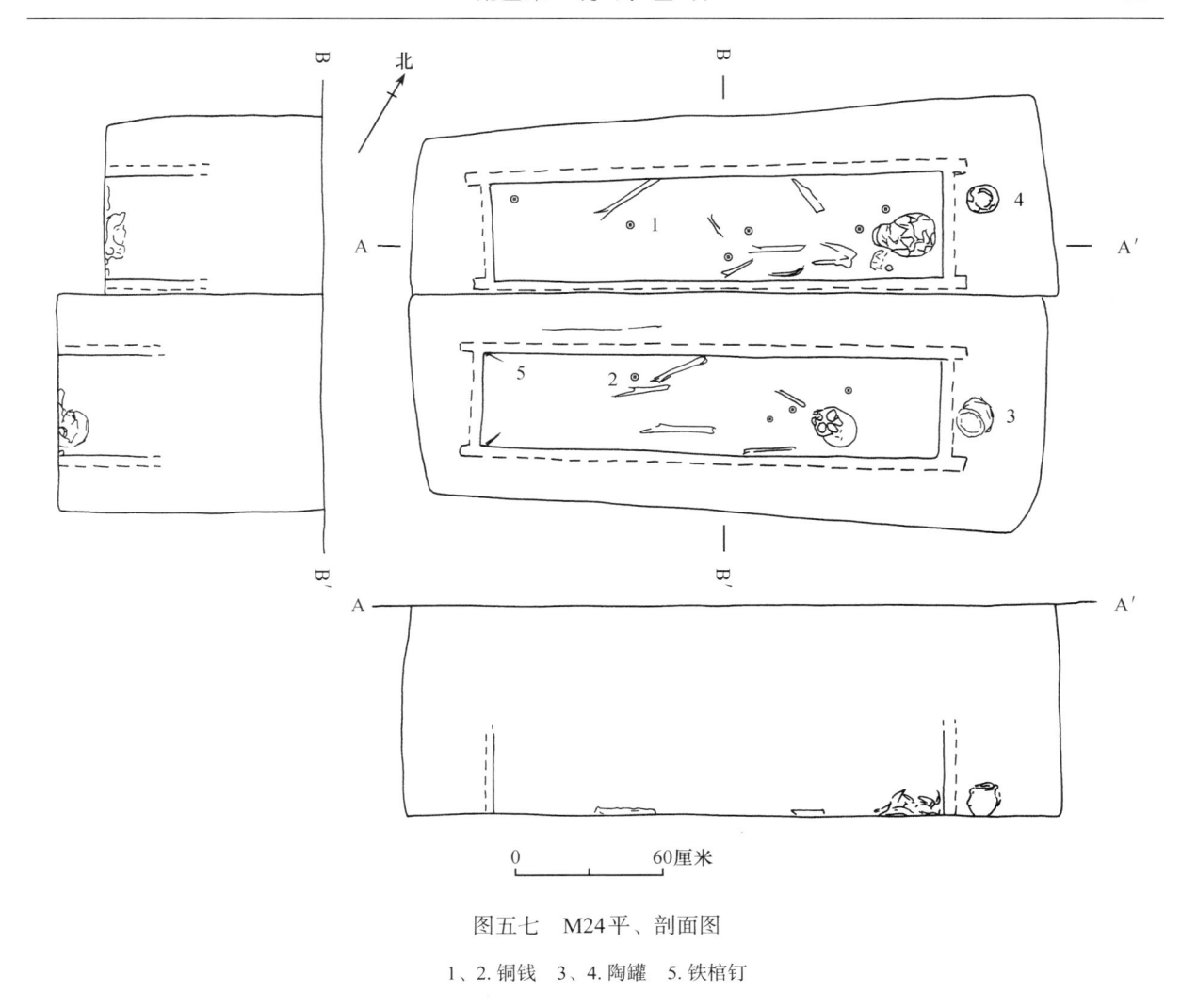

图五七　M24平、剖面图
1、2.铜钱　3、4.陶罐　5.铁棺钉

为男性，年龄在50岁以上。南棺土圹东北—西南长2.4~2.58米，西北—东南宽0.85~1米，深1.08米。南棺长1.84米，宽0.4米，残高0.4米。棺内底部铺木一层炭灰。棺内有人骨一具，骨架凌乱，头向东，面向上，仰身直肢。经鉴定为女性，年龄在50岁以上。

（二）出土器物

陶罐2件，分别出土于南、北棺头档外侧。铜钱22枚，北棺出土16枚，有崇宁通宝3枚、崇宁重宝5枚、至正通宝1枚、元丰通宝2枚、宣和通宝1枚、熙宁重宝3枚、乾元重宝1枚，其余残损锈蚀严重，字迹模糊不可辨。南棺出土铜钱6枚，均为弘治通宝。铁棺钉2枚，为南棺遗存。

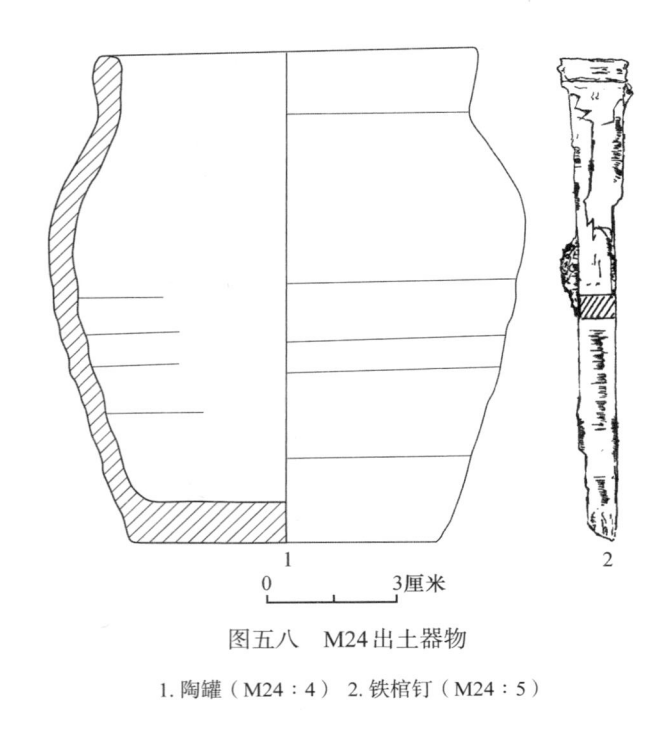

1. 陶罐

2件。标本M24：3，泥质红陶。已残碎成小块，不可复原。标本M24：4，泥质红陶。直口，方唇，斜直领，圆折肩，斜直腹，平底。轮制，烧制火候一般。腹部有旋修留下的凹弦纹。口径8.9、腹径11、底径7.2、通高11.8厘米（图五八，1；彩版三九，1）。

图五八 M24出土器物

1.陶罐（M24：4） 2.铁棺钉（M24：5）

2. 铜钱

崇宁通宝 3枚。标本M24：1-1，北棺出土。圆形，方穿，正、背面有圆郭，正面铸钱文"崇宁通宝"四字，楷书，旋读，背面无纹。钱径3.4、穿宽0.9、郭宽0.2厘米，重6克（图五九，1）。

崇宁重宝 5枚。标本M24：1-2，北棺出土。圆形，方穿，正、背面有圆郭，正面铸钱文"崇宁重宝"四字，楷书，对读，背面无纹。钱径3.3、穿宽0.8、郭宽0.4厘米，重6.6克（图五九，2）。

至正通宝 1枚。标本M24：1-5，北棺出土。圆形，方穿，正、背面有圆郭，正面铸钱文"至正通宝"四字，楷书，对读。钱径3.4、穿宽0.7、郭宽0.2厘米，重6.7克（图五九，3）。

元丰通宝 2枚。标本M24：1-4，北棺出土。圆形，方穿，正、背面有圆郭，正面铸钱文"元丰通宝"四字，隶书，旋读。钱径2.5、穿宽0.52、郭宽0.3厘米，重3.2克（图五九，4）。

宣和通宝 1枚。标本M24：1-6，北棺出土。圆形，方穿，正、背面有圆郭，正面铸钱文"宣和通宝"四字，楷书，对读。钱径3、穿宽0.7、郭宽0.2厘米，重3.2克（图五九，5）。

熙宁重宝 3枚。标本M24：1-7，北棺出土。圆形，方穿，正、背面有圆郭，正面铸钱文"熙宁重宝"四字，楷书，旋读，背面无纹。钱径2.9、穿宽0.7、郭宽0.35厘米，重5.8克（图五九，6）。

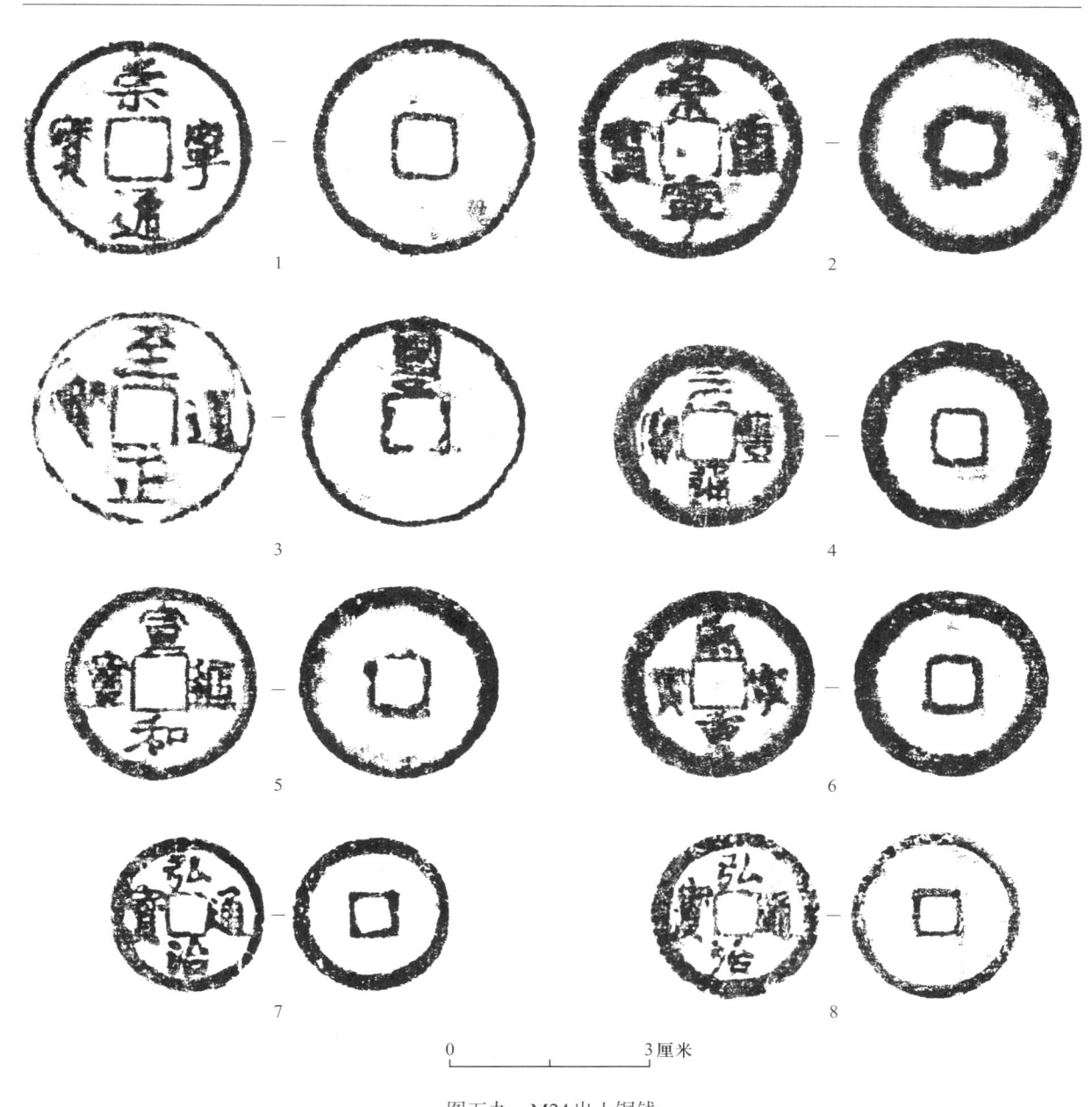

图五九　M24出土铜钱

1.崇宁通宝（M24：1-1）　2.崇宁重宝（M24：1-2）　3.至正通宝（M24：1-5）　4.元丰通宝（M24：1-4）
5.宣和通宝（M24：1-6）　6.熙宁重宝（M24：1-7）　7、8.弘治通宝（M24：2-1、M24：2-2）

弘治通宝　6枚。标本M24：2-1、M24：2-2，均出土于南棺内。锈蚀严重，圆形，方穿，正、背面有圆郭，正面铸钱文"弘治通宝"四字，楷书，对读。钱径2.4、穿宽0.4、郭宽0.2厘米，重3.2克（图五九，7、8）。

乾元重宝　1枚。标本M24：1-8，锈蚀严重，圆形，方穿，正、背面有圆郭，正面铸钱文"乾元重宝"四字，隶书，对读。钱径2.4、穿宽0.4、郭宽0.2厘米，重11克。

3. 铁棺钉

2枚。标本M24∶5，锈蚀严重。残断。钉帽扁平状，钉身四棱长条锥形，尖部残断。器表残存棺木朽痕。钉帽直径1.6、钉身直径0.4~1.2、残长11.7厘米（图五八，2）。

三、M66

（一）位置及形制

M66位于发掘区西南部T0813内，西北部被现代墙基打破。开口于第2层下，打破生土。南北向，方向354°。

竖穴土坑墓（图六〇；彩版六，2）。墓口距现地表深0.2米。平面呈梯形，斜壁平底。墓口南北长2.56~2.72米，东西宽1.7~1.98米。底部南北长2.64~2.78米，东西宽1.85~2.02米，深1.5~1.57米。内填黄褐色花土，以黄沙为主，夹杂有灰褐色土块，土质松散。

葬具为木棺。棺木腐朽严重，棺痕较明显。棺板灰附近留有铁钉。双棺间距0.38~0.48米。西棺墓圹打破东棺墓圹，开口南北长2.56~2.65米，东西宽0.92~1米；底部南北长2.64~2.7米，东西宽1米，深1.5米。棺南北长1.8米，东西宽0.4~0.52米，残高0.2米，板灰厚4厘米。内有人骨一具，骨架较凌乱，保存状况一般，头向北，面向不清。经鉴定为女性，年龄40~50岁。东棺墓圹开口南北长2.66~2.72米，东西宽0.78~0.98米；底部南北长2.7~2.78米，东西宽0.82~1.02米，深1.57米。棺南北长1.76米，东西宽0.38~0.52米，残高0.28米，棺底铺草木灰。内葬人骨一具，头向北，面向不清，骨架凌乱，保存较差，从头骨和骨盆特征判断为男性，年龄40~50岁。

（二）出土器物

陶罐1件，位于西棺北侧。铜簪1件，出土于西棺内墓主人头骨附近。铜钱12枚，均出土于东棺内，有崇宁重宝7枚、崇宁通宝1枚、熙宁重宝1枚、正和通宝2枚、元祐通宝1枚。

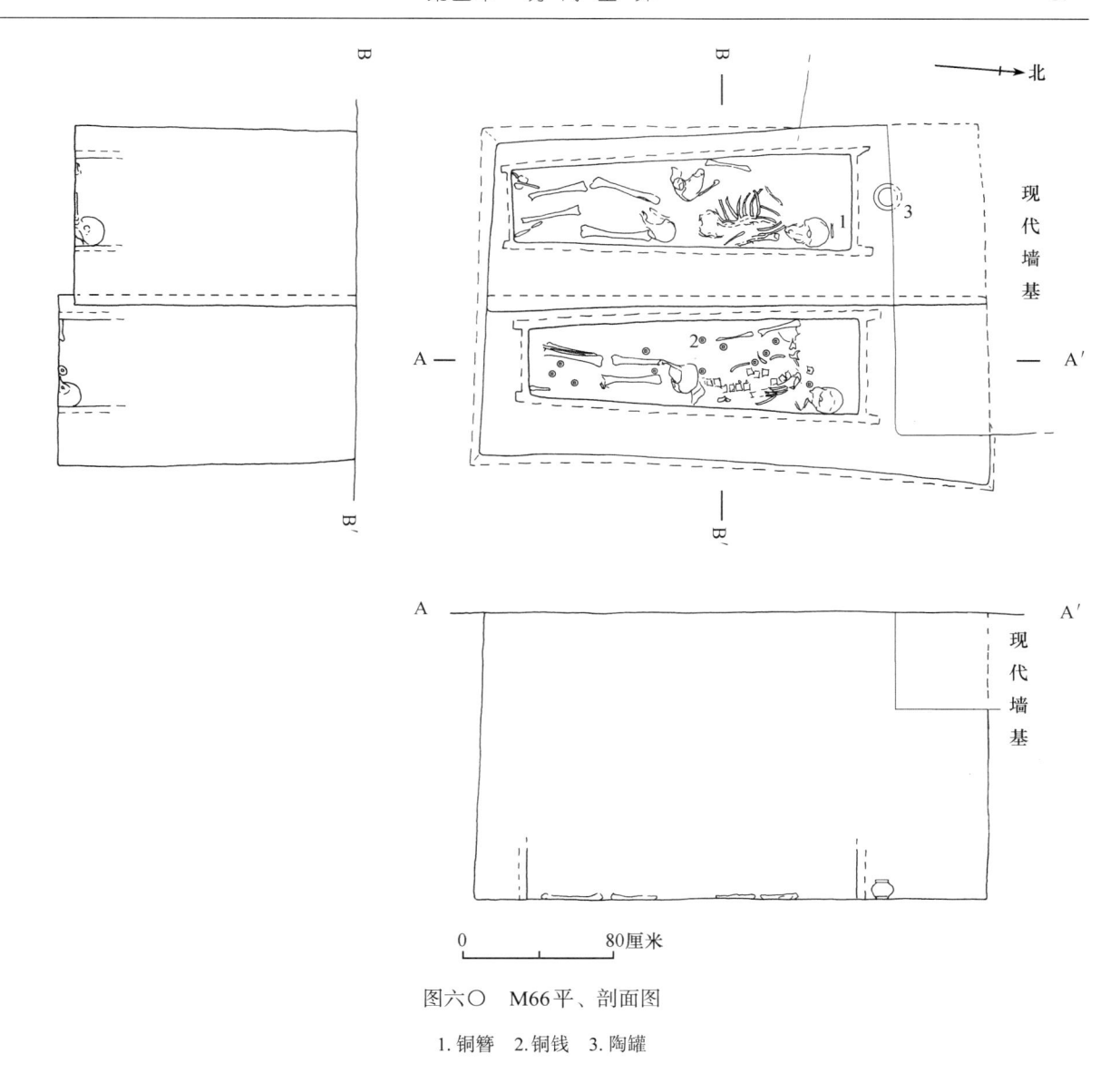

图六〇　M66平、剖面图
1. 铜簪　2. 铜钱　3. 陶罐

1. 陶罐

1件。标本M66：3，轮制。泥质红陶。直口微侈，方唇，斜直领，溜肩，鼓腹，腹下部斜收，小平底，圈足。胎呈红褐色，火候较高，器表有慢轮修整痕迹。器身有数周修坯旋痕。圈足有挖削痕迹。口径10.8、通高13、最大腹径13.5、底径6.8厘米（图六一，2；彩版三九，2）。

2. 铜饰

铜簪　1件。标本M66：1，残断。簪首用绿松石料雕刻成伞形的梅花形状。簪体圆锥形，表面有螺纹，尾端较尖。簪首直径1.7、簪体直径0.1~0.4、长9厘米（图六一，1；彩版三九，3）。

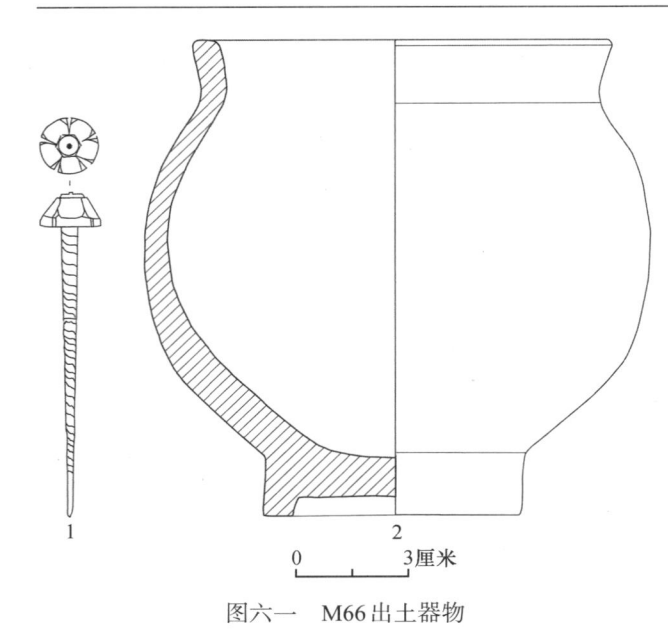

3. 铜钱

12枚。

崇宁重宝　7枚。标本M66:2-4，圆形，方穿，正、背面有圆郭，正面铸钱文"崇宁重宝"四字，楷书，对读，背面无纹。钱径3.5、穿宽0.6、郭宽0.33厘米，重6.6克（图六二，2）。

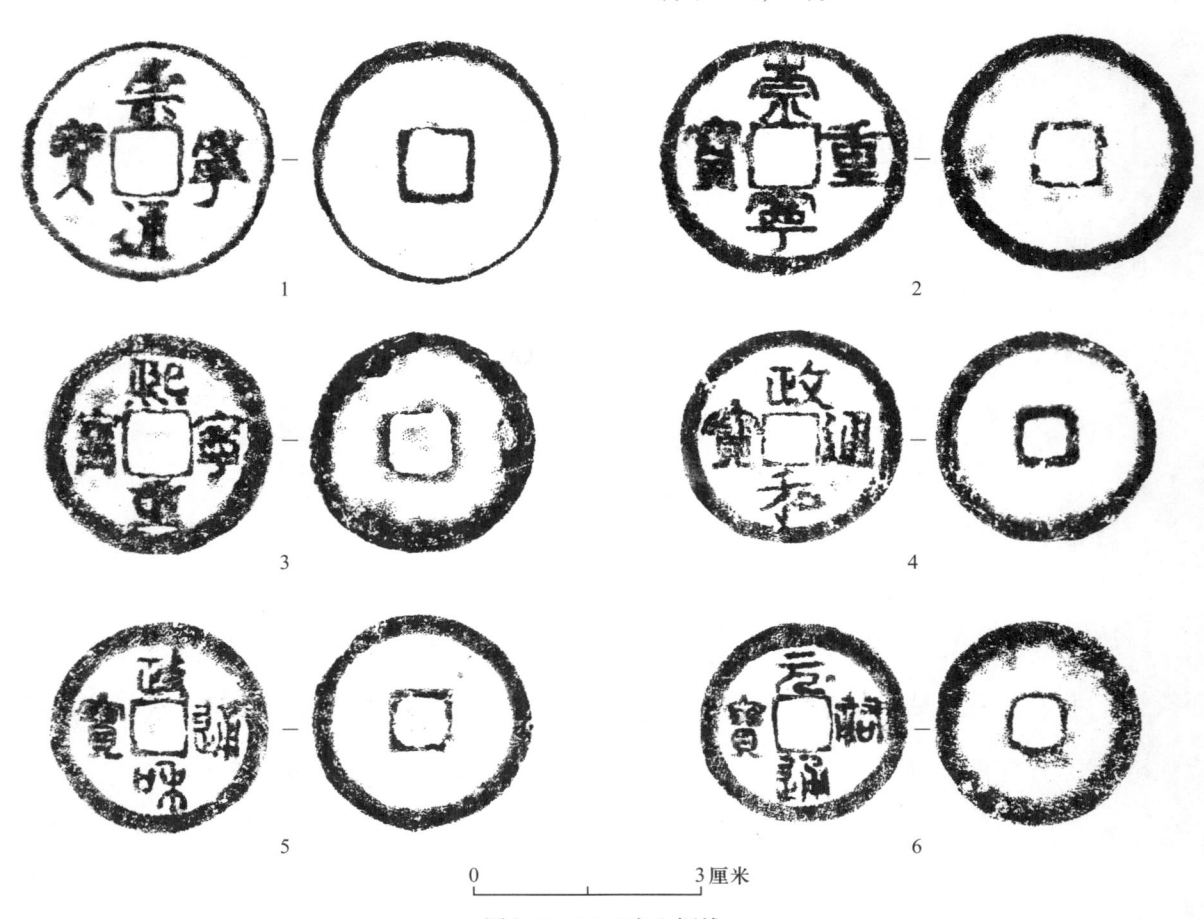

图六一　M66出土器物

1. 铜簪（M66:1）　2. 陶罐（M66:3）

图六二　M66出土铜钱

1. 崇宁通宝（M66:2-1）　2. 崇宁重宝（M66:2-4）　3. 熙宁重宝（M66:2-5）
4、5. 政和通宝（M66:2-7、M66:2-6）　6. 元祐通宝（M66:2-8）

崇宁通宝　1枚。标本M66：2-1，圆形，方穿，正、背面有圆郭，正面铸钱文"崇宁通宝"四字，楷书，旋读，背面无纹。钱径3.2、穿宽0.7、郭宽0.2厘米，重6克（图六二，1）。

熙宁重宝　1枚。标本M66：2-5，圆形，方穿，正、背面有圆郭，正面铸钱文"熙宁重宝"四字，楷书，旋读，背面无纹。钱径3.1、穿宽0.7、郭宽0.35厘米，重3.2克（图六二，3）。

政和通宝　2枚。标本M66：2-7，圆形，方穿，正背面有圆郭，正面铸钱文"政和通宝"四字，楷书，对读。钱径2.9、穿宽0.5、郭宽0.3厘米，重3.28克（图六二，4）。标本M66：2-6，锈蚀严重。圆形，方穿，正背面有圆郭，正面铸钱文"政和通宝"四字，篆书，对读。钱径2.9、穿宽0.6、郭宽0.3厘米，重2.8克（图六二，5）

元祐通宝　1枚。标本M66：2-8，圆形，方穿，正、背面有圆郭，正面铸钱文"元祐通宝"四字，篆书，旋读。钱径2.8、穿宽0.6、郭宽0.3厘米，重3.19克（图六二，6）。

第三节　三棺合葬墓

1座，编号M14。

M14

（一）位置及形制

M14位于发掘区东北部T1426、T1427、T1526内，北与M13相距1.2米。开口于第2层下，打破生土。东北—西南向，方向50°。

长方形竖穴土坑合葬墓（图六三；彩版七，1）。墓口距地表深1米，墓底距地表深2.24～2.28米。墓圹长2.2～2.8米，宽2.64～2.74米，深1.14～1.28米。内填疏松的五花土，土质松软。

葬具为木棺。棺木腐朽严重，仅剩下板灰痕迹。北棺、南棺墓穴分别打破中棺墓穴。北棺

图六三 M14平、剖面图

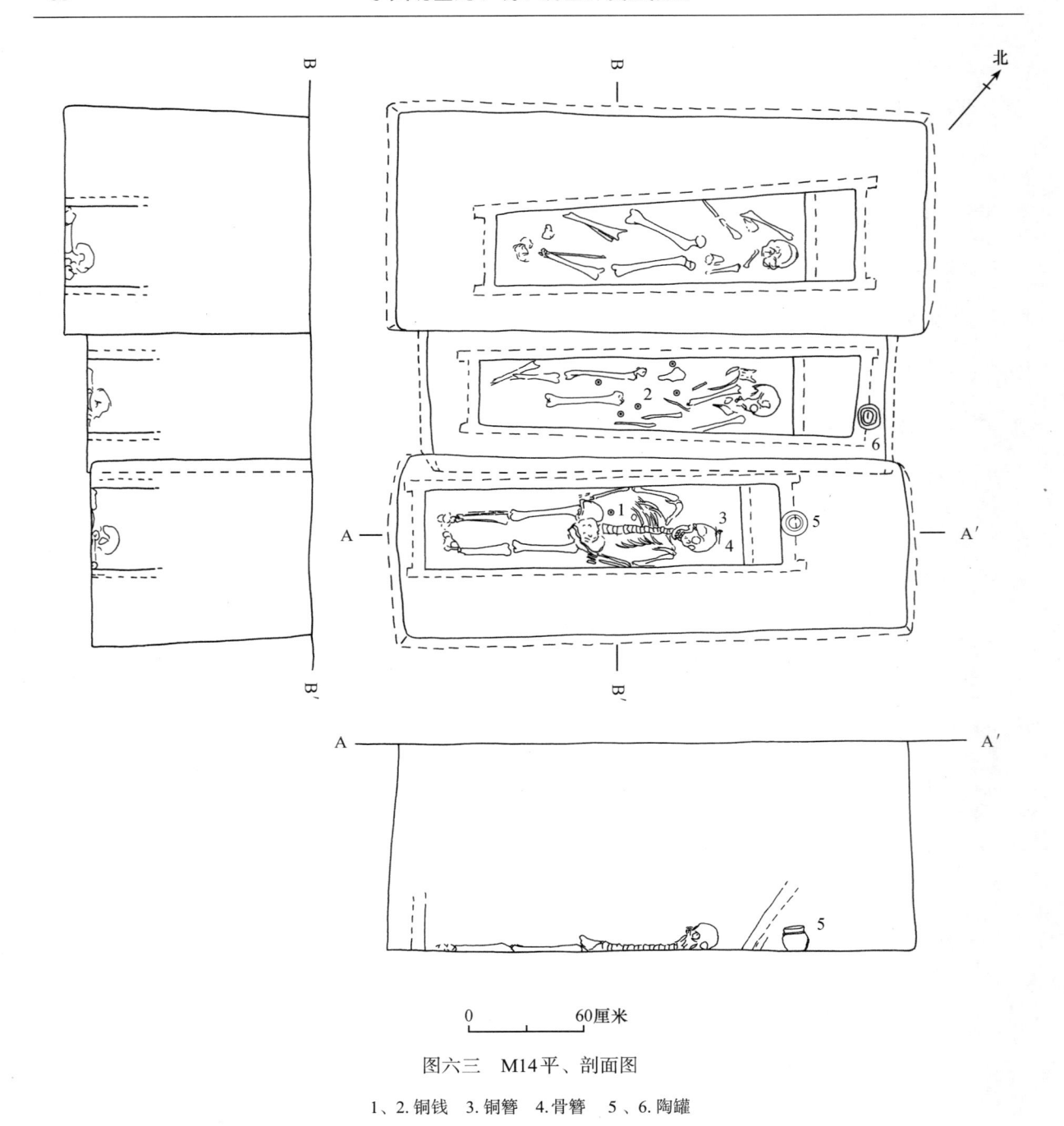

1、2.铜钱 3.铜簪 4.骨簪 5、6.陶罐

土圹东西长2.84米，南北宽1.2米，深1.28米。棺长1.93米，宽0.5~0.6米，残高0.5米，棺底铺有白灰层。内葬一人，骨架散乱，保存情况较差，头向东北，面向东南。经鉴定墓主人为成年男性。中棺土圹东西长2.5、南北宽0.68~0.7米，深1.16米。棺长1.1米，宽0.44~0.52米，残高0.4米，棺底铺有白灰层。内葬一人，骨架散乱，保存情况较差，头向东北，面向东南。经鉴定墓主人为女性，年龄在40~50岁。南棺土圹东西长2.66米，南北宽0.94~1米，深1.14

米。棺长2米，宽0.5~0.52米，残高0.3米。棺内人骨保存一般，头向东北，面向西南，仰身直肢。经鉴定墓主人为女性，年龄在30岁左右。

（二）出土器物

陶罐2件，分别出土于南棺和中棺头档外侧。铜簪1件，骨簪1件，均出土于南棺内墓主人头骨处。铜钱7枚，南棺内出土1枚，中棺内出土6枚，锈蚀严重，全部为弘治通宝。

1. 陶罐

2件。轮制，均为泥质红陶。标本M14:5，直口微侈，方唇，斜直领，溜肩，鼓腹，下腹弧收，圈足底。胎呈浅红色，胎质较硬，火候较高。器表有慢轮修整时留下的数道弦纹痕迹。器形不甚规整。口径11.1、底径7.1、最大腹径13.6、通高12.3~13.2厘米（图六四，1；彩版三九，4）。标本M14:6，直口微侈，方唇，斜直领，肩略鼓，弧腹下收，圈足底。胎呈浅红色，胎质硬度较低，火候一般。器表有慢轮修整痕迹。口径11.2、底径6.9、最大腹径12.9、通高11.8~12.4厘米（图六四，2；彩版三九，5）。

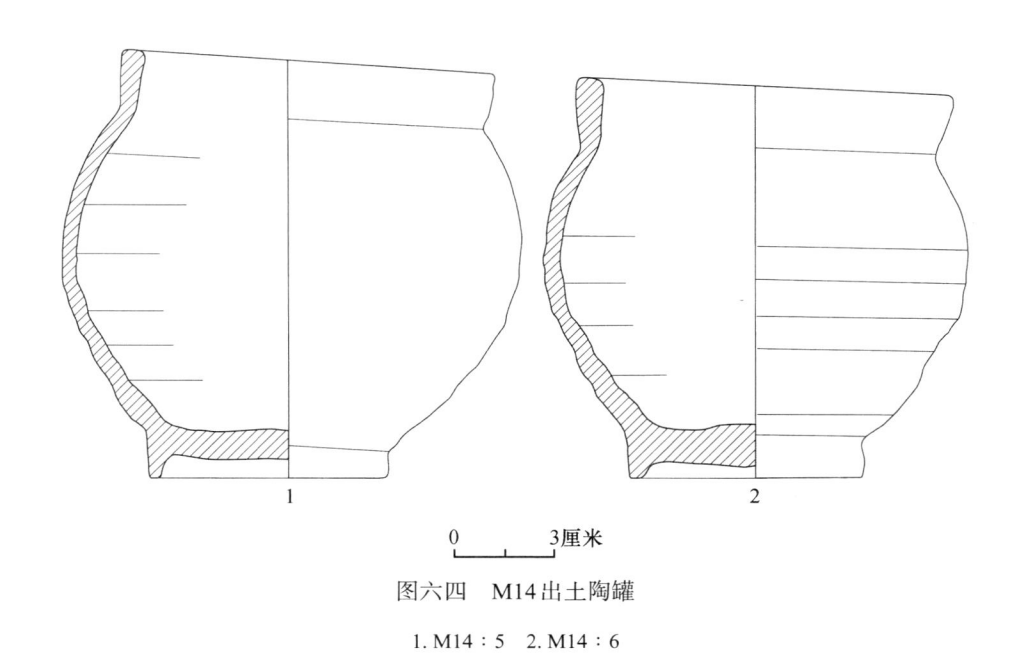

图六四　M14出土陶罐
1. M14:5　2. M14:6

2. 铜簪

1件。标本M14:3，残。簪首缺失。簪体呈圆柱形，尾端较尖。残长11.2、直径0.1～0.4厘米（图六五，4；彩版三九，6）。

3. 骨簪

1件。标本M14:4，黄褐色。整体呈圆锥形，外表光滑。簪首呈蘑菇形。簪首与簪体由榫卯结合。长6、径0.2～0.4厘米（图六五，5；彩版三九，7）。

4. 铜钱

7枚，均为弘治通宝（图六五，1～3）。标本M14:2-1，中棺出土。圆形，方穿，正、背面有圆郭，正面铸钱文"弘治通宝"四字，楷书，对读。钱径2.6、穿宽0.46、郭宽0.3厘米，重2.7克。

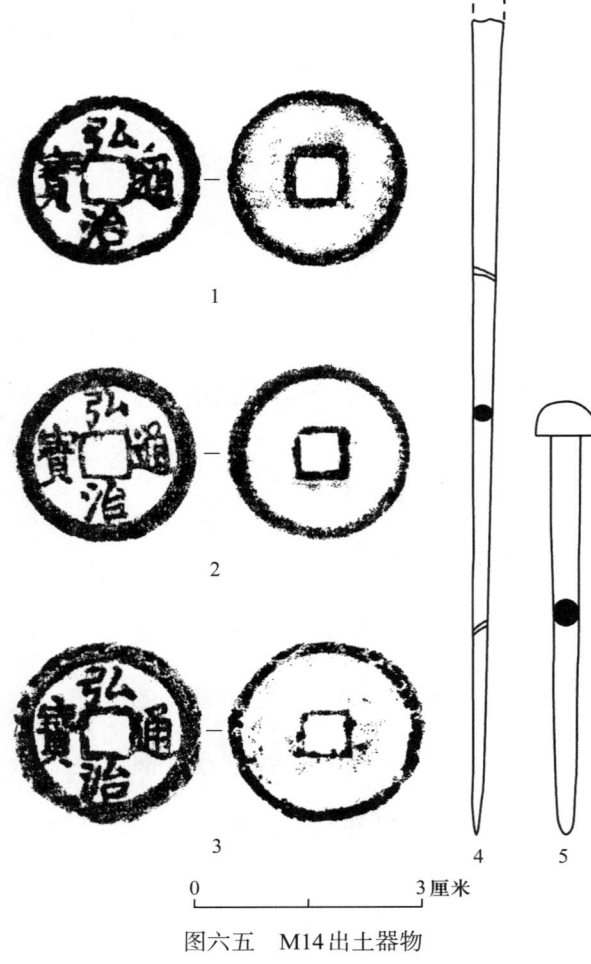

图六五 M14出土器物
1～3.弘治通宝（M14:2-1、M14:2-2、M14:2-3）
4.铜簪（M14:3） 5.骨簪（M14:4）

第四节　四棺合葬墓

2座，编号M41、M67。

一、M41

（一）位置及形制

M41位于发掘区东部T1225内，东与M6相距3.5米。开口于第2层下，打破生土。东西向，方向98°。

竖穴土坑合葬墓（图六六；彩版七，2）。墓口距地表深1米。墓圹平面呈不规则形，南北长3.14~3.54米，东西宽2.34~2.6米。内填疏松的五花土。

葬具为木棺，棺木均已腐朽，仅剩板灰痕迹。木棺自南向北依次编号为棺1、棺2、棺3、棺4。棺1墓穴打破棺2墓穴，棺3墓穴打破棺2墓穴，棺4墓穴打破棺3墓穴。

棺1墓穴东西长2.4~2.5米，南北宽0.9~1.1米，深0.96米。棺东西长2米，南北宽0.54~0.64米，残高0.16米。内葬一人，人骨保存情况一般，头向东，面向北，仰身直肢长，人骨长1.74米。经鉴定墓主人为男性，年龄35~40岁。

棺2墓穴东西长2.64米，南北宽0.9米，深1.1米。棺东西长2.1米，南北宽0.58~0.64米，残高0.31米。内葬一人，人骨保存情况一般，长1.56米，头向东，面向北，仰身直肢，经鉴定墓主人为女性，年龄20~25岁。

棺3墓穴东西长2.48米，南北宽0.8~0.84米，深1.06米。棺东西长1.92米，南北宽0.54~0.6米，残高0.24米。内葬一人，人骨保存情况一般，长1.5米，头向东，面向南，仰身直肢。经鉴定墓主人为女性，年龄20~25岁。

棺4墓穴东西长2.6米，南北宽0.7~1米，深0.4米。棺东西长2.08米，南北宽0.56~0.74米，残高0.19米。内葬一人，保存情况较差，长1.54米，头向东，面向北，仰身直肢。由于人骨保存较差，墓主人性别不详，初步判断为成年人。

（二）出土器物

红陶罐2件，1件位于棺1东侧，1件位于棺3东侧。铜簪1件，骨簪1件，均出土于棺2内墓主人头骨处。铜钱16枚，其中出土于棺1内墓主人盆骨处4枚，出土于棺2内墓主人肩胛骨、盆骨处7枚，出土于棺3内墓主人手指骨、盆骨处5枚。

1. 陶罐

2件，均为泥质红陶。标本M41：5，轮制。口微侈，方圆唇，斜直领，溜肩，上腹略鼓，下腹斜收，平底略内凹。胎呈浅红色，胎质硬度较低，火候一般。器表有多处竖行细弦纹。口径

图六六　M41平、剖面图

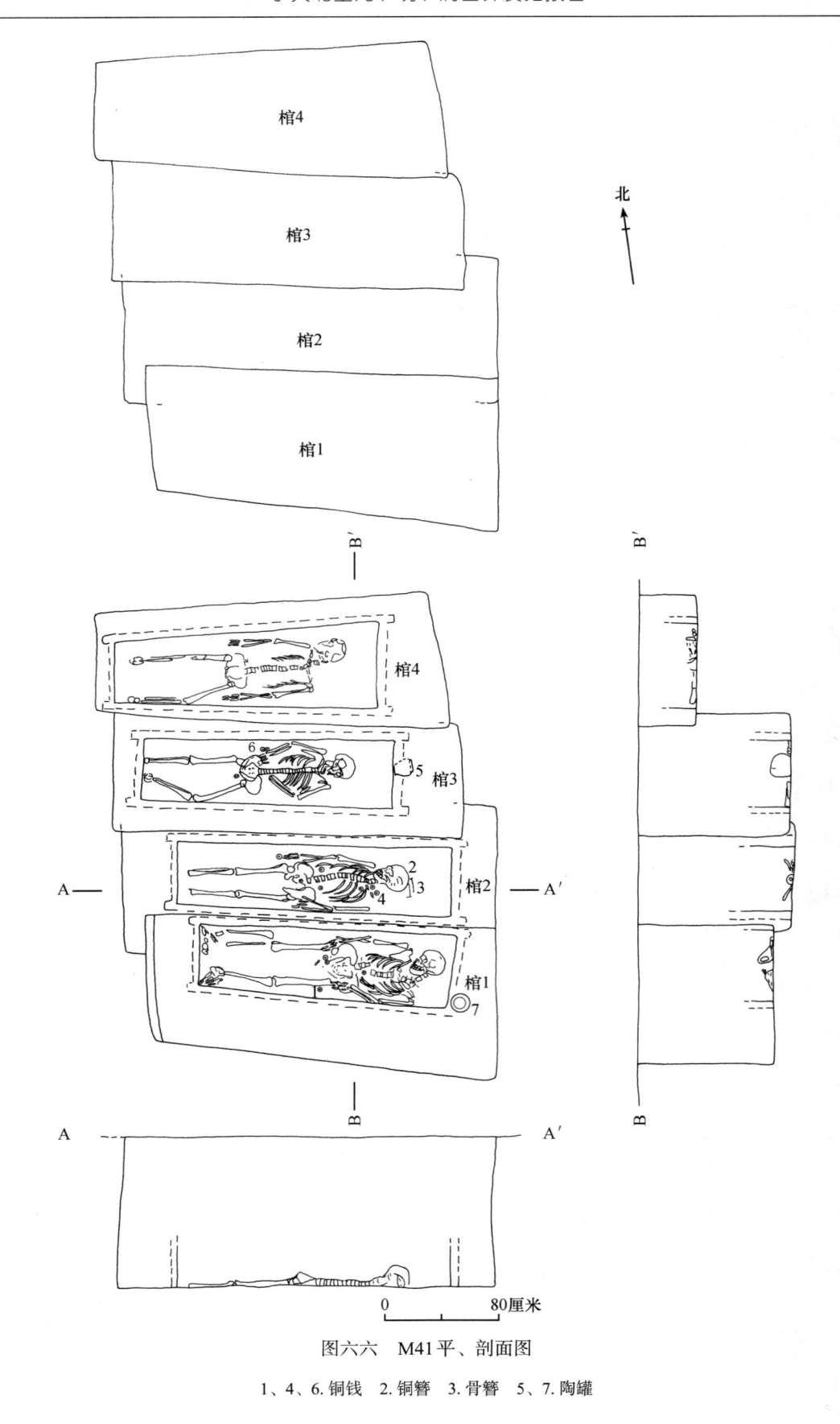

1、4、6.铜钱　2.铜簪　3.骨簪　5、7.陶罐

12.3、最大腹径11.7、底径6.7、通高11.4~11.8厘米（图六七，1；彩版三九，8）。标本M41：7，轮制。侈口，方圆唇，斜直领，弧腹，平底。红色胎，火候一般。器身内外有慢轮修整痕迹，外壁近底处有用手捏制的划痕和指纹粘痕。口径11.5、最大腹径12.5、底径7.1、通高13.2厘米（图六七，2；彩版四〇，1）。

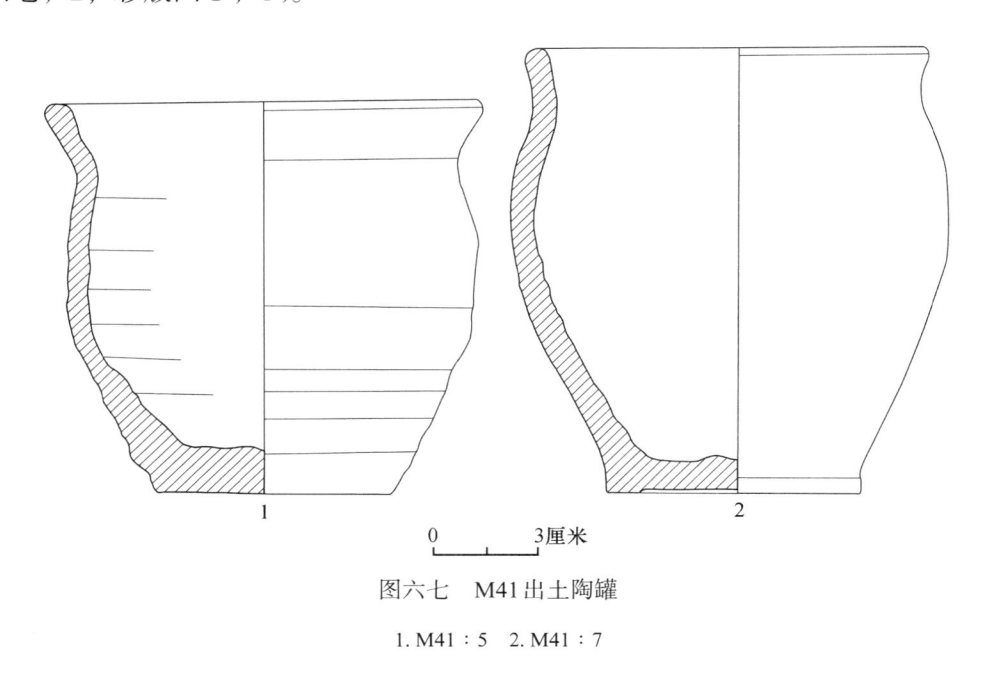

图六七　M41出土陶罐
1. M41：5　2. M41：7

2. 骨簪

1件。标本M41：3，残断。黄褐色，骨质较硬。整体呈圆锥形，簪首呈圆帽形，打磨圆滑，细颈部有五周螺旋纹，尾残断。残长7.6、径0.4~0.6厘米（图六八，8；彩版四〇，3）。

3. 铜簪

1件。标本M41：2，残断。簪首呈蘑菇首状向上凸起，底部莲花瓣底托向外展开。簪体残断，呈圆柱锥形，尾较尖。簪首直径1.3、通长16.3厘米（图六八，7；彩版四〇，2）。

4. 铜钱

16枚。

嘉靖通宝　10枚（图六八，3~6）。标本M41：4，圆形，方穿，正、背面有圆郭，正面铸钱文"嘉靖通宝"四字，楷书，对读。光背无纹。钱径2.5、穿宽0.48、郭宽0.3厘米，重3克。

隆庆通宝 1枚。标本M41:1，圆形，方穿，正、背面有圆郭，正面铸钱文"隆庆通宝"四字，楷书，对读。光背无纹。钱径2.6、穿宽0.48、郭宽0.3厘米，重3克。

万历通宝 5枚（图六八，1、2）。标本M41:6，圆形，方穿，正、背面有圆郭，正面铸钱文"万历通宝"四字，楷书，对读。光背无纹。钱径2.5、穿宽0.48、郭宽0.3厘米，重4克。

二、M67

（一）位置及形制

M67位于发掘区西南部T0613、T0713内，北距M66约12米，被M68、M69打破。开口于第2层下，打破生土。南北向，方向356°。

长方形竖穴土坑墓（图六九；彩版七，3）。墓口距地表深1.08米。墓圹平面近长方形。东西长3.2~3.4米，南北宽2.3~2.7米，深0.9~1.24米。内填较疏松的黄褐色五花土，内含细沙及料姜石和砖的碎颗粒等。

葬具为木棺，棺木均已腐朽，仅剩板

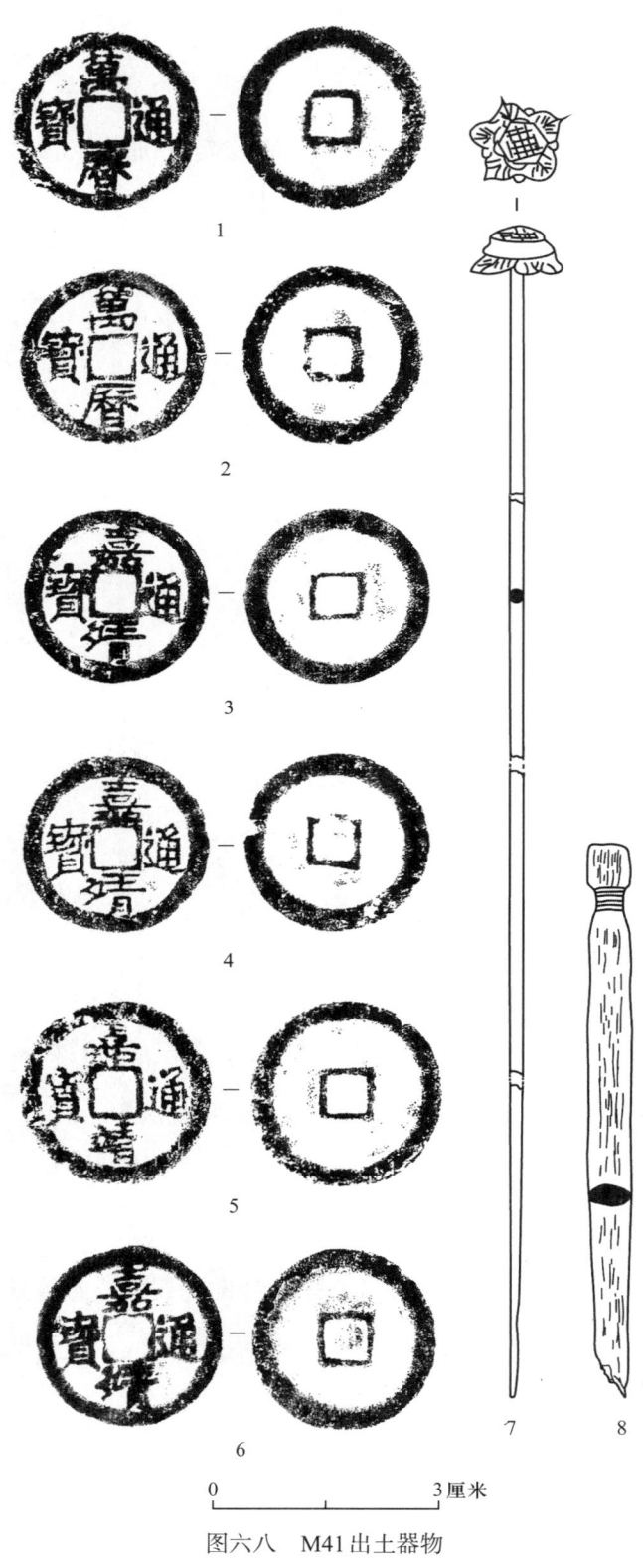

图六八 M41出土器物
1、2.万历通宝（M41:6） 3~6.嘉靖通宝（M41:4）
7.铜簪（M41:2） 8.骨簪（M41:3）

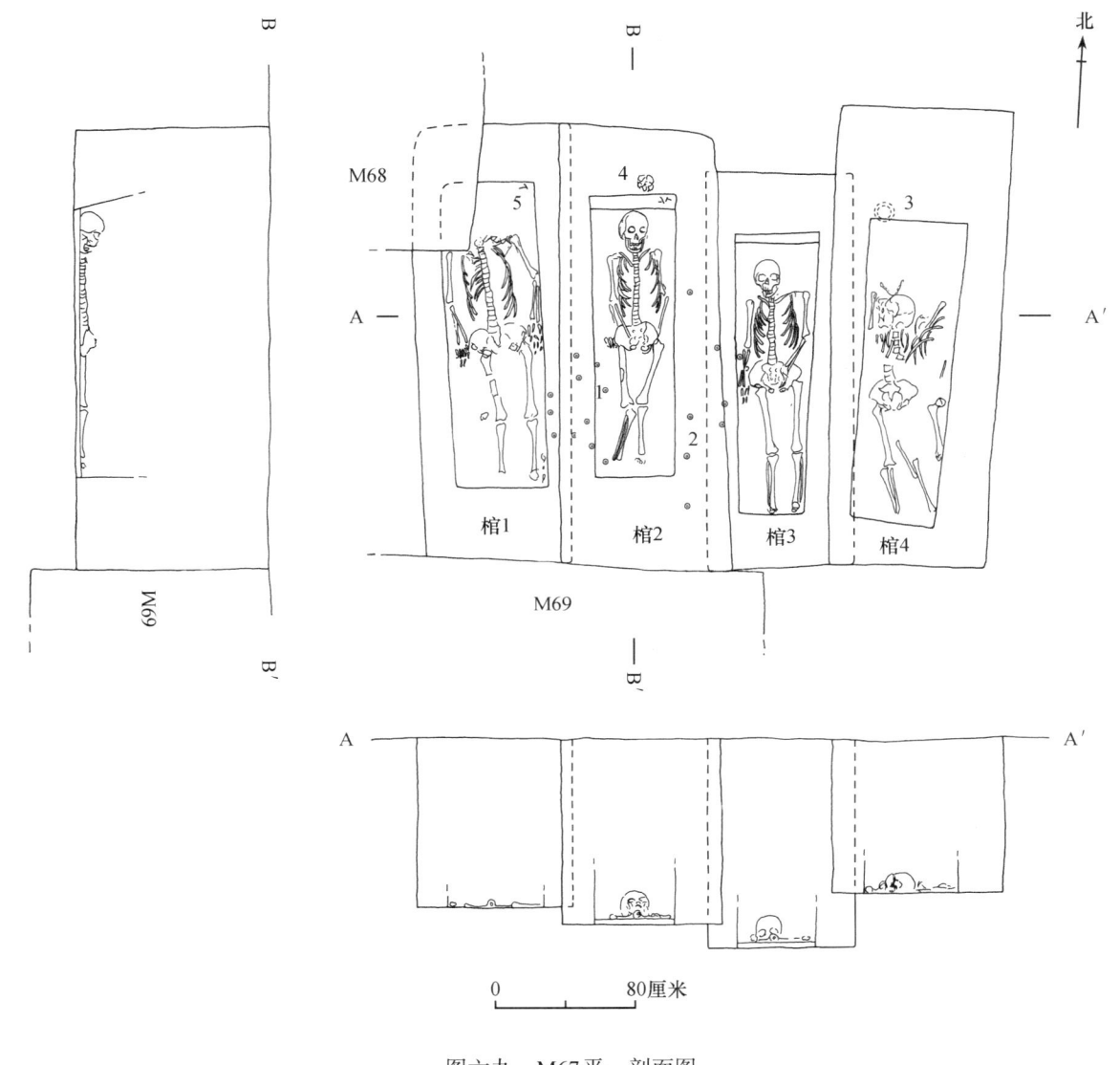

图六九　M67平、剖面图

1、2.铜钱　3.釉陶罐　4.红陶罐　5.铁棺钉

灰痕迹。木棺自西向东依次编号为棺1至棺4。其中棺1墓穴打破棺2墓穴，棺2墓穴、棺4墓穴打破棺3墓穴。

棺1墓穴南北长2.56米，东西宽0.78～0.84米，深1米。四壁较直，底较平整。木棺已朽，棺痕不明显，棺底铺灰，南北长1.8米，东西宽0.44～0.5米，残高0.08米。内葬一人，人骨保存情况较差，未见头骨，残长1.4米，仰身直肢。经鉴定墓主人为女性，年龄45～55岁。

棺2墓穴南北长2.54～2.6米，东西宽0.88～0.96米，深1.1米。四壁较直，底较平整。木棺已朽，只残存木渣，棺底铺有草木灰。上部南北长1.66米，底部南北长1.58米，东西宽

0.44~0.5米，残高0.34米。内葬一人，人骨保存情况较好，长1.5米，头向北，面向上，仰身直肢。经鉴定墓主主为女性，年龄30~35岁。

棺3墓穴南北长2.32米，东西宽0.54~0.66米，深1.24米。壁较直，底较平整。木棺已朽，残存木渣，棺底铺草木灰。棺痕上部南北长1.66米，底部南北长1.6米，东西宽0.36~0.46米，残高0.24米。内葬一人，人骨保存情况较好，长1.5米，头向北，面向上，仰身直肢。经鉴定墓主人为女性，45~50岁。

棺4墓穴南北长2.7米，东西宽0.88~1米，深0.92米。四壁较直。墓底平整。木棺已朽，棺痕不明显，棺底铺有较薄一层草木灰。棺南北长1.8米，东西宽0.46~0.54米，残高0.2米。内葬一人，人骨保存情况较差，长1.3米，头向东，面向不清，葬式不清，经鉴定墓主人为中老年男性。

（二）出土器物

陶罐2件，1件出土于东棺北侧，1件出土于棺2北侧。铜钱35枚，其中20枚出土于棺2底部，15枚出土于棺3底部。铁棺钉3枚，锈蚀严重，出土于棺1板灰附近。

1. 陶罐

2件。标本M67：3，半釉陶罐。直口，圆唇，圆折肩，斜直腹，下收成小平底。口肩部施酱黄色釉，器内仅口部粘有一层较薄的釉层。釉色较光亮。器表有少量脱釉现象。器物内外壁有明显的修坯旋痕。胎呈浅红色。口径8.1、最大腹径12.7、底径7.4、通高12.6厘米（图七〇，1；彩版四〇，5）。标本M67：4，残碎，修复完整。泥质红陶。直口微侈，方唇，短直领，圆肩弧腹，小平底。手轮兼制，火候一般，器形制作不甚规整。口径10.5、腹径12、底径7、通高11.8~12.6厘米（图七〇，2；彩版四〇，4）。

2. 铜钱

35枚。

万历通宝　10枚。标本M67：1-1，锈蚀，圆形，方穿，正、背面有圆郭，正面铸钱文

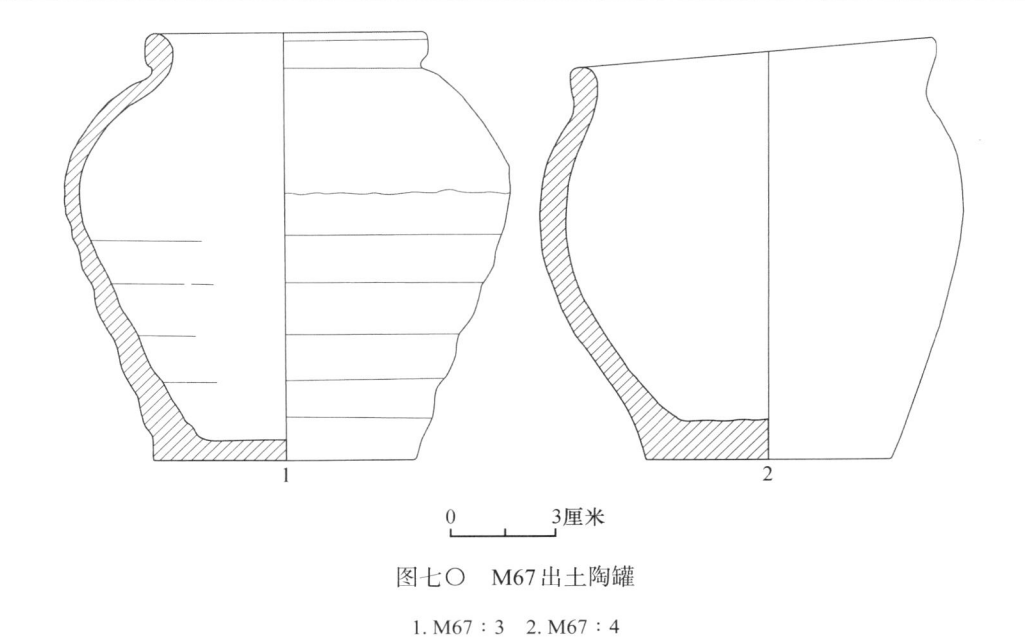

图七〇　M67出土陶罐
1. M67：3　2. M67：4

"万历通宝"四字，楷书，对读。钱径2.4、穿宽0.55、郭宽0.3厘米，重3克（图七一，1）。

嘉靖通宝　24枚。标本M67：2-1，残，圆形，方穿，正、背面有圆郭，正面铸钱文"嘉靖通宝"四字，楷书，对读。光背无纹。钱径2.5、穿宽0.52、郭宽0.28厘米，重3克（图七一，2）。

隆庆通宝　1枚。标本M67：1-3，残，锈蚀，圆形，方穿，正、背面有圆郭，正面铸钱文"隆庆通宝"四字，楷书，对读。钱径2.5、穿宽0.48、郭宽0.3厘米，重4克（图七一，3）。

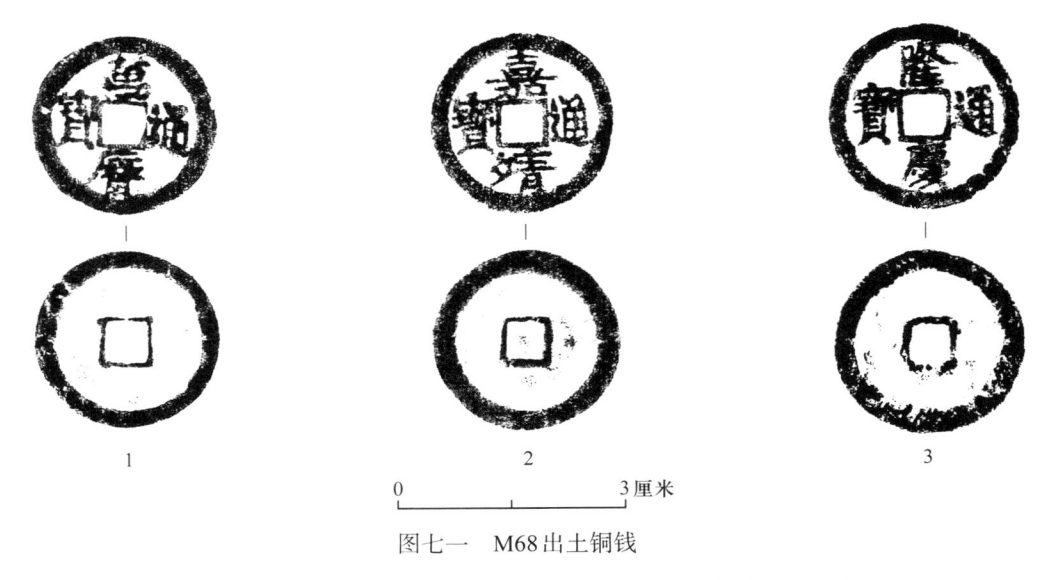

图七一　M68出土铜钱

1. 万历通宝（M67：1-1）　2. 嘉靖通宝（M67：2-1）　3. 隆庆通宝（M67：1-3）

第五章 清代墓葬

共50座，其中单棺墓26座，编号分别为M3、M15、M16、M23、M25、M34、M35、M37、M38、M39、M46、M47、M48、M49、M50、M51、M56、M61、M71、M74、M75、M77、M81、M82、M83、M84。双棺合葬墓19座，编号分别为M4、M5、M10、M11、M13、M17、M26、M30、M32、M33、M45、M54、M55、M57、M58、M60、M63、M68、M73。三棺合葬墓3座，编号分别为M7、M53、M64。四棺合葬墓1座，编号为M69。火葬墓1座，编号为M65。

第一节 单棺墓

一、M3

（一）位置及形制

M3位于发掘区东北部T1526内，南邻M17，东南为M13，东北与M2相距39.6米，北部被现代墙基打破，开口于第2层下。东西向，方向86°。

长方形竖穴土坑墓（图七二；彩版八，1）。墓口距地表深0.8米，墓底距地表深1.84米。墓圹东西长2.96米，南北残宽1.1米，深1.04米。墓壁垂直、平整。内填疏松的黄褐色五花土，以黄沙为主，含有较多植物根系。

葬具为木棺，斜放在墓圹内，东部距墓圹南壁0.4米，西南棺角紧贴墓圹南壁。棺木腐朽严重，板灰处有铁质棺钉。棺上口长2.04米，底长1.88米，宽0.55～0.62米，残高0.3米，板

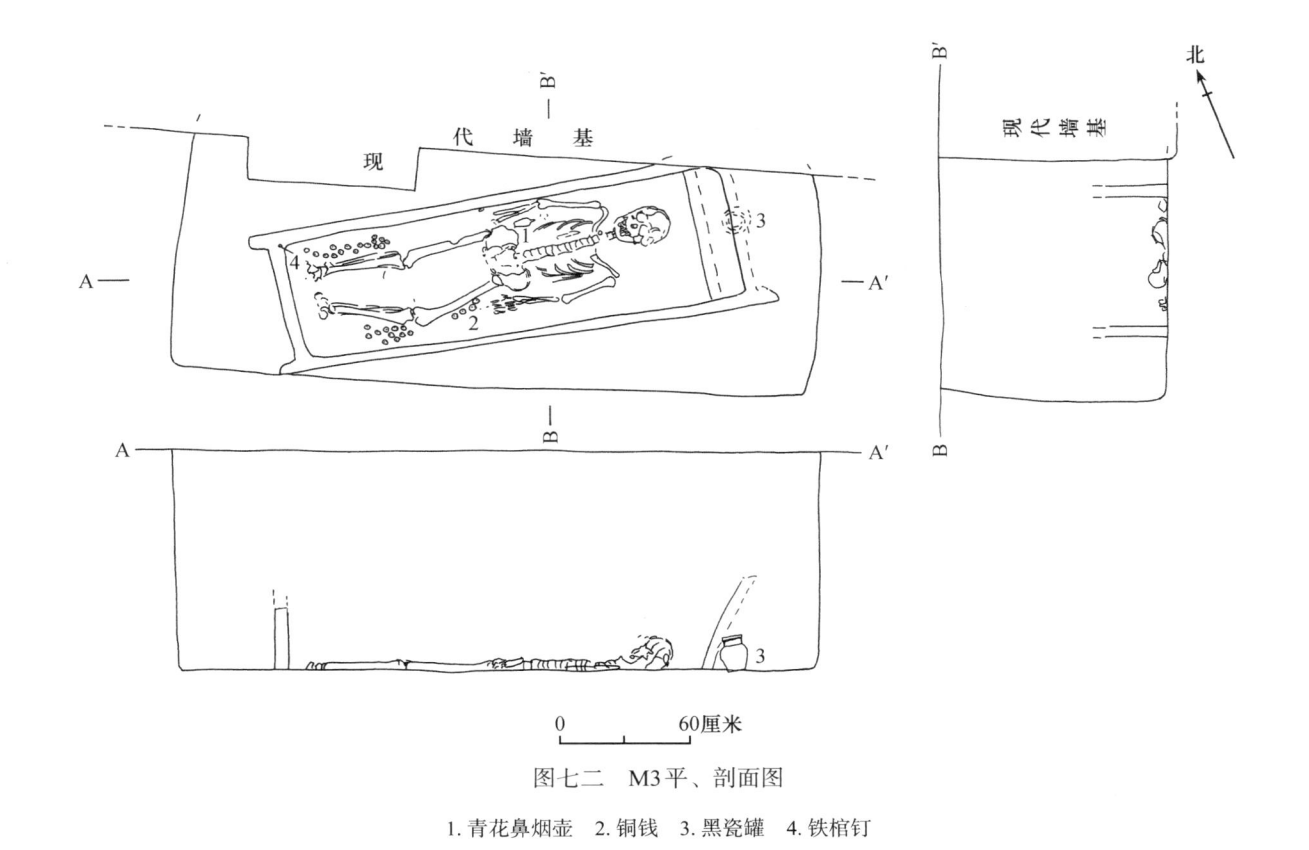

图七二　M3平、剖面图
1.青花鼻烟壶　2.铜钱　3.黑瓷罐　4.铁棺钉

灰厚3厘米。棺内人骨保存一般，长1.68米。头骨破碎，头东脚西，面向上，仰身直肢。从头骨和骨盆特征分析，墓主为男性，年龄50岁以上。

（二）出土器物

青花鼻烟壶1件，位于人骨手部。黑瓷罐1件，位于棺头档外侧。铜钱24枚，位于腿骨两侧，其中可辨年号有乾隆通宝、嘉庆通宝、道光通宝、咸丰通宝，其余锈蚀严重，无法辨别。铁棺钉2枚，位于板灰附近。

1.瓷器

青花鼻烟壶　1件。标本M3∶1，直口，圆唇，长颈，丰肩，深弧腹，下腹斜收，圈足底，底部有"雍正年制"。胎质坚硬，器内外施青白色釉，釉色莹润光亮。瓶身颈部以下绘有图案，图案主体为一棵挺拔的松树，枝叶茂密，上方有一只鸣叫的小鸟栖息在枝头。树下有一只猴子倚靠在树干上，双臂伸展，腿上趴着一只小猴，头朝里。猴子头上方有两只展翅飞翔的蝴蝶。猴子前方有一只俯卧的梅花鹿，背对着猴子，头向后伸，朝向空中，嘴里含有一个灵芝。背景图案有山石花草。圈足圆形，铜质壶盖，内镶嵌骨质柳叶状勺。口径0.71、最大腹径3.4、底径2、通高7.7厘米（图七三，1；彩版四一，1、2）。

黑瓷罐 1件，标本M3∶3，直口微侈，圆唇，高领，折肩，弧腹，矮圈足。口腹部、口内部施酱黑色釉，口沿内壁有流釉现象。下腹部及外底、内壁部分施一层较薄酱黄色浆水。轮制。器物内壁及腹下至底面有轮旋痕。口径8.6、最大腹径11.2、底径7.8、通高13.2厘米（图七三，2；彩版四一，3）。

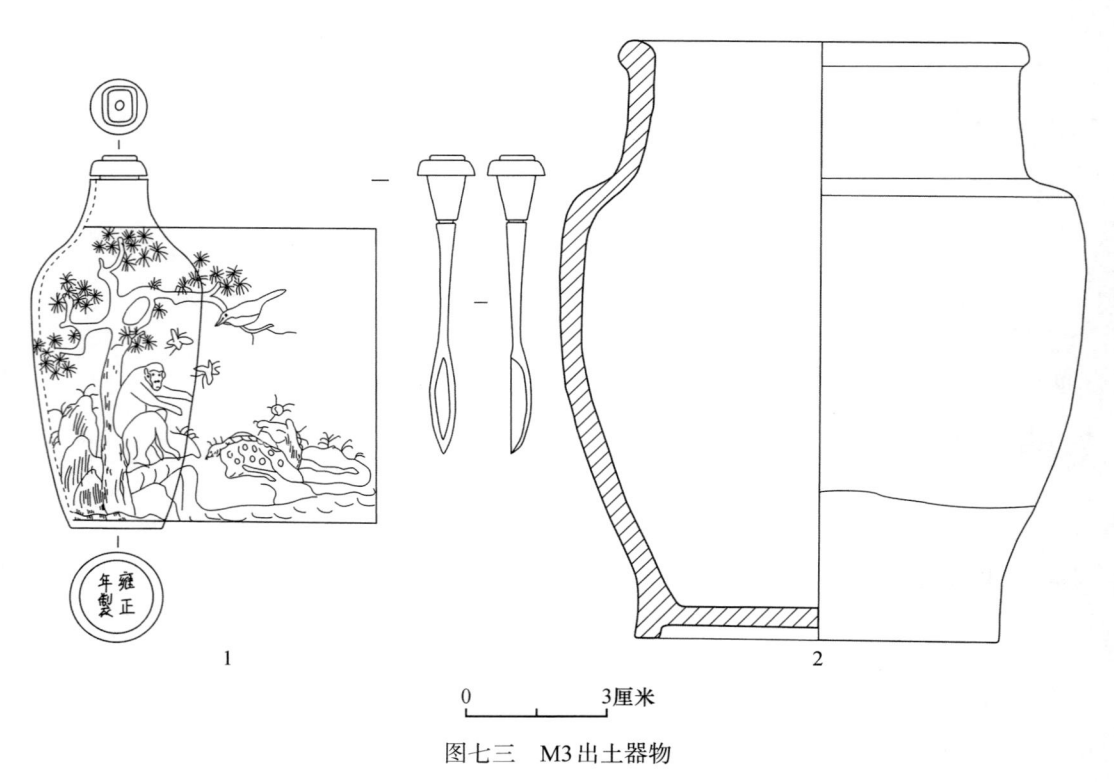

图七三 M3出土器物

1. 青花鼻烟壶（M3∶1） 2. 黑瓷罐（M3∶3）

2. 铜钱

24枚。

乾隆通宝 8枚。标本M3∶2-7，锈蚀。圆形，方穿，正、背面有圆郭，正面铸钱文"乾隆通宝"四字，楷书，对读，背面穿左右铸满文"宝泉"二字，局名。钱径2.2、穿宽0.5、郭宽0.3厘米，重3克（图七四，1）。

嘉庆通宝　4枚。标本M3：2-4，锈蚀。圆形，方穿，正、背面有圆郭，正面铸钱文"嘉庆通宝"四字，楷书，对读，背面穿左右为满文"宝泉"局名。钱径2.3、穿宽0.5、郭宽0.3厘米，重4克（图七四，2）。

道光通宝　9枚。标本M3：2-3，锈蚀。圆形，方穿，正、背面有圆郭，正面铸钱文"道光通宝"四字，楷书，对读，背面穿左右铸满文"宝泉"二字，局名。钱径2.2、穿宽0.5、郭宽0.3厘米，重4克（图七四，3）。

咸丰通宝　3枚。标本M3：2-1，锈蚀。圆形，方穿，正、背面有圆郭，正面铸钱文"咸丰通宝"四字，楷书，对读，背面穿左右铸满文"宝泉"二字，纪局名，字体模糊漫漶。钱径2.3、穿宽0.5、郭宽0.3厘米，重3克（图七四，4）。

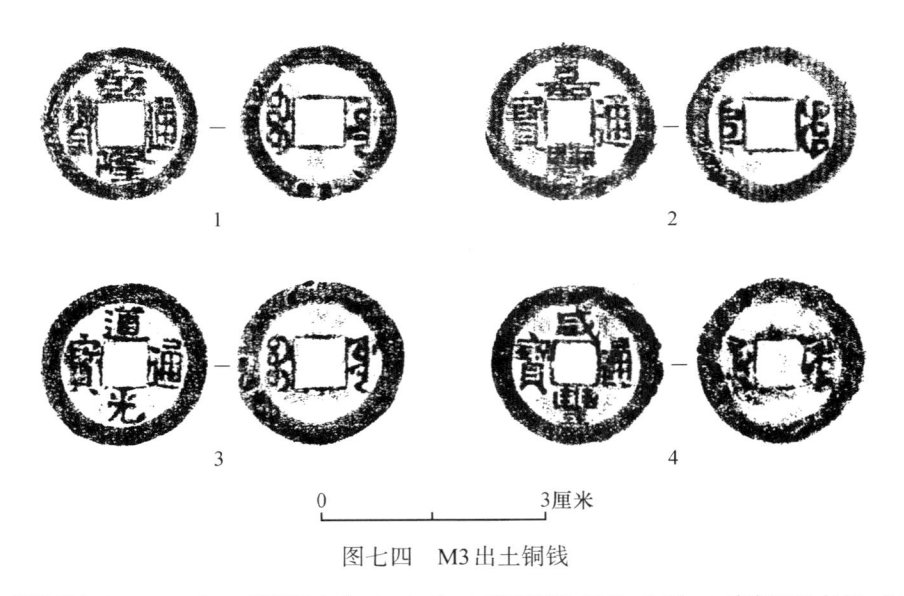

图七四　M3出土铜钱

1. 乾隆通宝（M3：2-7）　2. 嘉庆通宝（M3：2-4）　3. 道光通宝（M3：2-3）　4. 咸丰通宝（M3：2-1）

二、M15

（一）位置及形制

M15位于发掘区东北部T1426、T1427内，西与M14相距5.6米。东南为M16，开口于第2层下，打破生土。东西向，方向285°。

竖穴土坑墓（图七五；彩版八，2）。墓口距地表深0.8米，墓底距地表深1.68米。开口平面呈梯形，东西长2.54米，南北宽1～1.22米，北壁距开口深0.2米处有一生土台，宽0.24米。墓底东西长2.5米，南北宽0.9米，深0.88米。墓内填灰褐色五花土，土色花杂，土质较疏松，含有较多料姜石颗粒。

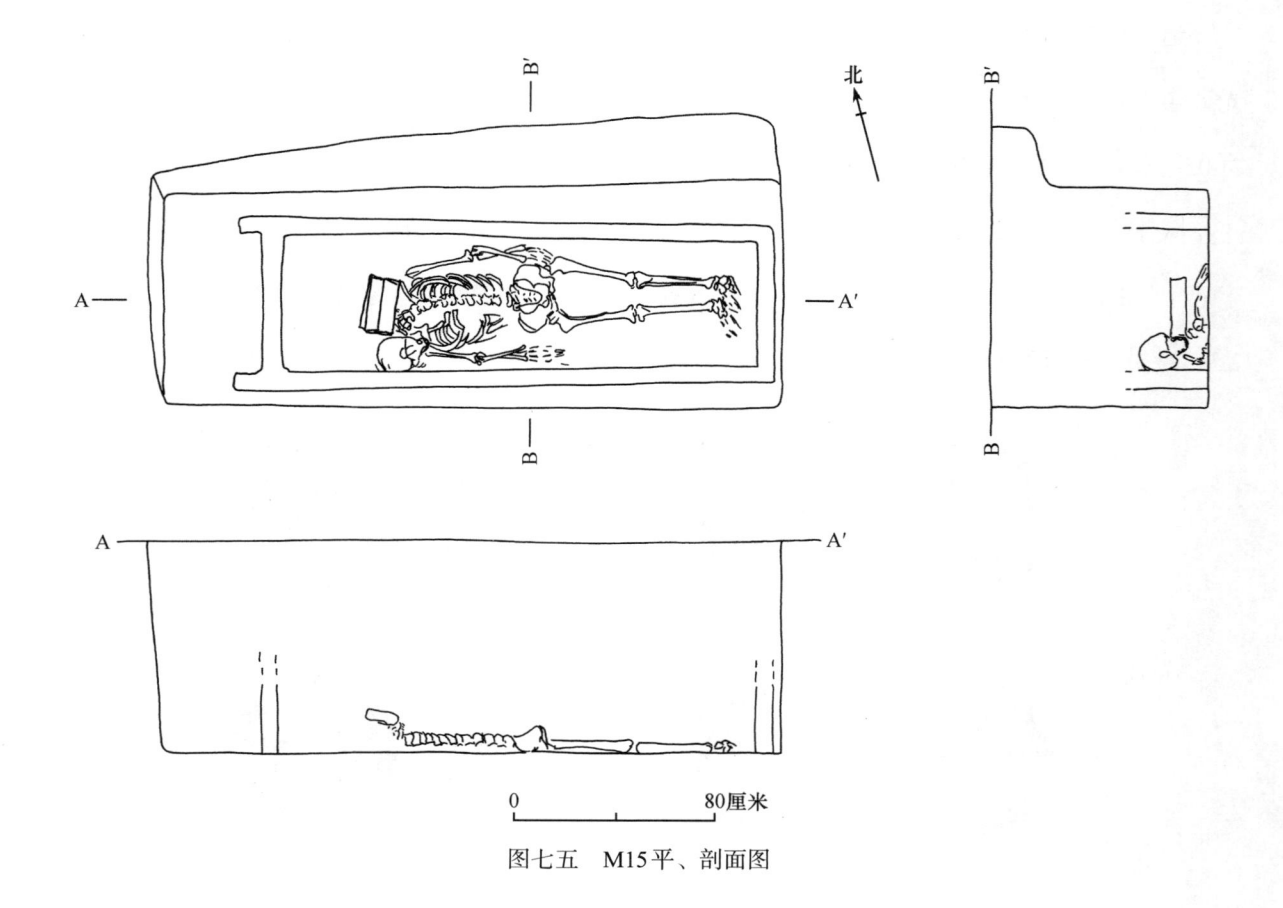

图七五　M15平、剖面图

葬具为木棺，棺木腐朽严重，棺痕隐约可见。平面呈梯形，东西长1.9米，南北宽0.52～0.58米，残高0.28米，板灰厚5厘米。板灰处残留有铁质棺钉。棺内人骨保存较好，头部有移位，头向西，面向上，仰身直肢，头下枕一青灰色条砖，一面饰有一道纵向沟纹，砖的规格为25厘米×12.5厘米×4.5厘米。人骨长1.45米，经鉴定墓主为女性，年龄约25岁。

（二）出土器物

未发现随葬品。

三、M16

（一）位置及形制

M16位于发掘区东北部T1427内，北与M15相距0.1米，开口于第2层下。东西向，方向90°。

长方形竖穴土坑墓（图七六；彩版九，1）。墓口距地表深0.9米，墓底距地表深1.48米。墓圹口大底小，开口东西长2.64米，南北宽1.24米；底部东西长2.4米，南北宽1米，深0.58米。墓内填较疏松的黄褐色五花土，含有较多料姜石颗粒。

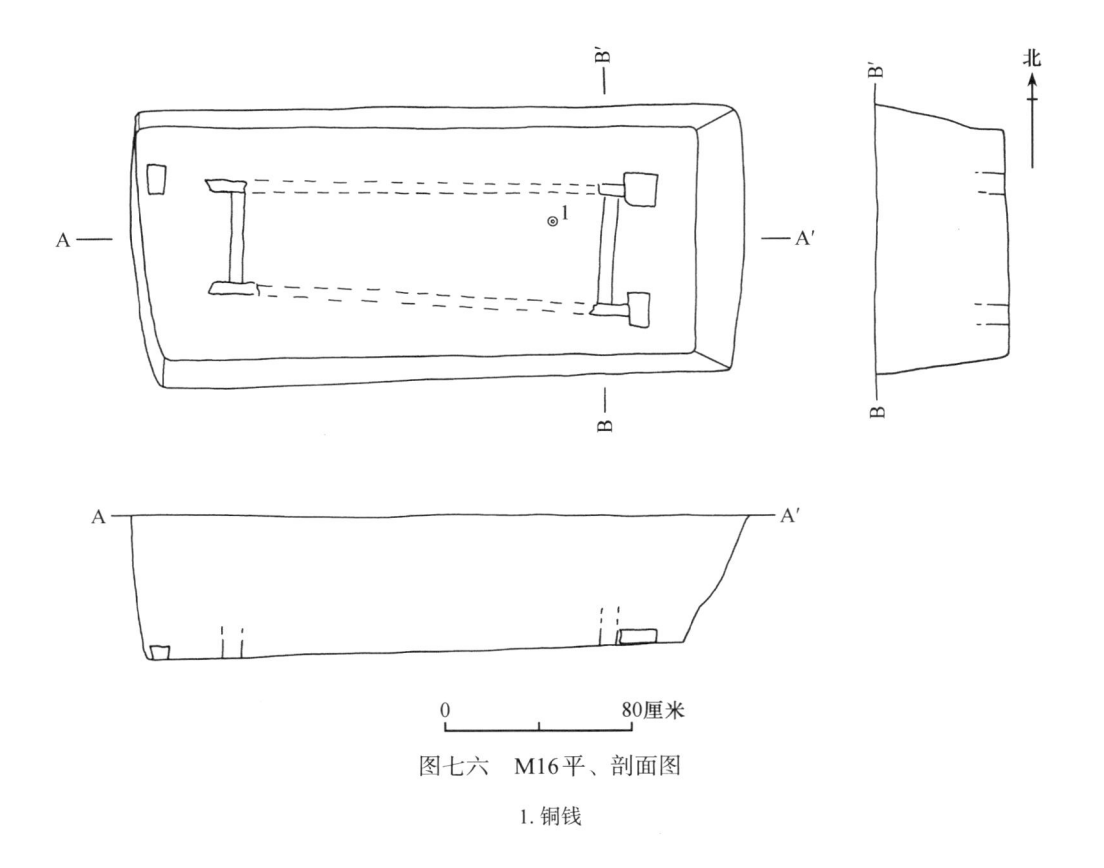

图七六　M16平、剖面图
1. 铜钱

葬具为木棺，棺木已朽，棺痕不明显，板灰处残留有铁质棺钉。棺痕长1.72米，宽0.51~0.58米，残高0.1米，板灰厚5厘米。棺东端有一块残砖块。棺内未发现人骨，为迁葬墓。

（二）出土器物

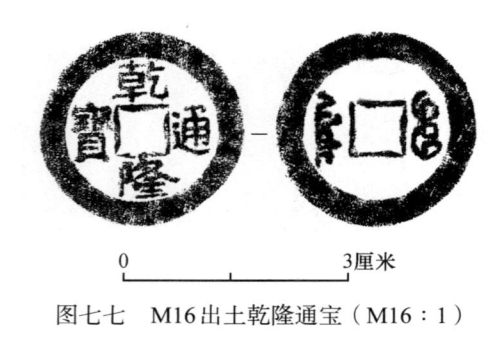

铜钱1枚，可辨为乾隆通宝，出土于棺内底部。

乾隆通宝　1枚。标本M16∶1，锈蚀。圆形，方穿，正、背面有圆郭，正面铸钱文"乾隆通宝"四字，楷书，对读，背面穿左右铸满文"宝泉"二字，局名。钱径2.7、穿宽0.48、郭宽0.4厘米，重6克（图七七）。

图七七　M16出土乾隆通宝（M16∶1）

四、M23

（一）位置及形制

M23位于发掘区东北部T1327、T1427内，北与M22相距0.8米，南部打破M76。开口于第2层下，打破生土。方向150°。

竖穴土坑墓（图七八；彩版九，2）。墓口距地表深0.2米，墓底距地表深1.22米。墓口平面呈近梯形，西北—东南长3.2米，东北—西南宽2.04～2.08米，深1.02米。内填较疏松的黄褐色五花土，含少量姜石颗粒、煤灰颗粒及零星碎砖粒。

葬具为木棺，腐朽严重，棺痕不明显。棺痕长2.28米，宽0.96～1.04米，残高0.28米。棺内人骨仅残存肢骨一节，头向、面向、葬式及性别不详，疑为迁葬墓。

（二）出土器物

铜钱1枚，位于棺内东北部。

光绪通宝　1枚。标本M23∶1，锈蚀严重。圆形，方穿，正、背面有圆郭，正面铸钱文"光绪通宝"四字，楷书，对读，背面穿左右铸满文，字迹模糊，不甚清晰。钱径2.3、穿宽0.37、郭宽0.3厘米，重2.8克。

图七八　M23平、剖面图
1.铜钱

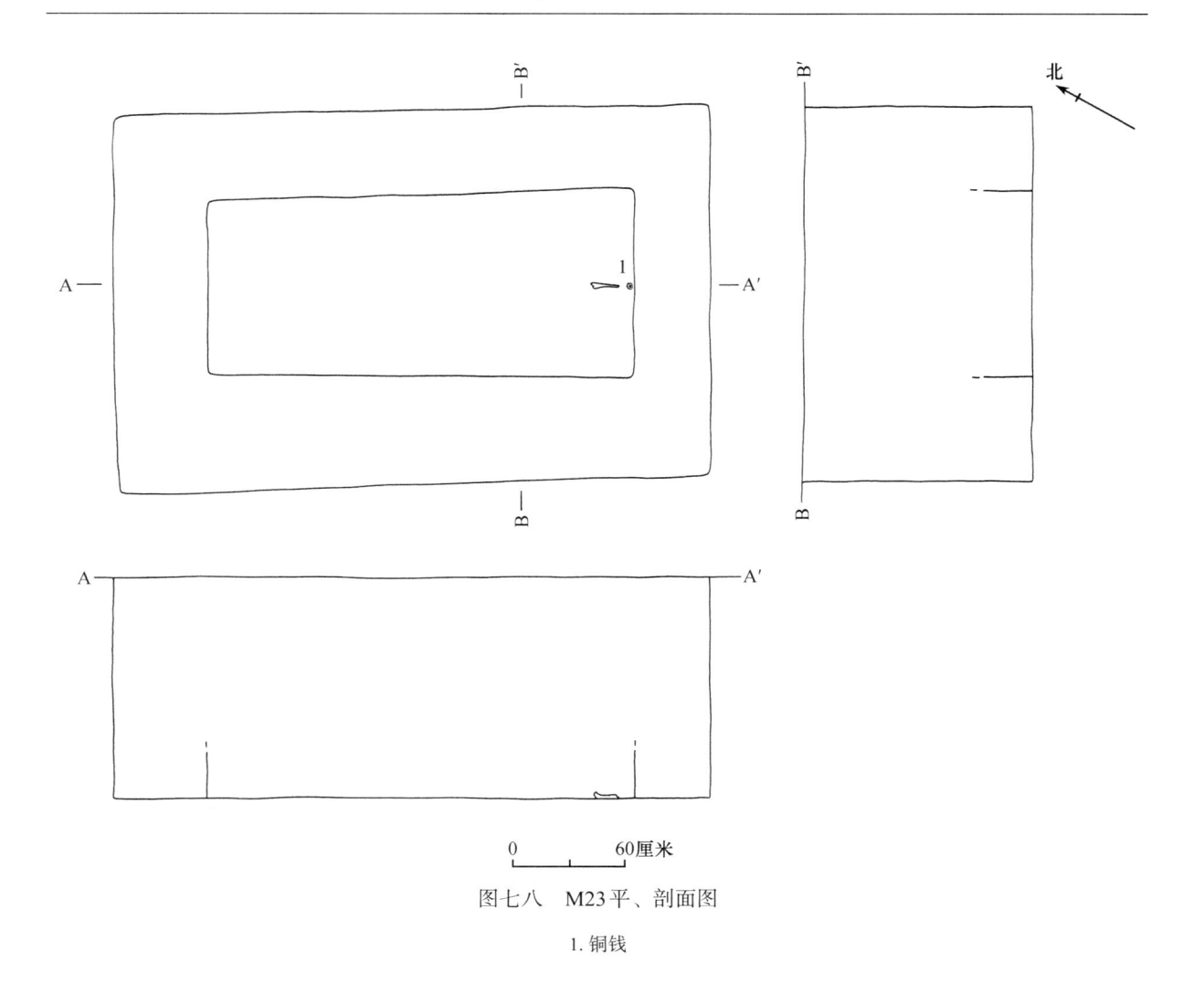

五、M25

（一）位置及形制

M25位于发掘区东北部T1429内，西与M16相距10.8米，东邻M46，东南部被现代墙基打破。开口于第2层下，打破生土。南北向，方向22°。

竖穴土坑墓（图七九；彩版一〇，1）。墓口距地表深0.32米，墓底距地表深1.02米。墓圹南北长2.34~2.5米，东西宽1.17~1.2米，深0.7米。内填较疏松的黄褐色五花土，含较多料姜石粒和少量植物根系。

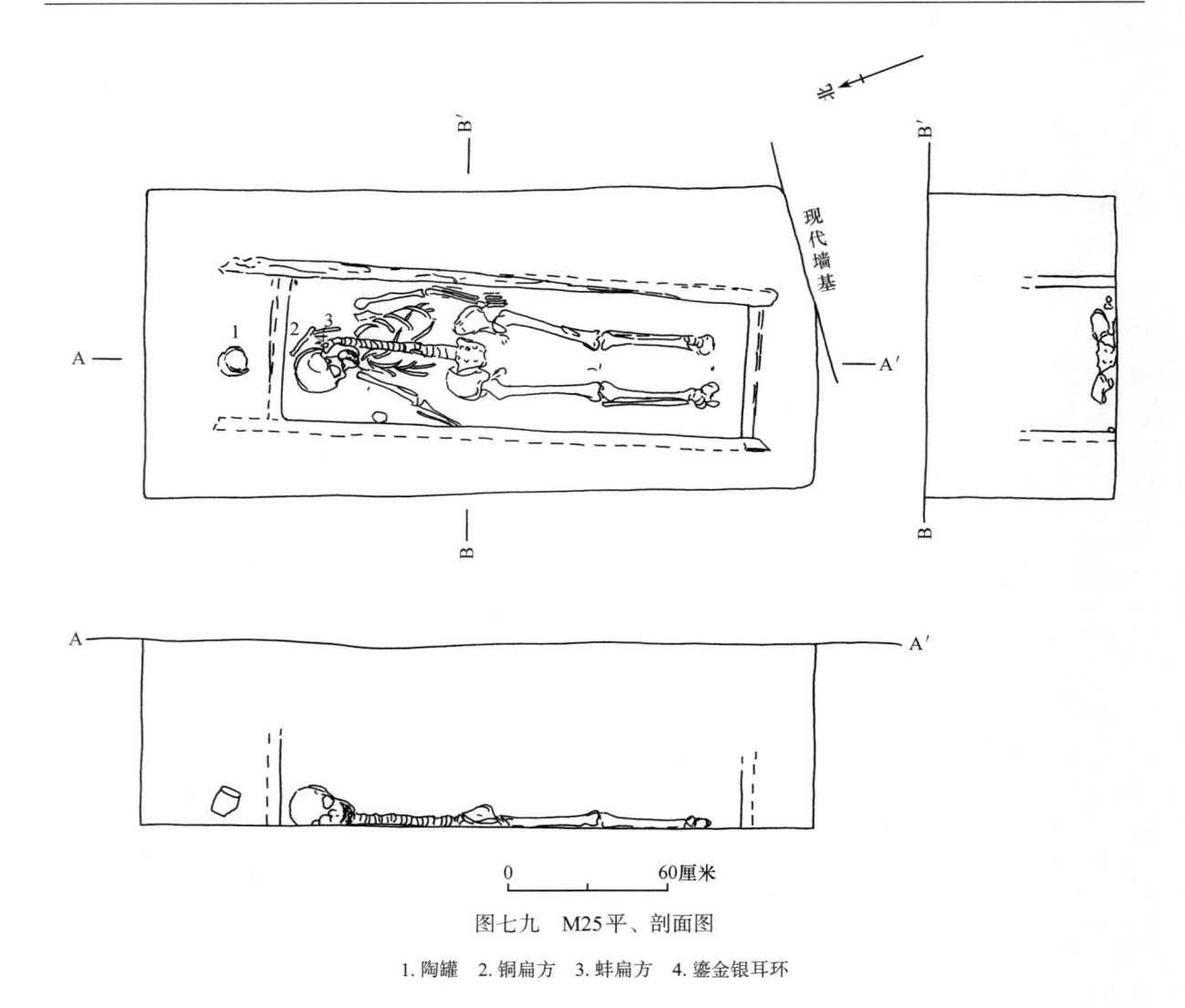

图七九　M25平、剖面图
1. 陶罐　2. 铜扁方　3. 蚌扁方　4. 鎏金银耳环

葬具为木棺，棺木已朽，棺痕明显。棺长1.7米，宽0.5~0.54米，残高0.2米，板灰厚0.03米。四侧板灰处残留有铁质棺钉。棺内人骨保存较好，长1.56米，头向北，面向西，仰身直肢，经鉴定墓主为女性，年龄约50岁以上。

（二）出土器物

陶罐1件，位于棺头档外侧。铜扁方1件，蚌扁方1件，均出土于棺内墓主人头骨东侧。耳环1对，位于棺内头骨下面。

1. 陶器

陶罐　1件。标本M25:1，泥质浅灰色陶。轮制。敞口，平沿略朝内侧倾斜，尖圆唇，束颈，溜肩，圆鼓腹，下腹斜收，平底。素面。胎呈浅褐色，胎质细密。器表有慢轮修整痕迹，下腹部有指纹粘痕。口径9.2、最大腹径10.6、底径6.3、通高9.2厘米（图八○；彩版四一，4）。

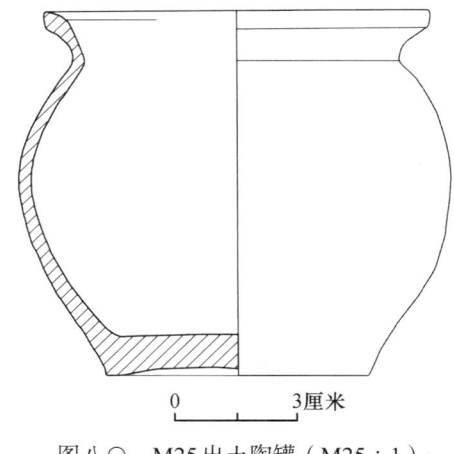

图八○　M25出土陶罐（M25:1）

2. 金银器

鎏金银耳环　2件，形制相同（彩版四一，5）。标本M25:4-1，如意环形，通体鎏金，脱落较甚。穿部一半环体细尖，另一半环体扁平。如意状头部为一正视的蝙蝠。直径2.6厘米（图八一，3）。标本M25:4-2，如意环形，通体鎏金，脱落较甚。穿部一半环体细尖，另一半环体扁平。如意状头部为一正视的蝙蝠。直径2.5厘米（图八一，4）。

3. 铜器

铜扁方　1件。标本M25:2，扁体呈扁长条形，扁首弯曲呈四棱柱状，尾端呈圆弧形。素面。通长15.1、宽2.6~2.5、厚0.15厘米（图八一，1；彩版四一，6）。

4. 蚌器

蚌扁方　1件。标本M25:3，残断。钙化酥碱严重。整体呈扁长条形。扁首卷曲一周半。尾部圆弧形。通长12.8、宽1.6~1.1、厚0.2厘米（图八一，2）。

图八一 M25出土器物

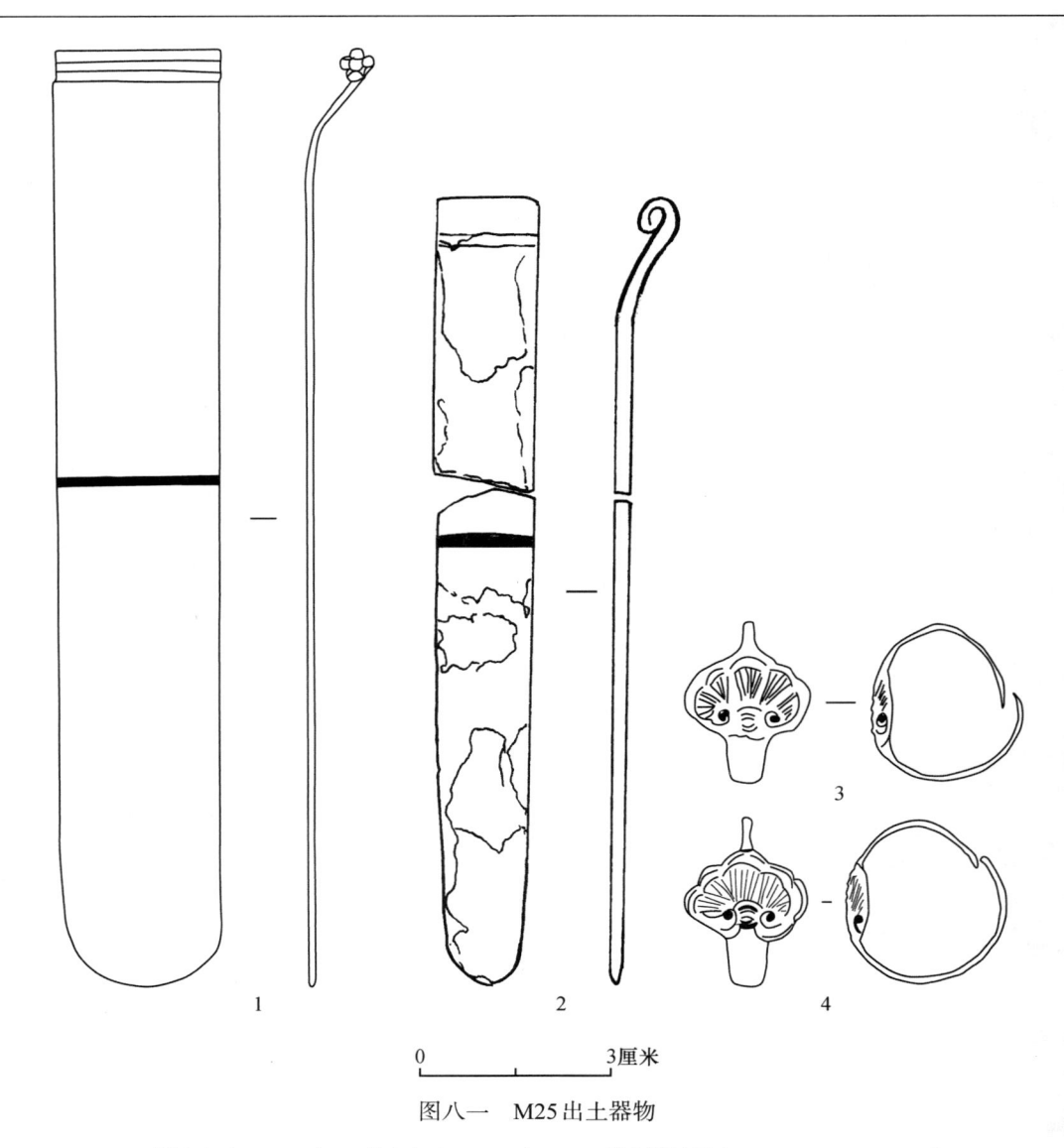

1. 铜扁方（M25∶2） 2. 蚌扁方（M25∶3） 3、4. 鎏金银耳环（M25∶4-1、M25∶4-2）

六、M34

（一）位置及形制

M34位于发掘区东南部T0826内，北与M49相邻，西为M60，北侧被扰坑打破。开口于第2层下，打破生土。东西向，方向84°。

竖穴土坑墓（图八二；彩版一〇，2）。墓口距地表深1米，墓底距墓口深2.1米。墓圹东西

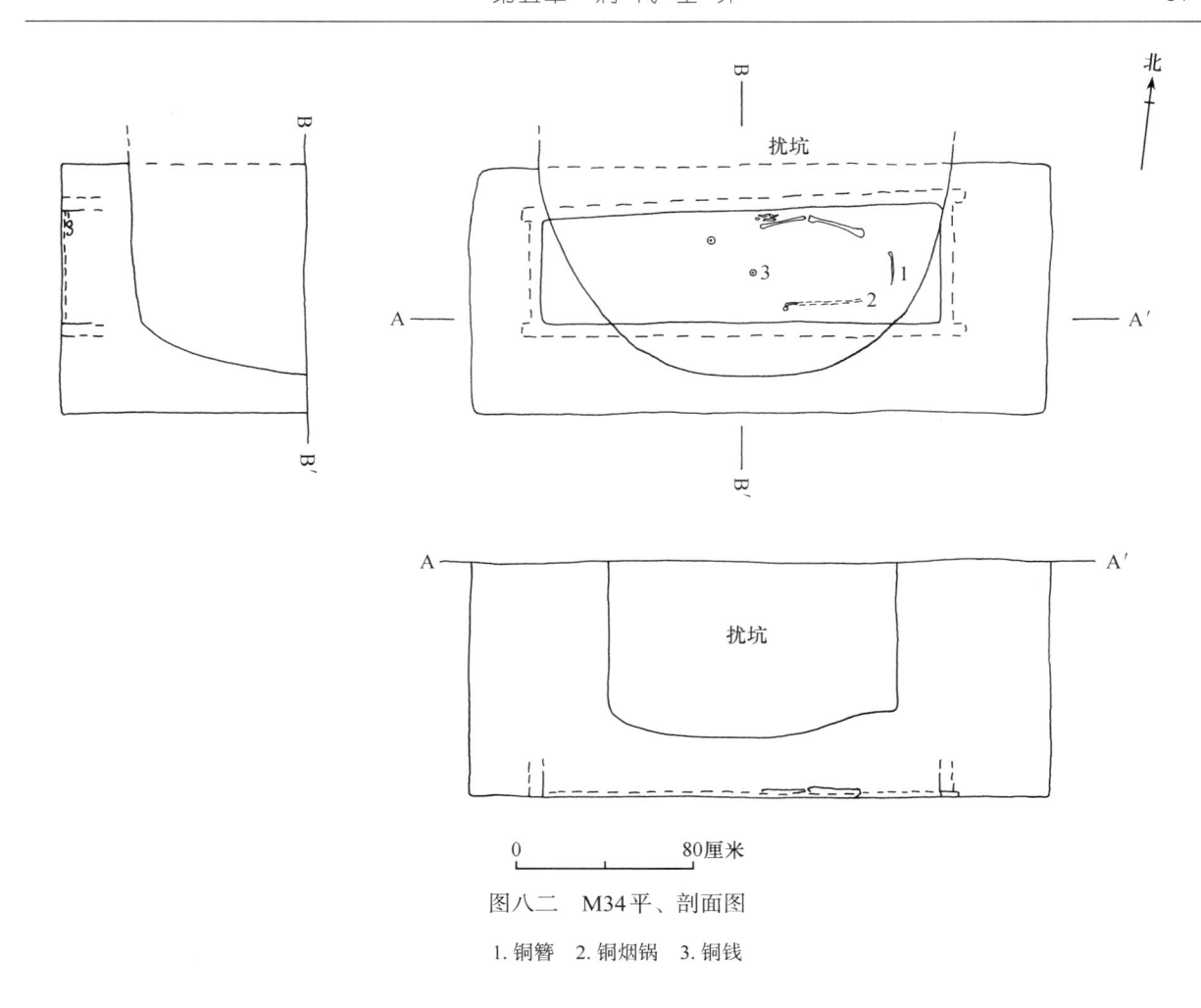

图八二　M34平、剖面图
1. 铜簪　2. 铜烟锅　3. 铜钱

长2.64米，南北宽1.1～1.2米，深1.1米。内填较疏松的黄褐色五花土，含较多料姜石粒和少量植物根系。

葬具为木棺，腐朽严重，仅剩板灰痕迹。棺长1.92米，宽0.6～0.68米，残高0.2米。盗扰严重，仅剩少量残骨，头向、葬式、性别及年龄均不详。

（二）出土器物

铜簪1件，铜烟锅1件，均出土于棺内南侧。铜钱2枚，均为乾隆通宝，出土于棺内中部。

1. 铜器

（1）铜簪

1件。标本M34∶1，簪体呈上宽下窄的长条形，柱状簪首向后折曲，两侧面刻成梅花图案，末端呈圆弧状。长14.4、宽0.2～0.9、厚0.12厘米（图八三，1；彩版四一，7）。

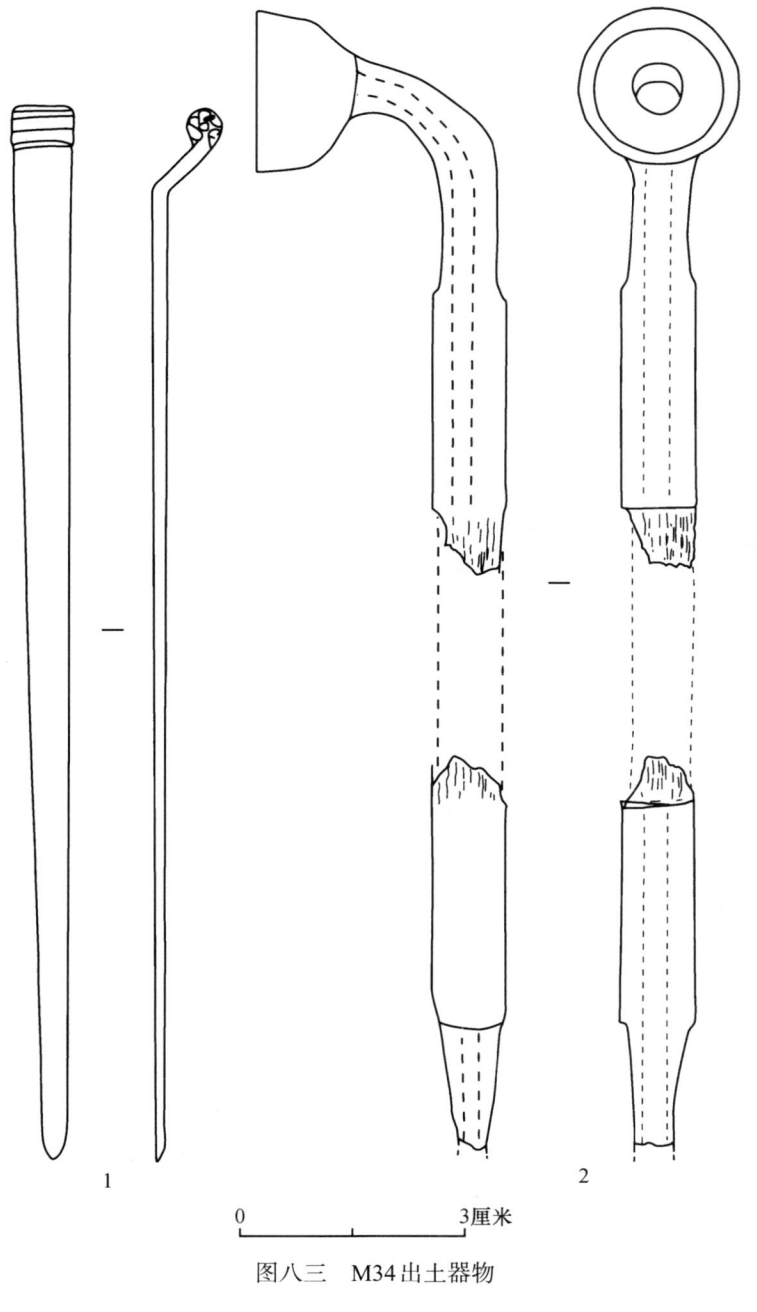

图八三　M34出土器物

1. 铜簪（M34∶1）　2. 铜烟锅（M34∶2）

第五章 清代墓葬

（2）铜烟锅

1件。标本M34:2，残断。烟锅与烟嘴均为铜质。烟杆为木质圆柱形，烟杆连接烟锅与烟嘴，中间有孔。锅径2.2、管径1、烟嘴长4.7、烟杆直径0.8~1厘米，通长不详（图八三，2；彩版四一，8）。

2. 铜钱

乾隆通宝　2枚。标本M34:3-1，锈蚀。圆形，方穿，正、背面有圆郭，正面铸钱文"乾隆通宝"四字，楷书，对读，背面穿左右铸满文"宝泉"二字，局名。钱径2.3、穿宽0.48、郭宽0.3厘米，重3克（图八四）。

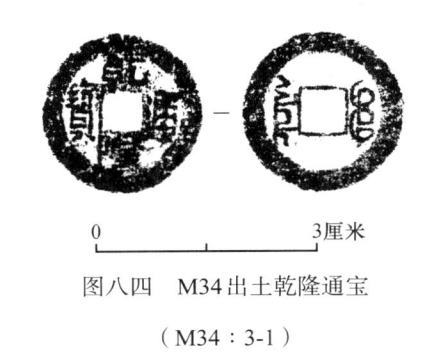

图八四　M34出土乾隆通宝（M34:3-1）

七、M35

（一）位置及形制

M35位于发掘区东部T1326内，南与M6相距6.8米，东侧被M33打破，北侧被现代墙基打破。开口于第2层下，打破生土。东西向，方向90°。

竖穴土坑墓（图八五；彩版一〇，3）。墓口距地表深1米，墓底距地表深2.66~2.78米。墓圹东西长2.4~2.6米，南北残宽1.2~1.6米，深1.66~1.78米。内填较疏松的黄褐色五花土，含较多料姜石粒和少量植物根系。

葬具为木棺，棺木已朽，棺痕不明显。棺长1.8米，宽0.5~0.56米，残高0.4米。棺内人骨保存较好，长1.56米，头东脚西，仰身直肢。经鉴定墓主为男性，年龄约50岁以上。

（二）出土器物

铜钱3枚，均位于棺内。

乾隆通宝　1枚。标本M35:1-2，锈蚀。圆形，方穿，正、背面有圆郭，正面铸钱文"乾

图八五　M35平、剖面图
1.铜钱

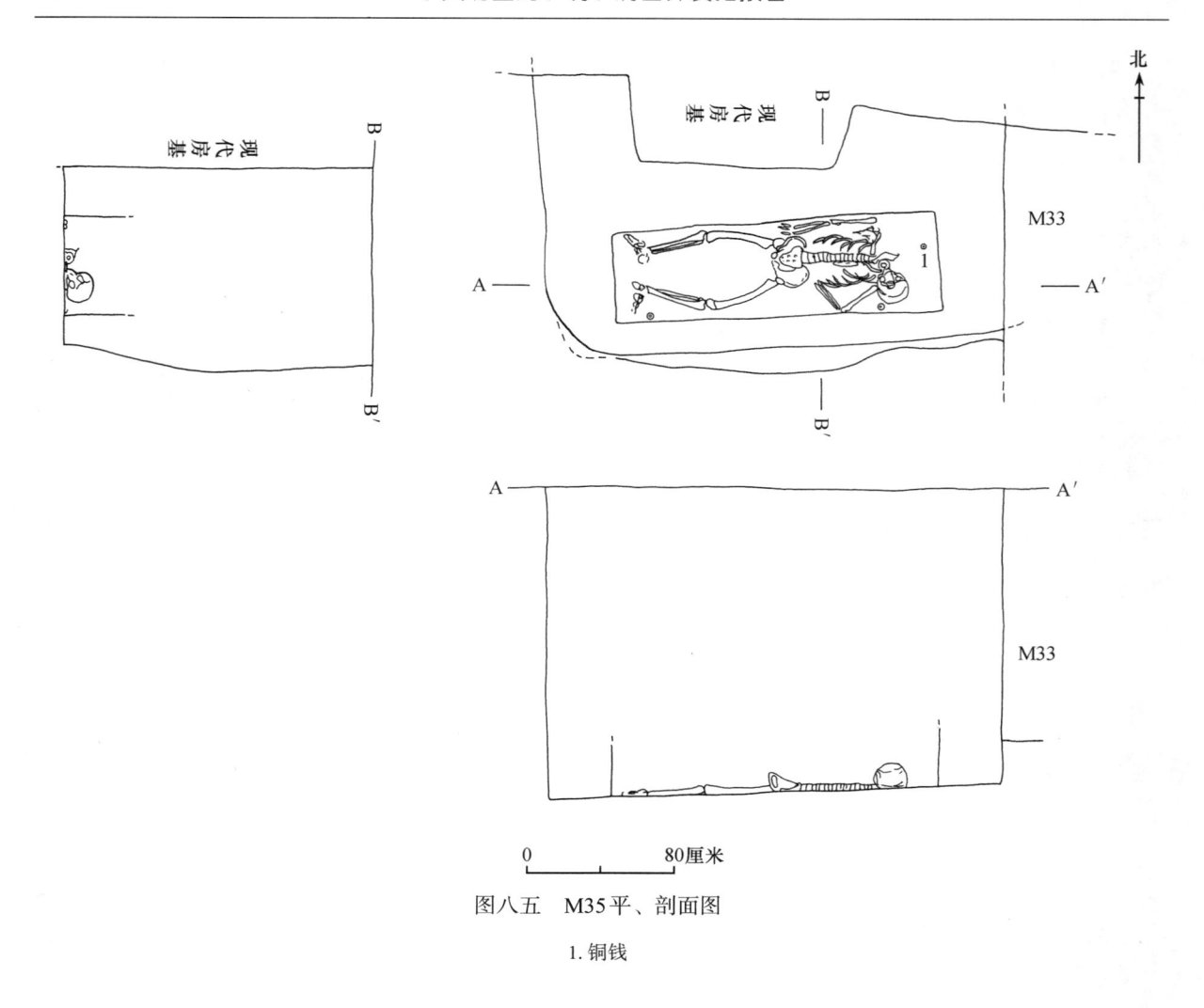

隆通宝"四字，楷书，对读，背面穿左右铸满文"宝源"二字，局名。钱径2.3、穿宽0.5、郭宽0.3厘米，重4克（图八六，1）。

道光通宝　2枚。标本M35：1-1，锈蚀。圆形，方穿，正、背面有圆郭，正面铸钱文"道光通宝"四字，楷书，对读，背面穿左右铸满文"宝泉"二字，局名。钱径2.2、穿宽0.5、郭宽0.3厘米，重4克（图八六，2）。

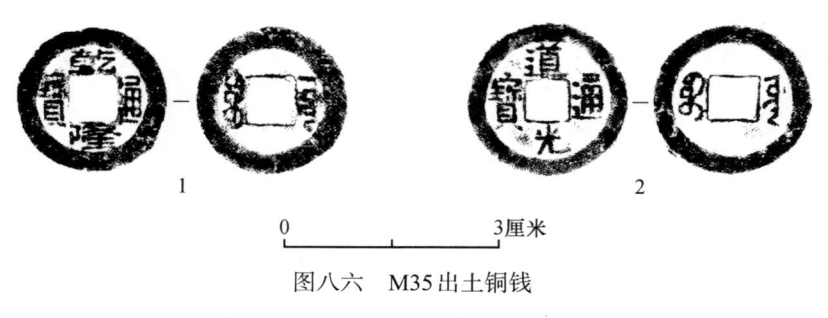

图八六　M35出土铜钱
1.乾隆通宝（M35：1-2）　2.道光通宝（M35：1-1）

八、M37

（一）位置及形制

M37位于发掘区东北部T1326、T1327内，北为M76，南为M32，西与M36相距2.6米，南侧被现代房基打破，西侧打破M38。开口于第2层下，打破生土。东西向，方向88°。

竖穴土坑墓（图八七；彩版一一，1）。墓口距地表深0.9米，墓地距地表深1.9米。平面呈长梯形，东西长2.48米，南北宽1.24~1.4米，深1米。墓圹直壁平底，内填散乱花土，有明显的扰动痕迹。

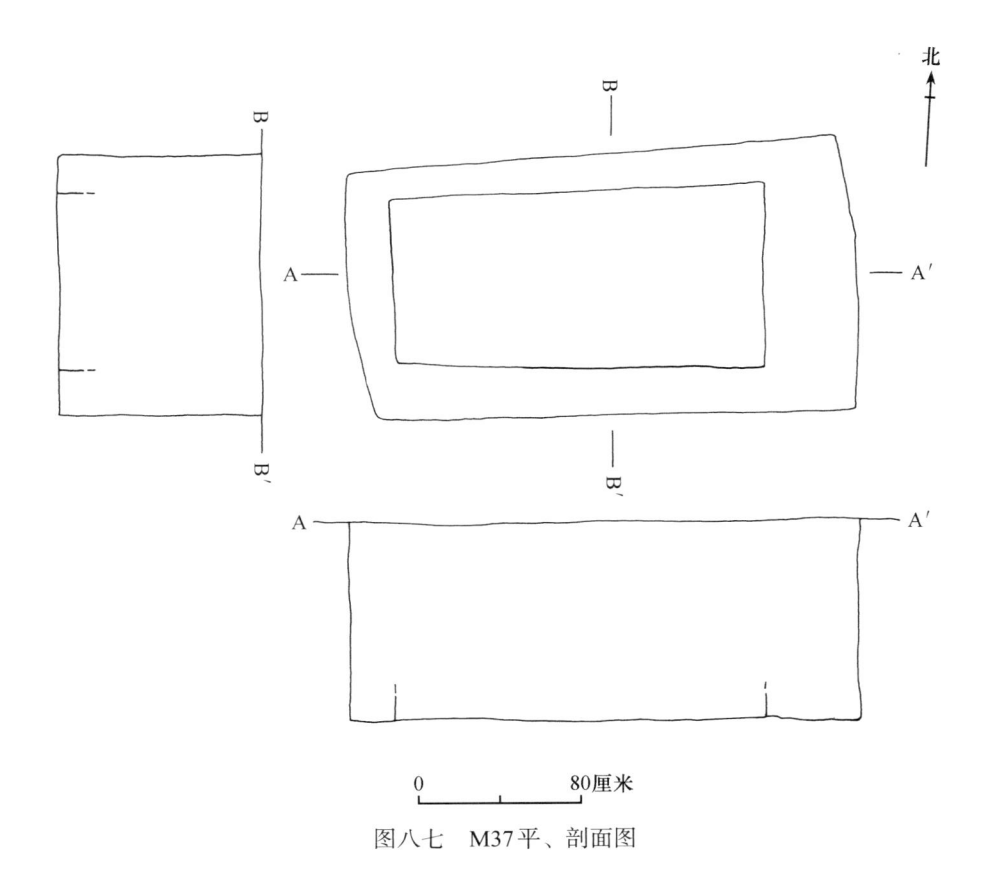

图八七 M37平、剖面图

葬具为木棺，木棺已朽，棺痕不明显。棺长2米，宽0.84~1.08米，残高0.15米，板灰6厘米。棺内无人骨，葬式不明，疑为迁葬墓。

（二）出土器物

未发现随葬品。

九、M38

（一）位置及形制

M38位于发掘区东北部T1326内，西北与M36相距0.7米，南侧叠压在现代房基下，东部被M37打破。开口于第2层下，打破生土。东西向，方向75°。

长方形竖穴土坑墓（图八八；彩版一一，2）。墓口距地表深1米，墓底距地表深2米。墓

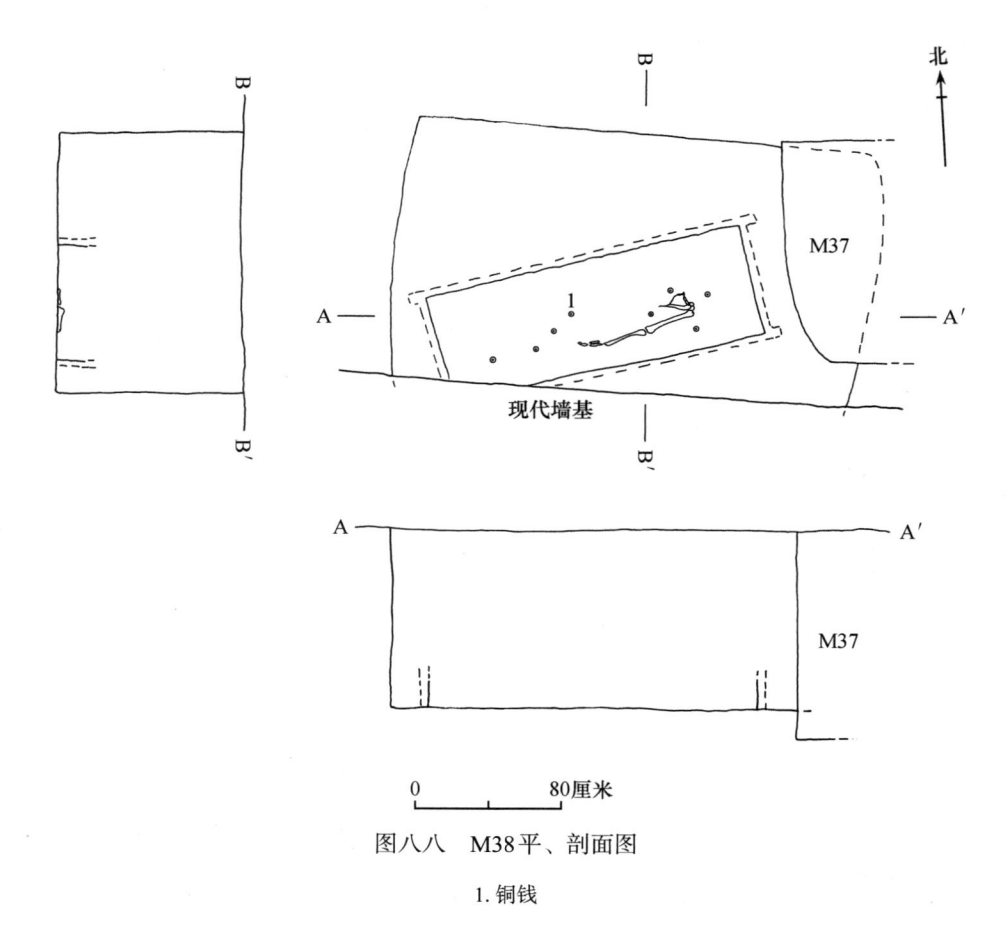

图八八　M38平、剖面图

1. 铜钱

圹东西长2.6米，南北宽1.46米，深1米。直壁平底，内填散乱的花土，有扰动痕迹。

葬具为木棺，木棺已朽，棺痕明显。棺长1.88米，宽0.6～0.72米，残高0.25米，板灰厚3厘米。在木棺底部发现有铁质棺钉和铜钱。人骨因扰动仅存少量肩胛骨、肱骨、桡尺骨、腕骨、指骨等，疑为迁葬。

（二）出土器物

铜钱8枚，可辨有乾隆通宝、嘉庆通宝、道光通宝，均位于棺内底部。

乾隆通宝　1枚。标本M38：1-4，锈蚀。圆形，方穿，正、背面有圆郭，正面铸钱文"乾隆通宝"四字，楷书，对读，背面穿左右铸满文纪局名，字体模糊，漫漶不清。钱径2.1、穿宽0.5、郭宽0.3厘米，重3克（图八九，1）。

嘉庆通宝　2枚。标本M38：1-3，锈蚀。圆形，方穿，正、背面有圆郭，正面铸钱文"嘉庆通宝"四字，隶书，对读，背面穿左右铸满文纪局名，字体模糊，漫漶不清。钱径2.1、穿宽0.5、郭宽0.3厘米，重3克（图八九，2）。

道光通宝　5枚。标本M38：1-1，锈蚀。圆形，方穿，正、背面有圆郭，正面铸钱文"道光通宝"四字，楷书，对读，背面穿左右铸满文纪局名，字体模糊，漫漶不清。钱径2.3、穿宽0.5、郭宽0.3厘米，重3克（图八九，3）。

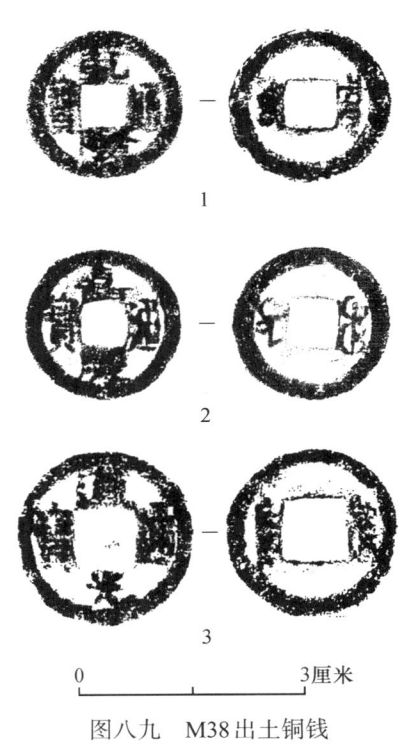

图八九　M38出土铜钱
1.乾隆通宝（M38：1-4）　2.嘉庆通宝（M38：1-3）　3.道光通宝（M38：1-1）

十、M39

（一）位置及形制

M39位于发掘区东北部T1426内，东南与M18相距1米，北侧打破M77。开口于第2层下，打破生土。东西向，向111°。

竖穴土坑墓（图九〇；彩版一二，1）。墓口距地表深0.9米，墓底距地表深1.68米。墓圹平面呈梯形，东西长2.24米，南北宽0.98~1.14米，深0.78米。内填较疏松的黄褐色五花土，内含零星料姜石颗粒及植物根系等。

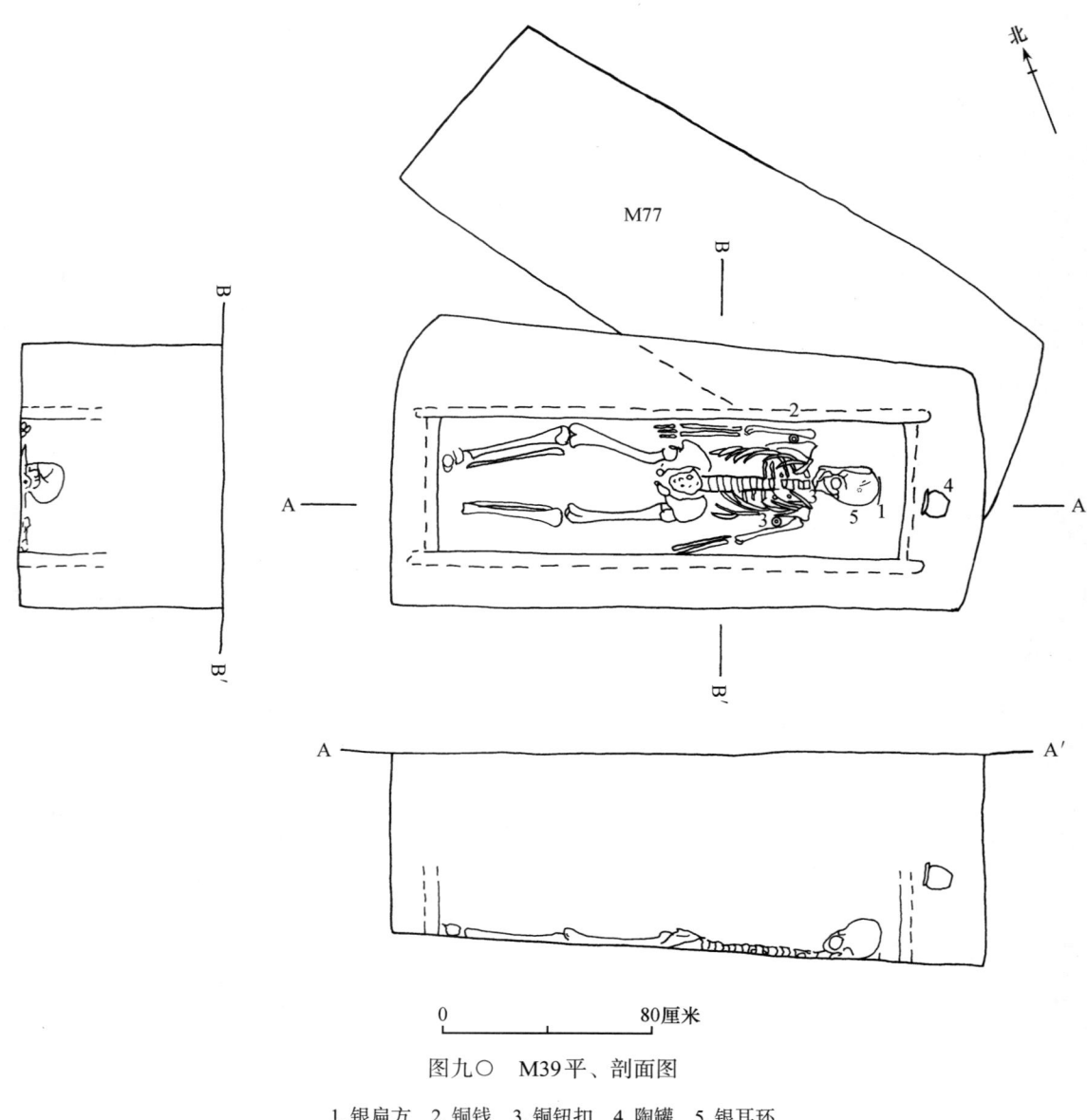

图九〇　M39平、剖面图
1. 银扁方　2. 铜钱　3. 铜钮扣　4. 陶罐　5. 银耳环

葬具为木棺，棺木已朽，棺痕较明显。棺长1.96米，宽0.52~0.54米，残高0.3米，板灰厚5厘米，棺底铺有灰层。棺内人骨保存较好，头东脚西，仰身直肢。经鉴定墓主为女性，年龄约50岁。

（二）出土器物

陶罐1件，出土于棺头档外侧。银扁方1件，出土于棺内人体头骨东侧。铜钮扣3枚，出土于棺内墓主人肋骨处。银耳环1件，出土于棺内墓主人头部。铜钱3枚，可辨为咸丰重宝，出土于棺内墓主人肋骨北侧、盆骨西侧。

1. 陶器

陶罐　1件。标本M39：4，泥质灰陶。轮制。敞口，平唇，向下倾斜。束颈，圆肩，鼓腹，平底。胎呈浅灰色，胎质细密。器表有慢轮修整痕迹，下腹部有两至三道凹弦纹。颈部有对称粘贴的陶泥疤痕。下腹部有指纹痕。口径10.2、最大腹径11.9、底径7.6、通高9.9厘米（图九一；彩版四二，1）。

2. 银器

银耳环　1件。标本M39：5，如意环形。穿部一半环体细尖，另一半环体扁平。如意状头部为一正面的蝙蝠。背面錾刻有竖款"盛远足纹"四字铭文，最后一字较模糊。直径2.7厘米（图九二，2；彩版四二，2）。

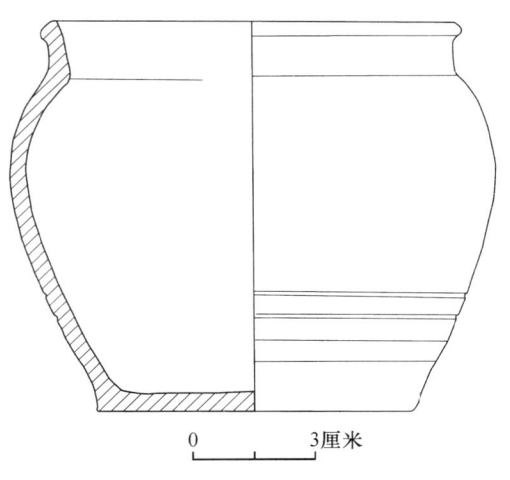

图九一　M39出土陶罐（M39：4）

银扁方　1件。标本M39：1，平面呈扁长方条。扁首向外卷曲两周半，尾部半圆形。扁首外侧刻如意云纹。扁体正面上部刻一篆体"寿"字纹，下部錾刻一展翅飞翔的蝙蝠。背面阴刻有竖款"盛远足纹"四字，后两字较模糊。长13.2、宽2、厚0.12厘米（图九二，1；彩版四二，3）。

3. 铜器

铜钮扣　3枚（彩版四二，4）。标本M39：3-1，鎏金。圆球形。表面饰宽带打结纹。顶端有圆形环孔（图九二，3）。标本M39：3-2，圆球形。顶端穿孔内套接另一圆形环（图九二，

图九二　M39出土器物

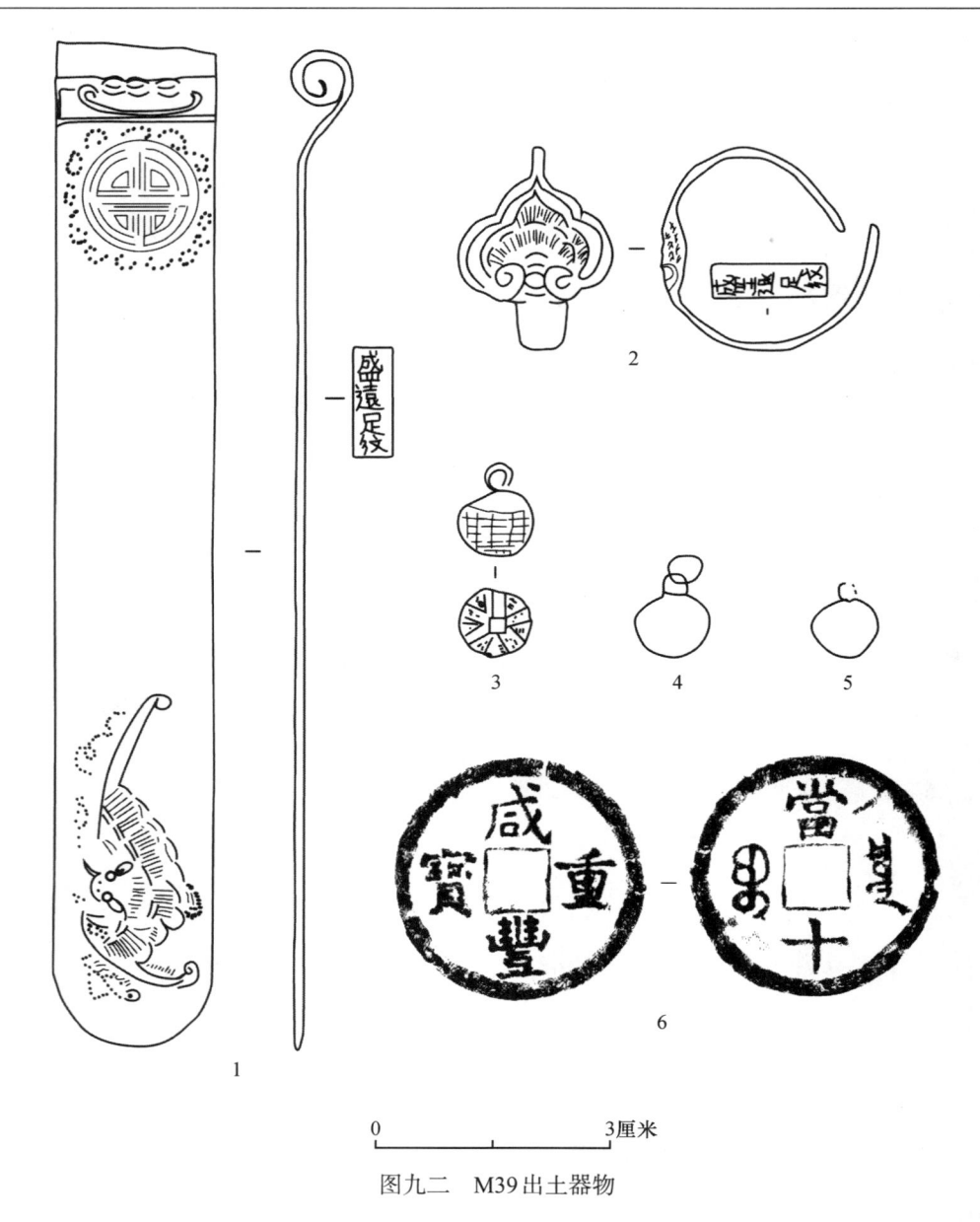

1. 银扁方（M39∶1）　2. 银耳环（M39∶5）　3～5. 铜钮扣（M39∶3-1、M39∶3-2、M39∶3-3）　6. 咸丰重宝（M39∶2）

4）。标本M39∶3-3，圆球形。顶端焊接圆形钮环，已残断（图九二，5）。

4. 铜钱

咸丰重宝　3枚。标本M39∶2，锈蚀。圆形，方穿，正、背面有圆郭。正面铸钱文"咸丰重宝"四字，楷书，对读。背面穿上下"当十"，左右铸"宝泉"满文纪局名。钱径3.1、穿宽0.62、郭宽0.37厘米，重9克（图九二，6；彩版四二，5、6）。

十一、M46

（一）位置及形制

M46位于发掘区东北部T1429内，西北与M26相距2.4米，南侧被现代墙基打破。开口于第2层下，打破生土。北偏东方向40°。

竖穴土坑墓（图九三；彩版一二，2）。墓口距地表深1米，墓底距地表深1.42米。现存平面近梯形，东北—西南残长1.8~2.5米，西北—东南宽1.2米，深0.42米。直壁平底，内填较疏松的黄褐色五花土，含较多料姜石颗粒及少量砖渣等。

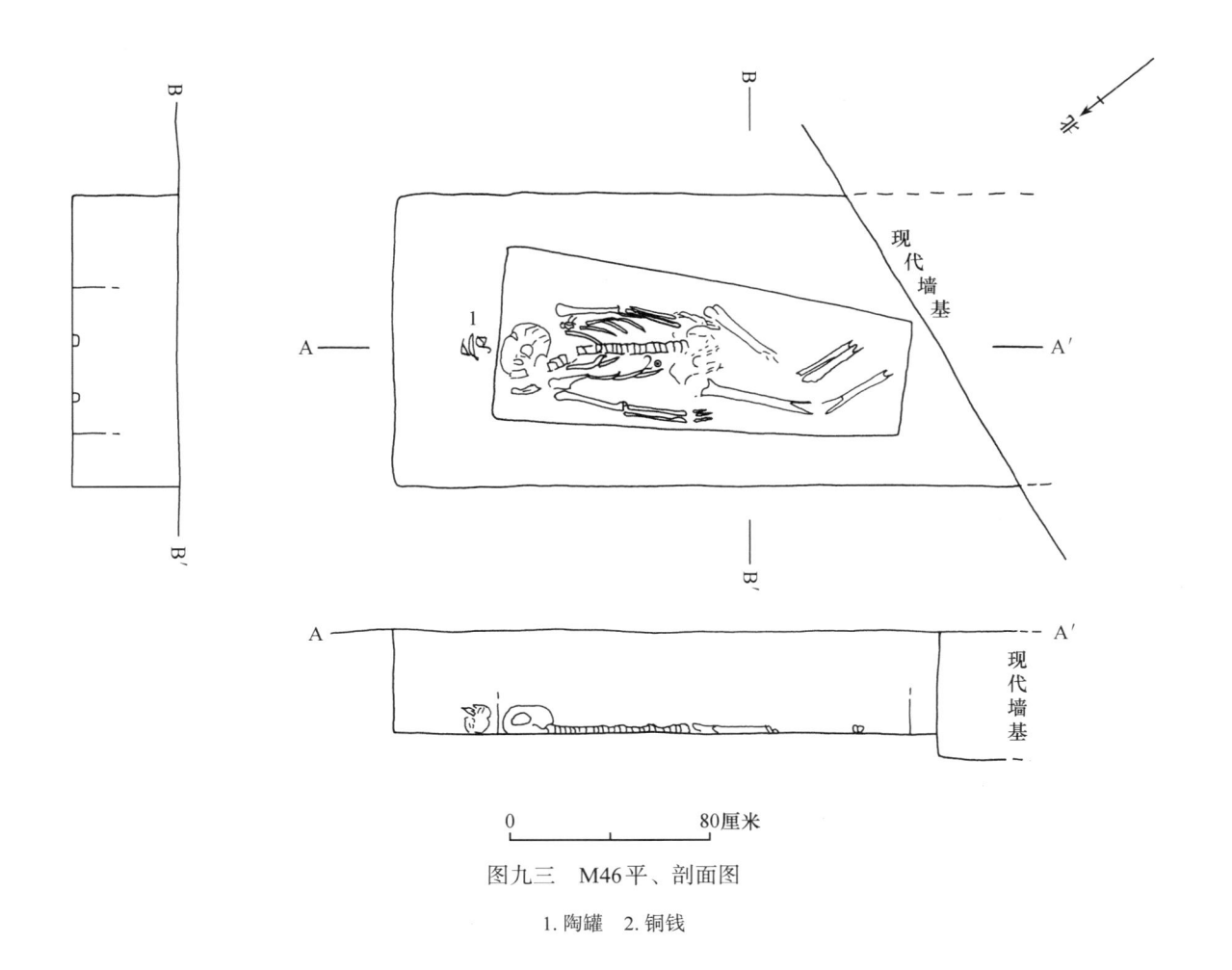

图九三 M46平、剖面图
1. 陶罐　2. 铜钱

葬具为木棺，腐朽严重，棺痕不明显。棺长1.66米，宽0.48～0.7米，残高0.16米。棺内人骨保存一般，长1.54米，头骨已碎，头向东北，面向不详，仰身，腿骨弯曲。经鉴定墓主为男性，年龄在50岁以上。

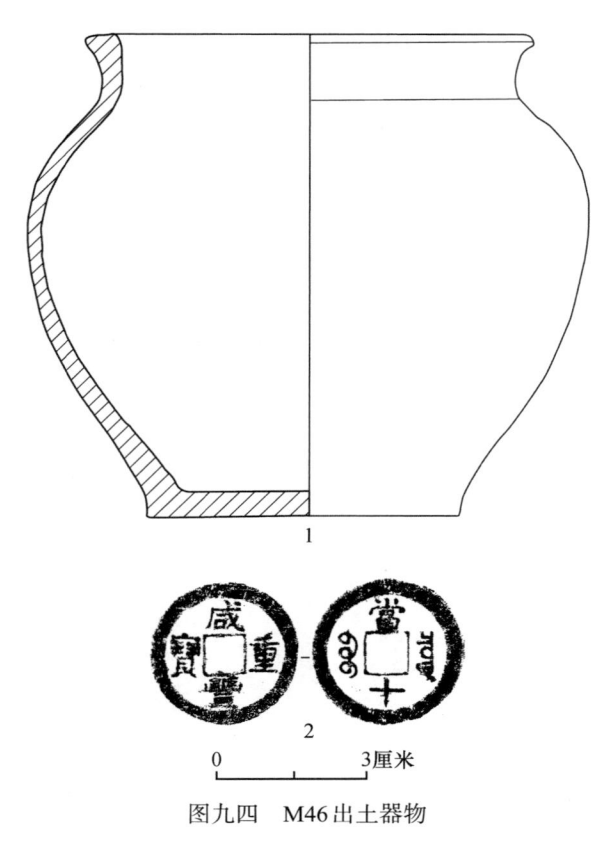

（二）出土器物

陶罐1件，位于棺外头部。铜钱1枚，位于棺内底部。

1. 陶器

陶罐　1件。标本M46：1，轮制。泥质灰陶。侈口，小平沿略朝下倾斜，束颈，丰肩，鼓腹，下腹弧收，小平底。浅灰色胎，胎质细密。器表素面、光滑。口径8.9、肩径11.3、底径6.2、通高10厘米（图九四，1；彩版四二，7）。

2. 铜钱

咸丰重宝　1枚。标本M46：2，圆形，方穿，正、背面有圆郭。正面铸钱文"咸丰重宝"四字，楷书，对读。背面穿上下铸"当十"，左右铸"宝泉"满文纪局名。钱径3.1、穿宽0.62、郭宽0.37厘米，重9克（图九四，2）。

图九四　M46出土器物
1. 陶罐（M46：1）　2. 咸丰重宝（M46：2）

十二、M47

（一）位置及形制

M47位于发掘区东部T1127内，北与M4相距15.7米，北侧被现代墙基打破。开口于第2层下，打破生土。东西向，方向105°。

竖穴土坑墓（图九五；彩版一三，1）。墓口距地表深1.07米，墓底距地表深2.03米。开口平面呈梯形，东西长2.5米，南北残宽0.5~1.1米，深0.96米。直壁平底，内填黄褐色五花土，并夹杂有零星生土块及料姜石和砖颗粒。

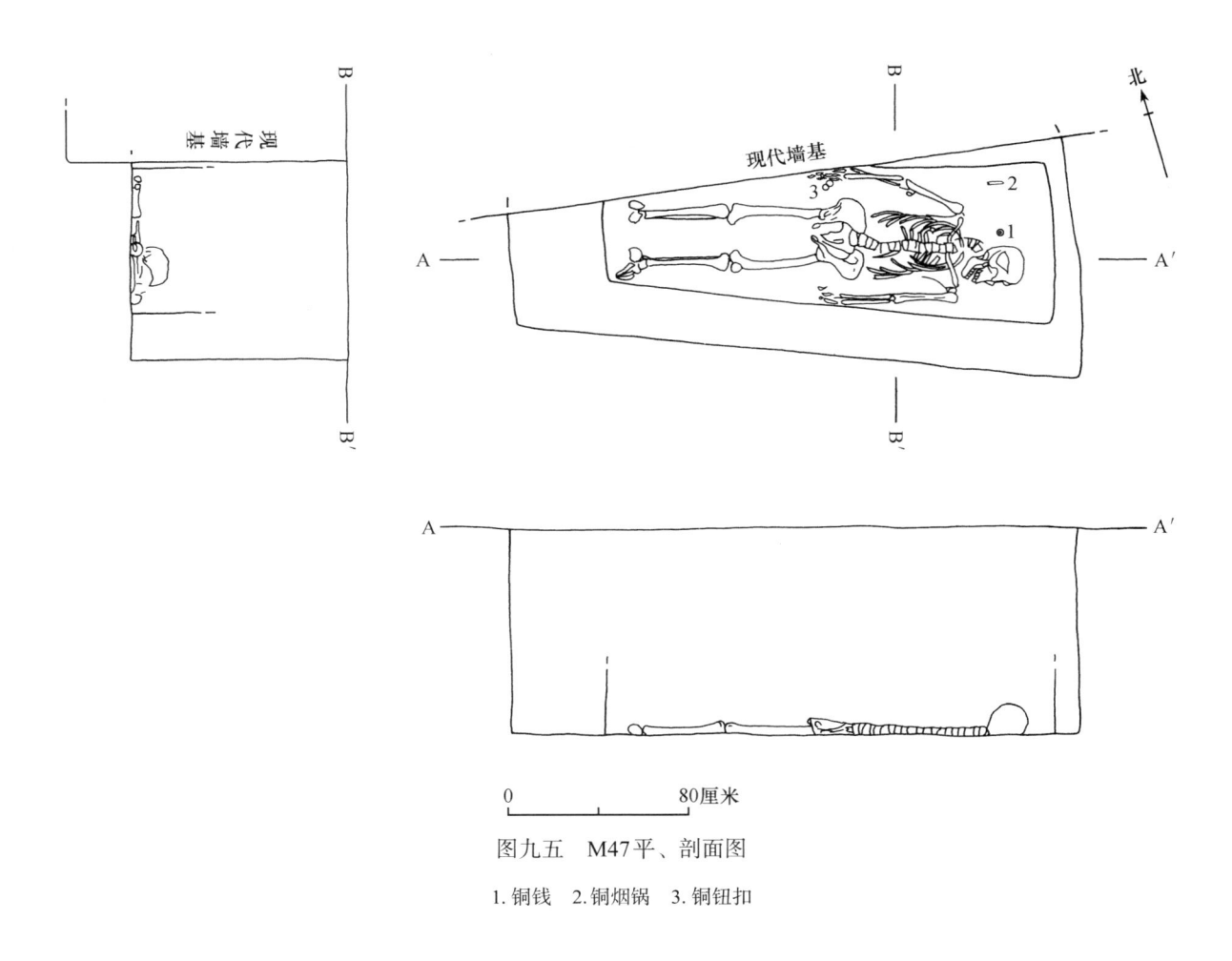

图九五 M47平、剖面图
1.铜钱 2.铜烟锅 3.铜钮扣

葬具为木棺，腐朽严重，棺痕隐约可见。棺长1.98米，宽0.36~0.72米，残高0.32米，底部铺有炉渣。人骨保存较好，骨架长1.74米，头向东，面向南，仰身直肢。经鉴定墓主为男性，年龄约40岁。

（二）出土器物

铜烟锅1件，位于棺内北部。铜钮扣3枚，位于棺内北侧墓主人指骨处。铜钱1枚，位于棺内墓主人头骨北侧。

1. 铜器

铜烟锅　1件。标本M47:2，烟杆残断。烟锅、烟嘴为铜质，烟杆为木质。烟杆圆柱形，连接烟锅与烟嘴，中间有孔。锅径1.8、管径0.8、烟杆直径0.75、烟嘴长5.9厘米，总长度不详（图九六，2；彩版四二，8）。

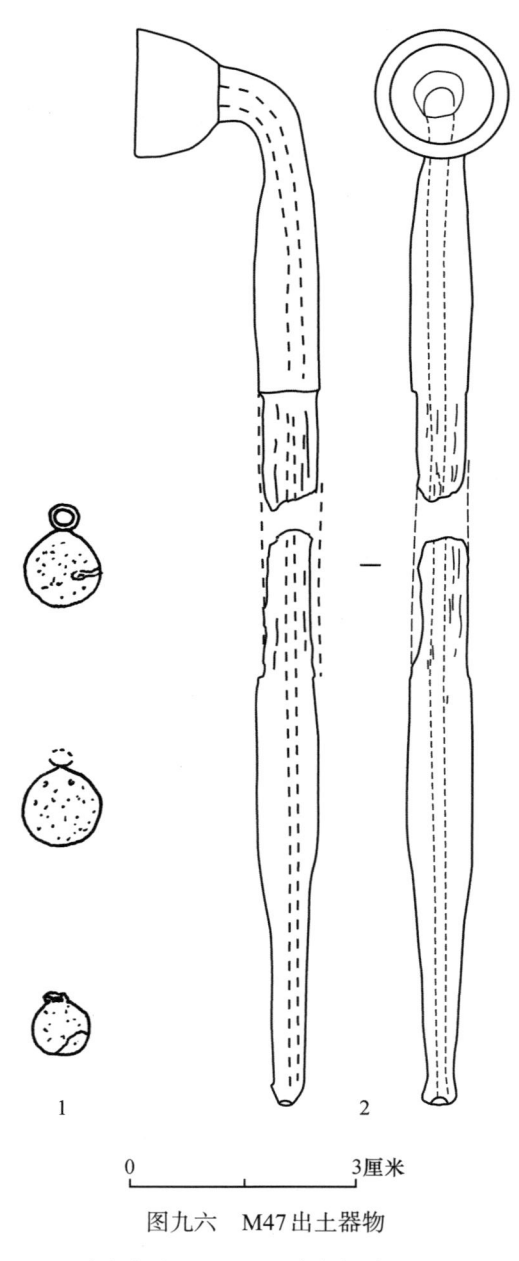

图九六　M47出土器物

1. 铜钮扣（M47:3）　2. 铜烟锅（M47:2）

铜钮扣　3枚。标本M47：3，锈蚀严重。圆球形，顶部焊接有桥形钮（图九六，1；彩版四三，1）。标本M47：3-1、M47：3-2，直径1.1厘米。标本M47：3-3，直径0.8厘米。

2. 铜钱

1枚。标本M47：1，锈蚀严重，年款无法辨认。

十三、M48

（一）位置及形制

M48位于发掘区东部T0926、T0927、T1026、T1027内，南与M34相距11.2米，北侧被现代建筑打破。开口于第2层下，打破生土。南北向，方向192°。

梯形竖穴土坑墓（图九七；彩版一三，2）。墓口距地表深1米，墓底距地表深1.94米。开

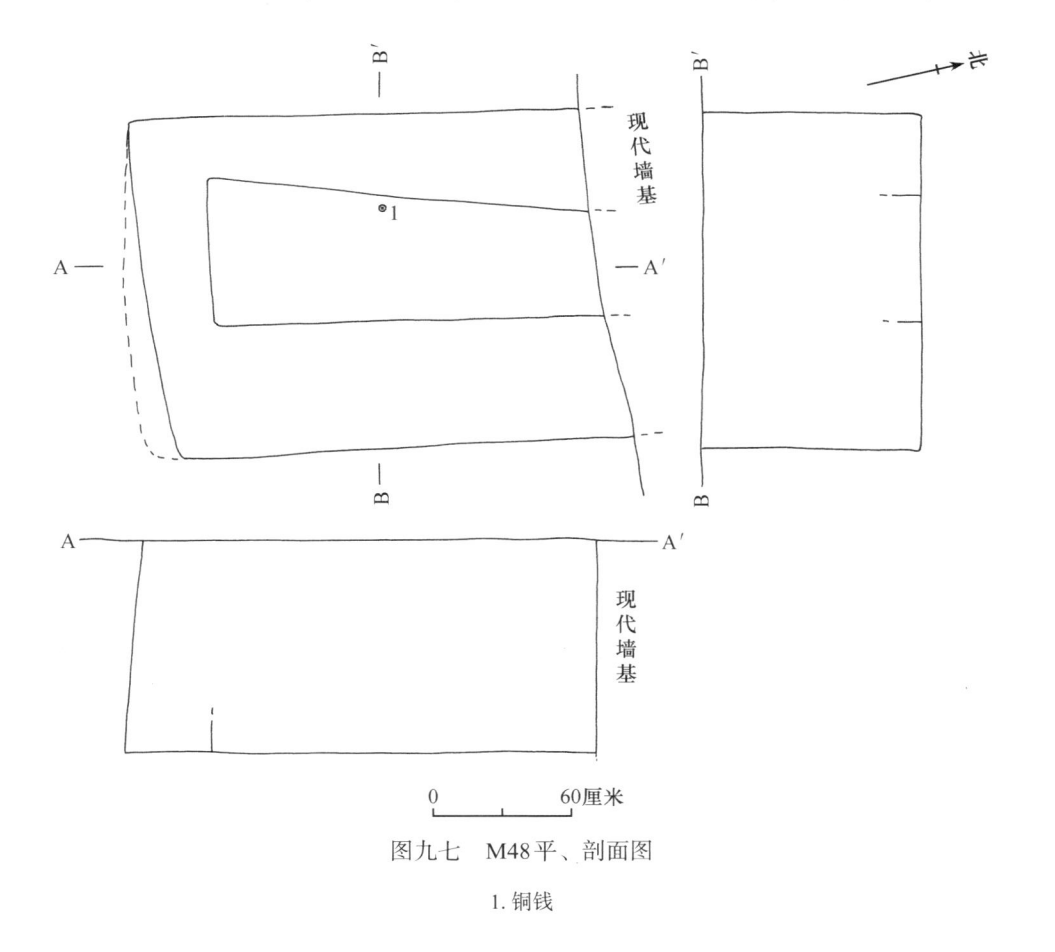

图九七　M48平、剖面图
1.铜钱

口南北残长1.94~2米，底部南北残长1.94~2.12米，东西宽约1.5米，深0.94米。内填疏松的五花土。

葬具为木棺，腐朽严重，仅剩下隐约棺痕。棺南北残长1.66米，东西宽0.46~0.64米，残高0.1米。未发现人骨。

（二）出土器物

铜钱1枚，位于棺内中部。

乾隆通宝　1枚。标本M48：1，锈蚀。圆形，方穿，正、背面有圆郭，正面铸钱文"乾隆通宝"四字，楷书，对读，背面穿左右铸满文"宝源"二字，局名。钱径2.6、穿宽0.5、郭宽0.37厘米，重3克（图九八）。

图九八　M48出土乾隆通宝（M48：1）

十四、M49

（一）位置及形制

M49位于发掘区东南部T0826、T0926内，南与M34相距0.5米，南部被一树坑打破。开口于第2层下，打破生土。东西向，方向85°。

梯形竖穴土坑墓（图九九；彩版一三，3）。墓口距地表深1.06米，墓底距地表2.22米。开口平面近梯形，长2.7米，宽1.08~1.14米，深1.16米。墓壁较直，墓底较平。内填较疏松的浅黄褐色五花土，内含细沙及料姜石颗粒、炭粒。

葬具为木棺，棺木已朽，棺痕不甚明显。棺长1.92米，宽0.5~0.58米，残高0.34米，板灰厚2厘米。因被盗扰严重，棺内仅残存两节上臂肢骨，墓主人葬式、性别、年龄均不详。

图九九　M49平、剖面图
1.铜钱

（二）出土器物

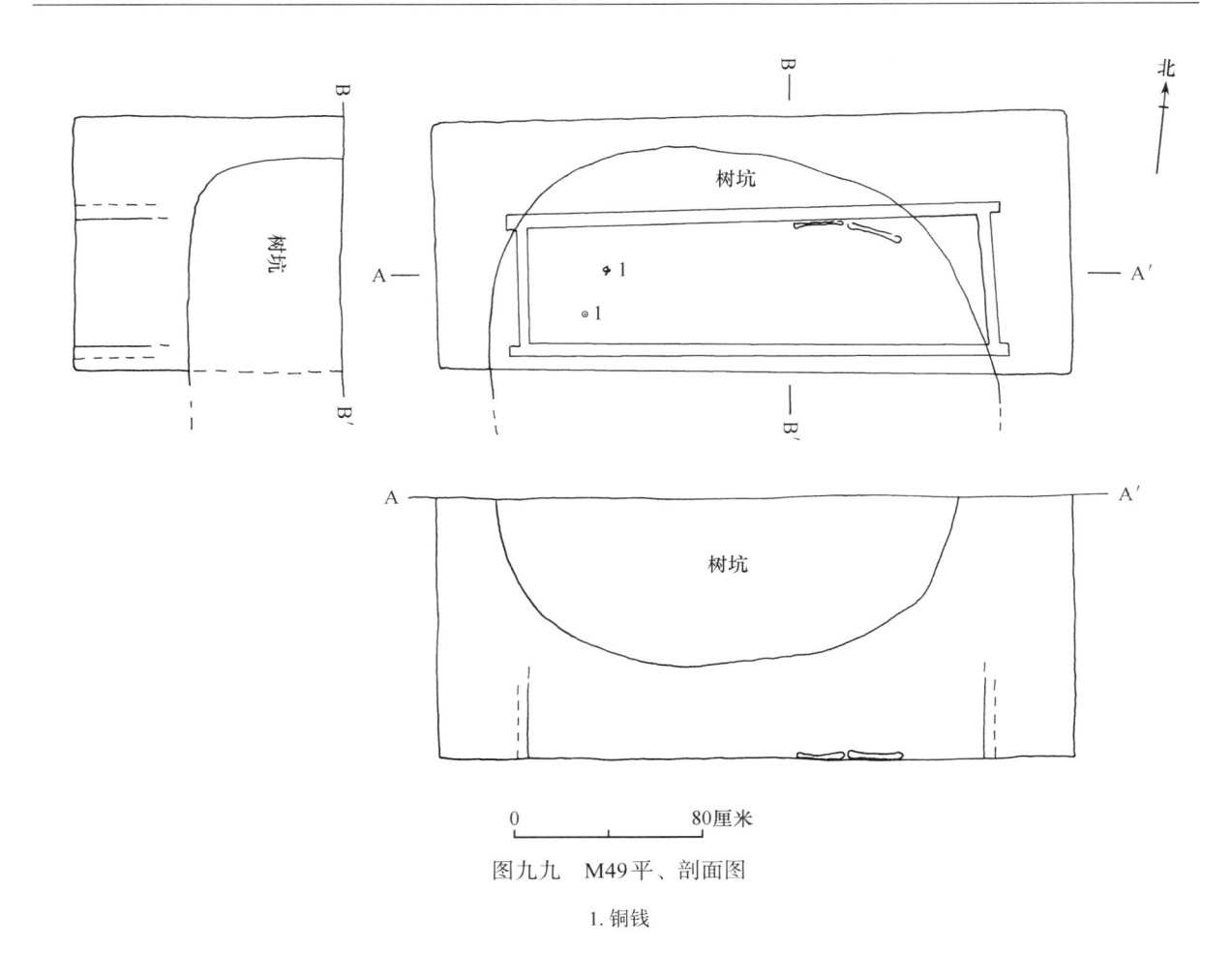

铜钱3枚，出土于棺内底部。残铁块1件，出土于填土中。

康熙通宝　1枚。标本M49：1-3，锈蚀。圆形，方穿，正、背面有圆郭，正面铸钱文"康熙通宝"四字，楷书，对读，背面穿左右铸满文"宝源"二字，纪局，字体模糊漫漶。钱径2.7、穿宽0.5、郭宽0.37厘米，重4克（图一〇〇，1）。

雍正通宝　1枚。标本M49：1-1，锈蚀。圆形，方穿，正、背面有圆郭，正面铸钱文"雍正通宝"四字，楷书，对读，背面穿左右铸满文"宝源"二字，纪局，字体模糊。钱径2.7、穿宽0.5、郭宽0.37厘米，重4克（图一〇〇，2）。

乾隆通宝　1枚。标本M49：1-2，残，锈蚀，圆形，方穿，正、背面有圆郭，正面铸钱文"乾隆通宝"四字，楷书，对读，背面穿左右铸满文"宝源"二字，局名，字体模糊漫漶。钱

图一〇〇　M49出土铜钱

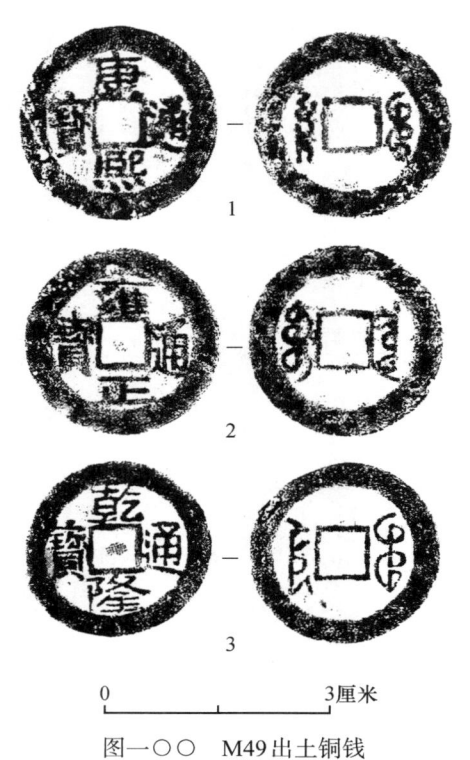

1. 康熙通宝（M49∶1-3）　2. 雍正通宝（M49∶1-1）　3. 乾隆通宝（M49∶1-2）

径2.5、穿宽0.5、郭宽0.3厘米，重4克（图一〇〇，3）。

十五、M50

（一）位置及形制

M50位于发掘区东南部T0826、T0827内，北与M34相距2.1米。开口于第2层下，打破生土。东西向，方向98°。

竖穴土坑墓（图一〇一；彩版一三，4）。墓口距地表深1米，墓底距地表深2.1米。墓圹长2.7米，宽1.3~1.4米，深1.1米。内填疏松的五花土。

葬具为木棺，棺木已朽。棺长2米，宽0.58~0.66米，残高0.3米，板灰厚3厘米。棺内人骨保存较好，长1.8米，头向东，面向南，仰身直肢。经鉴定墓主为男性，年龄在35~40岁。

图一〇一　M50平、剖面图

1. 铜钱　2. 铜钮扣　3. 琉璃钮扣

（二）出土器物

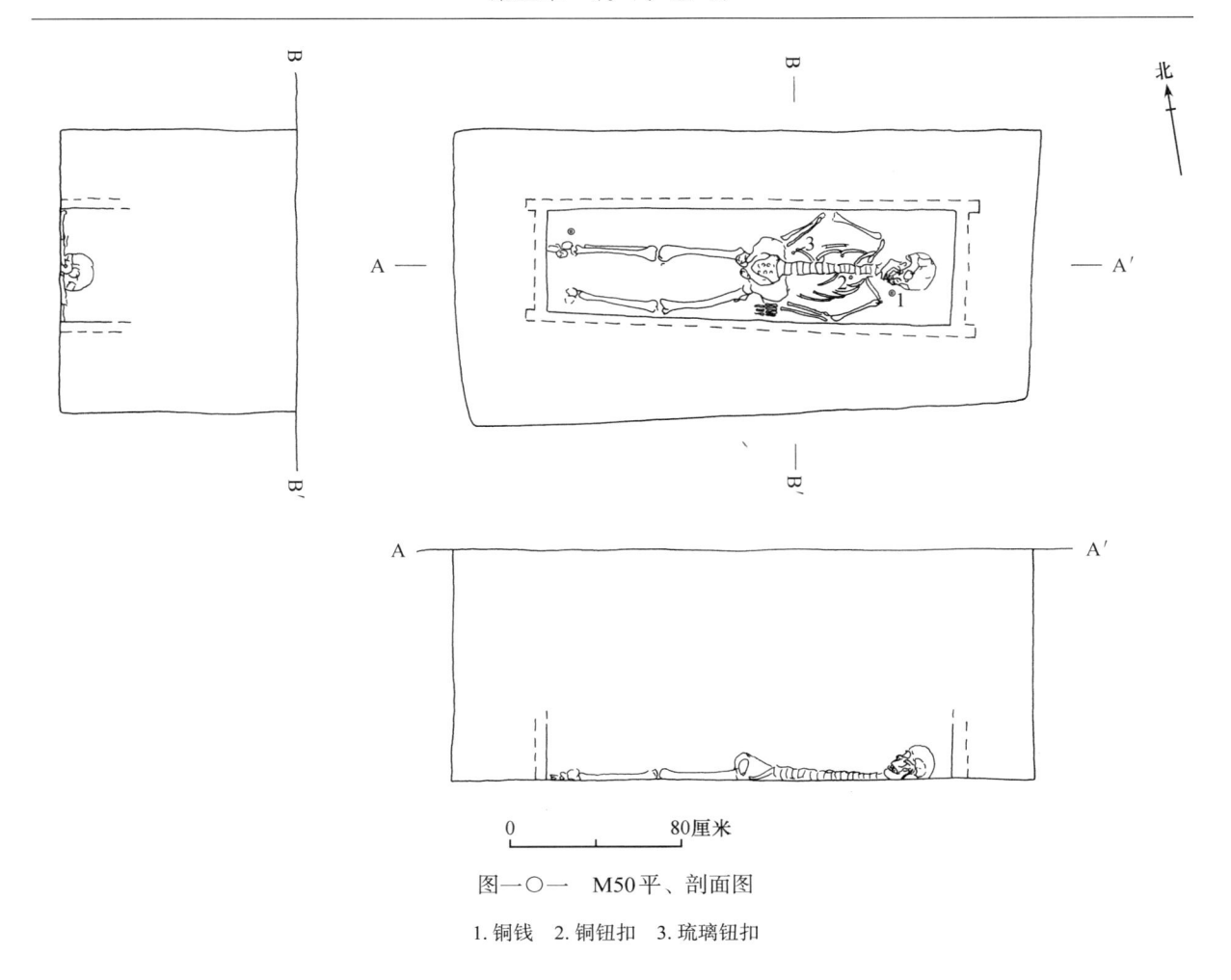

铜钮扣1枚，出土于人骨胸部。琉璃钮扣1枚，位于棺内人骨右侧腰部。铜钱2枚，为雍正通宝和乾隆通宝，分别位于棺内人骨头部和脚部。

1. 铜钮扣

1枚。标本M50：2，锈蚀。圆球形，顶部焊接一桥形钮。表面纹饰模糊不清。长径1.4厘米（图一〇二，3；彩版四三，2）。

2. 琉璃钮扣

1枚。标本M50：3，青白色，质地透亮。圆球形，一端有桥形穿钮。直径0.9厘米（图一〇二，4；彩版四三，2）。

图一〇二　M50出土器物

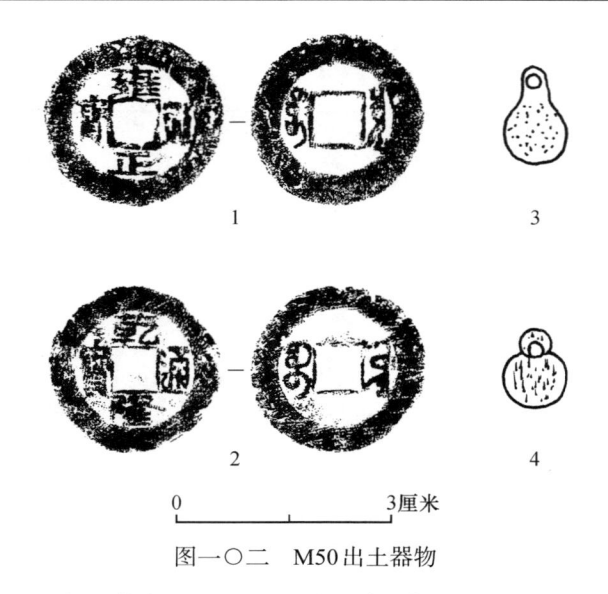

1. 雍正通宝（M50：1-2）　2. 乾隆通宝（M50：1-1）　3. 铜钮扣（M50：2）　4. 琉璃钮扣（M50：3）

3. 铜钱

雍正通宝　1枚。标本M50：1-2，锈蚀。圆形，方穿，正、背面有圆郭，正面铸钱文"雍正通宝"四字，楷书，对读，背面穿左右铸满文"宝源"二字，纪局。钱径2.5、穿宽0.5、郭宽0.42厘米，重6克（图一〇二，1）。

乾隆通宝　1枚。标本M50：1-1，锈蚀。圆形，方穿，正、背面有圆郭，正面铸钱文"乾隆通宝"四字，楷书，对读，背面穿左右铸满文"宝源"二字，局名。钱径2.45、穿宽0.5、郭宽0.4厘米，重4克（图一〇二，2）。

十六、M51

（一）位置及形制

M51位于发掘区东部T1228、T1229内，北与M30相距9.8米，开口于第2层下，打破生土。东西向，方向99°。

长方形竖穴坑墓（图一〇三；彩版一四，1）。墓口距地表深1.08米，墓地距地表深2.28米。墓圹长2.7米，宽1.2～1.24米，深1.2米。直壁平底，内填较疏松的浅黄色五花土，含少量料

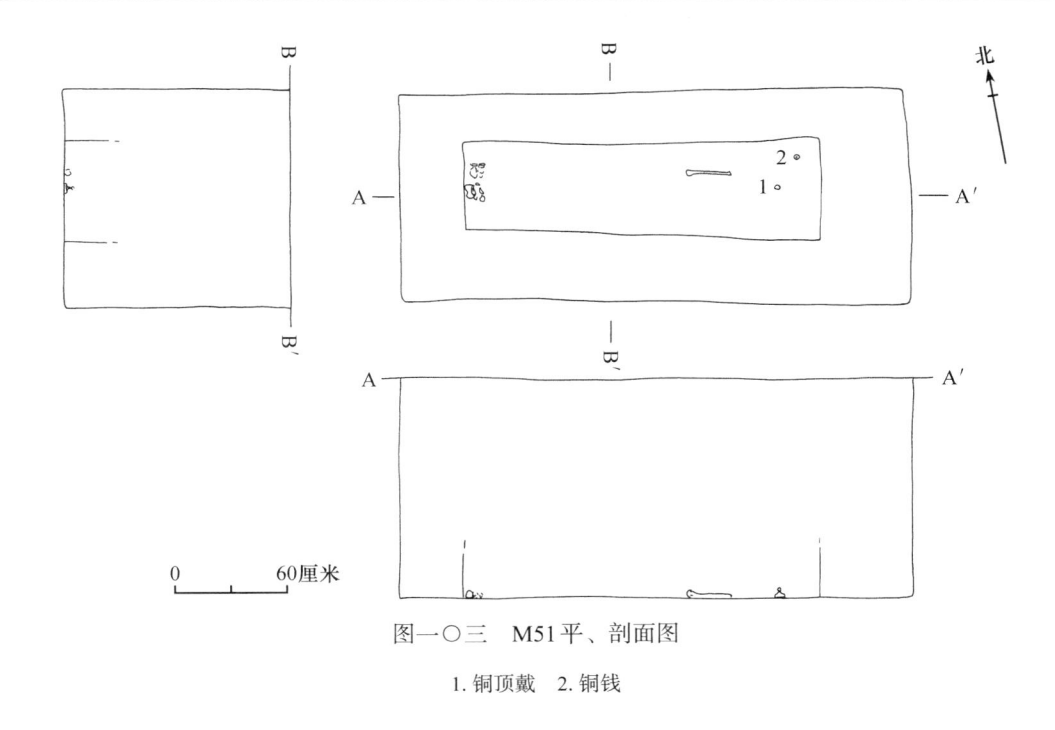

图一〇三 M51平、剖面图
1. 铜顶戴 2. 铜钱

姜石颗粒及褐色土块。

葬具为木棺，棺木已朽，棺痕不明显。棺长1.88～1.92米，宽0.52～0.58米，残高0.3米。因被盗扰严重，棺内仅残存部分尺骨和脚骨，墓主人葬式、性别、年龄不详。

（二）出土器物

铜顶戴1件，出土于棺内东侧。铜钱2枚，出土于棺内东北部。

1. 铜顶戴

1件。标本M51：1，由两部分组成，上端白色料珠呈球状，球体正中有上下贯通的孔。球体上部铆钉脱落，下部由铜质的莲花墩包嵌。墩座呈覆莲花座状，并錾刻"寿"字，两侧錾刻有对称的两个龙头纹。底座为铁质的圆饼状，锈蚀严重。球径1.9、通高4.3厘米（图一〇四，1；彩版四三，3）。

2. 铜钱

乾隆通宝 2枚。标本M51：2，锈蚀。圆形，方穿，正、背面有圆郭，正面铸钱文"乾隆

图一〇四　M51出土器物

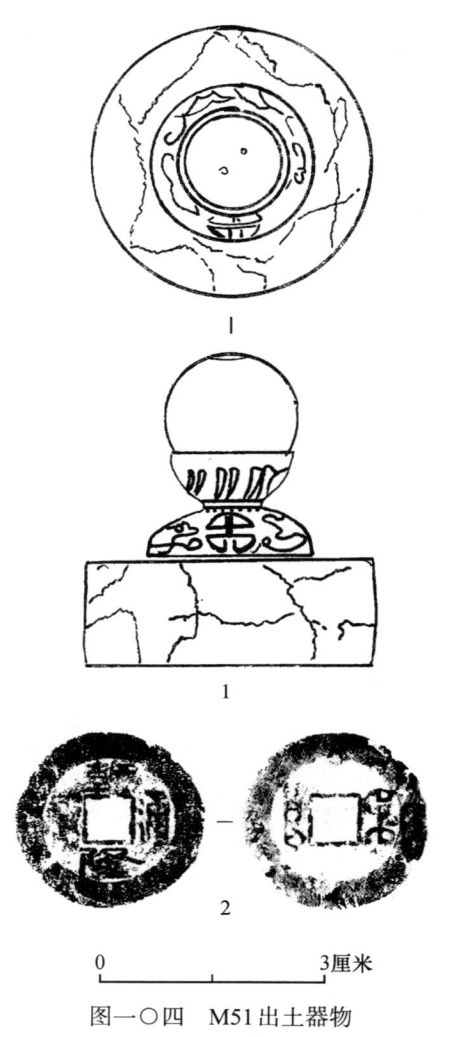

1. 铜顶戴（M51∶1）　2. 乾隆通宝（M51∶2）

"通宝"四字，楷书，对读，背面穿左右铸满文"宝源"二字，局名。钱径2.5、穿宽0.5、郭宽0.4厘米，重3克（图一〇四，2）。

十七、M56

（一）位置及形制

M56位于发掘区西北部T1616、T1617、T1716、T1717内，西南与M54相距23.7米。开口于第2层下，打破生土。南北向，方向11°。

长方形竖穴土坑墓（图一〇五；彩版一四，2）。墓口距地表深1.09米，墓底距地表深2.67米。墓圹长2.96米，宽1.48~1.5米，深1.58米。直壁平底，内填较疏松的黄褐色五花土，内含零星料姜石颗粒、砖颗粒及少量植物根系。

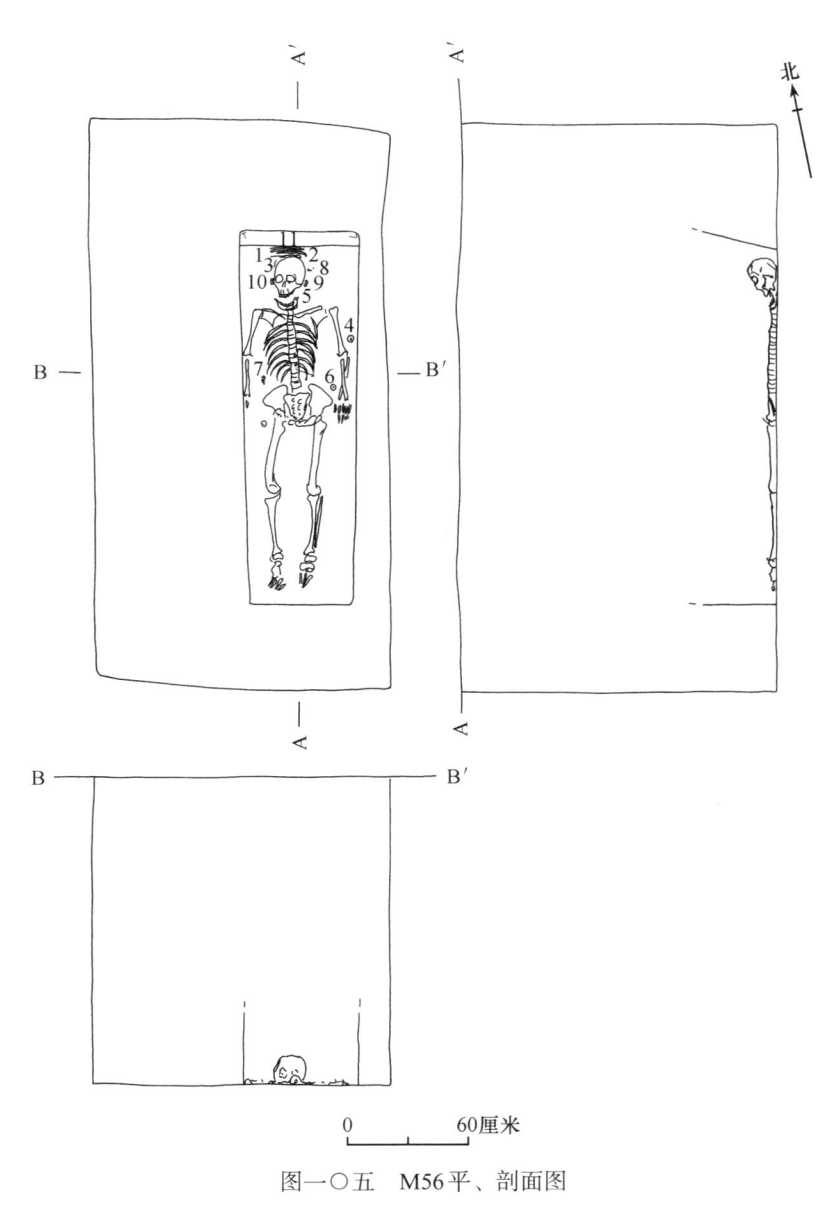

图一〇五　M56平、剖面图
1、2、8~11.铜簪　3.金刚杵形饰　4.铜钱　5.金耳环　6.铜钮扣　7.银环

葬具为木棺，棺木已朽，棺痕不明显，只残留木渣。棺上口长1.94米，底部长1.88米，宽0.52~0.6米，残高0.38米。棺底铺有草木灰。棺内人骨保存较好，骨架长1.7米，头向北，面向上，仰身直肢。经鉴定墓主为女性，年龄约50岁。

（二）出土器物

铜簪8件，位于棺内头骨处。铜饰1件，位于棺内头骨处。金耳环6件，位于棺内头骨西侧。铜钮扣5枚，出土于棺内中部。银饰1件，位于棺内人骨腰部。铁棺钉2枚，出土于棺内头骨处。铜钱3枚，位于棺内中部，可辨为乾隆通宝。

1. 铜器

龙首形簪　2件，形制相同，均残断成数截。标本M56:10，通体鎏金。簪体呈圆锥形。簪首呈龙头形，龙嘴大张，吐舌，门牙直立，双目圆睁，头颈及两侧鬃毛向后舒展并向上翘起。整体镂空形似蛇皮。簪尾较尖。残长12.9厘米（图一〇六，1；彩版四三，4）。

莲花头簪　2件。标本M56:8-1，残断。簪体呈圆锥形。簪首为含苞欲放的莲花花苞，仰莲瓣3层，内镶嵌珠子缺失，下托覆莲一层。尾部较尖。残长13.5厘米（图一〇六，2；彩版四三，5）。标本M56:8-2，残长12.8厘米。

扁圆头簪　2件，均残断成数段。标本M56:11，簪首弯曲，簪头略呈鼓起的半圆形。簪体扁平，簪首至簪尾逐渐变窄，尾部较尖。簪体宽0.2~0.8、厚0.12、通长10.9厘米（图一〇六，3；彩版四三，6）。标本M56:9，簪首弯曲，簪头略呈鼓起的半圆形。簪体扁平，簪首至簪尾逐渐变窄，尾部较尖。簪体宽0.2~0.7、厚0.12、残长12.8厘米（图一〇六，4）。

簪　2件。标本M56:2，残损严重。簪首残断缺失，簪体自头部至尾部逐渐变窄，尾部缺失。簪体宽0.3~0.5、厚0.12、残长9.1厘米（图一〇六，5）。标本M56:1，簪首残断缺失，仅残存簪体。呈圆柱锥形，尾较尖。簪体直径0.1~0.12、残长11厘米（图一〇六，6；彩版四三，7）。

金刚杵形饰　1件。标本M56:3，用铜丝焊接而成，整体形状略呈镂空的腰鼓形，中间束腰部有一透穿的小圆孔。长2、宽径1.1厘米（图一〇七，4；彩版四三，8）。

铜钮扣　5枚。标本M56:6，锈蚀严重。形制相同，外观均呈圆球形，空心，顶部焊接一环形钮。表面纹饰模糊不清。直径1.6厘米（图一〇七，2；彩版四四，1）。

第五章　清代墓葬

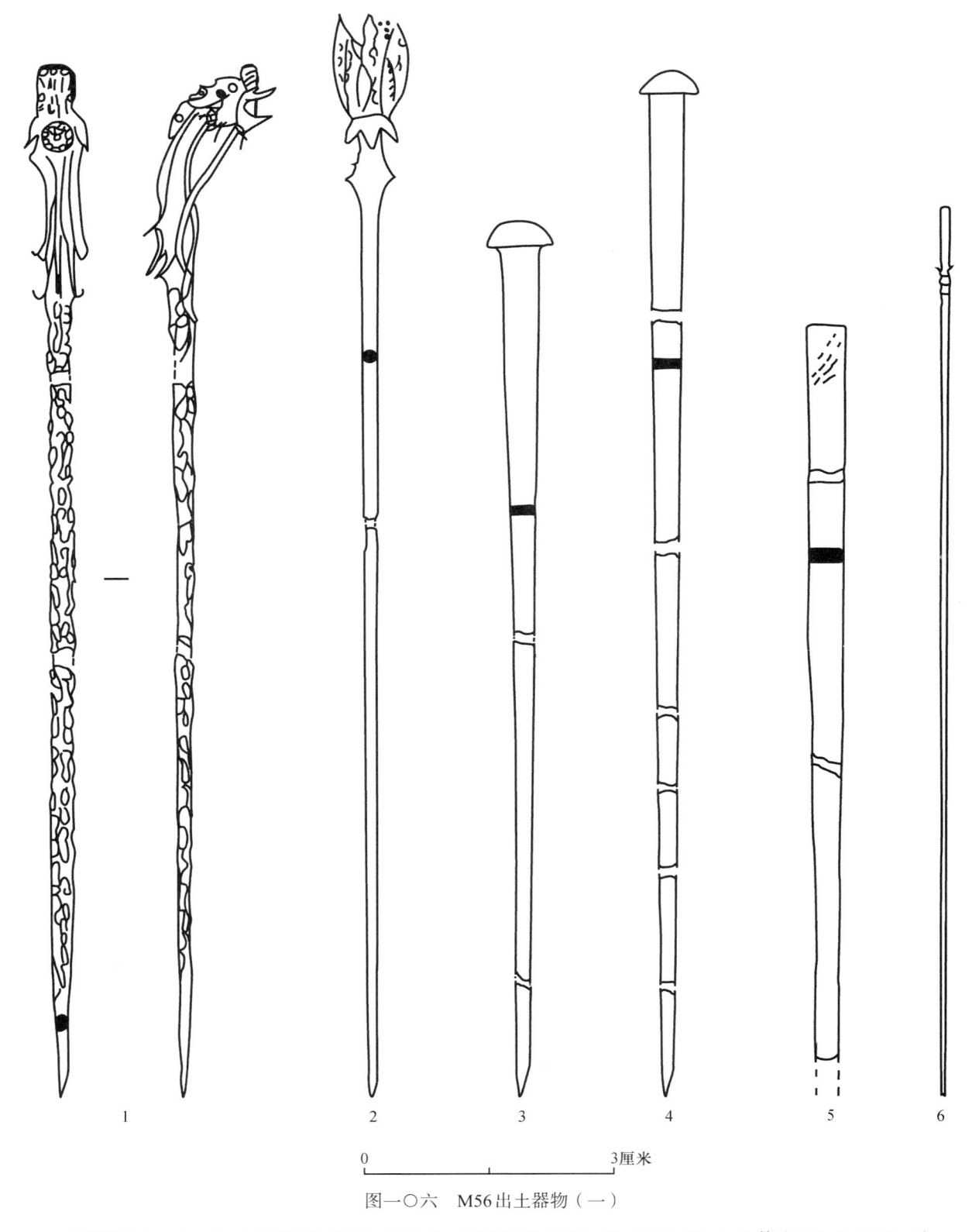

图一〇六　M56出土器物（一）
1. 龙首形簪（M56：10）　2. 莲花头簪（M56：8-1）　3、4. 扁圆头簪（M56：11、M56：9）　5、6. 簪（M56：2、M56：1）

2. 银器

银环　1件。标本M56：7，6个圆环相套接。圆环直径1.4厘米（图一〇七，1；彩版四四，2）。

3. 金器

金耳环　6件。标本M56：5，光泽较好。直径1.4厘米（图一〇七，3；彩版四四，3）。

4. 铜钱

乾隆通宝　3枚。标本M56：4，锈蚀严重。圆形，方穿，正、背面有圆郭，正面铸钱文"乾隆通宝"四字，楷书，对读，背面穿左右铸满文"宝源"二字，局名。钱径2.45、穿宽0.5、郭宽0.35厘米，重3克（图一〇七，5）。

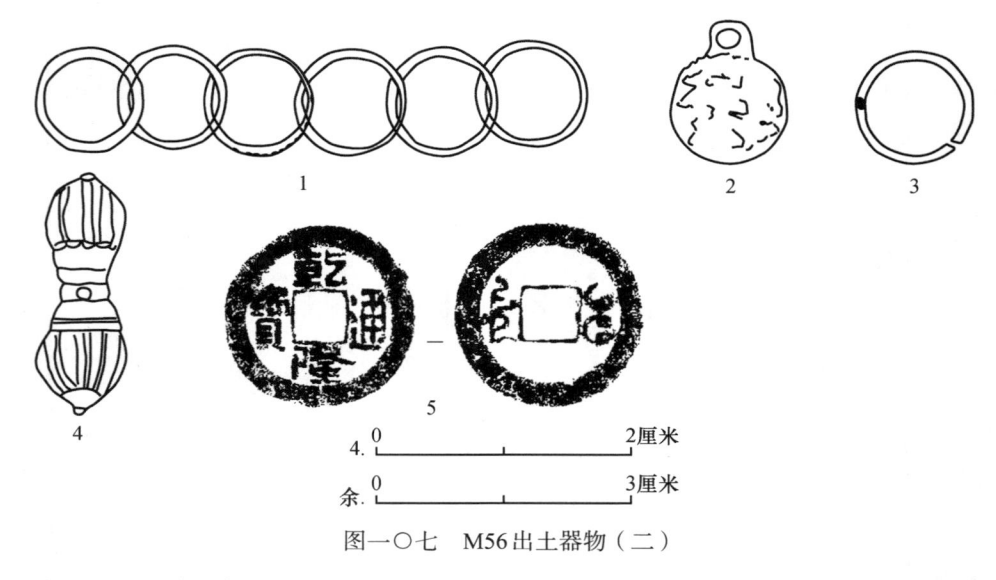

图一〇七　M56出土器物（二）

1. 银环（M56：7）　2. 铜钮扣（M56：6）　3. 金耳环（M56：5）　4. 金刚杵形饰（M56：3）　5. 乾隆通宝（M56：4）

十八、M61

（一）位置及形制

M61位于发掘区西南部T0716内，西北与M57相距26米，正东为M62。开口于第2层下，打破生土。南北向，方向335°。

长方形竖穴土坑墓（图一〇八；彩版一五，1）。墓口距地表深1.09米，墓底距地表深2.67米。墓口长2.36米，宽1.2米；底部长2.6米，宽1.46米，深1.58米。内填五花土，含少量细沙。

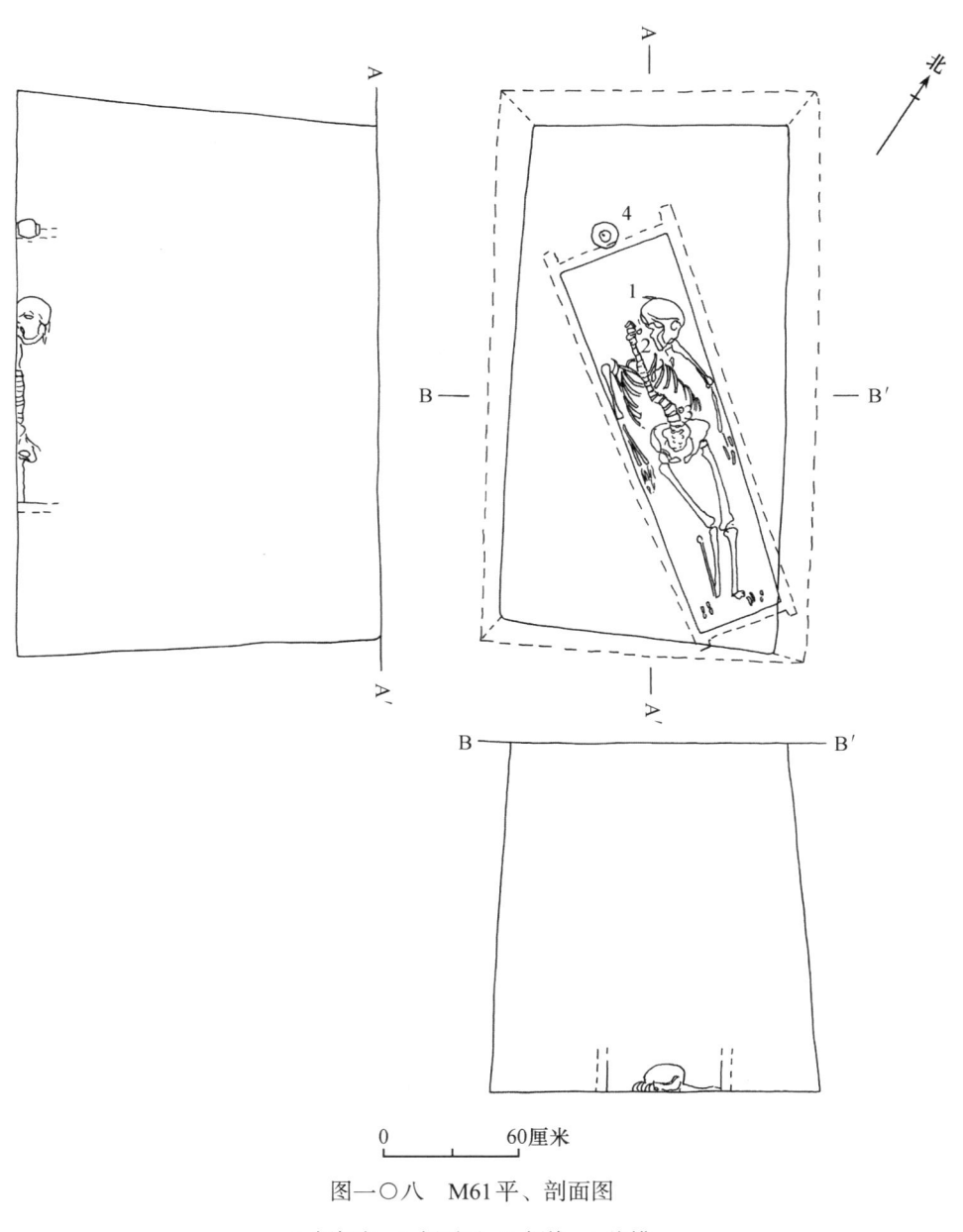

图一〇八 M61平、剖面图
1. 铜押发 2. 铜耳环 3. 铜钱 4. 瓷罐

葬具为木棺，腐朽严重，仅剩棺痕。棺长1.96米，宽0.48～0.62米，残高0.2米。棺内人骨保存较好，头骨有移位，头向西北，面向东南，仰身直肢。经鉴定墓主为女性，年龄在50岁左右。

（二）出土器物

青瓷罐1件，位于棺外西侧。铜压发1件，位于棺内人骨头部。铜耳环1件，位于棺内头骨右侧。铜钱1枚，位于墓主人盆骨附近。

1. 瓷器

青瓷罐　1件。标本M61：4，直口，圆唇，矮颈，丰肩，鼓腹，下腹弧收，圈足底，足脊较薄。器身内外满釉青白色釉，釉面匀净明亮。器口外沿面施酱色釉浆水，表面有窑渣、黑褐色釉痕斑点。器内壁近下腹内收处有一周横向胎接痕，底部有浅黄褐色浆水釉面。口径6.9、通高10.1、最大腹径11.2、底径7.5厘米（图一〇九，1；彩版四四，4）。

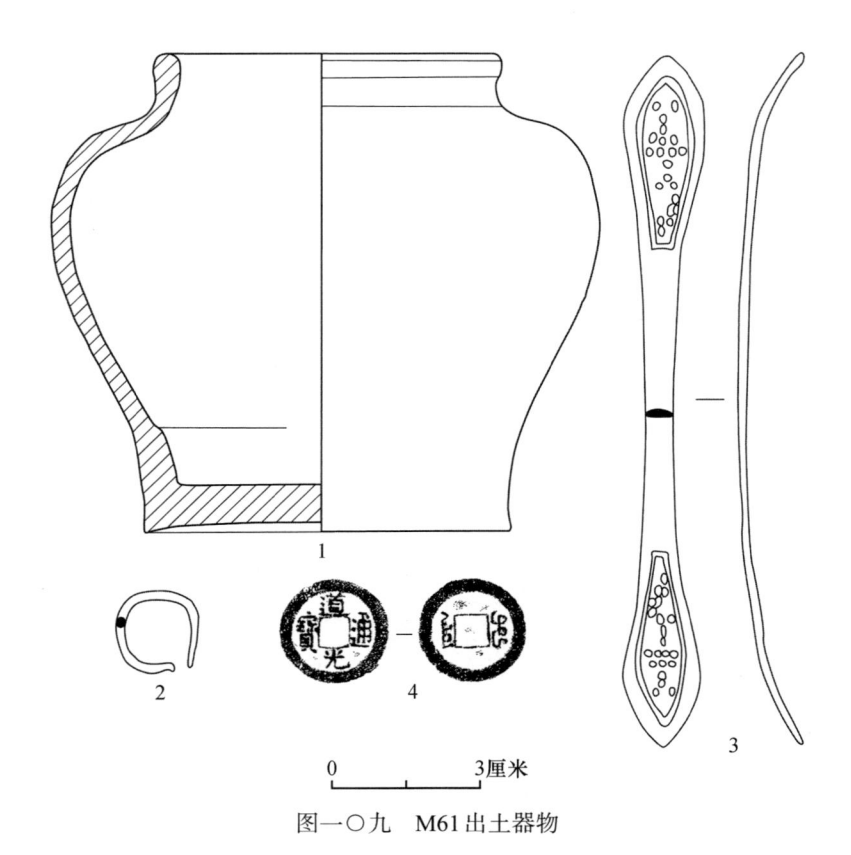

图一〇九　M61出土器物

1. 青瓷罐（M61：4） 2. 铜耳环（M61：2） 3. 铜押发（M61：1） 4. 道光通宝（M61：3）

2. 铜器

铜耳环　1件。标本M61：2，圆环形，一端较尖。环径1.7厘米（图一〇九，2）。

铜押发　1件。标本M61：1，器身扁平，中部束腰，两端尖圆，并向内弯曲。正面两端錾刻内凹的圆点纹。长14.3厘米（图一〇九，3；彩版四四，5）。

3. 铜钱

道光通宝　1枚。标本M61：3，锈蚀。圆形，方穿，正、背面有圆郭，正面铸钱文"道光通宝"四字，楷书，对读，背面穿左右铸满文"宝泉"二字，局名。钱径2.3、穿宽0.5、郭宽0.3厘米，重4克（图一〇九，4）。

十九、M71

（一）位置及形制

M71位于发掘区西南部T0412内，东北与M69相距22.4米，西部打破M82和M84。开口于第2层下，打破生土。东西向，方向268°。

长方形竖穴土坑墓（图一一〇；彩版一五，2）。墓口距地表深0.9米，墓底距地表深2.1米。墓圹东西长2.14米，南北宽0.9米，深1.2米。内填花土。

葬具为木棺，腐朽严重，仅剩棺痕。棺长1.78米，宽0.32~0.52米，残高0.2米。棺内人骨保存一般，长1.35米，头西面东，头下枕有一块残砖，仰身直肢。墓主性别不明，年龄12~14岁。

（二）出土器物

银耳环6件，位于棺内墓主人头骨两侧。铜钮扣4枚，位于棺内人骨腰部。铜钱3枚，均出土于棺内。

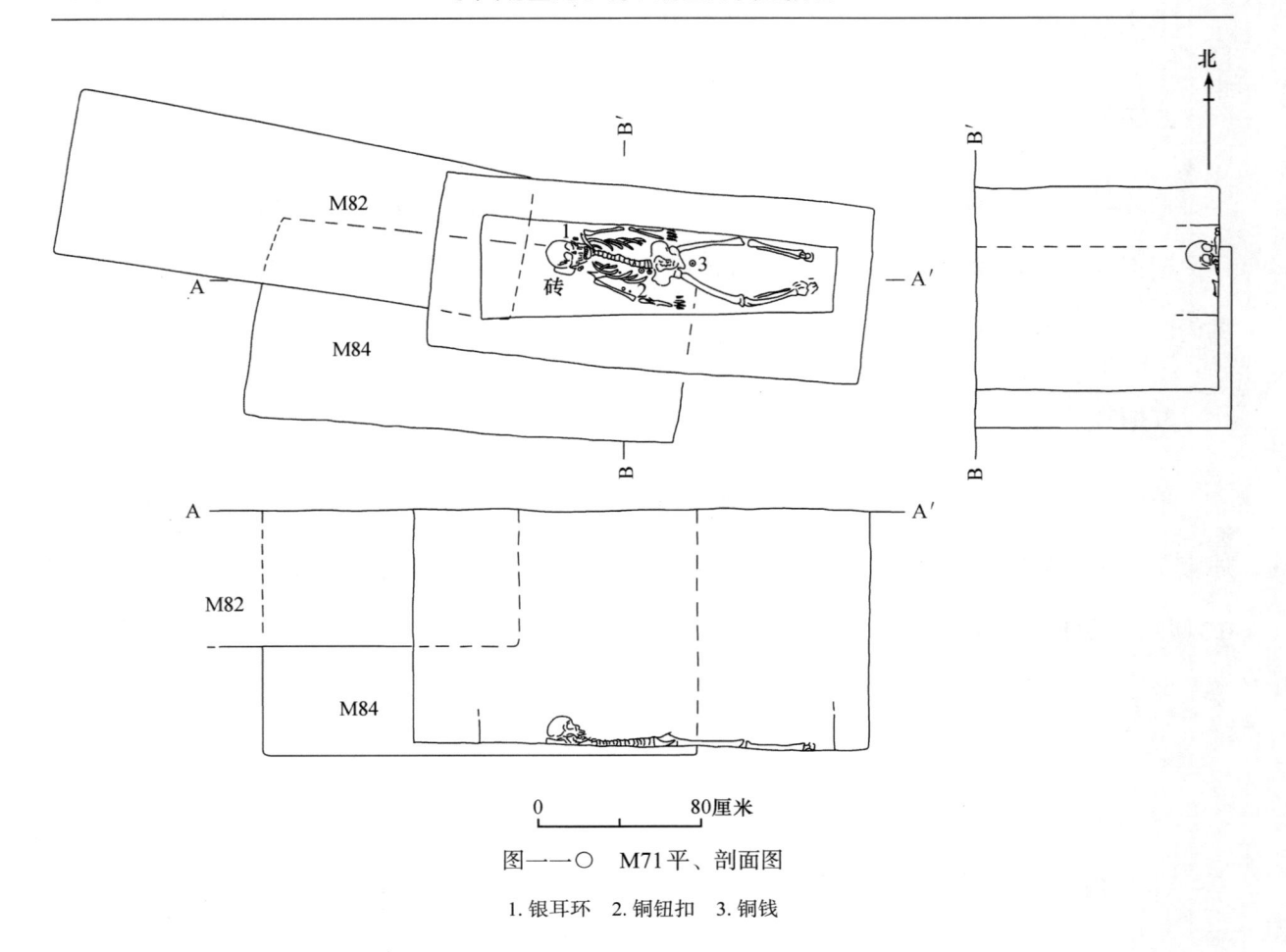

图一一〇 M71平、剖面图
1. 银耳环　2. 铜钮扣　3. 铜钱

1. 银器

银耳环　6件，形制相同。标本M71：1，圆环状，一端焊接有银白色扁圆形小珠，另一端钝尖。直径1.7厘米（图一一一，1；彩版四四，6）。

2. 铜器

铜钮扣　4枚，形制相同。标本M71：2，圆球形，中空，顶部焊接一圆形环。有大小两种规格，大者钮径0.8、小者钮径0.7厘米（图一一一，2；彩版四四，7）。

3. 铜钱

嘉庆通宝　3枚。标本M71：3，圆形，方穿，正、背面有圆郭，正面铸钱文"嘉庆通宝"四字，楷书，对读，背面穿左右为满文"宝泉"局名。钱径2.2、穿宽0.5、郭宽0.3厘米，重3克（图一一一，3）。

图一一一 M71出土器物

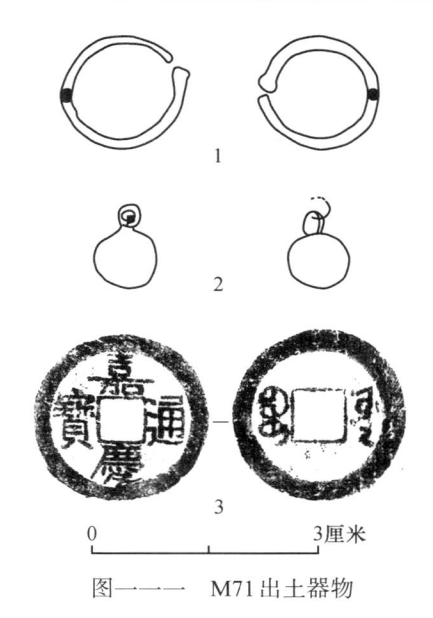

1. 银耳环（M71∶1） 2. 铜钮扣（M71∶2） 3. 嘉庆通宝（M71∶3）

二十、M74

（一）位置及形制

M74位于发掘区西南部T0712内，东北与M66相距12米，北部打破M65。开口于第2层下，打破生土。方向100°。

长方形竖穴土坑墓（图一一二；彩版一六，1）。墓口距地表深1.02米，墓地距地表深2.02米。墓圹长2.8米，宽1~1.4米，深1米。直壁平底，内填较疏松的黄褐色五花土，含少量砖粒、料姜石颗粒及木炭颗粒。

葬具为木棺，已腐朽，仅剩棺痕。棺长1.84米，宽0.46~0.58米，残高0.22米，板灰厚3厘米。棺内底部铺有薄薄的灰层。棺内人骨保存一般，头骨已破碎，人骨长1.72米，头向东，仰身直肢。经鉴定墓主为男性，年龄约50岁以上。

（二）出土器物

铜顶戴2件，出土于棺内墓主人头部。铜钱18枚，均出土于棺内，有康熙通宝、乾隆通宝。

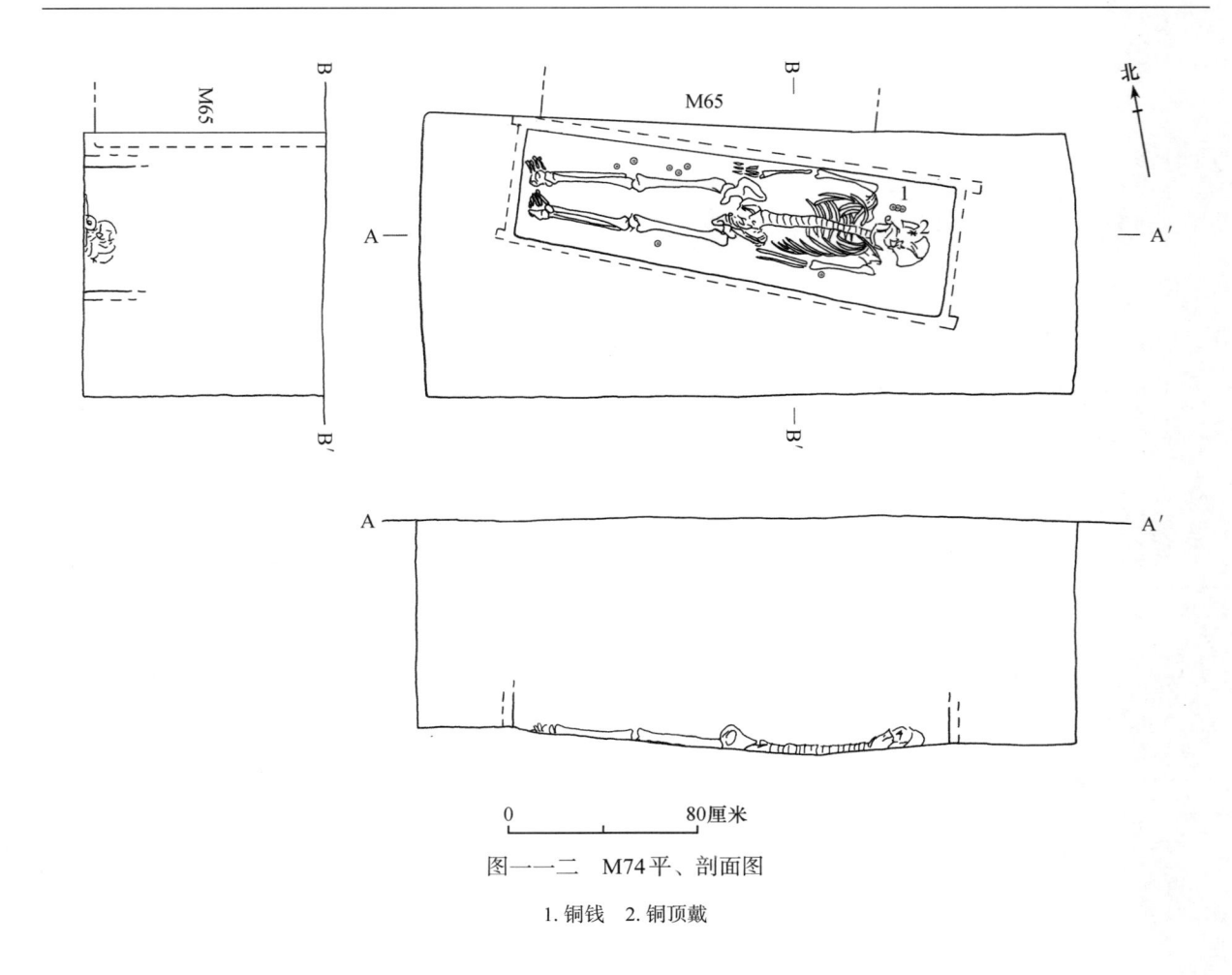

图一一二 M74平、剖面图
1. 铜钱　2. 铜顶戴

1. 铜器

铜顶戴　2件。标本M74：2-1，由两部分组成，上端为球体，球体下部由莲花墩包嵌，球体顶部錾刻有"寿"字；底座呈伞形，伞面有镂空加浮雕枝叶纹，两枝叶纹之间分别錾刻"寿"字，左右对称。座底下部的螺栓已残断。球径2.5、座径3.2、通高3.6厘米（图一一三，1；彩版四四，8）。M74：2-2，仅残存螺杆和螺帽。直径2.8、残高2.8厘米（图一一三，2）。

2. 铜钱

乾隆通宝　3枚。标本M74：1-1，圆形，方穿，正、背面有圆郭。正面铸钱文"乾隆通宝"四字，楷书，对读，背面穿左右铸满文"宝源"二字，局名，字体模糊漫漶。钱径2.5、穿宽0.5、郭宽0.35厘米，重4克（图一一三，3）。

康熙通宝　15枚。标本M74：1-2，圆形，方穿，正、背面有圆郭。正面铸钱文"康熙通宝"四字，楷书，对读，背面穿左右铸满文"宝源"二字，纪局，字体模糊漫漶。钱径2.3、穿宽0.5、郭宽0.35厘米，重4克（图一一三，4）。

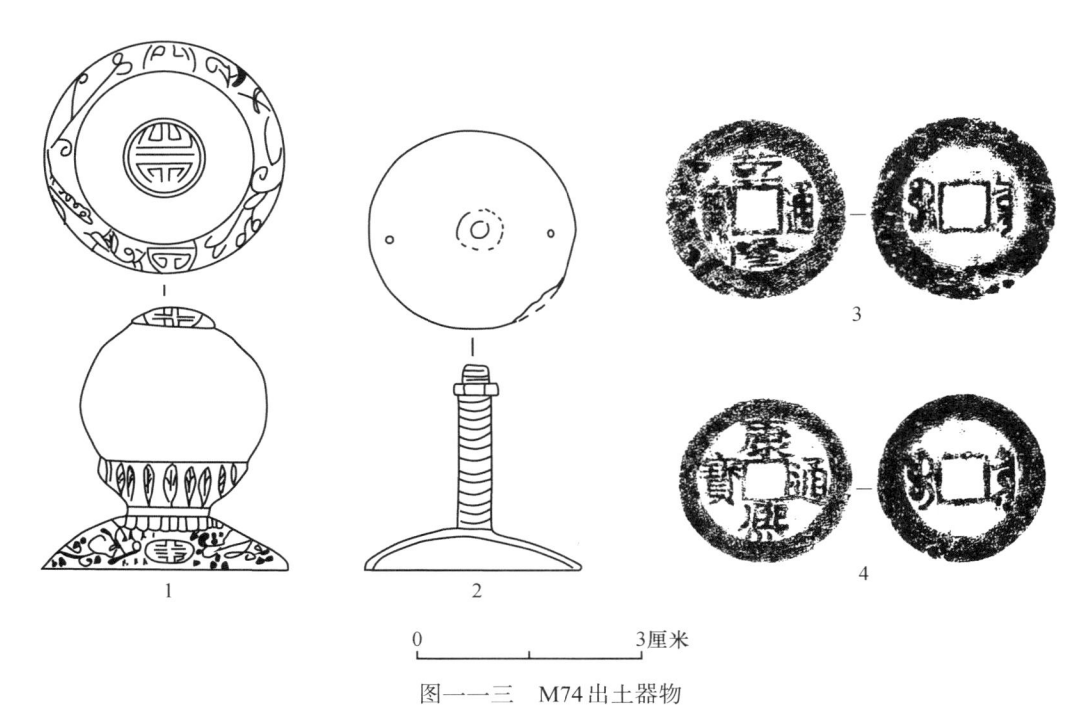

图一一三　M74出土器物

1、2. 铜顶戴（M74：2-1、M74：2-2）　3. 乾隆通宝（M74：1-1）　4. 康熙通宝（M74：1-2）

二十一、M75

（一）位置及形制

M75位于发掘区西南部T0712、T0812内，东北与M66相距11.4米，南部打破M65。开口于第2层下，打破生土。东西向，方向84°。

长方形竖穴土坑墓（图一一四；彩版一六，2）。墓口距地表深1.02米，墓底距地表深1.88米。墓圹东西长3.04米，南北宽1.14～1.18米，深0.86米。内填较疏松的黄褐色五花土，含少量砖颗粒和料姜石粒等。

葬具为木棺。木棺已朽，棺痕明显。棺长1.9米，宽0.66～0.68米，残高0.26米，板灰厚3

图一一四　M75平、剖面图

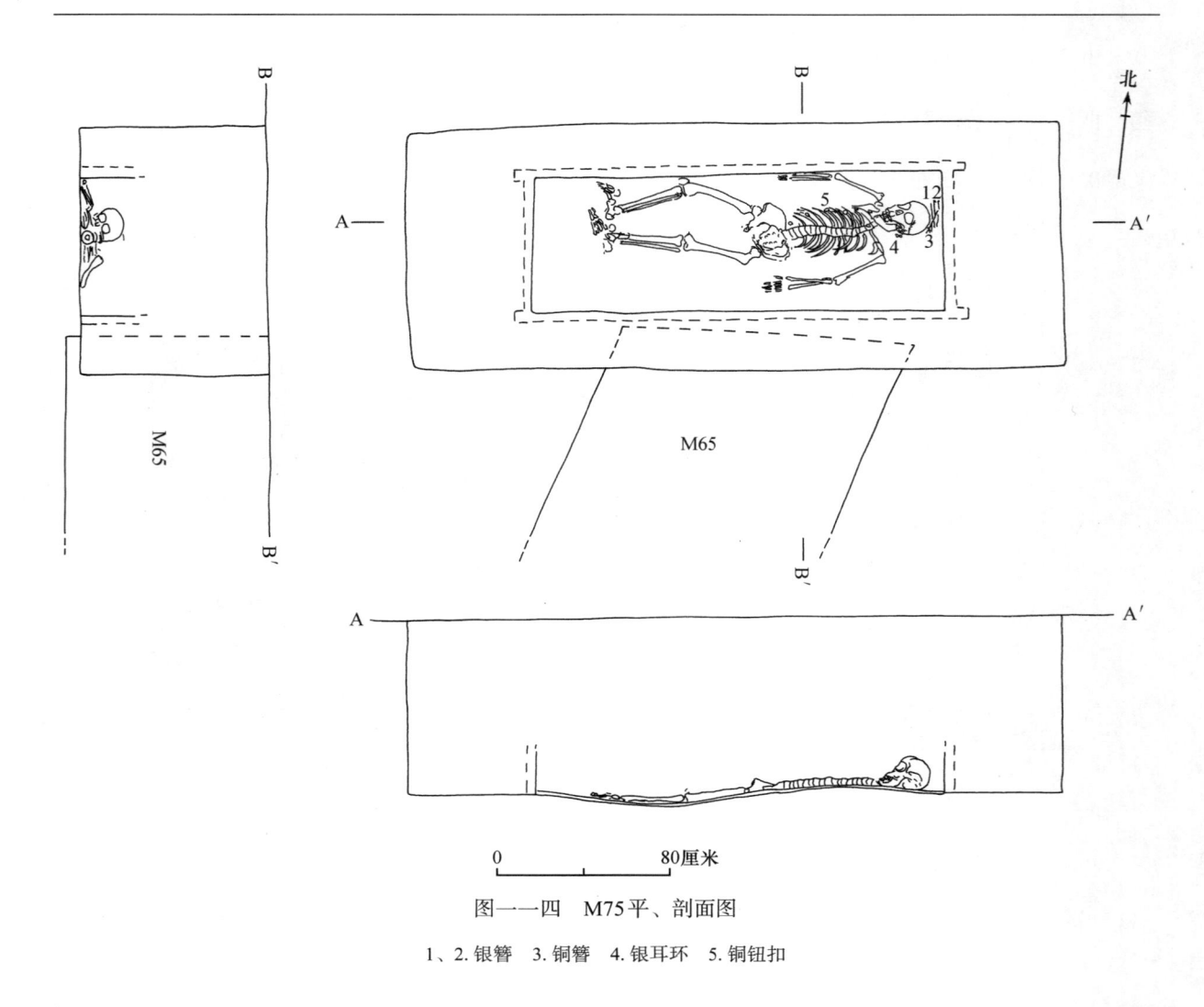

1、2. 银簪　3. 铜簪　4. 银耳环　5. 铜钮扣

厘米。棺内底部铺有一层草木灰。人骨保存较好，长1.56米，头东，脚西，面上，仰身直肢。经鉴定墓主为女性，年龄在35～40岁。

（二）出土器物

发簪6件，位于棺内墓主人头骨处。银耳环5件，位于棺内墓主人头骨左侧。铜钮扣5枚，位于棺内东部。

1. 铜器

鎏金铜簪　2件，形制相同。标本M75：3，通体鎏金，局部有脱落。簪首为龙头形，龙嘴大张，双目圆睁，牙齿锋利外露，头颈两缕鬃毛弯曲向上翘起。簪首至簪尾逐渐变窄。长12.3、宽0.2~0.5、厚0.1厘米（图一一五，1、2；彩版四五，1）。

铜钮扣　5枚，形制相同。标本M75：5，锈蚀，残破严重。圆珠形，中空，表面饰卷云纹，一端有圆环形系，周围分布有5个小圆孔，底部錾刻有"寿"字。直径1.5、高1.9厘米（图一一五，9、10）。

2. 银器

扁圆头簪　2件，形制相同。标本M75：2，簪首弯曲，顶端略呈鼓起的半圆形（彩版四五，2）。簪首至簪尾逐渐变窄，尾部较尖。标本M75：2-1，通长10.3、簪体宽0.2~0.7、厚0.1厘米（图一一五，3）。标本M75：2-2，通长10.2、簪体宽0.2~0.7、厚0.1厘米（图一一五，4）。

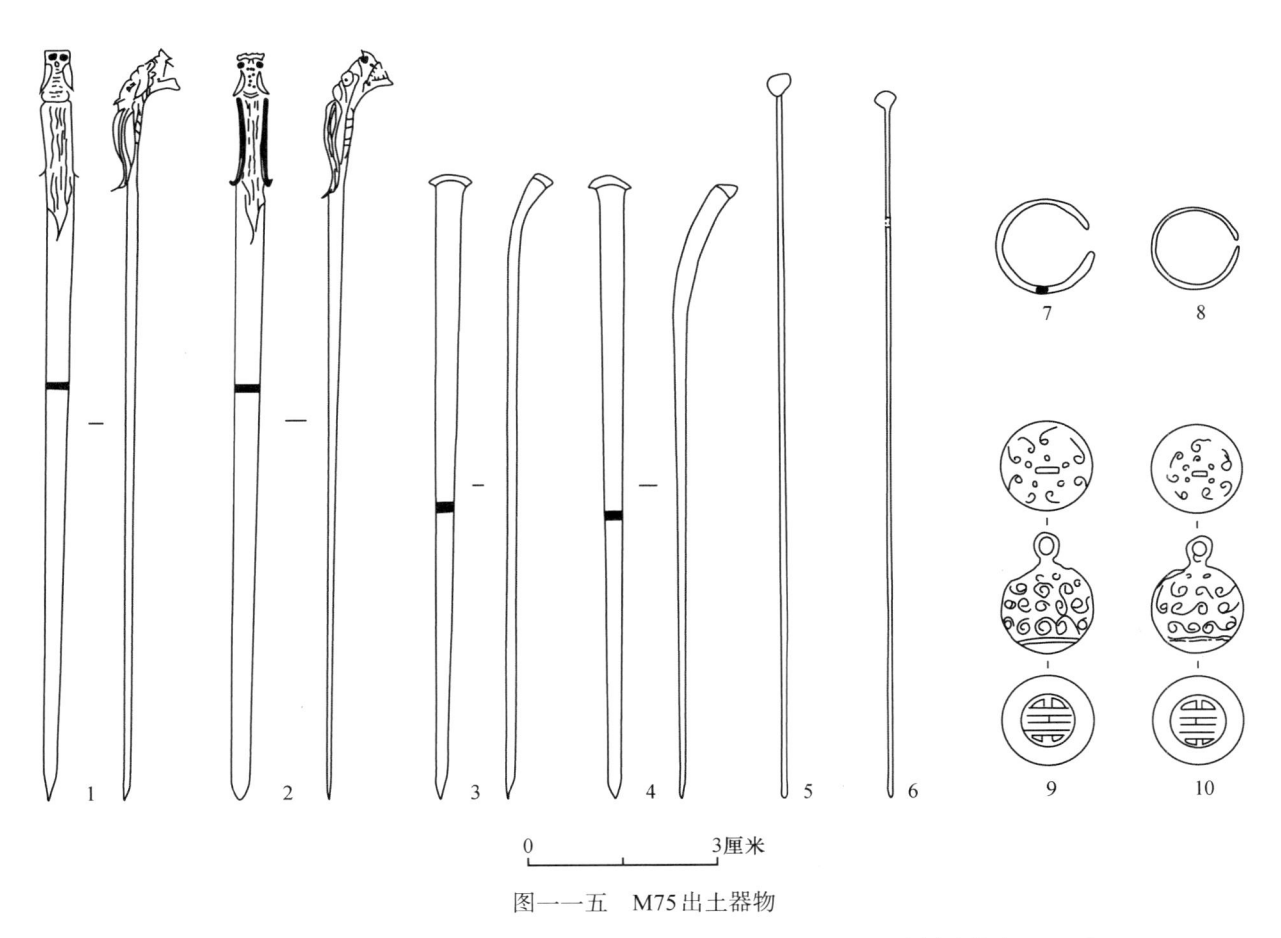

图一一五　M75出土器物

1、2. 鎏金铜簪（M75：3）　3、4. 扁圆头簪（M75：2-1、M75：2-2）　5、6. 圆珠头簪（M75：1）
7、8. 银耳环（M75：4）　9、10. 铜钮扣（M75：5）

圆珠头簪 2件，形制相同。标本M75∶1，簪首为圆珠形，簪体为圆柱锥形。一件通长11.8、径0.11厘米。另一件通长11.6、径0.11厘米（图一一五，5、6；彩版四五，3）。

银耳环 5件。标本M75∶4，锈蚀严重，有大小两种尺寸。圆环状。大者直径1.7、小者直径1.4厘米（图一一五，7、8；彩版四五，4）。

二十二、M77

（一）位置及形制

M77位于发掘区东北部T1426、T1526内，东偏北为M17，东偏南为M18，南部被M39打破。开口于第2层下，打破生土。墓向东南，方向147°。

长方形竖穴土坑墓（图一一六；彩版一六，3）。墓口距地表深1米，墓底距地表深2.3米。墓圹长2.9米，宽1.1～1.26米，深1.3米。内填较疏松的黄褐色五花土。

葬具为木棺。木棺已朽，棺痕明显，棺档上部向外倾斜。棺长2米，宽0.54～0.6米，残高0.3米，板灰厚4厘米。人骨保存较好，长1.78米，头向东南，面向西北。经鉴定墓主人为男性，年龄在40～50岁。

（二）出土器物

青瓷罐1件，出土于棺头档外侧。铜钱2枚，出土于棺内人骨胫骨处。

1. 瓷器

青瓷罐1件。标本M77∶1，直口，方唇，矮领，丰肩，弧腹，下腹内收，近底处微外撇，平底微内凹，底部边缘有斜切面。灰白胎，胎质坚硬。器身内外均施青白色釉，釉面匀净明亮。器表有黑褐色窑渣、釉痕斑点。器口沿面施酱色釉浆水，器内下腹有一周横向的胎接

第五章 清代墓葬

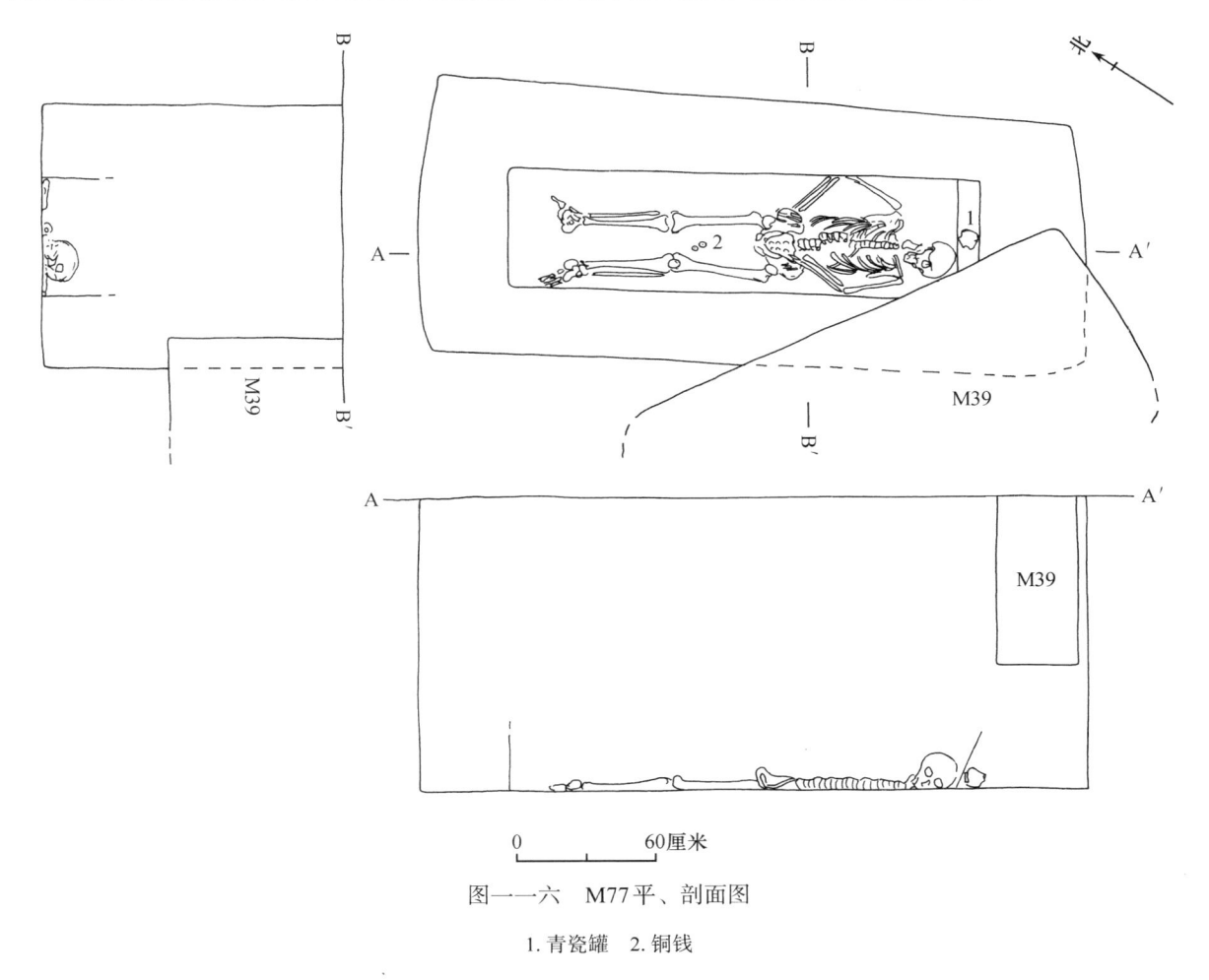

图一一六 M77平、剖面图

1. 青瓷罐 2. 铜钱

痕。口径7.1、最大腹径10.8、底径7.1、通高9.8厘米（图一一七，1；彩版四五，5）。

2. 铜钱

道光通宝 2枚。标本M77:2，圆形，方穿，正、背面有圆郭。正面铸钱文"道光通宝"四字，楷书，对读，背面穿左右铸满文"宝泉"二字，局名。钱径2.3、穿宽0.55、郭宽0.35厘米，重4克（图一一七，2）。

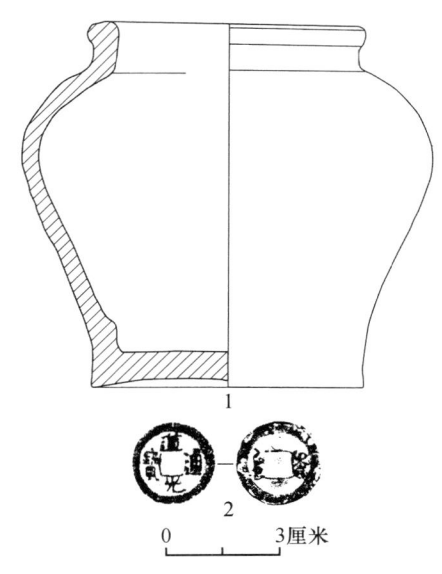

图一一七 M77出土器物

1. 青瓷罐（M77:1） 2. 道光通宝（M77:2）

二十三、M81

（一）位置及形制

M81位于发掘区西南部T0412内，东南与M8相距6.2米，西北部被现代墙基打破，东部打破M83。开口于第2层下，打破生土。东西向，方向261°。

长方形竖穴土坑墓（图一一八；彩版一七，1）。墓口距地表深1.08米，墓底距地表深1.72米。墓圹东西长1.2米，南北宽0.6米，深0.64米。内填较疏松的黄褐色五花土。

葬具为木棺，腐朽严重，仅剩板灰痕迹。棺长1.1米，宽0.44米，残高0.2米，板灰厚3厘米。棺内有幼儿骨架一具，保存较差，长0.82米，头西脚东，面向南，仰身直肢。经鉴定年龄2岁左右。

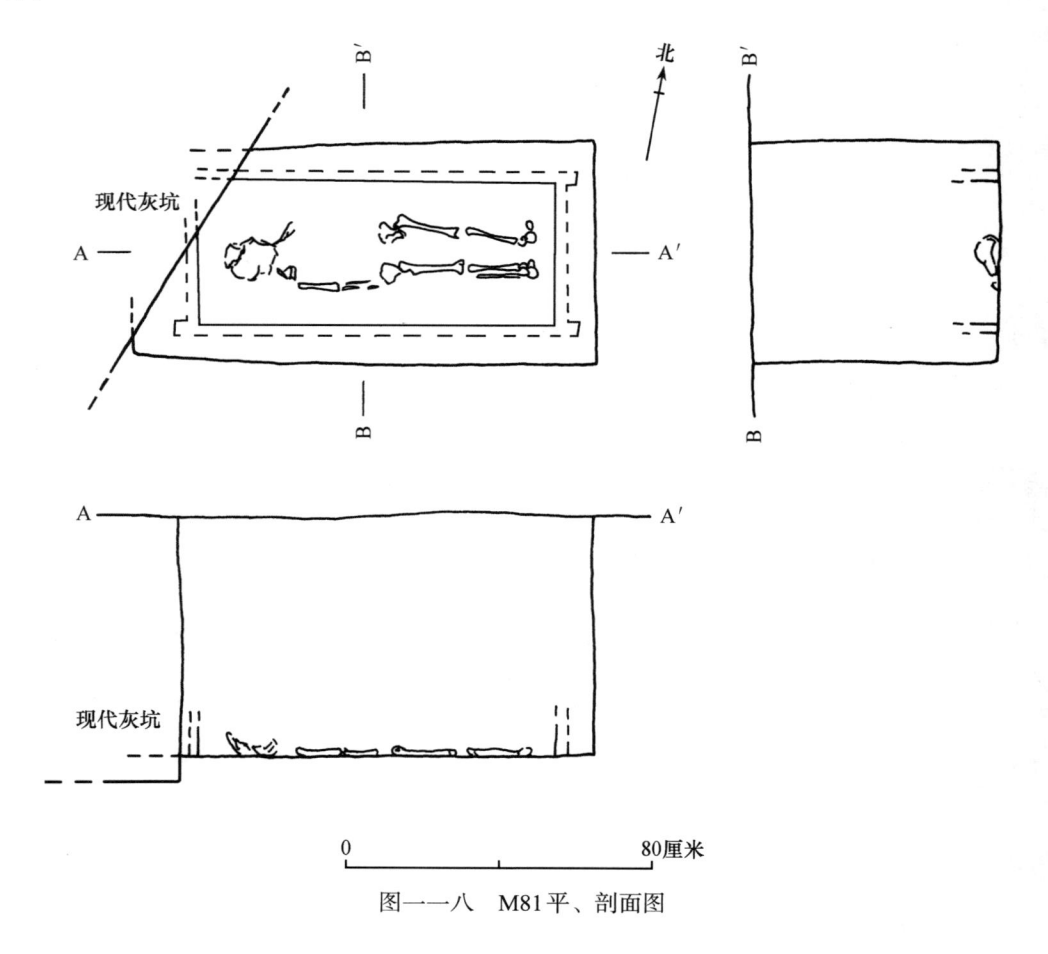

图一一八 M81平、剖面图

（二）出土器物

未发现任何随葬品。

二十四、M82

（一）位置及形制

M82位于发掘区西南部T0412内，东与M8相距3.4米，东部被M71打破，打破M83、M84。开口于第2层下，打破生土。东西向，方向280°。

长方形竖穴土坑墓（图一一九）。墓口距地表深0.9米，墓底距地表深1.6米。东西残长1.9米，南北宽0.72~0.84米，深0.7米。内填花土，土质较硬。

葬具为木棺，腐朽严重，仅剩下隐约的板灰痕迹。根据棺痕测量棺残长1.8米，宽0.52米。人骨保存一般，下肢无存，残长1.36米，头西脚东，仰身直肢。经鉴定墓主为男性，年龄在45~50岁。

（二）出土器物

铜耳勺1件，位于棺内墓主人右手骨处。铜钱4枚，零散分布于棺内底部，均为嘉靖通宝。

1. 铜器

铜耳勺　1件。标本M82:1，残断。椭圆形勺头，束颈弯曲，柄呈圆柱形。直径0.2厘米，总长7.7厘米（图一二〇，1）。

2. 铜钱

嘉靖通宝　4枚。标本M82:2，锈蚀严重。圆形，方穿，正背面有圆郭，正面铸"嘉

图一一九　M82平、剖面图

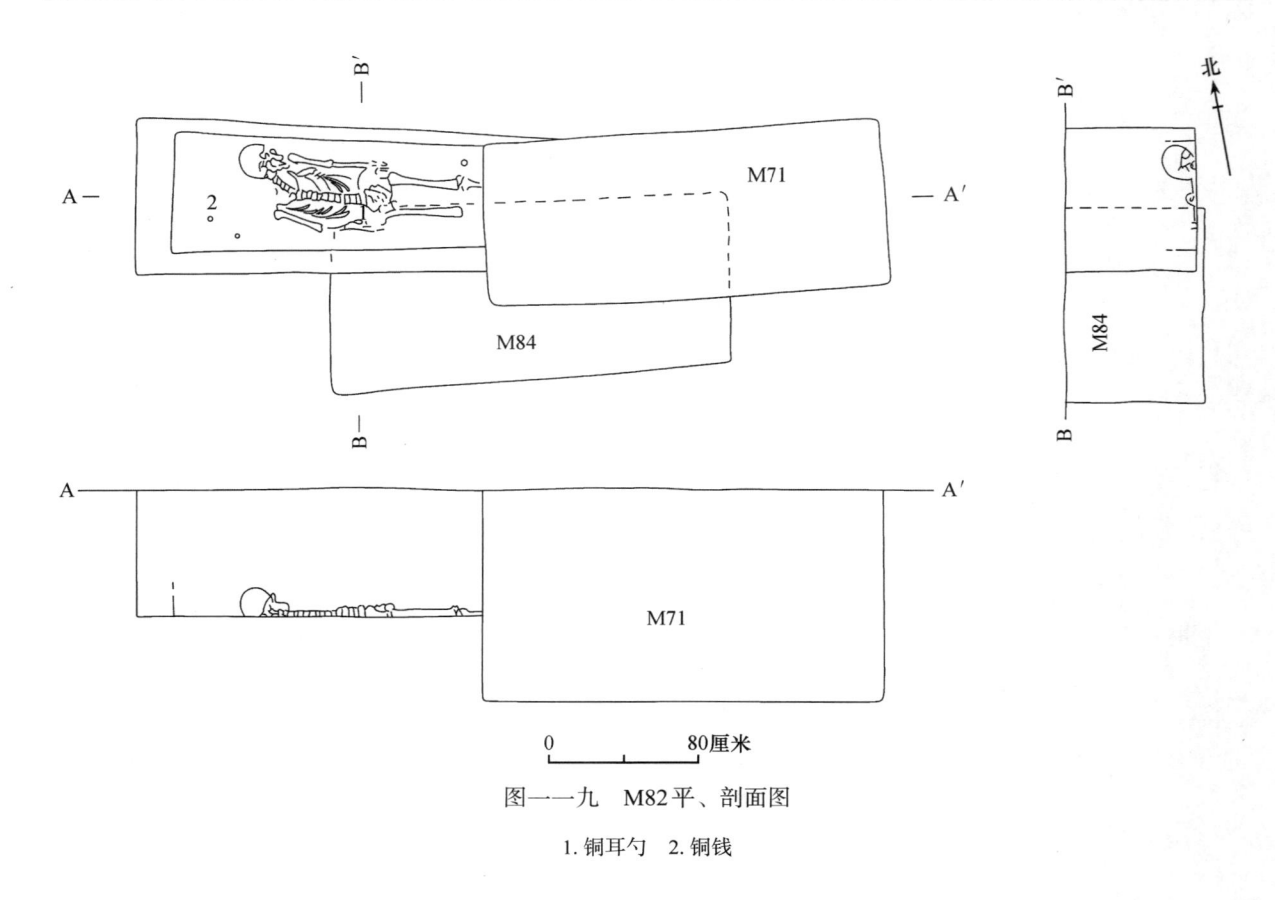

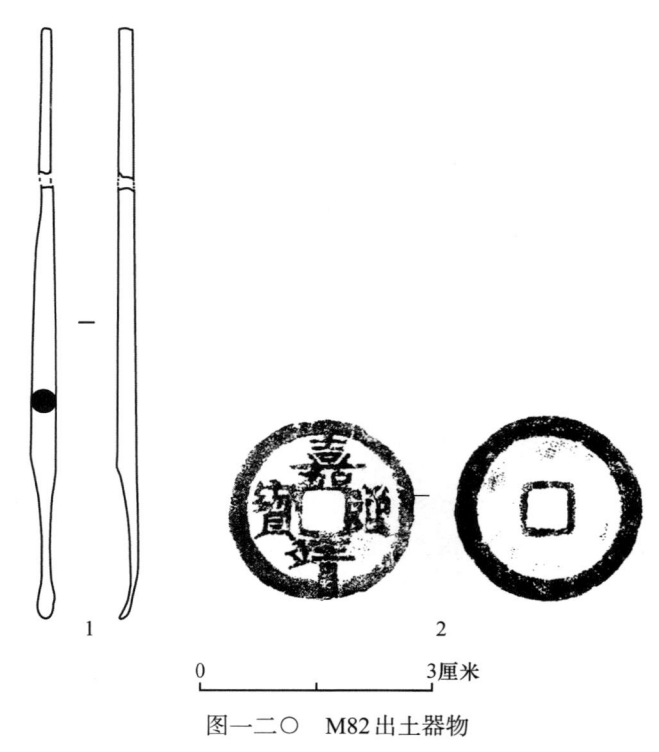

1. 铜耳勺　2. 铜钱

图一二〇　M82出土器物

1. 铜耳勺（M82：1）　2. 嘉靖通宝（M82：2）

靖通宝"四字，楷书，对读，背光素无纹。钱径2.5、穿宽0.4、郭宽0.25厘米，重4克（图一二〇，2）。

二十五、M83

（一）位置及形制

M83位于发掘区西南部T0412内，东南与M8相距3.8米，被M81、M82打破。开口于第2层下，打破生土。东西向，方向280°。

长方形竖穴土坑墓（图一二一）。墓口距地表深1米，墓底距地表深1.7～1.78米。墓圹东西长2.13米，南北宽0.66～0.68米，深0.7～0.78米。内填较疏松的黄褐色五花土。

葬具为木棺，腐朽严重，仅剩棺痕。棺长1.8米，宽0.46～0.5米，残高0.2米。人骨保存一般，头西脚东，仰身直肢。经鉴定，墓主为中老年男性。

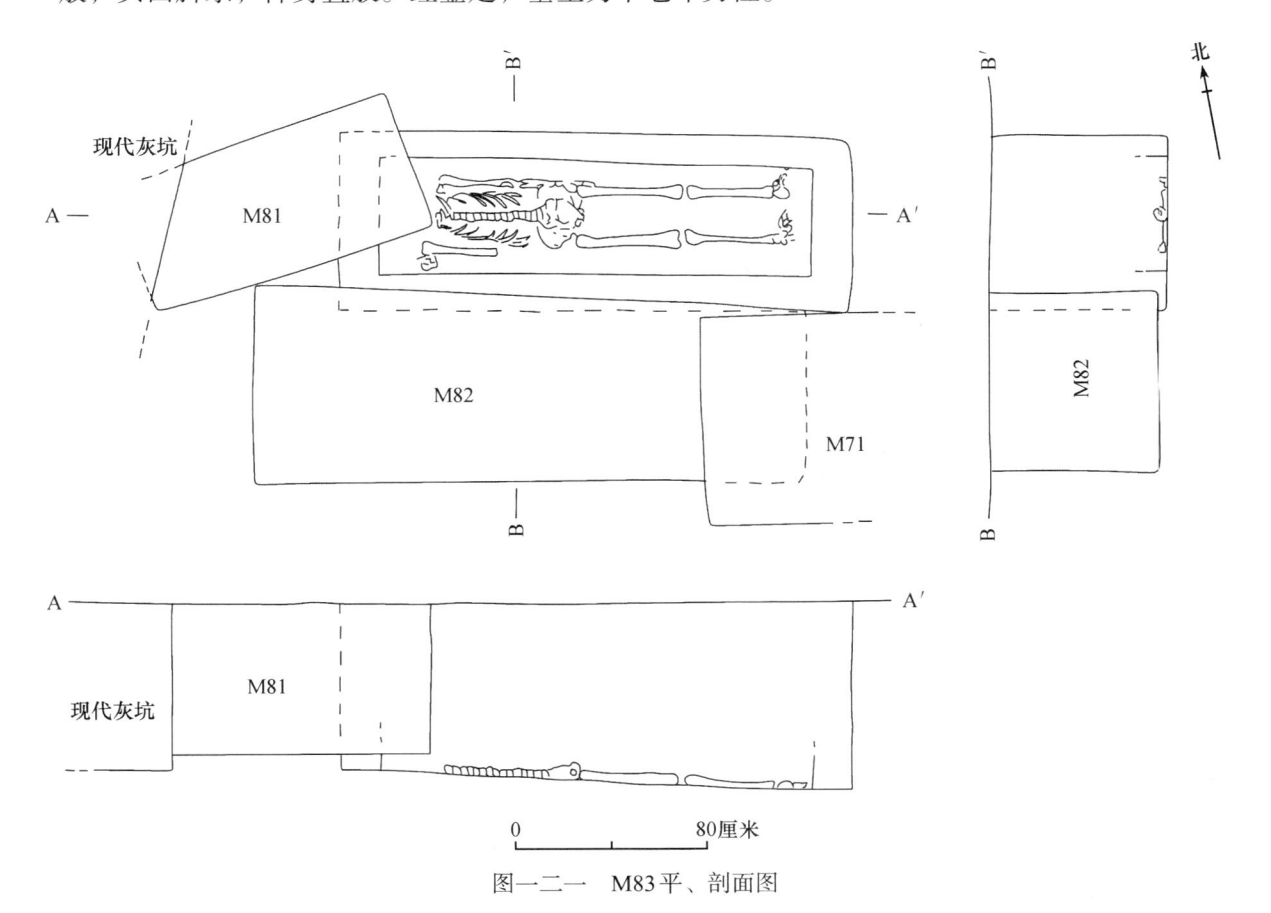

图一二一 M83平、剖面图

（二）出土器物

未发现任何随葬品。

二十六、M84

（一）位置及形制

M84位于发掘区西南部T0412内，东南与M8相距2.5米，被M81、M71打破。开口于第2层下，打破生土。东西向，方向266°。

长方形竖穴土坑墓（图一二二）。墓圹东西长2.16米，南北宽0.93～1.1米，深约1.2米。

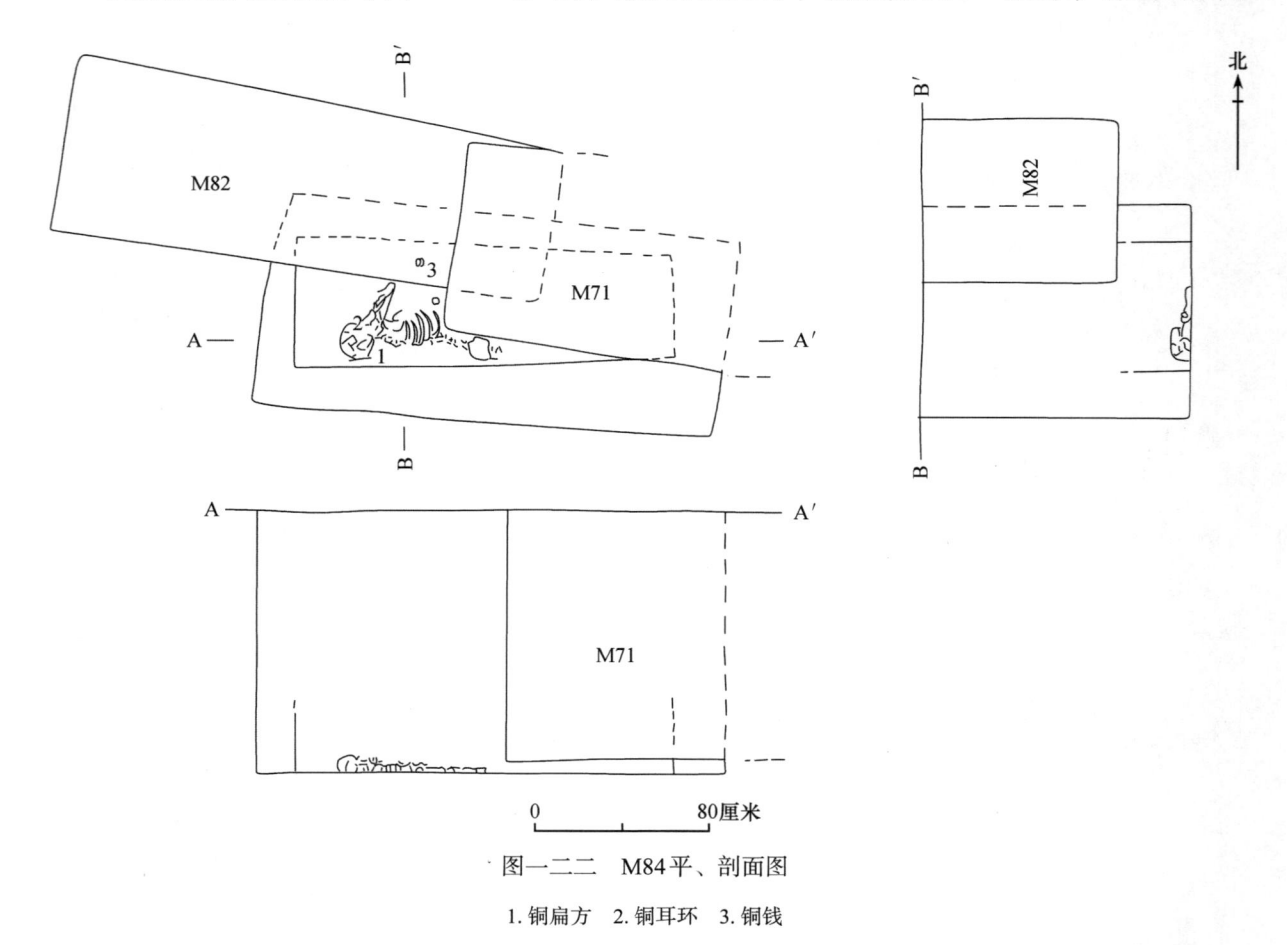

图一二二 M84平、剖面图

1. 铜扁方 2. 铜耳环 3. 铜钱

内填较疏松的五花土。

葬具为木棺，棺木已朽，仅能隐约看出板灰痕迹，棺木东西长1.75米，南北宽0.48~0.61米。棺内仅保存有部分人骨，残长0.76米，头向西，面向北，仰身屈肢。经鉴定，墓主人为女性，年龄在12~15岁。

（二）出土器物

铜扁方1件，铜耳环2件，均出土于棺内墓主人头骨处。铜钱2枚，出土于棺内底部。

1. 铜饰

铜扁方 1件。标本M84∶1，残。整体呈上宽下窄的扁长条形，末端残缺。首呈柱状，向后卷曲。宽0.2~0.9、厚0.12、残长14.4厘米（图一二三，1）。

铜耳环 1对。标本M84∶2，形制相同。圆环状。直径1.6厘米（图一二三，2）。

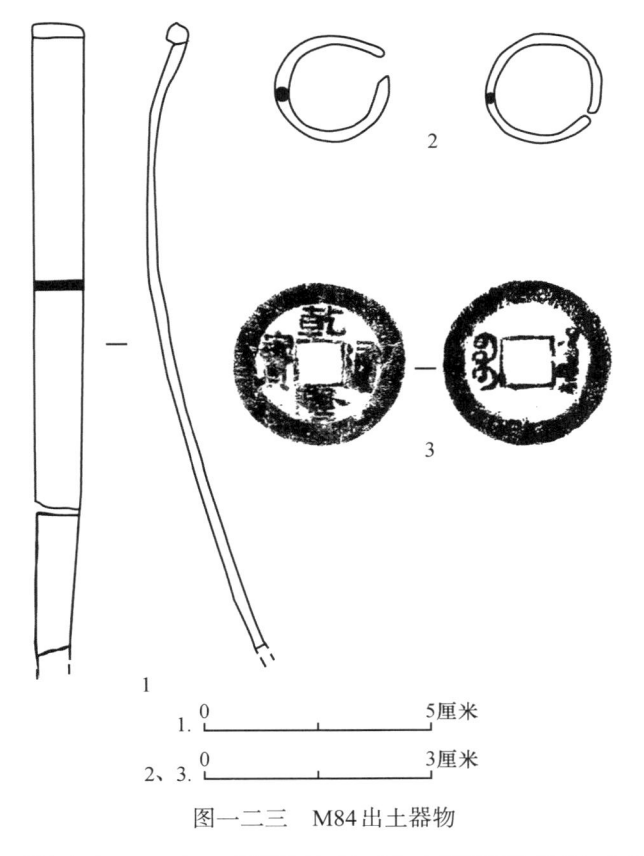

图一二三 M84出土器物

1. 铜扁方（M84∶1） 2. 铜耳环（M84∶2） 3. 乾隆通宝（M84∶3-3）

2. 铜钱

嘉靖通宝 2枚。标本M84：3-1，圆形，方穿，正、背面有圆郭。正面铸钱文"嘉靖通宝"四字，楷书，对读。光背无纹。钱径2.5、穿宽0.44、郭宽0.25厘米，重4克。

乾隆通宝 2枚。标本M84：3-2，圆形，方穿，正、背面有圆郭。正面铸钱文"乾隆通宝"四字，楷书，对读。背面穿左右铸满文"宝源"二字。钱径2.5、穿宽0.44、郭宽0.25、厚0.1厘米。标本M84：3-3，圆形，方穿，正、背面有圆郭。正面铸钱文"乾隆通宝"四字，楷书，对读。背面穿左右铸满文"宝源"二字。钱径2.3、穿宽0.45、郭宽0.2、厚0.1厘米（图一二三，3）。

第二节 双棺合葬墓

一、M4

（一）位置及形制

M4位于发掘区东北部T1327内，东为M5，西偏北为M32，西北与M3相距23米。开口于第2层下，打破生土。东西向，方向101°。

长方形竖穴土坑双人合葬墓（图一二四；彩版一七，2）。墓圹开口距地表深0.9米，整体平面呈曲尺形，东西长2.4～2.8米，南北宽2.2～2.36米。中部偏北处有一个扰坑，坑内填土呈灰黑色，土质疏松，应为盗洞。墓圹内填土北部以黄沙为主，南部填土花杂，夹杂有较多料姜石颗粒。

内置双棺，木棺已朽，仅剩棺痕。双棺间距0.36～0.4米。南棺墓穴打破北棺墓穴。南棺墓圹西壁相对北棺西壁内收0.22米。南棺墓圹开口平面东西长2.4～2.55米，南北宽1.45～1.6米。南壁下距开口深0.74米处，有0.36米宽的生土台。墓圹底部东西长2.44～2.55米，南北宽1～1.2米，深1.24米。棺长1.74米，宽0.44～0.58米，残高0.1米，板灰厚4厘

图一二四 M4平、剖面图

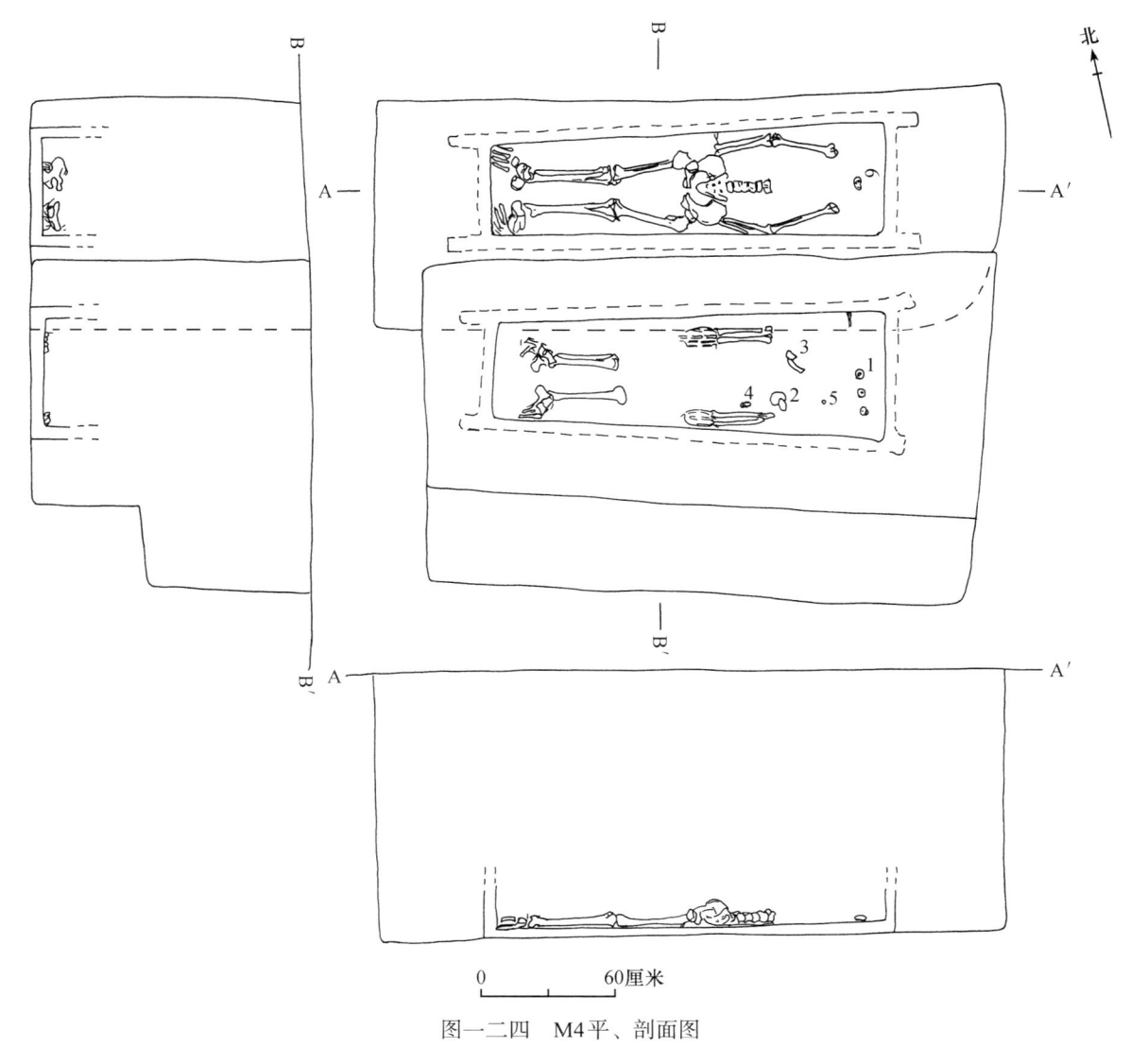

1.铜钱 2.铜顶戴 3.铜烟锅 4.料珠 5.铜钮扣 6.铜簪

米。棺板灰附近残留有铁棺钉。棺内人骨盗扰严重，仅存上臂桡骨和小腿骨。北棺墓圹开口东西长2.8米，南北宽1.05米，深1.2米。棺长1.74米，宽0.42~0.52米，残高0.1米，板灰厚5厘米。棺内人骨保存一般，头骨、肋骨和脊椎骨无存，骨架残长1.52米，头东脚西，仰身直肢。

（二）出土器物

铜饰2件，1件位于南棺内人骨腹部左侧，1件位于北棺内人骨头部。铜烟锅1件，位于南棺内人骨腹部右侧。料珠1颗，位于南棺内人骨腰部左侧。铜钮扣2枚，位于南棺内东部。铜钱4枚，位于南棺内人骨头部。

1. 铜器

铜簪　1件。标本M4∶6，残损严重。簪首为如意卷云纹，背面有圆形薄片状铜片与簪体相焊接。残宽3、残长2.8厘米（图一二五，2）。

铜烟锅　1件。标本M4∶3，烟杆残断。烟锅铜质，烟杆为木质圆柱，与烟锅相连接，中间有孔。锅径2.1、管径0.8、杆径0.75、烟锅残长4.4厘米（图一二五，6；彩版四五，7、8）。

铜钮扣　2枚。标本M4∶5-1，圆形，中空。腹部四面分别錾刻有4个"寿"字。直径1.1厘米（图一二五，4；彩版四六，1）。标本M4∶5-2，圆形，中空。腹部錾刻梅花图案。直径1厘米（图一二五，5；彩版四六，1）。

铜顶戴　1件。标本M4∶2，锈蚀残断。由两部分组成，上端为球体，球体下部由荷花墩包嵌，球体顶部饰覆莲；底部伞形莲花座花瓣之间有菱形镂孔。莲花座底部的螺栓残断。球径2.7、座径3.9、通高4.6厘米（图一二五，1；彩版四五，6）。

2. 料器

料珠　1颗。标本M4∶4，扁椭圆形。两面雕刻有葵花图案，中有长方穿孔。外观呈蓝绿色。长径1.8、短径1.1、厚0.9厘米（图一二五，3；彩版四六，2）。

3. 铜钱

乾隆通宝　1枚。标本M4∶1-2，圆形，方穿，正、背面有圆郭，正面铸钱文"乾隆通宝"四字，楷书，对读，背面穿左右铸满文"宝泉"二字局名。钱径2.2、穿宽0.55、郭宽0.2厘米，重2.6克（图一二五，7）。

嘉庆通宝　3枚。标本M4∶1-1，锈蚀。圆形，方穿，正、背面有圆郭，正面铸钱文"嘉庆通宝"四字，楷书，对读，背面穿左右为满文，模糊不清。钱径2.4、穿宽0.5、郭宽0.3厘米，重3克（图一二五，8）。

图一二五　M4出土器物

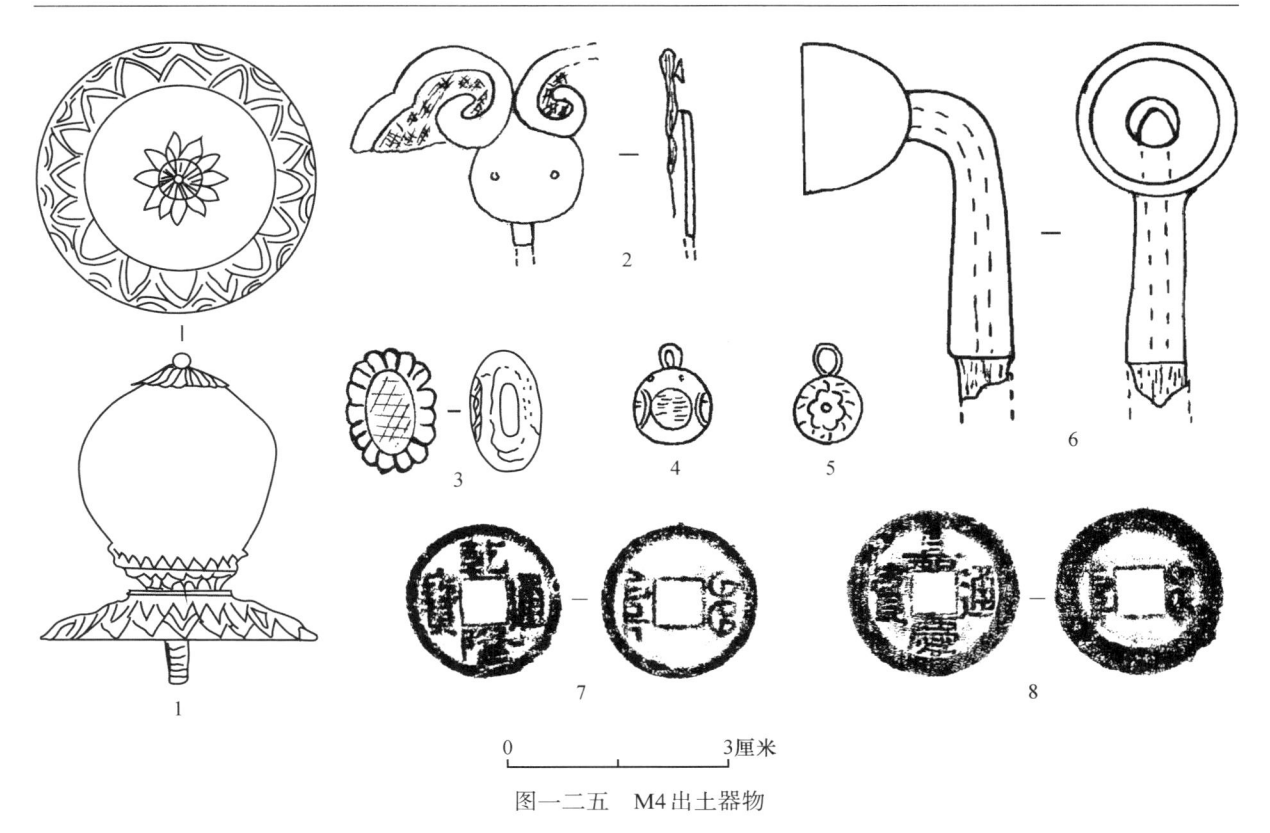

1. 铜顶戴（M4:2） 2. 铜簪（M4:6） 3. 料珠（M4:4） 4、5. 铜钮扣（M4:5-1、M4:5-2） 6. 铜烟锅（M4:3）
7. 乾隆通宝（M4:1-2） 8. 嘉庆通宝（M4:1-1）

二、M5

（一）位置及形制

M5位于发掘区东北部T1327、T1328内，西与M4相距1米。开口于第2层下，依次打破M78和生土。东西向，方向97°。

长梯形竖穴土圹双人合葬墓（图一二六；彩版一八，1）。墓圹开口距地表深0.9米，东西长2.44~2.62米，南北宽1.66~1.8米。直壁平底。内填黄褐色五花土，土质较硬，含有较多料姜石粒。填土中发现有铁棺钉数枚。

内置双棺，腐朽严重，仅剩棺痕。双棺间距0.48~0.6米。北棺墓穴打破南棺墓穴。南棺墓圹开口东西长1.5~2.44米，南北宽0.76~0.88米，深0.6米。棺长1.58米，宽0.48~0.58米，

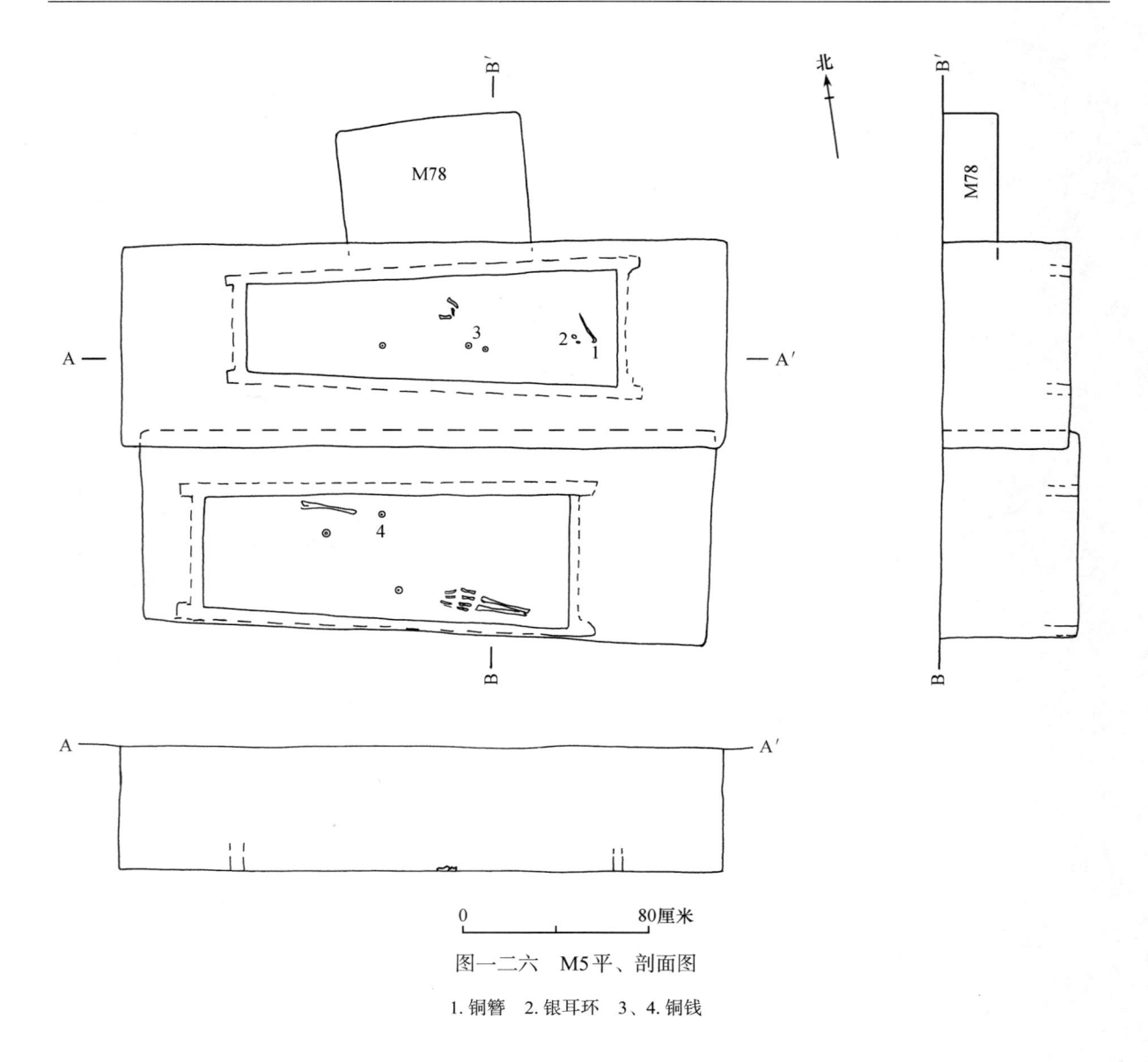

图一二六　M5平、剖面图
1. 铜簪　2. 银耳环　3、4. 铜钱

残高0.1米。棺内人骨破坏严重，仅存左臂桡骨和小腿骨。棺内有草木灰铺底。北棺墓圹开口东西长2.6米，南北宽0.9~0.94米，深0.56米。棺长1.6米，宽0.4~0.52米，残高0.1米。棺内仅残存两段手指骨。

根据墓葬填土内的包含物及棺内人骨残存状况判断，该墓为迁葬墓。

（二）出土器物

铜簪1件，银耳环2件，均出土于北棺东部。铜钱6枚，均出土于棺内。

1. 银耳环

2件。标本M5：2、M5：3，形制相同。圆环形。表面鎏金。直径1.6厘米（图一二七，2、3；彩版四六，4）。

2. 铜簪

1件。标本M5：1，残断。簪首弯曲，顶端略呈鼓起的半圆形。簪体扁平，簪首至簪尾逐渐变窄，尾端较尖。簪体表面有錾刻，模糊难辨。宽0.2~1.1、厚0.2、通长16.1厘米（图一二七，1；彩版四六，3）。

3. 铜钱

乾隆通宝　6枚。标本M5：4，圆形，方穿，正、背面有圆郭，正面铸钱文"乾隆通宝"四字，楷书，对读，背面穿左右铸满文"宝泉"二字局名。钱径2.4、穿宽0.48、郭宽0.3厘米，重4克（图一二七，4）。

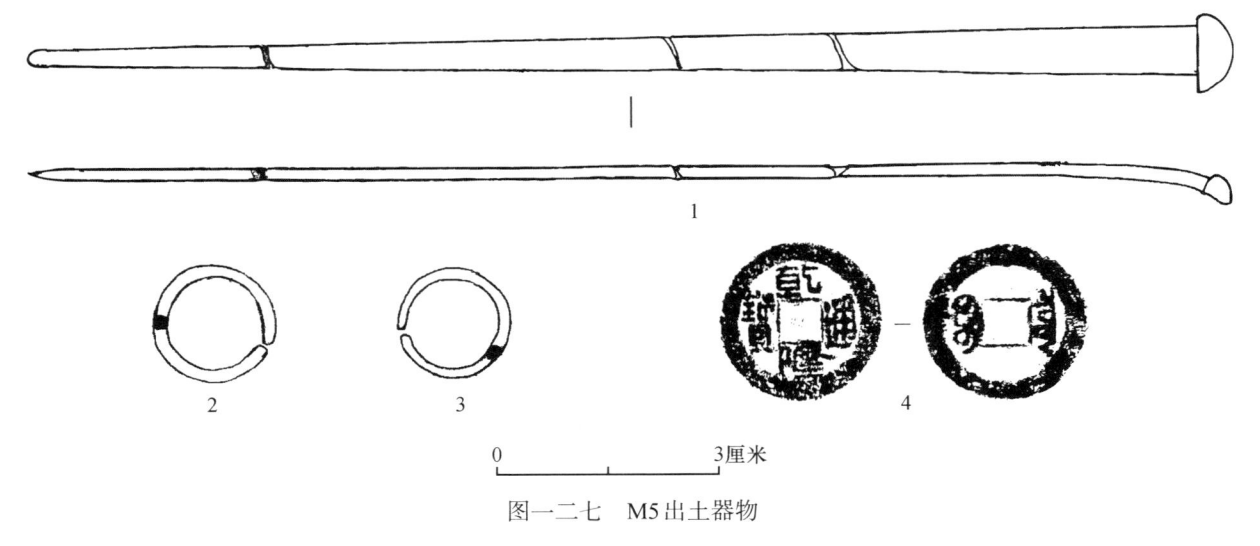

图一二七　M5出土器物

1.铜簪（M5：1）　2、3.银耳环（M5：2、M5：3）　4.乾隆通宝（M5：4）

三、M10

(一) 位置及形制

M10位于发掘区东北部T1728、T1729和T1828内,北与M9相距4米,西为M11,西南部被近现代建筑遗迹打破。开口于第2层下,打破生土。南北向,方向142°。

长方形竖穴土坑墓(图一二八;彩版一八,2)。墓圹开口距地表深0.9米,南北长2.55~2.85米,东西宽1.75~2.08米。内填致密的灰褐色五花土,填土内含有料姜石颗粒、扰乱的铁棺钉和棺木残块。

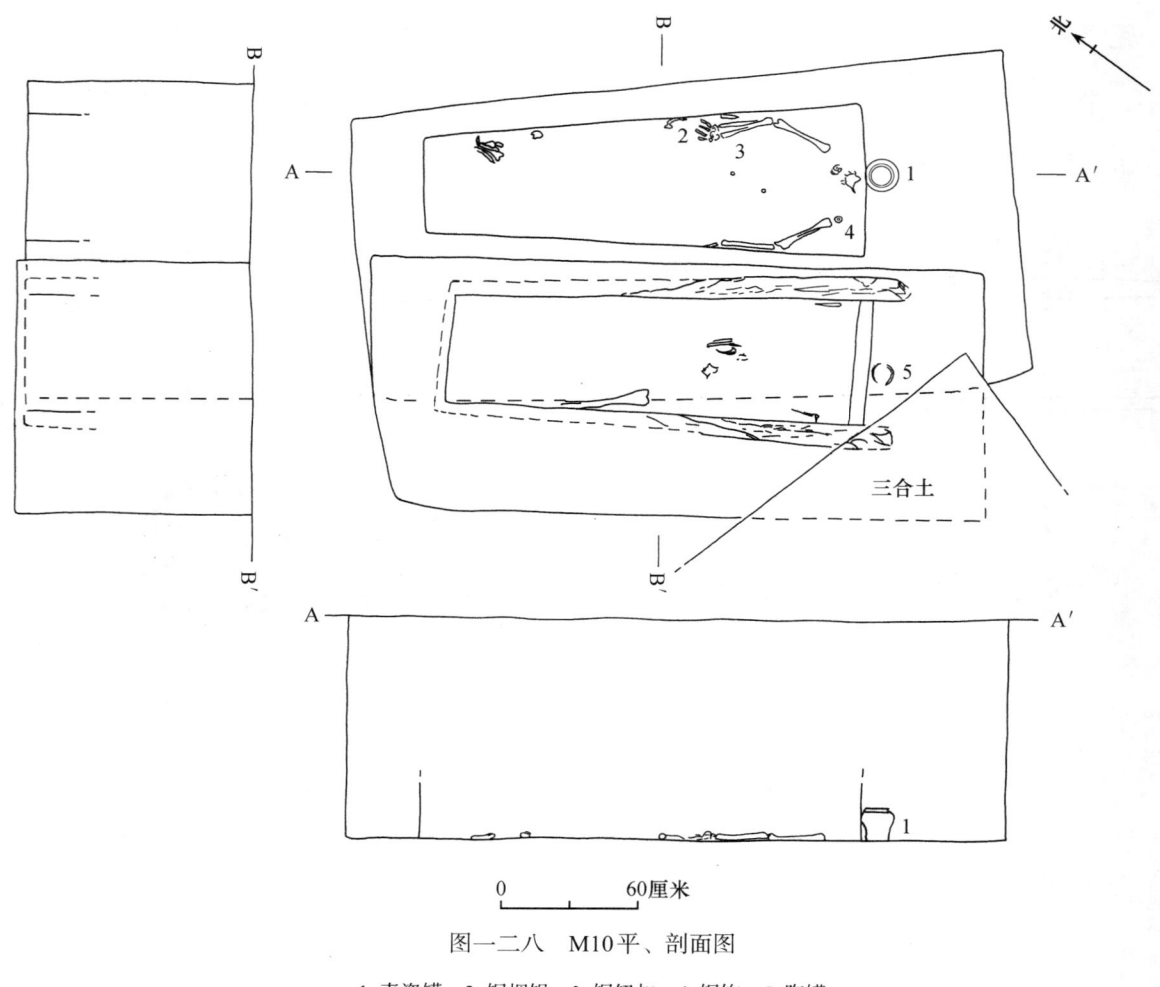

图一二八 M10平、剖面图
1. 青瓷罐 2. 铜烟锅 3. 铜钮扣 4. 铜饰 5. 陶罐

内置双棺，南棺残存部分棺板，北棺腐朽严重，仅剩棺痕。双棺间距0.1~0.2米。南棺墓穴打破北棺墓穴。南棺墓圹开口南北长2.7米，东西宽1.1米，深1.03米。棺平面呈梯形，长1.76米，宽0.48~0.56米，残高0.3米，棺板厚0.1米。棺内有草木灰铺底。棺内人骨仅残存部分左臂桡骨和下肢骨等。北棺墓圹开口南北长2.85米，东西宽1.5米，深0.98米。北棺平面呈梯形，长1.92米，宽0.44~0.68米，残高0.22米。棺内用红色炉灰铺底。棺内人骨仅残存双臂桡骨及右脚骨。

根据墓葬填土内的包含物及棺内残存人骨状况分析，该墓为迁葬墓。

（二）出土器物

青瓷罐1件，位于北棺外侧，人骨头部。陶罐1件，位于南棺外侧，人骨头部。铜烟锅1件，位于北棺内人骨右手部位。铜钮扣3枚，位于北棺内中部。铜饰1件，位于北棺人骨左肩处。

1. 陶器

陶罐 1件。标本M10:5，残。轮制。泥质灰陶。口微侈，平沿略朝下倾斜，尖唇，束颈，溜肩，斜直腹，小平底。素面，胎质细密，呈浅灰色。器表有慢轮修整留下的凹弦纹痕迹，下腹部有指纹粘痕。口径8.5、底径5.3、最大腹径9.9、通高9.5厘米（图一二九，2；彩版四六，6）。

2. 瓷器

青瓷罐 1件。标本M10:1，直口，方唇，圆鼓肩，弧腹，平底。灰白胎，胎质坚硬。罐体内外均施青白色釉，釉面匀净明亮，器表见有窑渣釉痕斑点。器身内外均有明显的修坯旋痕。器内壁下腹内收处有一周横向的胎接痕，底部为浅青白色浆水釉面。口径9.3、底径9.3、最大腹径14、通高12.1厘米（图一二九，1；彩版四六，5）。

3. 铜器

铜烟锅 1件。标本M10:2，烟锅与烟嘴均为铜质，烟杆残断，为木质圆柱形。烟杆连接

图一二九　M10出土器物（一）

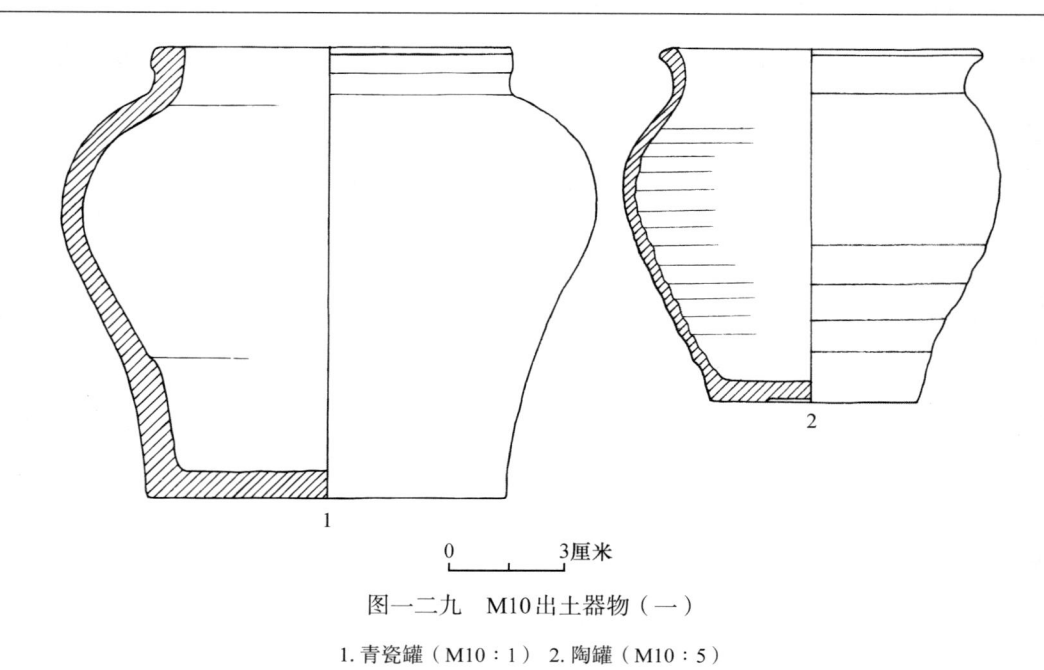

1. 青瓷罐（M10∶1）　2. 陶罐（M10∶5）

烟锅与烟嘴，中间有孔。烟锅通长18厘米，锅径2、管径1、烟杆直径0.6～1.1、烟嘴长6.2厘米（图一三〇，3；彩版四六，7）。

铜顶戴　1件。标本M10∶4，残。由两部分组成，上端球体缺失，其下部为莲花座墩。底座呈覆莲状，莲花座花瓣之间錾刻有对称的两个"寿"字。莲花座底部焊接螺杆。通高3.8、座径2.2厘米（图一三〇，2）。

铜钮扣　3枚。标本M10∶3，锈蚀。形制相同，外观均呈圆球形，中空，顶部焊接一圆形环。有大小两种：大者表面饰花草纹，小者素面。大者钮径1.2、小者0.8厘米（图一三〇，1；彩版四六，8）。

四、M11

（一）位置及形制

M11位于发掘区东北部T1728内，东与M10邻相距2.7米。开口于第2层下，东南角被现代房基打破，向下打破生土。东西向，方向137°。

长方形竖穴土坑墓（图一三一；彩版一九，1）。墓圹开口距地表深1.2米，平面整体呈长

第五章　清代墓葬

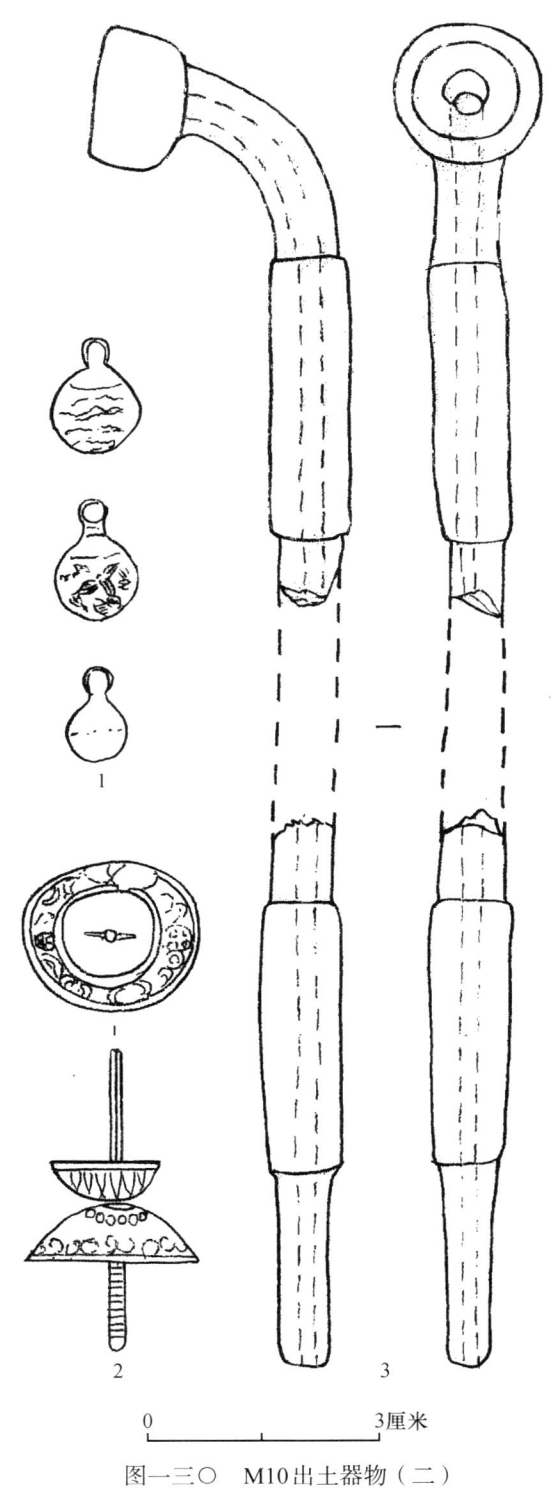

图一三〇　M10出土器物（二）

1. 铜钮扣（M10∶3）　2. 铜顶戴（M10∶4）　3. 铜烟锅（M10∶2）

方形，南北长2.6～2.8米，东西宽1.9～2米，深0.9～0.94米。内填疏松的五花土。

内置双棺，棺木腐朽严重，仅剩棺痕。双棺间距0.5～0.54米。东棺墓穴打破西棺墓穴。

图一三一　M11平、剖面图

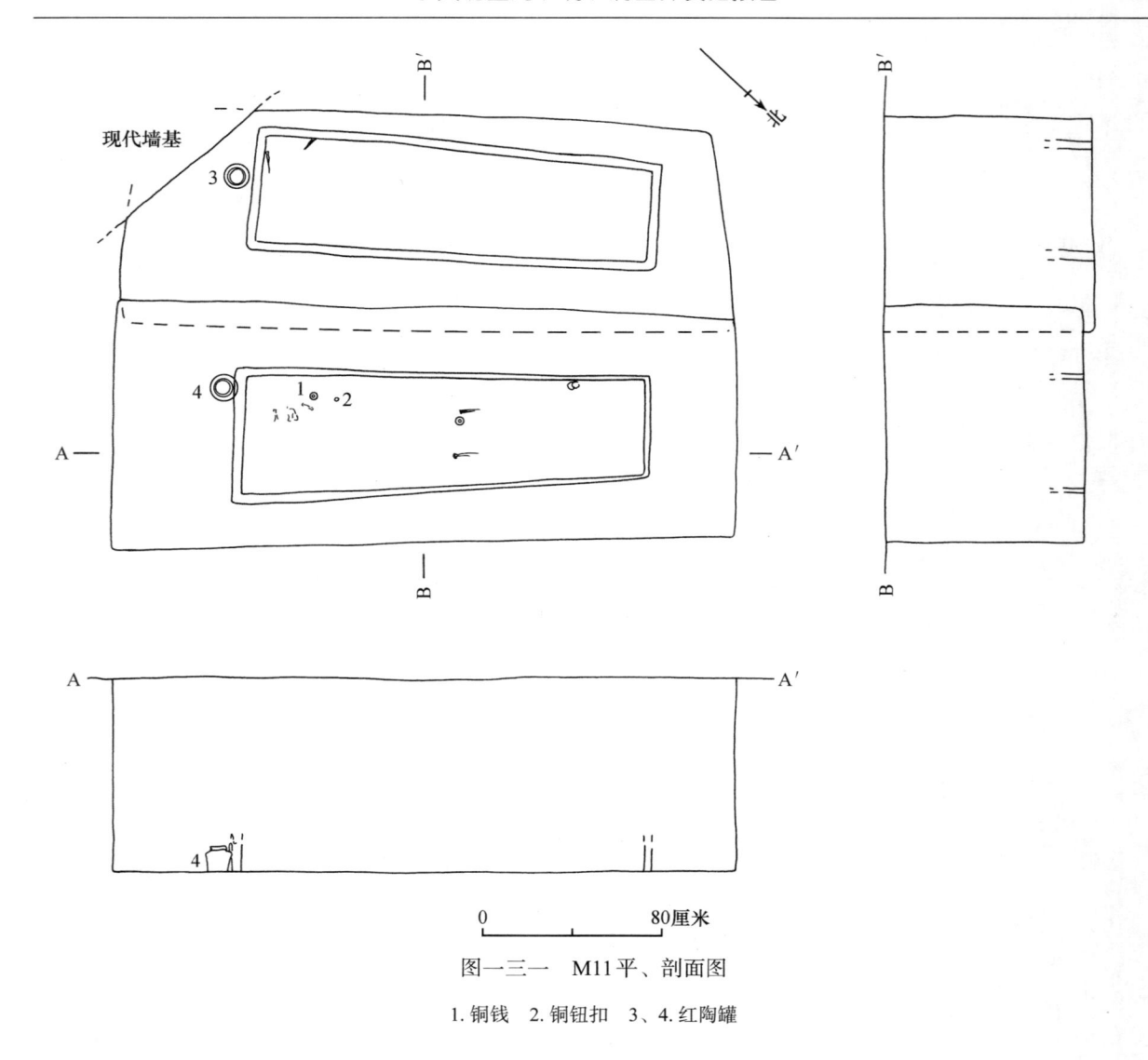

1.铜钱　2.铜钮扣　3、4.红陶罐

东棺墓圹南北长2.8米，东西宽1.02~1.16米，深0.94米。棺长1.86米，宽0.46~0.62米，残高0.12~0.14米，板灰厚0.02米。棺内仅存少量残骨。

西棺墓圹南北长2.06~2.76米，东西宽0.88~0.9米，深0.9米。棺长1.84米，宽0.5~0.66米，残高0.12米，板灰厚0.04米。棺内未见人骨。

（二）出土器物

陶罐2件，分别出土于两棺外侧，人骨头部。铜钮扣1枚，出土于东棺南部。铜钱2枚，出土于东棺内西北部。

1. 陶器

陶罐　2件，形制相同。标本M11：3，轮制。泥质红陶。直口，矮领略内弧，丰肩，弧腹内收，近底处略外撇，平底。砖红色胎，素面，火候较高。器表施一层较薄的淡青色釉浆水，釉色均已脱落消失。口径8.3、底径9.1、最大腹径12.9、通高11.6厘米（图一三二，1；彩版四七，1）。标本M11：4，轮制。泥质红陶。直口，矮领略内弧，丰肩，弧腹内收，近底处略外撇，平底。砖红色胎，火候较高，口沿有破损。器表施一层较薄的淡黄色釉浆水，釉色大多已脱落。器表肩部有慢轮修整的刮削痕，肩部至底部有蓝釉和银白色釉滴。口径8.2、底径9.6、最大腹径13.1、通高11.8厘米（图一三二，2；彩版四七，2）。

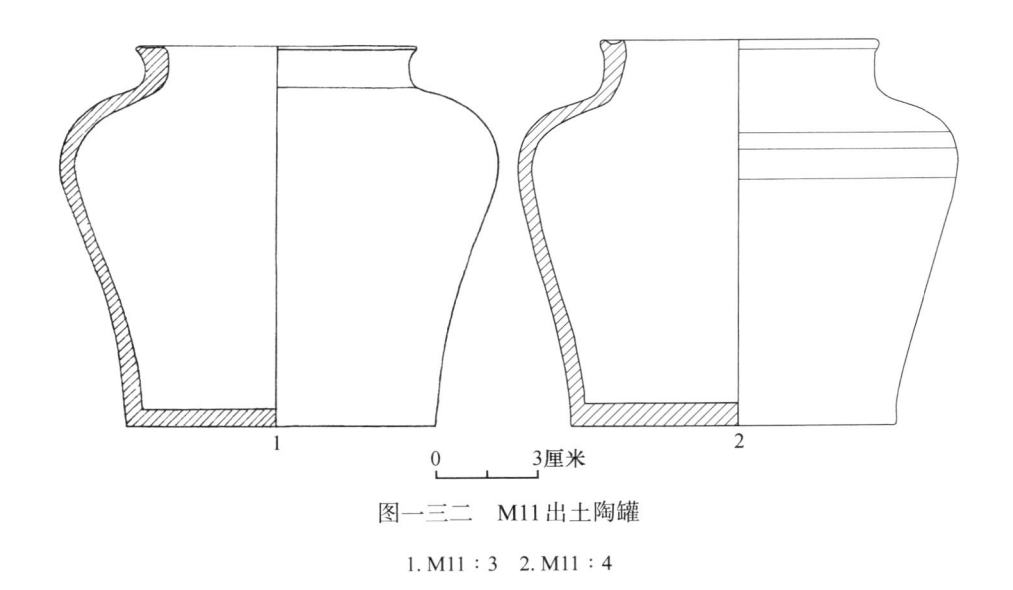

图一三二　M11出土陶罐
1. M11：3　2. M11：4

2. 铜器

铜钮扣　1枚。标本M11：2，锈蚀严重。圆球形，中空，顶部连接一圆形环。钮径1.1厘米（图一三三，1）。

3. 铜钱

道光通宝　2枚。标本M11：1，锈蚀。圆形，方穿，正、背面有圆郭，正面铸钱文"道光通宝"四字，楷书，对读，字迹模糊，背面穿左右铸满文"宝泉"二字，局名。钱径2.2、穿宽0.52、郭宽0.28厘米，重3克（图一三三，2）。

图一三三　M11出土器物

1. 铜钮扣（M11:2）　2. 道光通宝（M11:1）

五、M13

（一）位置及形制

M13位于发掘区东北部T1526和T1527内，西与M3相距0.6米。开口于第2层下，打破生土。东西向，方向96°。

长方形竖穴土坑墓（图一三四；彩版一九，2）。墓圹开口距地表深0.9米，东西长2.76~2.98米，南北宽2.3米。内填花土和灰褐色土块，并含有少量料姜石粒。

内置双棺，木棺已朽，仅剩棺痕。双棺间距0.3~0.36米。北棺墓圹打破南棺墓圹。北棺墓圹东西两壁较南棺墓圹凸出0.04~0.12米。北棺墓圹开口东西长2.9~2.98米，南北宽1.3~1.45米，深1.6米。棺长1.8米，宽0.54~0.6米，残高0.4米，板灰厚0.04米，附近残留有铁棺钉。棺内底部铺有一层红色炉灰。人骨保存较差，骨架长1.58米，头向东，面向西北，仰身直肢。经鉴定，墓主为女性，年龄约50岁以上。南棺墓圹开口东西长2.76~2.8米，南北宽0.86~1米，深1.5米。棺长1.92米，宽0.46~0.54米，残高0.3米。棺内底部铺一层红色炉灰。人骨保存较好，骨架长1.7米，头东脚西，仰身直肢。经鉴定，墓主为男性，年龄约50岁。

（二）出土器物

青釉瓷罐2件，北棺外人骨头部、南棺外人骨头部各1件。铜簪7件、银耳环1对、银扁方1件，均出土于北棺内人骨头部。铜钮扣7枚，北棺内1枚，南棺内6枚。铜钱30枚，均出土北棺内。铁棺钉1枚，出土于北棺内。

图一三四　M13平、剖面图

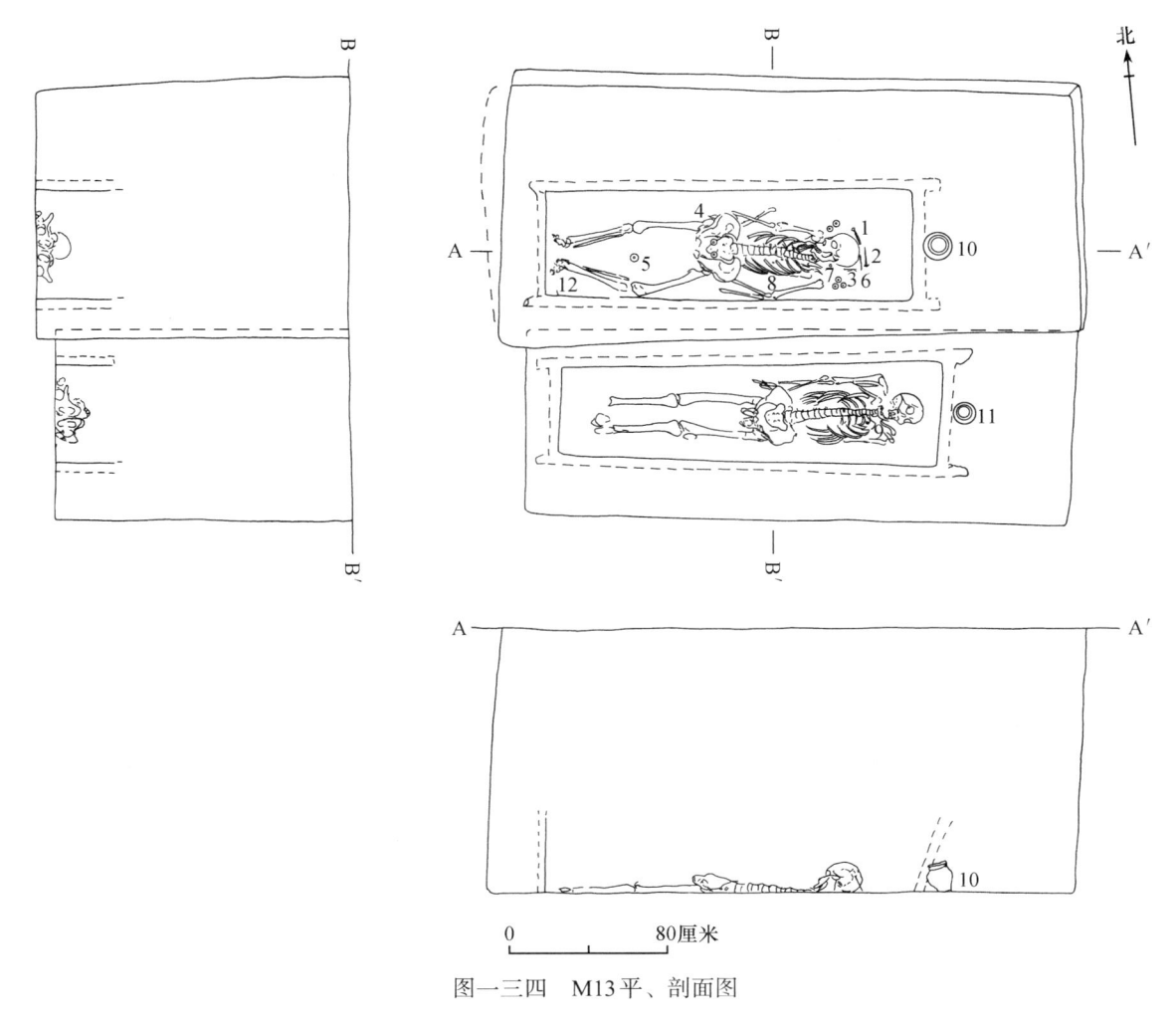

1~4.铜簪　5.铜钱　6.银扁方　7.银耳环　8、9.铜钮扣　10、11.青釉瓷罐　12.铁钉

1. 瓷器

青釉瓷罐　2件。标本M13：10，出土于北棺外。直口，矮领，丰肩，弧腹，近底处稍外撇，平底。灰白胎，胎质坚硬。通体施青色釉，釉面匀净明亮，器口施酱褐色釉浆水，器表见有窑渣釉痕小白点。器身内外均有明显的修坯旋痕，器内肩部之下有一周横向的胎接痕。口径8.2、底径8.4、最大腹径13.6、通高13厘米（图一三五，1；彩版四七，3）。标本M13：11，出土于南棺外。直口，短领，丰肩，弧腹，平底。灰白胎，胎质坚硬。通体施青白色釉，釉面匀净明亮，器口内外沿面施酱色釉浆水，器表见有窑渣釉痕斑点。器身内外均有明显的修坯旋痕。外底部仅有小面积青白色釉面。口径6.8、底径7.3、最大腹径11.1、通高11厘米（图一三五，2；彩版四七，4）。

图一三五　M13出土青釉瓷罐

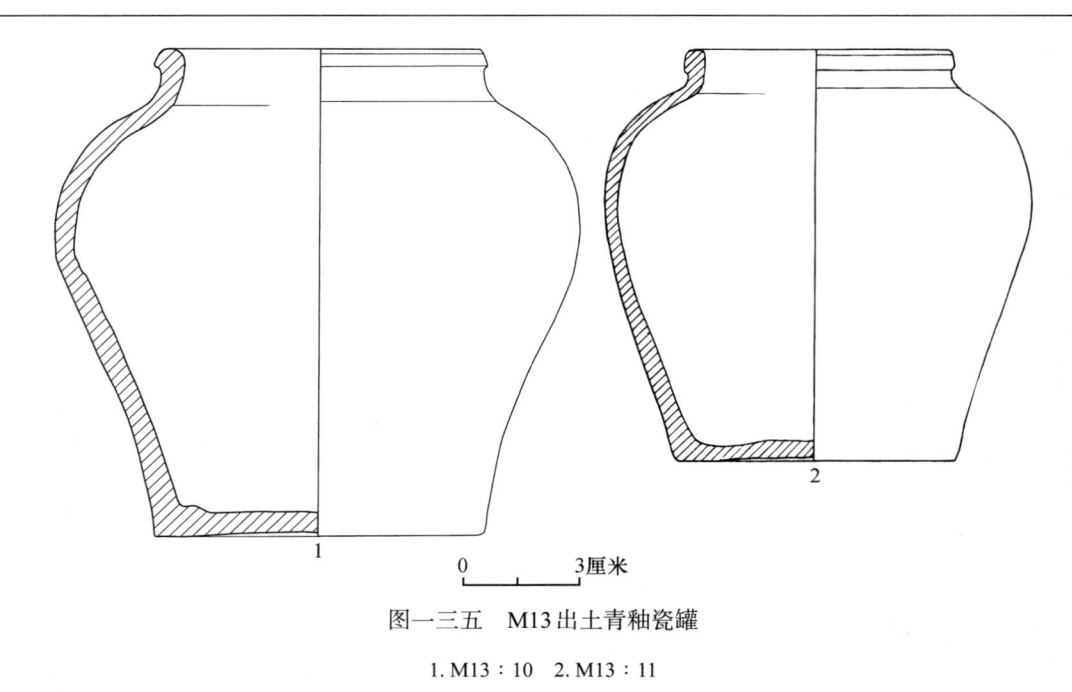

1. M13：10　2. M13：11

2. 铜饰

禅杖形簪　1件。标本M13：4，保存较好。整体鎏金，簪首为五面禅杖形，每面分别挂3个圆环，形式为上面1个圆环挂在禅杖的一个侧面上，下面2个套接在其上。簪顶呈葫芦状。簪体呈细长圆柱状，尾尖细，簪体与簪首为分别做成后焊接而成。通长19厘米（图一三六，1；彩版四七，5）。

花朵头刻字簪　2件（彩版四七，6）。标本M13：2-1，残断。簪首为圆形花朵状，可分内外两层。内层凸起呈圆形，直径1.3厘米，用银丝在圆环内焊接掐丝篆书"福"字。外层直径2.3厘米，正面錾刻月华锦纹，内填圆珠弧线纹。簪头背面錾刻竖款"足文"和"恒元"四字铭文。簪体呈圆柱锥形，尾尖。簪首鎏金。残长4.7厘米（图一三六，2）。标本M13：2-2，残断。簪首呈圆形花朵状，可分内外两层，内层中部凸起呈圆形，内焊接掐丝篆书"寿"字，外层为一周花瓣，正面錾刻月华锦纹，内填圆珠弧线纹。簪头背面錾刻竖款铭文，模糊不清。簪体呈圆柱锥形，尾尖。簪首鎏金。残长4.7厘米（图一三六，3）。

花朵头簪　2件（彩版四七，7）。标本M13：3-1，簪体残断。簪首呈镂空花朵状，花瓣最下面有5片托叶，五个花瓣向四周展开，花瓣之上又是一层，花瓣与叶片交替。再上为花蕊，花蕊中间镶嵌有淡绿色的扁圆形珠子。簪体为细长圆柱状，尾尖细。簪体与簪首焊接而成。通长6.4厘米（图一三六，5）。标本M13：3-2，簪体残断。簪首呈镂空花朵状，花瓣最下面有5

图一三六　M13出土器物（一）

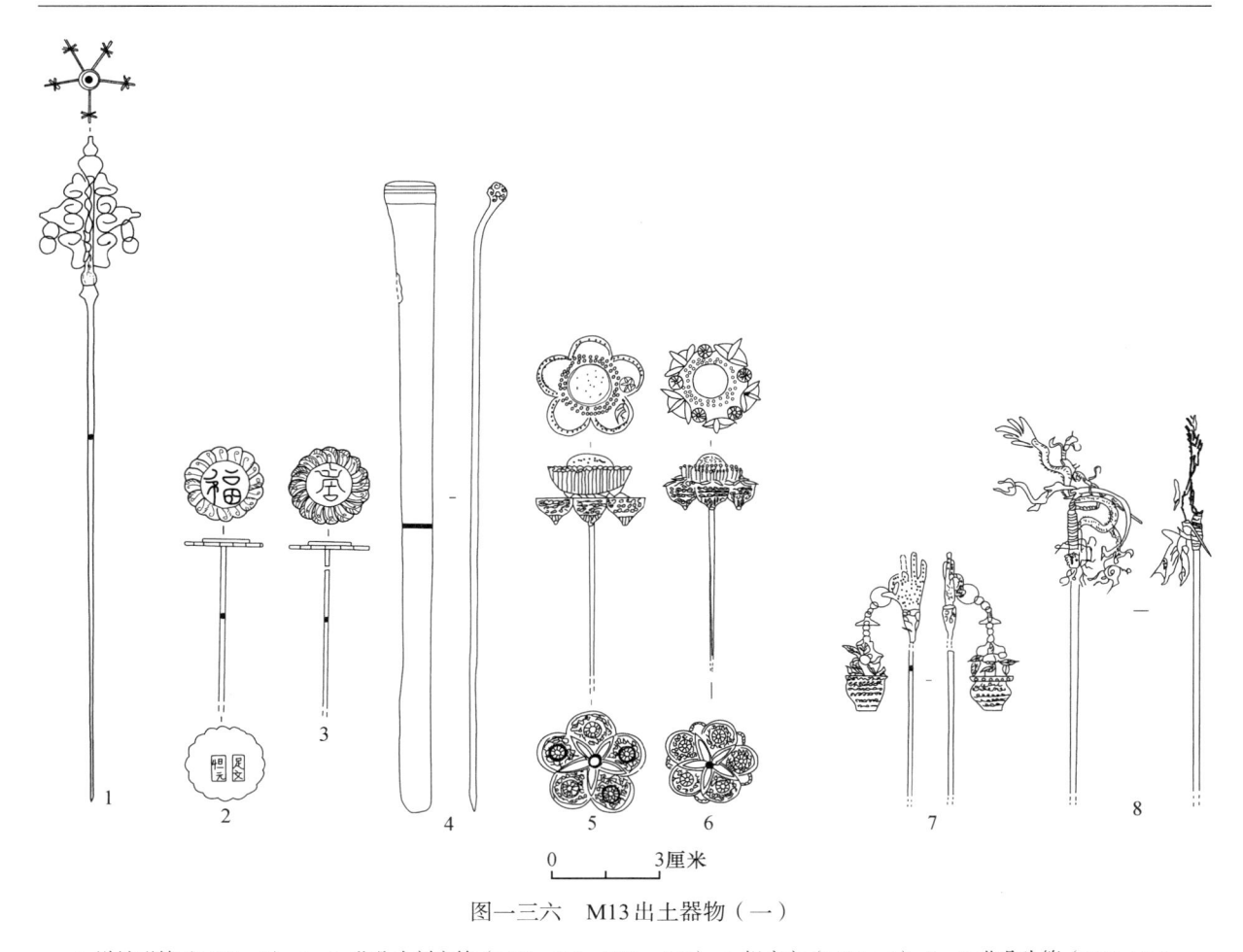

1. 禅杖形簪（M13：4）　2、3. 花朵头刻字簪（M13：2-1、M13：2-2）　4. 银扁方（M13：6）　5、6. 花朵头簪（M13：3-1、M13：3-2）　7. 佛手形簪（M13：1-1）　8. 云龙形簪（M13：1-2）

片托叶，五个花瓣向四周展开，花瓣之上又是一层，花瓣与叶片交替。再上为花蕊，花蕊中间镶嵌有淡绿色的扁圆形珠子。簪体为细长圆柱状，尾尖细。簪体与簪首焊接而成。通长5.8厘米（图一三六，6）。

佛手形簪　1件。标本M13：1-1，簪首呈佛手形，食指与拇指相对弯曲，呈"O"形，中间套有一个圆环，圆环下套接有一个花朵吊篮，其余三个手指直伸，造型形象生动。簪体呈圆锥形，残断。残长7.1厘米（图一三六，7；彩版四七，8）。

云龙形簪　1件。标本M13：1-2，残。簪首用铜线掐丝和錾刻工艺做成飘逸飞舞的云龙。龙头朝内，龙尾朝外，龙身弯曲，鳞片、龙须栩栩如生。簪体扁平，簪体头部有一穿孔，簪首与簪体通过铜丝固定到一起。簪头铜鎏金，簪体银质。残长8.5厘米（图一三六，8；彩版四八，1）。

铜钮扣　6枚。标本M13：8，锈蚀严重。形制大小相同。圆球状，中空，上有圆环形钮系。直径0.9厘米（图一三七，3）。

3. 银饰

银扁方　1件。标本M13：6，基本完整。平面呈扁长方形，下端呈半圆形，扁首弯曲，两侧面錾刻数个梅花状凹点。扁体一侧有略残损。长18、宽0.9~1.4、厚0.12厘米（图一三六，4；彩版四八，2）。

银耳环　一对，2件。形制相同（彩版四八，3）。标本M13：7-1，保存较好。圆环状，一端尖细，一端扁平。如意头状，表面錾刻有一正面的蝙蝠纹。直径2.9厘米（图一三七，1）。标本M13：7-2，残损严重，直径2.8厘米（图一三七，2）。

4. 铜钱

道光通宝　30枚。标本M13：5，锈蚀。圆形，方穿，正、背面有圆郭，正面铸钱文"道光通宝"四字，楷书，对读，背面穿左右铸满文"宝泉"二字，局名。钱径2.75、穿宽0.58、郭宽0.38厘米，重5克（图一三七，4；彩版四八，4、5）。

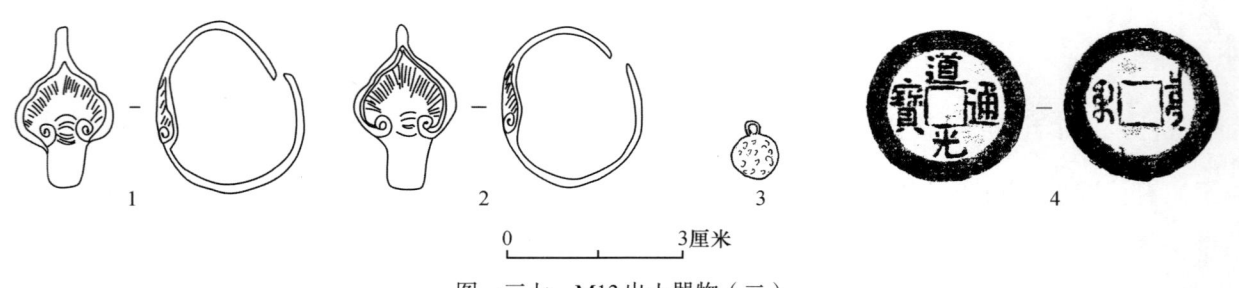

图一三七　M13出土器物（二）

1、2.银耳环（M13：7-1、M17：7-2）3.铜钮扣（M13：8）4.道光通宝（M13：5）

六、M17

（一）位置及形制

M17位于发掘区东北部T1426、T1526内，北与M3相距2.4米。开口于第2层下，打破生

第五章 清代墓葬

土。东西向，方向115°。

长方形竖穴土坑墓（图一三八；彩版二〇，1）。墓圹开口距地表深1米，开口平面东西长2.9米，南北宽2.5~2.9米。内填疏松的五花土。

内置双棺，棺木已朽，仅剩棺痕。双棺间距0.14米。北棺墓穴打破南棺墓穴。北棺墓圹开口平面东西长2.56~2.86米，南北宽1.3~1.77米，深1.2米。直壁平底。棺长1.9米，宽0.5~0.8米，残高0.2米。棺内有黑色漆皮，棺前档板内侧有黄色颜料书写的"寿"字，后档板

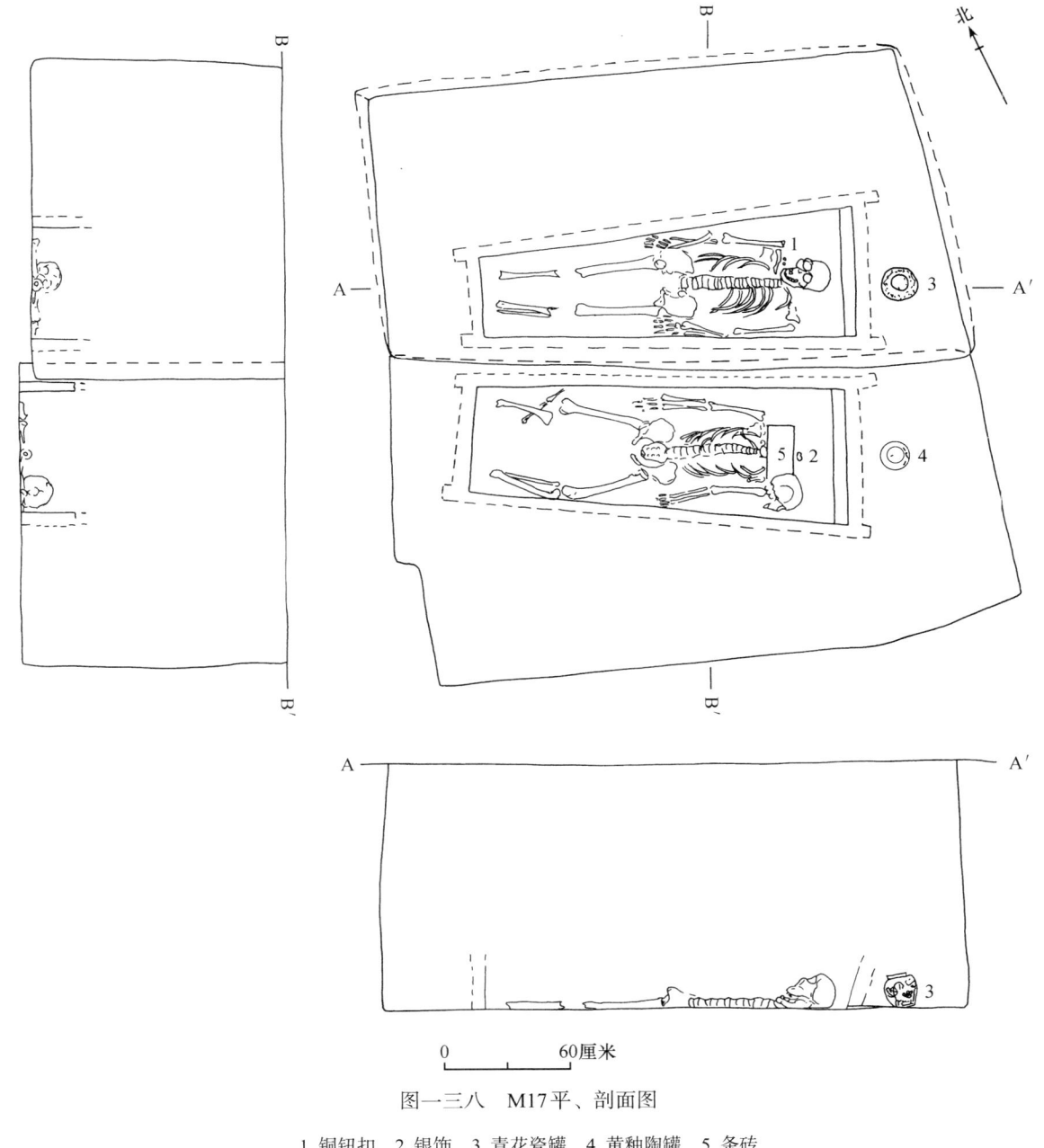

图一三八 M17平、剖面图

1.铜钮扣 2.银饰 3.青花瓷罐 4.黄釉陶罐 5.条砖

内侧发现有黄色花卉图案。人骨保存一般，头东脚西，仰身直肢，骨架长1.57米。经鉴定，墓主为男性，年龄55岁以上。

南棺墓圹开口平面东西长2.71~2.86米，南北宽1.11~1.5米，深1.26米。直壁平底。棺长1.9米，宽0.62~0.8米，残高0.26米。人骨保存一般，骨架长1.5米。头骨附近有一青灰色条砖，为头下所枕，砖规格为28厘米×14厘米×4厘米。头部已从砖上移位，头向东，仰身直肢。经鉴定，墓主为女性，年龄在45岁以上。

（二）出土器物

青花瓷罐1件，出土于北棺头档外侧。黄釉陶罐1件，出土于南棺头档外侧。银饰1件，出土于南棺内人体头骨处。铜钮扣3枚，位于北棺内人体锁骨处。

1. 陶器

釉陶罐 1件。标本M17:4，轮制。泥质红陶。直口微敞，矮领，丰肩，弧腹，整体呈束腰形，近底处外撇，平底内凹。砖红色胎，火候较高。器表施姜黄色釉，釉色斑驳不匀，脱落严重。器口及腹壁釉面结合不紧密，有许多形似蚯蚓状的斑纹。口径8.7、底径10.8、最大腹径13.7、通高12.1厘米（图一三九；彩版四八，6）。

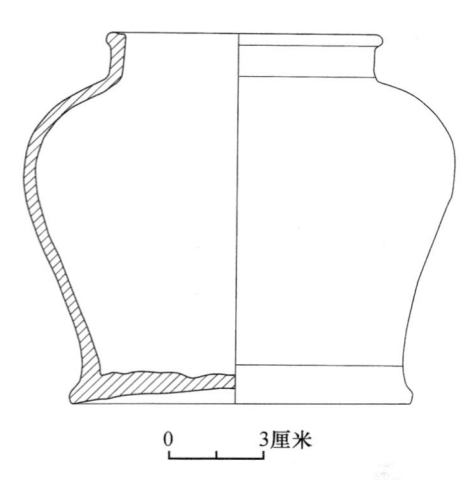

图一三九 M17出土釉陶罐（M17:4）

2. 瓷器

青花瓷罐 1件。标本M17:3，保存完好。轮制。敛口，尖唇，斜颈，丰肩，鼓腹，下腹弧收，圈足底。器表内外除口沿颈部及周边一圈和足底周边露出黄褐色胎外，其余均施青白色釉。釉色莹润光亮。肩颈交接处饰一周相互交错组合的平行斜线纹。腹部主体纹饰为六组缠枝菊花图案。器表施釉不到底，近底部见缩釉痕迹。口径8.5、底径12、最大腹径17.3、通高18.1厘米（图一四〇；彩版四八，7）。

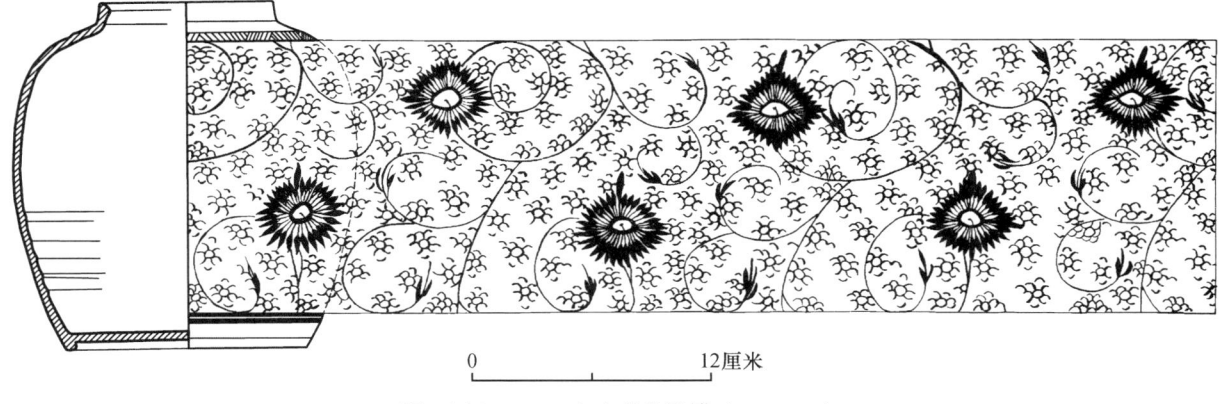

图一四〇　M17出土青花瓷罐（M17：3）

3. 银器

银簪　1件。标本M17：2，残断。通体鎏金，局部脱落。簪首呈桃心形，有边框分为内外两部分，均用金丝焊接而成。边框内部全部镂空成花朵状图案，边框外围饰一周如意纹。背面有细长圆柱状簪体与簪首焊接在一起。簪体尾端尖细，残长7.6厘米（图一四一，2；彩版

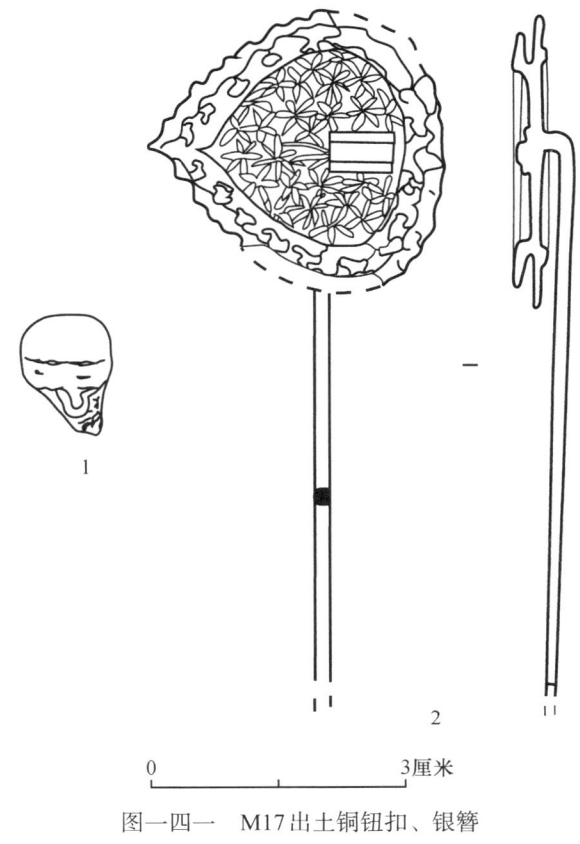

图一四一　M17出土铜钮扣、银簪

1. 铜钮扣（M17：1）　2. 银簪（M17：2）

四八，8）。

4. 铜器

铜钮扣 3枚。标本M17：1，锈蚀残坏严重。圆球状，中空。表面有粘连的麻布残存。钮径1.2厘米（图一四一，1；彩版四九，1）。

七、M26

（一）位置及形制

M26位于发掘区东北部T1429、T1529内，西南与M25相距2.6米。开口于第2层下，打破生土。南北向，方向40°。

长方形竖穴土坑墓（图一四二；彩版二○，2）。墓圹开口距地表深1.21米，南北长2.35～2.55米，东西宽1.83～2.07米。内填较疏松的浅褐色五花土，并夹杂有少量黄沙，内含少量料姜石颗粒。

内置双棺，棺木已朽，仅剩棺痕。双棺间距0.38～0.42米。东棺墓穴打破西棺墓穴。东棺墓圹开口平面长2.3～2.54米，宽0.9～1米，深0.88米。棺长1.94米，宽0.46～0.56米，残高0.4米。棺内人骨保存一般，长1.56米，头向东北，仰身直肢。经鉴定，墓主为男性，年龄在50岁以上。

西棺墓圹东、北、南壁较直，西壁稍倾斜，开口平面南北长2.54米，宽1～1.16米，底宽0.96～1米，深0.8米。棺长1.6米，宽0.42～0.6米，残高0.2米。棺内人骨保存一般，骨架长1.4米，头向东北，仰身直肢。经鉴定，墓主为中老年女性。

（二）出土器物

泥质灰陶罐1件，出土于西棺头档外正前方。铜钱1枚，出土于西棺内人骨头部。

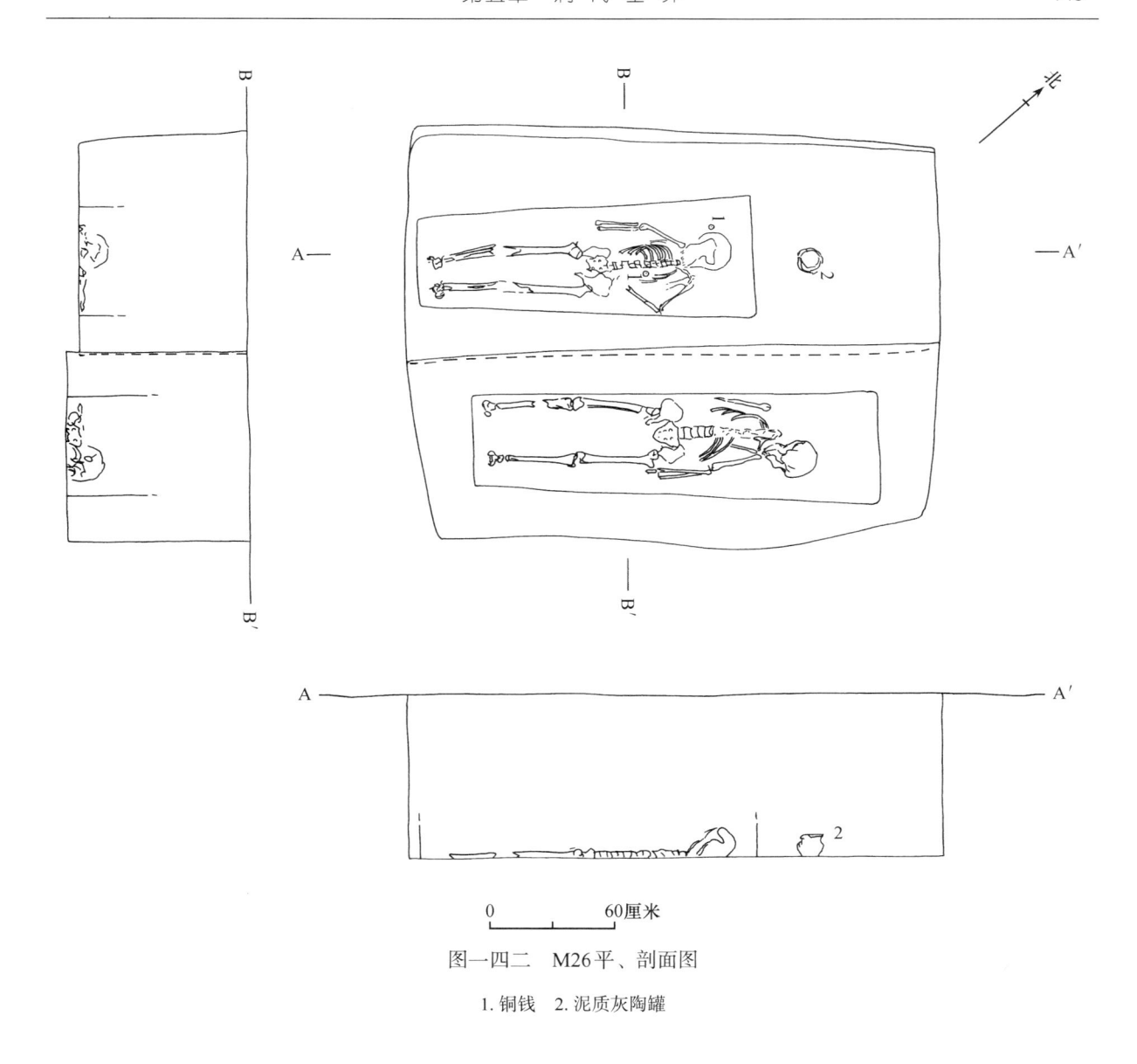

图一四二　M26平、剖面图
1.铜钱　2.泥质灰陶罐

1. 陶器

陶罐　1件。标本M26：2，泥质灰陶。残，修复完整。轮制。侈口，沿外翻，圆唇，短束颈，折肩，斜直腹，平底。器表有抹痕。口径10.8、腹径11、底径6.6、通高8.8厘米（图一四三，1；彩版四九，2）。

2. 铜钱

道光通宝　1枚。标本M26：1，锈蚀。圆形，方穿，正、背面有圆郭，正面铸钱文"道光通宝"四字，楷书，对读，背面穿左右铸满文"宝源"二字，局名。钱径2.3、穿宽0.53、郭

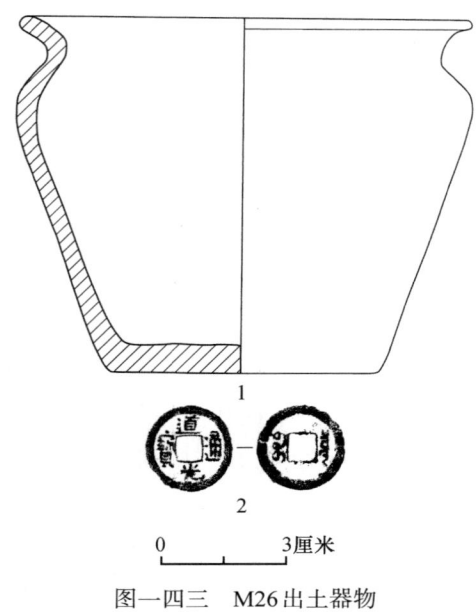

宽0.3厘米，重4克（图一四三，2）。

八、M30

（一）位置及形制

M30位于发掘区东北部T1328、T1329、T1428、T1429内，西与M29相距0.95米。开口于第2层下，被现代坑打破，向下打破生土。东西向，方向275°。

长方形竖穴土坑墓（图一四四；彩版二一，1）。墓圹开口距地表深1米，平面呈长方形，口小底大，斜壁平底。开口东西长2.9米，南北宽1.44米；底东西长2.64米，南北宽1.64米，深0.9米。墓坑底部东壁下有一高0.18米，东西宽0.24米的生土台。内填花土，有扰动痕迹。

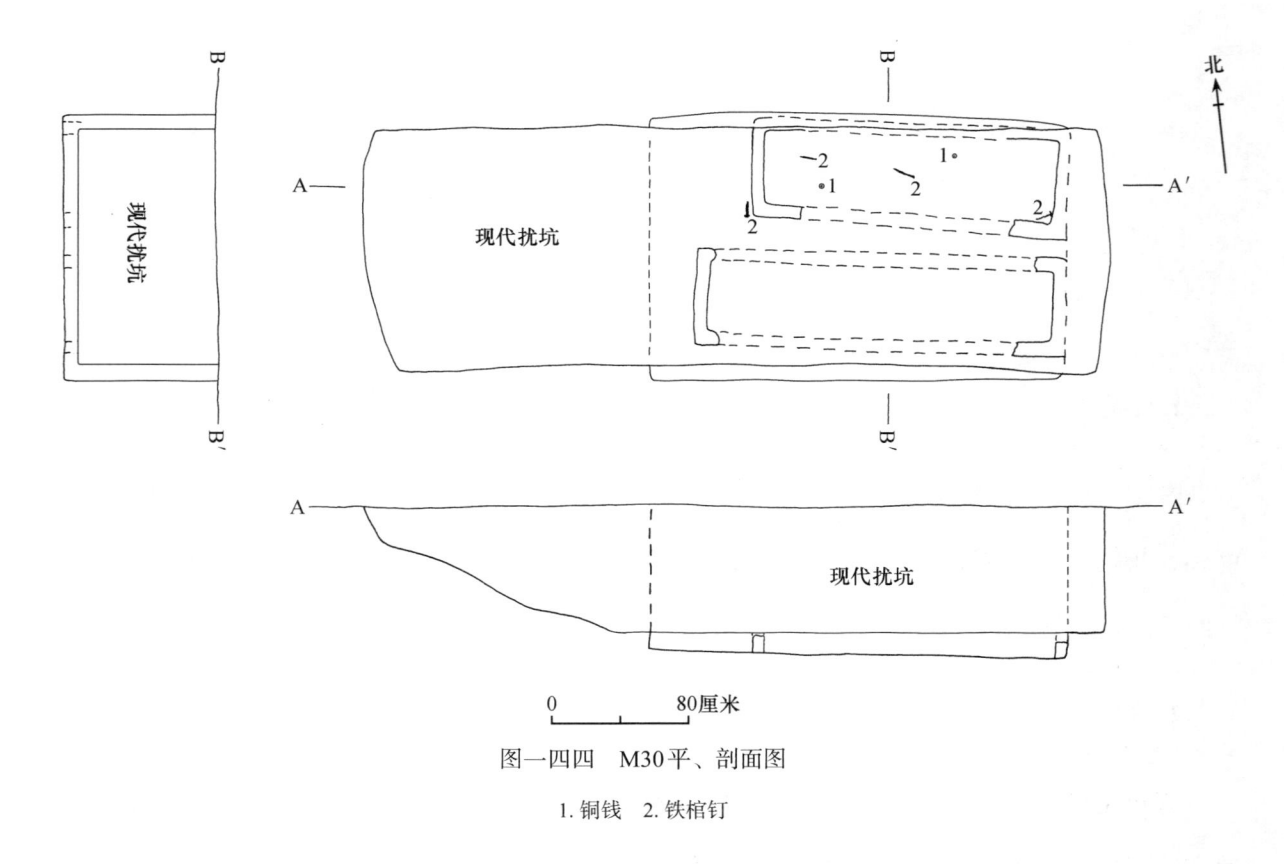

图一四三　M26出土器物

1. 陶罐（M26:2）　2. 道光通宝（M26:1）

图一四四　M30平、剖面图

1. 铜钱　2. 铁棺钉

内葬两人，葬具为木棺。棺木腐朽严重，仅在板灰处残存有个别铁棺钉。因被扰坑破坏，两个棺穴之间的打破关系不详。北棺长1.84米，宽0.64米，残高0.1米；南棺长2.18米，宽0.6米，残高0.1米。棺内均未发现人骨，疑被迁葬。

（二）出土器物

铜钱2枚，出土于北棺底部。

顺治通宝　1枚。标本M30：1-2，锈蚀。圆形，方穿，正、背面有圆郭，正面铸钱文"顺治通宝"四字，楷书，对读，背面穿左右铸满文"宝泉"二字，局名。钱径2.7、穿宽0.57、郭宽0.33厘米，重4克（图一四五，1）。

太平通宝　1枚。标本M30：1-1，锈蚀。圆形，方穿，正、背面有圆郭，正面铸钱文"太平通宝"四字，楷书，对读，背面光素。钱径2.3、穿宽0.6、郭宽0.3厘米，重3克（图一四五，2）。

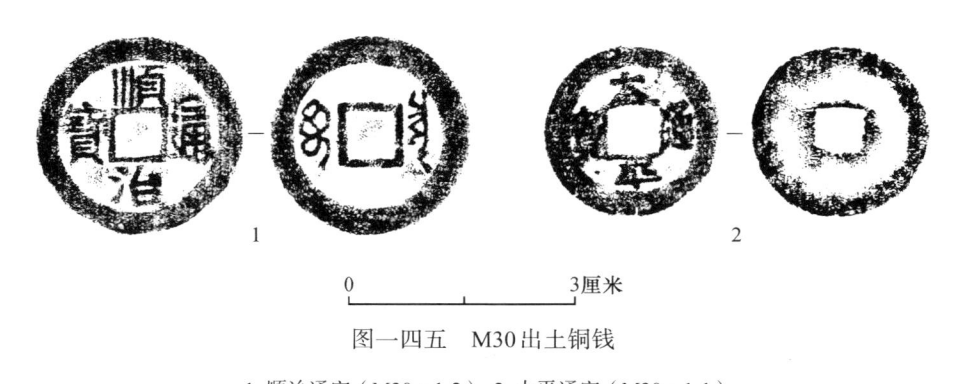

图一四五　M30出土铜钱
1. 顺治通宝（M30：1-2）　2. 太平通宝（M30：1-1）

九、M32

（一）位置及形制

M32位于发掘区东北部T1327内，东邻M4，西北部被现代房基打破。开口于第2层下，打破生土。东西向，方向94°。

长方形竖穴土坑墓（图一四六；彩版二一，2）。墓圹开口距地表深1米，平面东西长2.6米，南北宽1.58～1.88米。直壁平底。内填散乱花土，有盗扰痕迹。

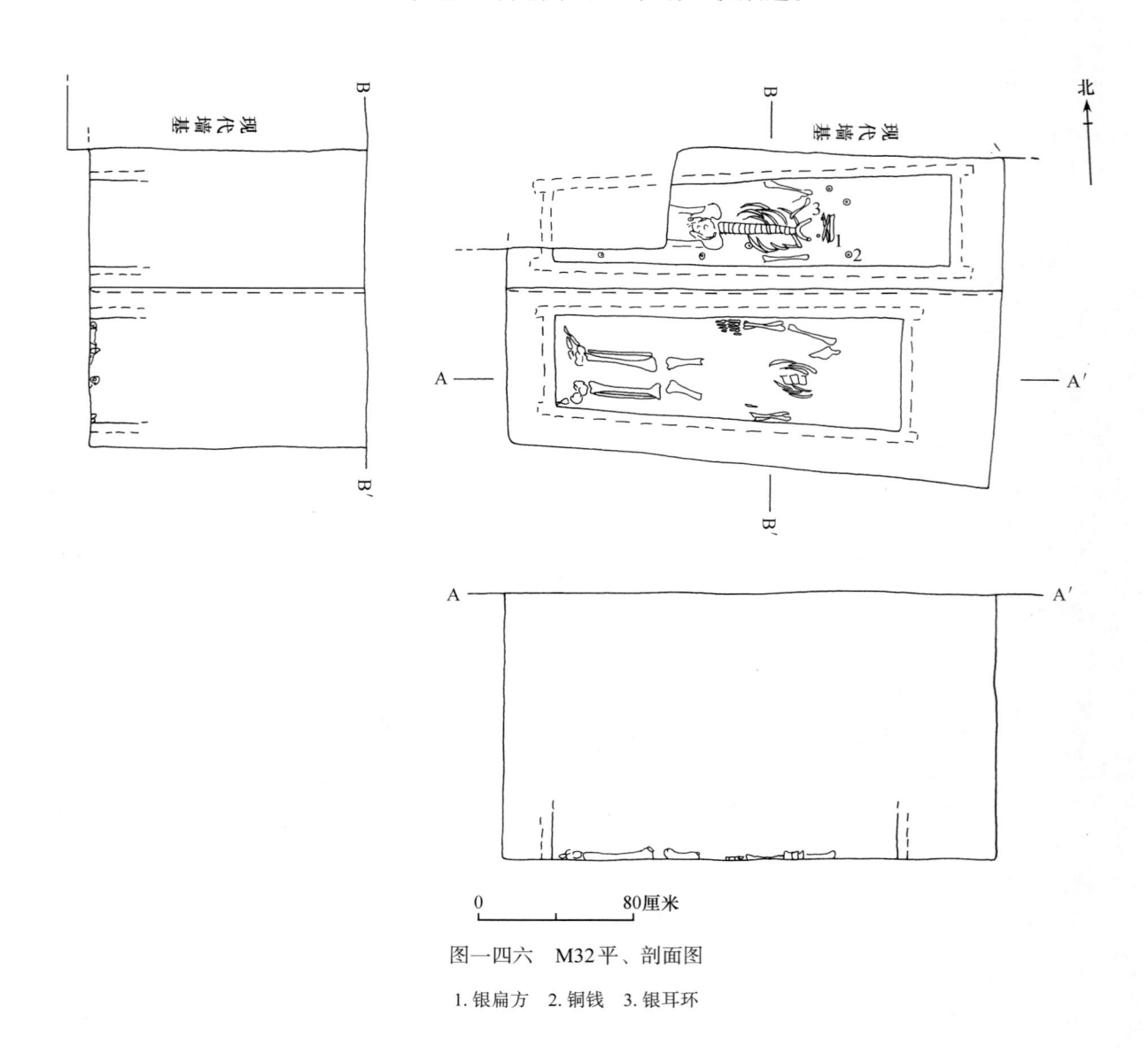

图一四六　M32平、剖面图
1. 银扁方　2. 铜钱　3. 银耳环

内置双棺，南北并列。南棺较北棺靠下，棺木腐朽严重，仅剩板灰痕迹。北棺墓圹及木棺西北部被现代房基打破。北棺东宽西窄，从开口向下至0.6米时，依稀可见棺木痕迹，棺长2.28米，宽0.5～0.62米，残高0.35米，板灰厚0.06米。棺内有人骨一具，头东脚西，仰身直肢，头盖骨、上肢尺骨、桡骨、下肢胫骨、腓骨、脚骨无存。骨盆、脊椎骨排列有序，未被扰动。棺内底部散落有铜钱。经鉴定，墓主为女性，年龄在55～60岁。

南棺平面呈梯形，东宽西窄，东西长2米，宽0.56～0.72米，残高0.35米，板灰厚0.07

米。棺内有人骨一具，头东脚西，仰身直肢，骨骼粗壮，头骨、盆骨无存。经鉴定，墓主为男性，年龄不详。

（二）出土器物

银扁方3件、银耳环2件，均出土于北棺内墓主人头部。铜钱11枚，位于棺内底部，其中，乾隆通宝3枚、嘉庆通宝3枚，道光通宝4枚，另1枚为宣和通宝。

1. 银器

银扁方　1件。标本M32：1，通体鎏金。外观呈长方扁条形，下端呈半圆状。首部向内弯曲，头部横截面呈棱柱状，两侧面錾刻数个凹点，外观呈梅花状。背面錾刻"亿增"二字。长15.5、宽1.9~2.2、厚0.2厘米（图一四七，1；彩版四九，3）。

银簪　2件，形制形同，通体鎏金（彩版四九，3）。标本M32：2-1，平面呈长扁条形，下端呈三角形。簪首向内弯曲，有半圆形鼓面，尾端较尖。长15.7、宽0.7~1.6、厚0.16厘米（图一四七，2）。标本M32：2-2，平面呈长扁条形，下端呈三角形。簪首向内弯曲，有半圆形鼓面，尾端较尖。背面錾刻有"亿增"二字。长15.6、宽0.7~1.7、厚0.16厘米（图一四七，3）。

银耳环　一对，2件。标本M32：3-1、M32：3-2，形制相同。表面有鎏金，脱落严重。外观呈圆环状。直径1.7厘米（图一四八，1、2；彩版四九，4）。

2. 铜钱

11枚。

宣和通宝　1枚。标本M32：4-3，锈蚀。圆形，方穿，正、背面有圆郭，正面铸钱文"宣和通宝"四字，篆书，对读，背面光素。钱径2.46、穿宽0.6、郭宽0.25厘米，重2.8克。

乾隆通宝　3枚。标本M32：4-1，锈蚀。圆形，方穿，正、背面有圆郭，正面铸钱文"乾隆通宝"四字，楷书，对读，背面穿左右铸满文"宝源"二字局名，字体模糊漫漶。钱径2.2、穿宽0.5、郭宽0.3厘米，重4克（图一四八，3）。

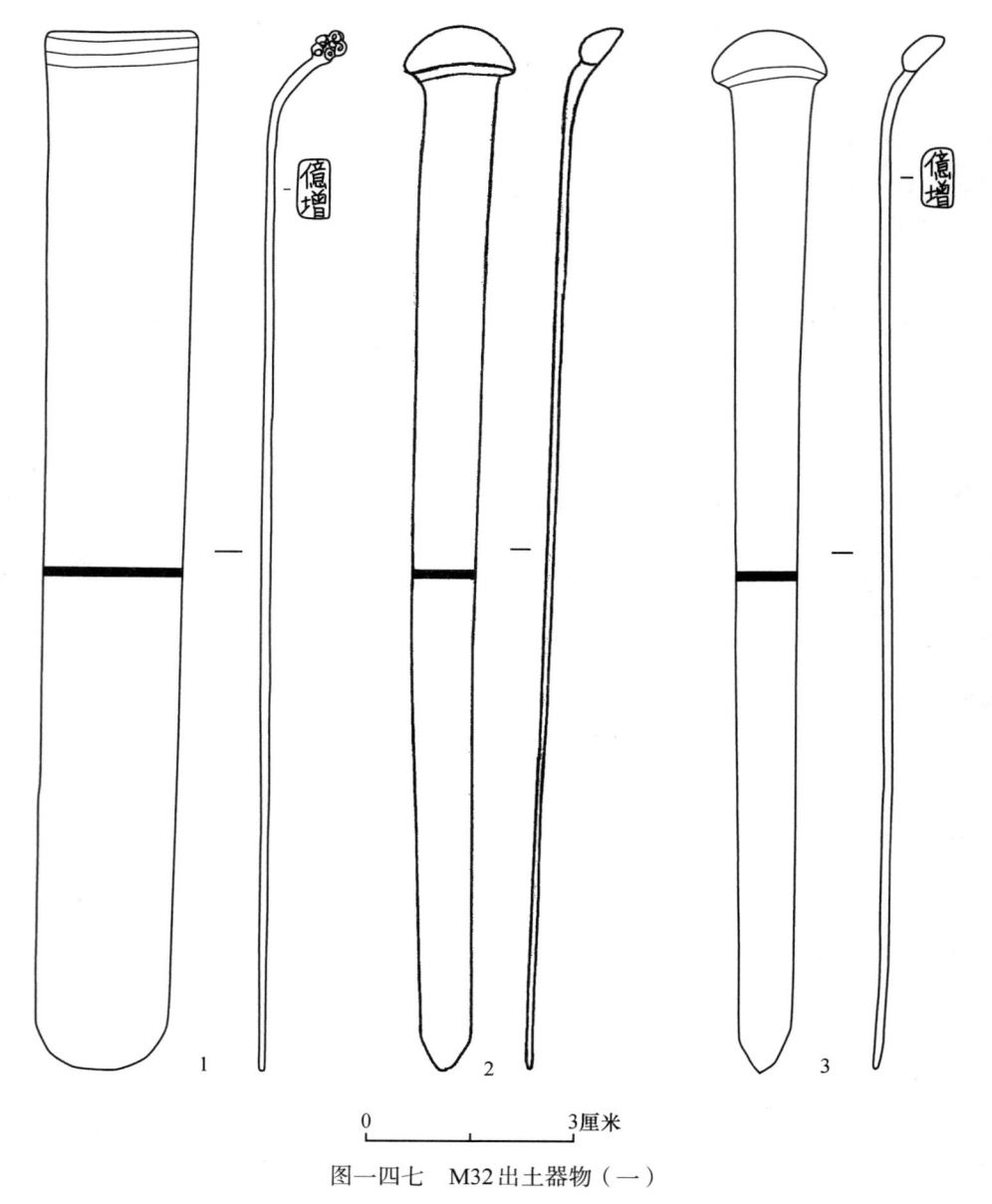

图一四七　M32出土器物（一）

1. 银扁方（M32∶1）　2、3. 银簪（M32∶2-1、M32∶2-2）

嘉庆通宝　3枚。标本M32∶4-4，锈蚀。圆形，方穿，正、背面有圆郭，正面铸钱文"嘉庆通宝"四字，楷书，对读，背面穿左右为满文"宝泉"局名。钱径2.3、穿宽0.5、郭宽0.3厘米，重4克（图一四八，4）。

道光通宝　4枚。标本M32∶4-2，锈蚀。圆形，方穿，正、背面有圆郭，正面铸钱文"道光通宝"四字，楷书，对读，背面穿左右铸满文"宝泉"二字局名。钱径2.2、穿宽0.5、郭宽0.3厘米，重4克（图一四八，5）。

图一四八　M32出土器物（二）

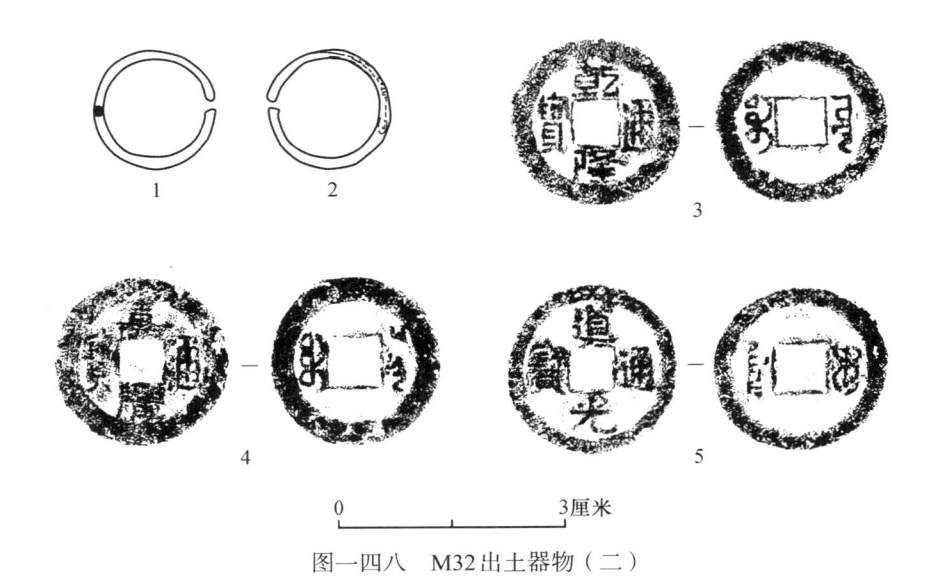

1、2. 银耳环（M32∶3-1、M32∶3-2）　3. 乾隆通宝（M32∶4-1）　4. 嘉庆通宝（M32∶4-4）　5. 道光通宝（M32∶4-2）

十、M33

（一）位置及形制

M33位于发掘区东北部T1226、T1326内，东与M32相距4.4米。西部打破M35，北部被现代墙基打破，南部被扰坑破坏。开口于第2层下，打破生土。南北向，方向198°。

长方形竖穴土坑墓（图一四九；彩版二一，3）。墓圹开口距地表深1米，平面现呈不规则形，东西长3.8米，南北宽2.74米，深1.25米。东、西两壁较直。墓底东南部残留有棺痕，南北残长1.3米，东西宽0.64米，板灰厚5厘米。板灰附近遗存有铁质棺钉。扰坑南北长5.24米，东西宽2.2~3.95米，深0.74~1.45米。扰坑底部南高北低，呈斜坡状，坑内填土花杂，土质较硬，且含有零星的青花瓷片以及铁钉和朽木块等。

（二）出土器物

该墓盗掘严重，未发现任何随葬品。

图一四九　M33平、剖面图

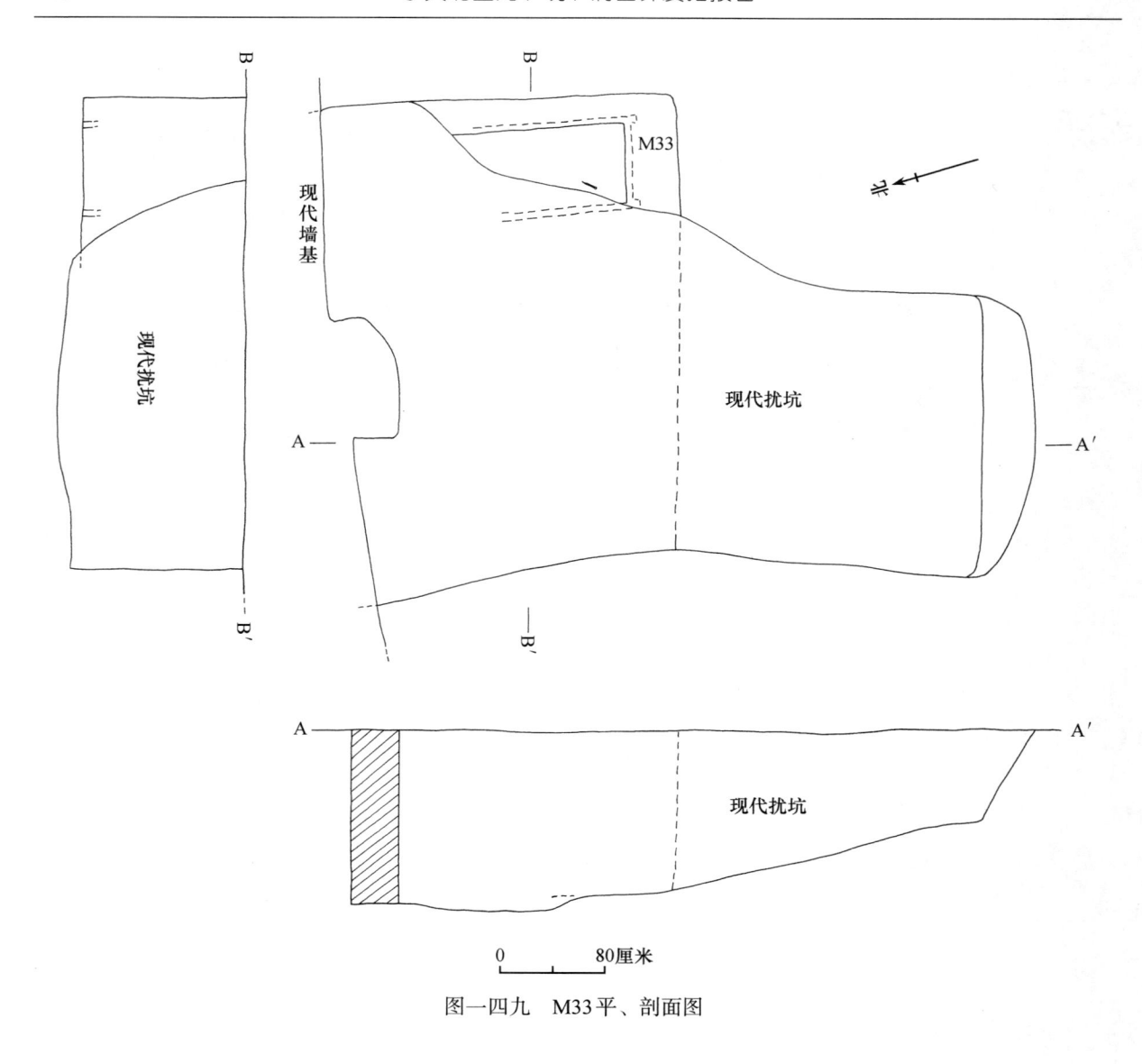

十一、M45

（一）位置及形制

M45位于发掘区东北部T1629内，南与M44相距9.9米，南部被现代墙基打破。开口于第2层下，打破生土。方向39°。

长方形竖穴土坑墓（图一五〇；彩版二二，1）。墓圹开口长1.96、宽2.3米。墓口距地表深1.15米，墓底距地表深1.71米～1.75米。内填较疏松的黄褐色五花土，含少量料姜石颗粒及

图一五〇　M45平、剖面图

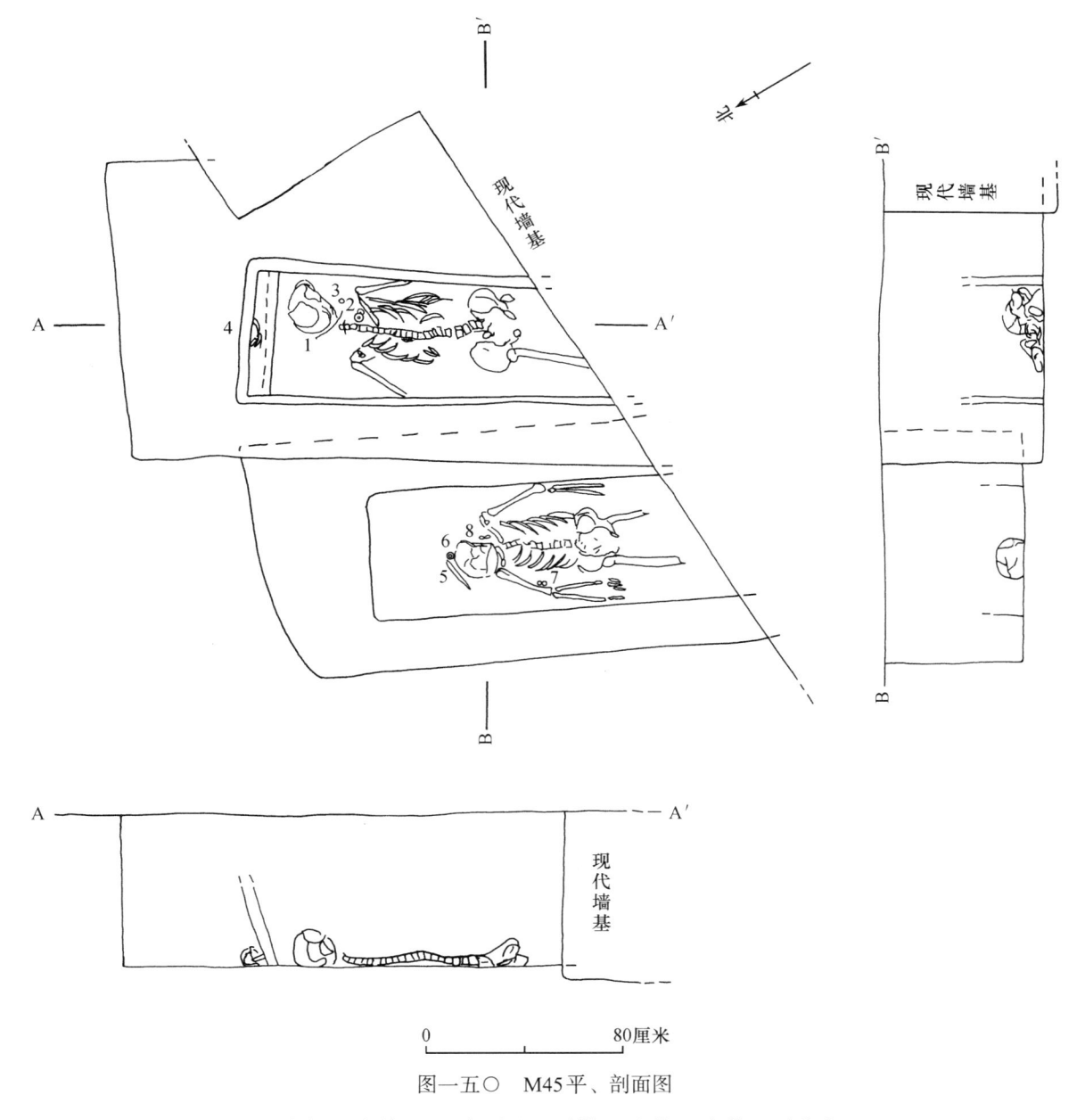

1.银扁方　2.铜钱　3、8.银耳环　4.陶罐　5.银簪　6.铜饰　7.铜钮扣

零星砖颗粒。

　　内置双棺，均已腐朽，仅剩棺痕。东棺墓圹向北凸出0.4米，打破西棺墓圹。东棺墓圹南北残长0.38~1.86米，东西残宽0.95~1.17米，深0.64米。棺上部残长1.1~1.5米，底部残长1~1.4米，宽0.46~0.52米，残高0.3米，板灰厚0.03米。棺内人骨保存一般，残长1.1米，头向东北，仰身直肢。经鉴定，墓主为男性，年龄不详。

　　西棺墓圹南北残长1.64~1.8米，东西残宽0.74~0.9米，深0.56米。棺内人骨保存一般，残长0.94米，头向东北，仰身直肢。经鉴定，墓主为女性，年龄不详。

（二）出土器物

陶罐1件，位于东棺头档外侧。银扁方2件，分别出土于东棺内头骨右侧和西棺内头骨北侧。银耳杯2件，分别出土于东棺内头骨南侧和西棺内头骨左侧。铜饰1件，出土于西棺内墓主人头部。铜钮扣1枚，位于西棺内人体脊柱骨右侧。铜钱2枚，均出土东棺内人体头骨南侧。

1. 陶器

陶罐 1件。标本M45:4，泥质红陶。敞口，圆唇，短束颈，斜折肩，斜腹内收，平底。轮制，器形制作不甚规整，口沿歪斜不平。浅红色胎，火候一般。器表有慢轮修整痕迹。器身内外均有数道凹弦纹，底部有指纹粘痕，肩腹部有网状划痕。口径10.9、底径7.4、最大腹径12.1、通高11.3～11.8厘米（图一五一；彩版四九，5）。

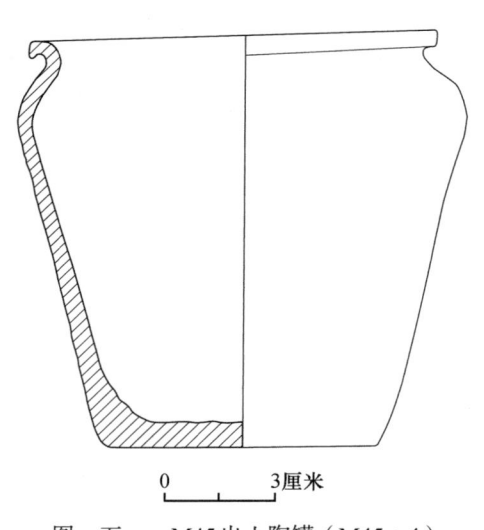

图一五一　M45出土陶罐（M45:4）

2. 银器

银扁方 2件。标本M45:1，保存完好。平面扁长方形，尾端半圆形。头部向内弯曲，截面呈棱柱状，侧面錾刻梅花纹样。表面上半部錾刻花卉卷草纹。长19.4、宽1.2～1.6、厚0.1厘米（图一五二，1；彩版四九，6）。标本M45:5，保存完好。平面呈扁长方形，尾端呈半圆形。首部向内弯曲，截面呈棱柱状。扁体素面无纹饰。长11.9、宽0.9～1.1、厚0.12厘米（图一五二，2）。

银耳环 一对，2件。标本M45:8，穿端较尖，另一端呈圆饼状，与环身焊接到一起。圆饼直径0.8、通长2.6厘米（图一五二，5；彩版四九，7）。标本M45:3，圆环状。一端较尖，另一端呈龙头形，龙嘴大张，门牙锋利，双目圆凸，双耳向后舒展，两缕鬃毛向后弯曲。龙头顶部饰乳钉纹。直径1.5厘米（图一五二，3）。

3. 铜器

铜簪　1件。标本M45:6，残断，仅存簪头。簪头呈圆形花瓣状，可分上下两层。上层

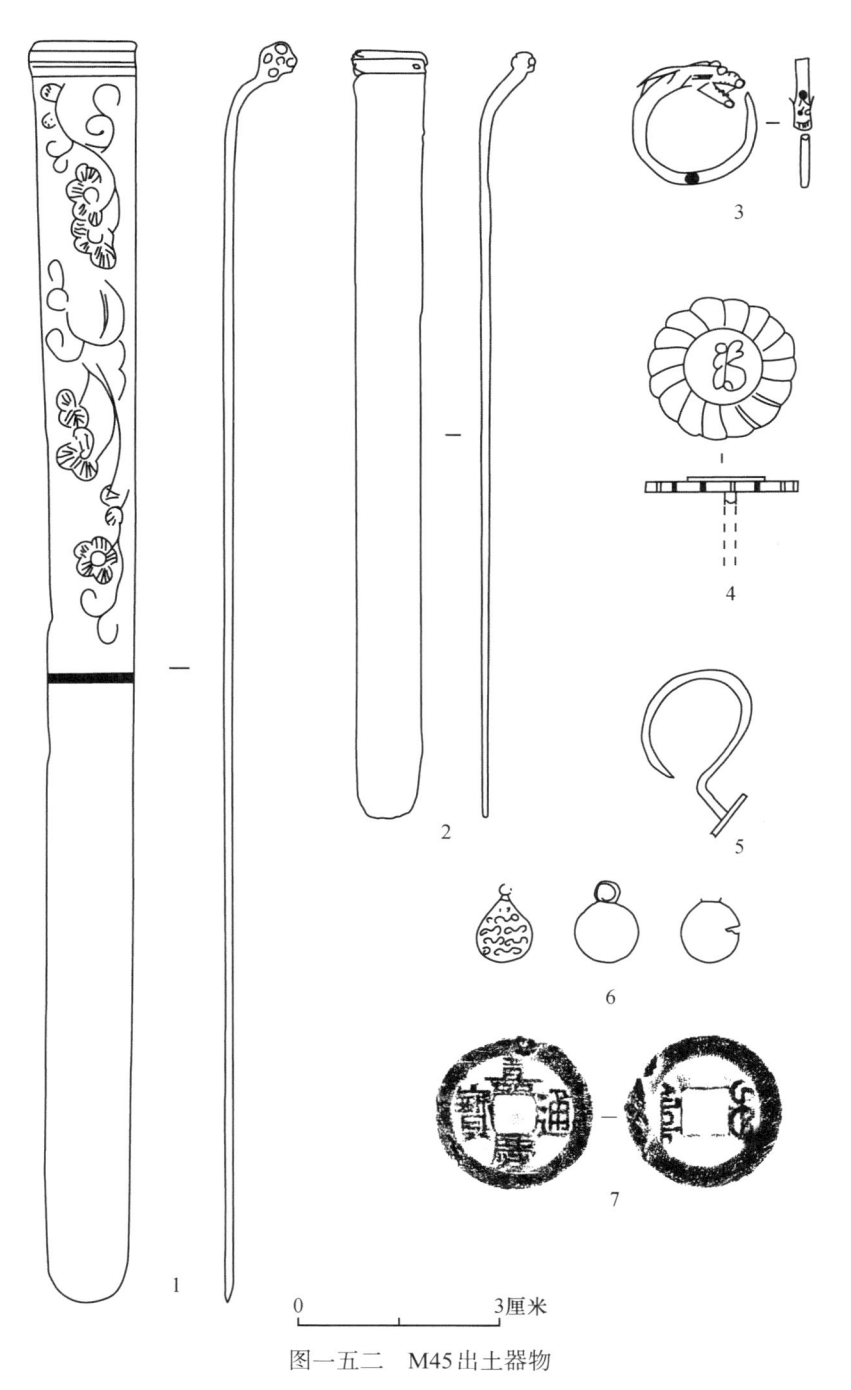

图一五二　M45出土器物

1、2. 银扁方（M45:1、M45:5）　3、5. 银耳环（M45:3、M45:8）　4. 铜簪（M45:6）
6. 铜钮扣（M45:7）　7. 嘉庆通宝（M45:2）

圆环直径1.3厘米，内焊接掐丝篆书"福"字；下层为圆形花托，直径2.2、残长0.4厘米（图一五二，4；彩版四九，8）。

铜钮扣　3枚。标本M45：7-1～M45：7-3，锈残。圆球状。顶有圆环形系。表面饰卷云纹。标本M45：7-1、M45：7-2，直径1厘米；标本M45：7-3，直径0.9厘米（图一五二，6）。

4. 铜钱

嘉庆通宝　2枚。标本M45：2，锈蚀。圆形，方穿，正、背面有圆郭，正面铸钱文"嘉庆通宝"四字，楷书，对读，背面穿左右为满文"宝泉"局名。钱径2.4、穿宽0.52、郭宽0.3厘米，重4克（图一五二，7）。

十二、M54

（一）位置及形制

M54位于发掘区西北部T1415内，南与M53相距9米。开口于第2层下，打破生土。南北向，方向317°。

竖穴土坑墓（图一五三；彩版二二，2）。墓圹开口南北长2.8米，东西宽2～2.3米。墓口距地表深1米，墓底距地表深2.52～2.54米。内填较疏松的黄褐色五花土，含零星砖粒、残瓷片、灰星等。

内置双棺，棺木已朽，仅剩棺痕。西棺墓圹打破东棺墓圹。西棺墓圹南北长2.78米，东西宽0.96～1.34米，深1.54米。棺长1.9米，宽0.6～0.62米，残高0.26米，板灰厚0.06米。棺底铺草木灰。棺内人骨保存较好，骨架长1.6米，头北脚南，仰身直肢。经鉴定墓主为女性，年龄在50～55岁。

东棺墓圹长2.8米，宽0.86～1.06米，深1.52米。棺长1.92米，宽0.58～0.7米，残高0.18米，板灰厚0.05米。棺内人骨保存较差，头骨已碎，骨架长1.7米，头北脚南，仰身直肢。经鉴定墓主为男性，年龄在40～50岁。

图一五三　M54平、剖面图

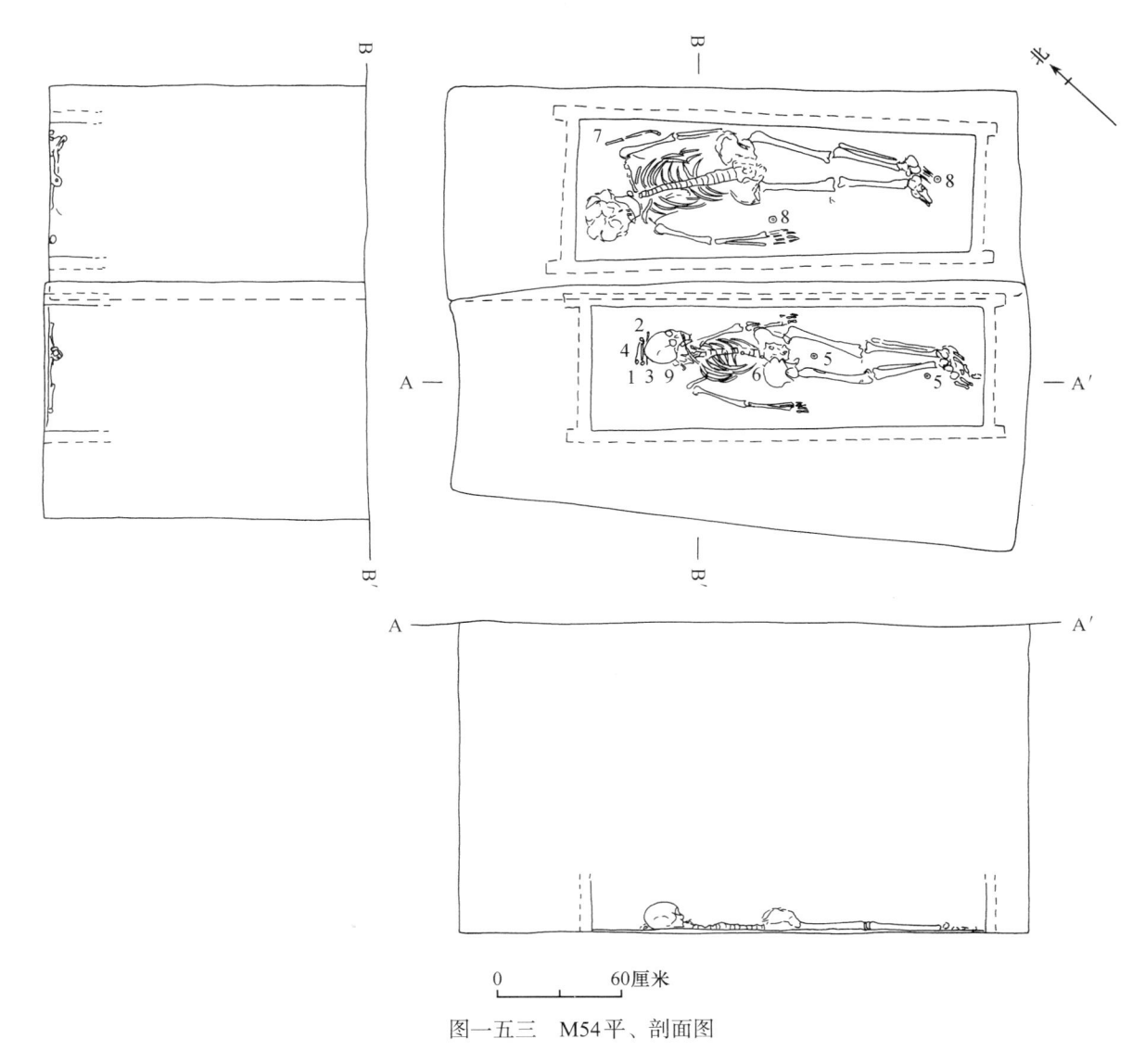

1~3. 铜簪　4. 铜扁方　5、8. 铜钱　6. 铜钮扣　7. 铜烟锅　9. 银耳环

（二）出土器物

铜簪5件，铜扁方1件，均出土于西棺内人体头骨顶部。铜钱4枚，均为"乾隆通宝"，东、西棺各2枚。铜钮扣4枚，出土于西棺内。铜烟锅1件，出土于东棺内人骨左肩部。银耳环1对，出土于西棺内头骨一侧。

1. 铜器

如意头簪 2件，形制相同（彩版五〇，1）。标本M54∶1-1，锈蚀严重。簪首呈如意状，中部镂空，正面錾刻有对称的龙头和"寿"字。簪体呈扁条锥形。长10.1厘米（图一五四，5）。标本M54∶1-2，长10.3厘米。

扁圆头簪 2件（彩版五〇，2）。标本M54∶2-1，残断。簪首弯曲，顶端略呈鼓起的半圆形。簪首至簪尾逐渐变窄，尾尖。通长12.2、簪体宽0.15~0.7、厚0.1厘米（图一五四，6）。标本M54∶2-2，残断。簪首弯曲，顶端略呈鼓起的半圆形，簪首至簪尾逐渐变窄，尾尖。通长12.3、体宽0.2~0.7、厚0.1厘米。

禅杖头簪 1件。标本M54∶3，残断。整体鎏金，脱落较多。簪首为五面禅杖形，共挂有悬环4个，其余残缺。簪顶呈葫芦状，簪体呈细长圆柱状，尾尖细。簪体与簪首分别制作，焊接而成。通长19厘米（图一五四，7；彩版五〇，3）。

铜扁方 1件。标本M54∶4，完整。扁体呈上宽下窄的长条形，柱状扁首，向内弯曲，两侧面錾刻有梅花纹样。末端残缺。残长14.1、宽0.5~0.9、厚0.12厘米（图一五四，8；彩版五〇，4）。

铜钮扣 4枚。标本M54∶6，锈蚀严重。铜质。形制相同。圆形球体，中空，上部錾刻卷草纹，顶部有鸡心环形系。直径2.2厘米（图一五四，2，彩版五〇，5）。

铜烟锅 1件。标本M54∶7，烟锅与烟嘴均为铜质，烟杆为木质圆柱形。烟杆连接烟锅与烟嘴，中间有孔，残断呈两截。锅径1.7、管径0.9、烟杆直径0.6~1.1、烟嘴长6.1、通长22厘米（图一五四，9；彩版五〇，6、7）。

2. 银器

银耳环 6件，形制相同（彩版五〇，8）。标本M54∶9-1，圆环状。直径1.5厘米（图一五四，4）。

3. 铜钱

乾隆通宝 4枚。标本M54∶5，2枚。圆形，方穿，正、背面有圆郭，正面铸钱文"乾隆通宝"四字，楷书，对读，背面穿左右铸满文"宝泉"二字，局名。钱径2.7、穿宽0.5、郭宽0.33厘米，重6克（图一五四，1）。标本M54：8，2枚。圆形，方穿，正、背面有圆郭，正面铸钱文"乾隆通宝"四字，楷书，对读，背面穿左右铸满文"宝源"二字，局名。钱径2.3、穿宽0.54、郭宽0.27厘米，重3克（图一五四，3）。

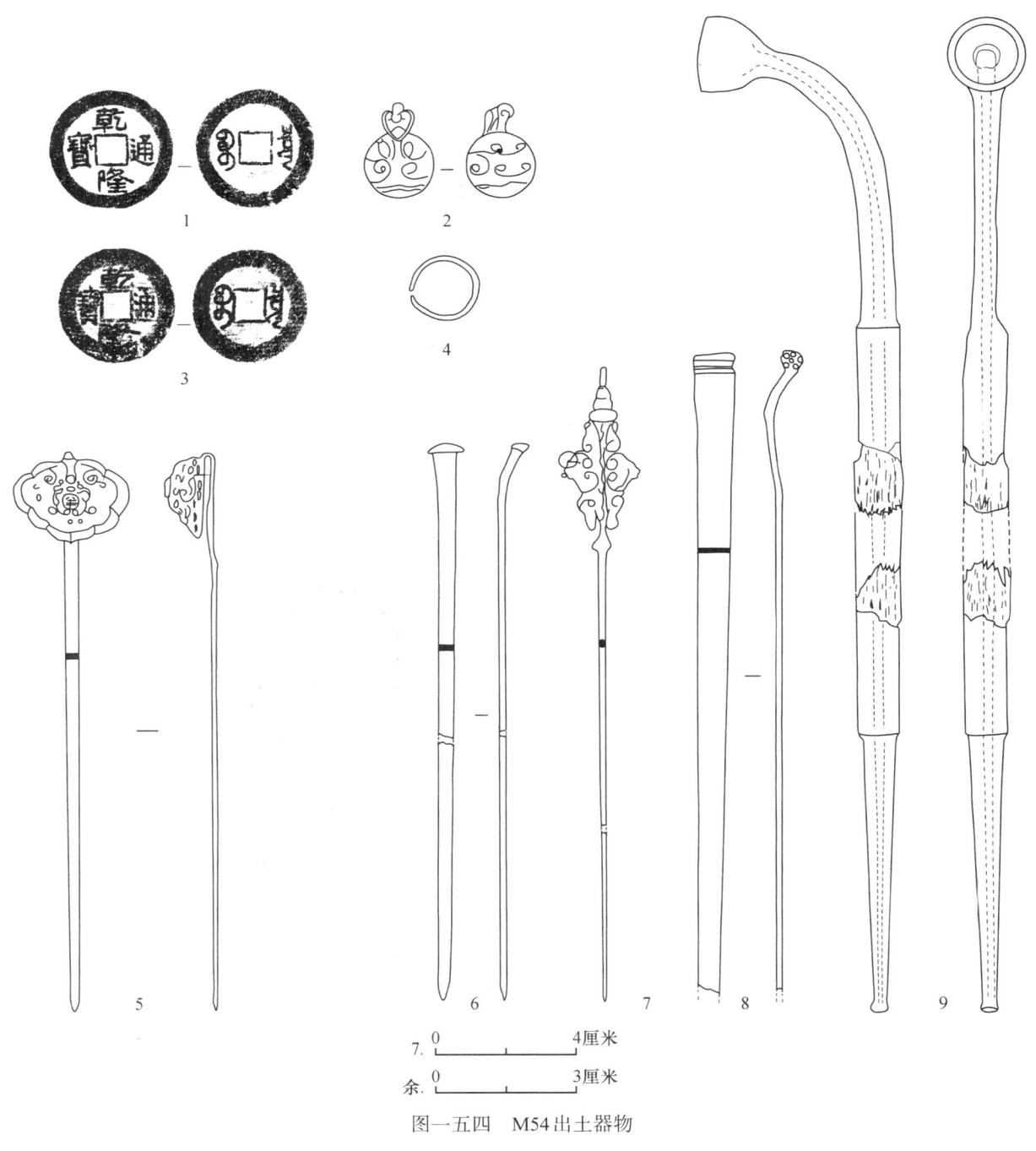

图一五四　M54出土器物

1、3.乾隆通宝（M54：5、M54：8）　2.铜钮扣（M54：6）　4.银耳环（M54：9-1）　5.如意头簪（M54：1-1）
6.扁圆头簪（M54：2-1）　7.禅杖头簪（M54：3）　8.铜扁方（M54：4）　9.铜烟锅（M54：7）

十三、M55

（一）位置及形制

M55位于发掘区西北部T1413、T1513内，东与M54相距15米。开口于第2层下，打破生土。南北向，方向196°。

竖穴土坑墓（图一五五；彩版二三，1）。墓圹开口南北长2.4~2.8米，东西宽2.08~2.16米；底部南北长2.4~2.82米，东西宽2.18~2.38米。墓口距地表深1米，墓底距地表深2.52~

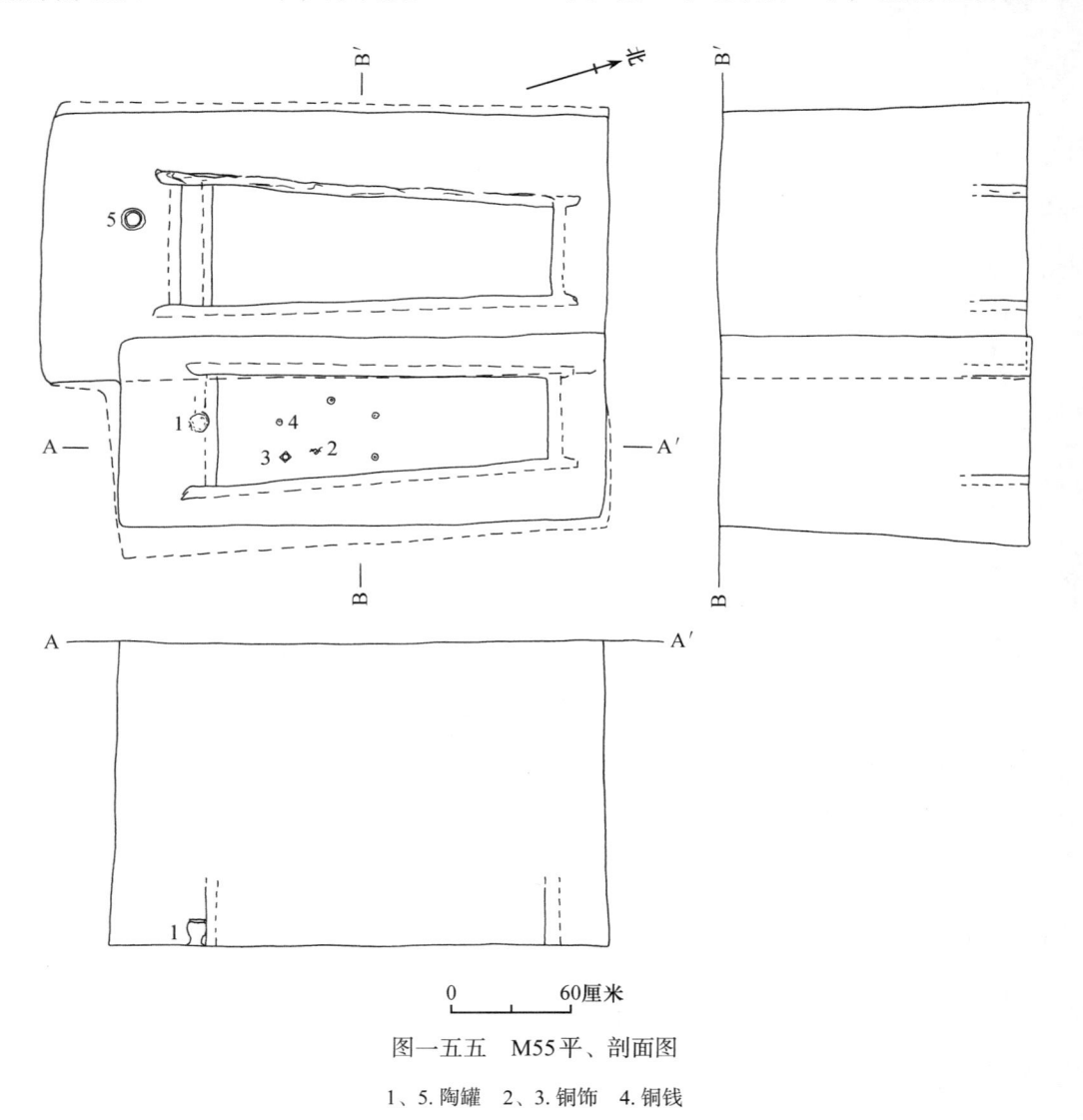

图一五五　M55平、剖面图

1、5.陶罐　2、3.铜饰　4.铜钱

2.54米。内填花土，土质较硬。

内置双棺，均已腐朽。双棺间距0.24~0.32米。东棺墓穴打破西棺墓穴。东棺墓圹南北长2.44米，东西宽0.96米，深1.54米。棺长1.82米，宽0.5~0.68米，残高0.4米。西棺墓圹南北长2.84米，东西宽1.38米，深1.52米。棺长1.98米，宽0.58~0.78米，残高0.24米。

两棺内均未发现人骨，疑被迁葬。

（二）出土器物

陶罐2件，分别位于东棺和西棺头档外侧。铜饰2件，铜钱4枚，均出土于东棺内。

1. 陶器

陶罐 2件。标本M55：1，泥质红陶。敞口，方唇，沿面略朝下倾斜。束颈，丰肩，弧腹，下腹弧收呈束腰形，近底部外撇。平底，底部有叠烧时的釉痕。砖红色胎。素面。轮制，火候较高，质地坚硬。器表施一层浅黄色釉浆水，釉色大部分已脱落。器身内外均有慢轮修整时留下的修坯旋痕和指纹印痕。内壁有一周横向胎接痕。口径8.3、最大腹径10.2、底径9.1、通高12.7厘米（图一五六，1；彩版五一，1）。标本M55：5，泥质红陶。胎呈浅红色。素面。

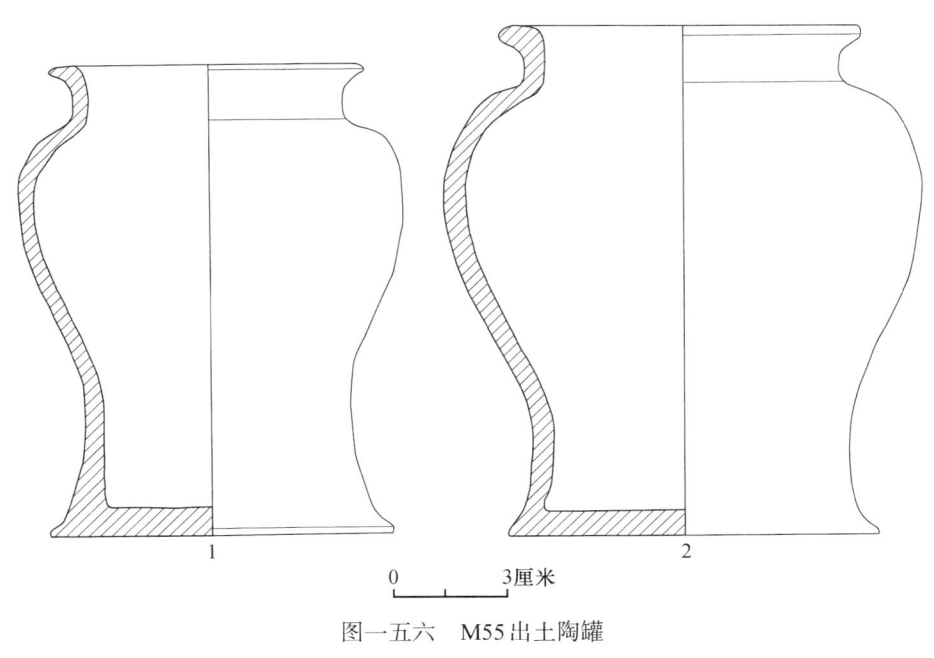

图一五六 M55出土陶罐

1. M55：1 2. M55：5

轮制，胎质坚硬。器表施一层淡黄色釉浆水，釉色不均。敞口，方唇，短束颈，丰肩，弧腹，下腹内收呈束腰形，近底部外撇。平底。口径9.3、最大腹径12.5、底径9.7、通高13.7厘米（图一五六，2；彩版五一，2）。

2. 铜器

铜球形器　1件。标本M55：2，外观呈四棱十二角形，即四棱正方体上有8个呈等腰三角形斜切面。一面残存圆柱形螺柄杆，杆体残断无存。四棱形长2.2、宽1.9、高1.9厘米（图一五七，1；彩版五一，3、4）。

铜花饰　1件。标本M55：3，残。铜丝缠绕打结而成，尾端较尖，呈钩状。残高4.7厘米（图一五七，2）。

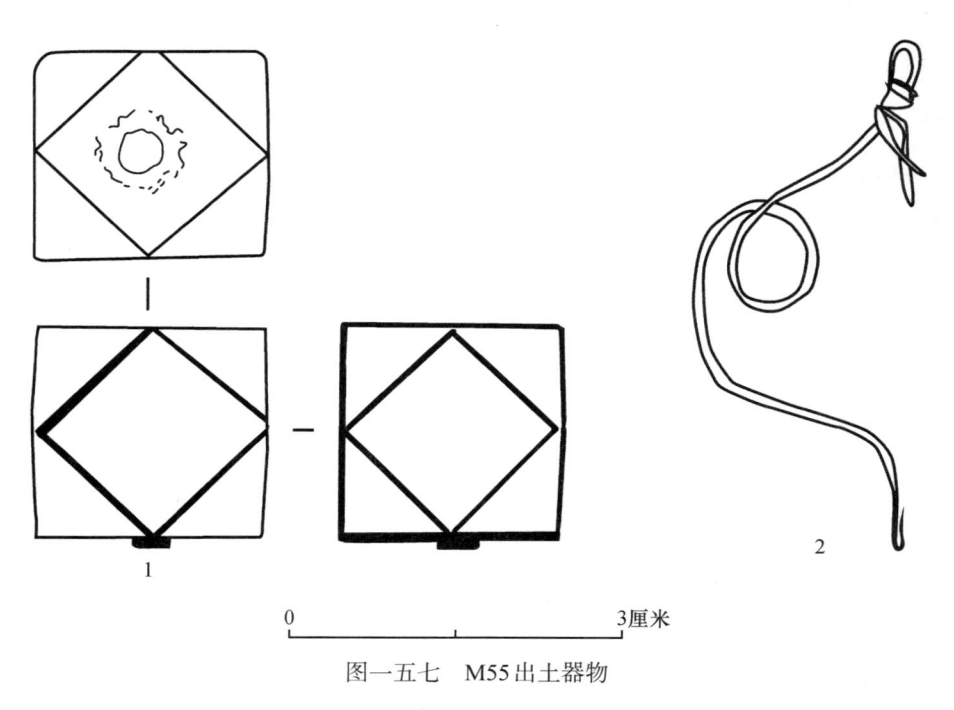

图一五七　M55出土器物
1. 铜球形器（M55：2）　2. 铜花饰（M55：3）

3. 铜钱

大清铜币　4枚。标本M55：4，大平钱，圆形，正、背面郭缘较窄。正面楷书"大清铜币"四字，对读。背面纹饰模糊不清。钱径3.3、郭厚0.11厘米。

十四、M57

（一）位置及形制

M57位于发掘区西部T1015、T1016内，西北与M58相距1米，北与M53相距28米。开口于第2层下，打破生土。南北向，方向299°。

竖穴土坑墓（图一五八；彩版二三，2）。墓圹开口东西长2.4~2.8米，南北长宽2.15米。

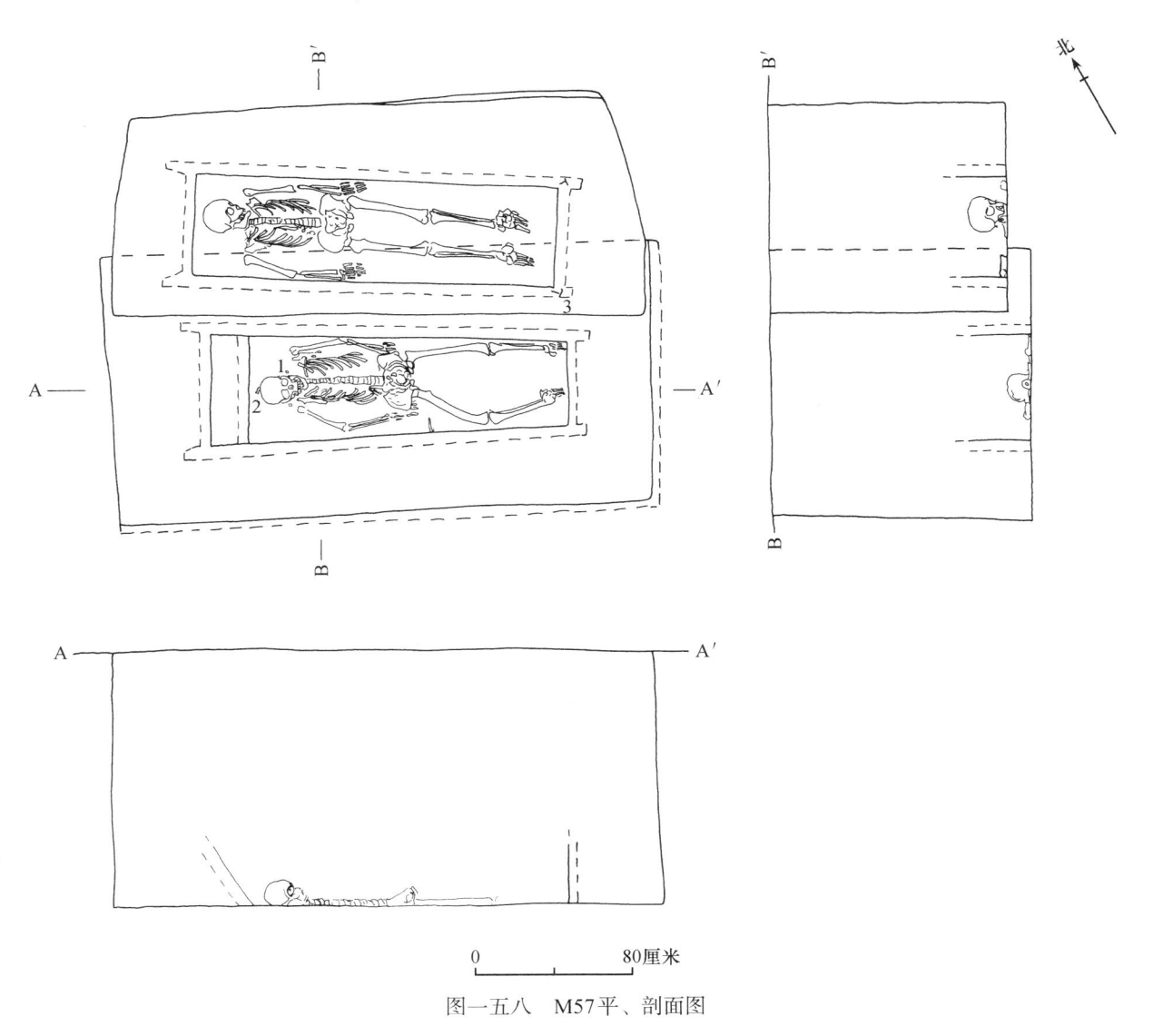

图一五八　M57平、剖面图

1. 银耳环　2. 铜饰　3. 铁钉

墓口距地表深1米，墓底距地表深2.2~2.32米。墓壁微斜，平底。墓葬上部有不规则扰坑一个，南北长2.5米，东西宽1.95米，深0.9米。内填灰褐色花土，土质较硬。

内置双棺，棺木已朽，仅剩棺痕。双棺间距0.28~0.3米。北棺墓穴打破南棺墓穴。北棺墓圹开口平面东西长2.4~2.7米，南北宽1.06~1.2米，深1.2米。内填灰褐色花土，夹杂有黄沙及少量料姜石粒。棺长1.84米，宽0.55米，残高0.26米，板灰厚0.04米。板灰附近残留有铁质棺钉。棺内底部铺有红色炉灰一层。人骨保存较好，头西脚东，头偏向左侧，仰身直肢，人骨长1.7米。经鉴定，墓主为男性，年龄约45岁。

南棺墓圹开口平面东西长2.8米，南北宽1.4米，深1.32米。内填疏松的黄褐色花土，以黄沙为主。棺上部长1.82米，底部长1.62米，宽0.45~0.6米，残高0.3米。棺内底部铺红色炉灰一层。人骨保存较好，头西脚东，仰身直肢，双腿弯曲，盆骨内有一胎儿骨架，人骨长1.56米。经鉴定，墓主为女性，年龄在30~35岁。

（二）出土器物

银耳环1对，铜饰1件，均出土于南棺内墓主人头骨两侧。铁棺钉2枚，锈残严重，出土于北棺板灰处。

1. 铜器

铜花饰　1件。标本M57：2，锈残严重。外观呈圆形莲花叶状薄片。直径1.9~2、厚0.1厘米（图一五九，3）。

2. 银器

银耳环　一对，2件，形制相同（彩版五一，5）。标本M57：1-1，外观呈"S"形，一端尖细，另一端呈圆饼状，与钩体焊接到一起。圆饼直径1厘米。环高3厘米（图一五九，1）。标本M57：1-2，环高3.4厘米（图一五九，2）。

3. 铁器

棺钉　2件。标本M57：3，锈蚀残断。外观呈四棱柱状。

图一五九　M57出土器物

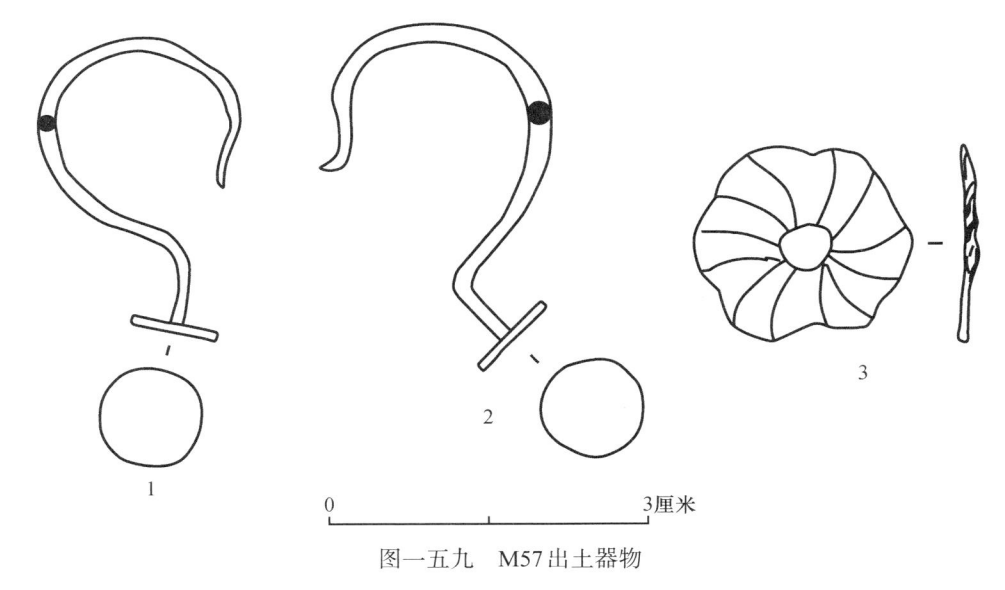

1、2. 银耳环（M57：1-1、M57：1-2）　3. 铜花饰（M57：2）

十五、M58

（一）位置及形制

M58位于发掘区西部T1015内，东南与M57相距1米，北部被现代墙基打破。开口于第2层下，打破生土。南北向，方向330°。

长方形竖穴土坑墓（图一六〇；彩版二四，1）。墓圹开口南北残长0.46~1.6米，东西宽2.1米。墓口距地表深1米，墓底距地表深2.36~2.4米。内填疏松的黄褐色花土，以黄沙为主，夹杂灰褐色土块，包含有少量料姜石粒。

内置双棺，双棺间距0.2米。西棺墓穴打破东棺墓穴。西棺墓圹开口平面南北残长1.05~1.6米，东西宽1.1米，深1.4米。直壁平底。木棺已腐朽，棺痕明显，板灰附近残留有铁质棺钉。棺残长1.05米，宽0.45米，残高0.2米，板灰厚0.04米。棺内底部铺红色炉灰。人骨仅存部分腿部肢骨及手指骨。

东棺墓圹开口平面南北残长0.46~1米，东西宽1米，深1.36米。直壁平底。残存部分棺木。棺残长0.64米，宽0.6米，残高0.26米，棺板厚0.03米。棺内底部铺草木灰。棺内仅存部分脚趾骨。

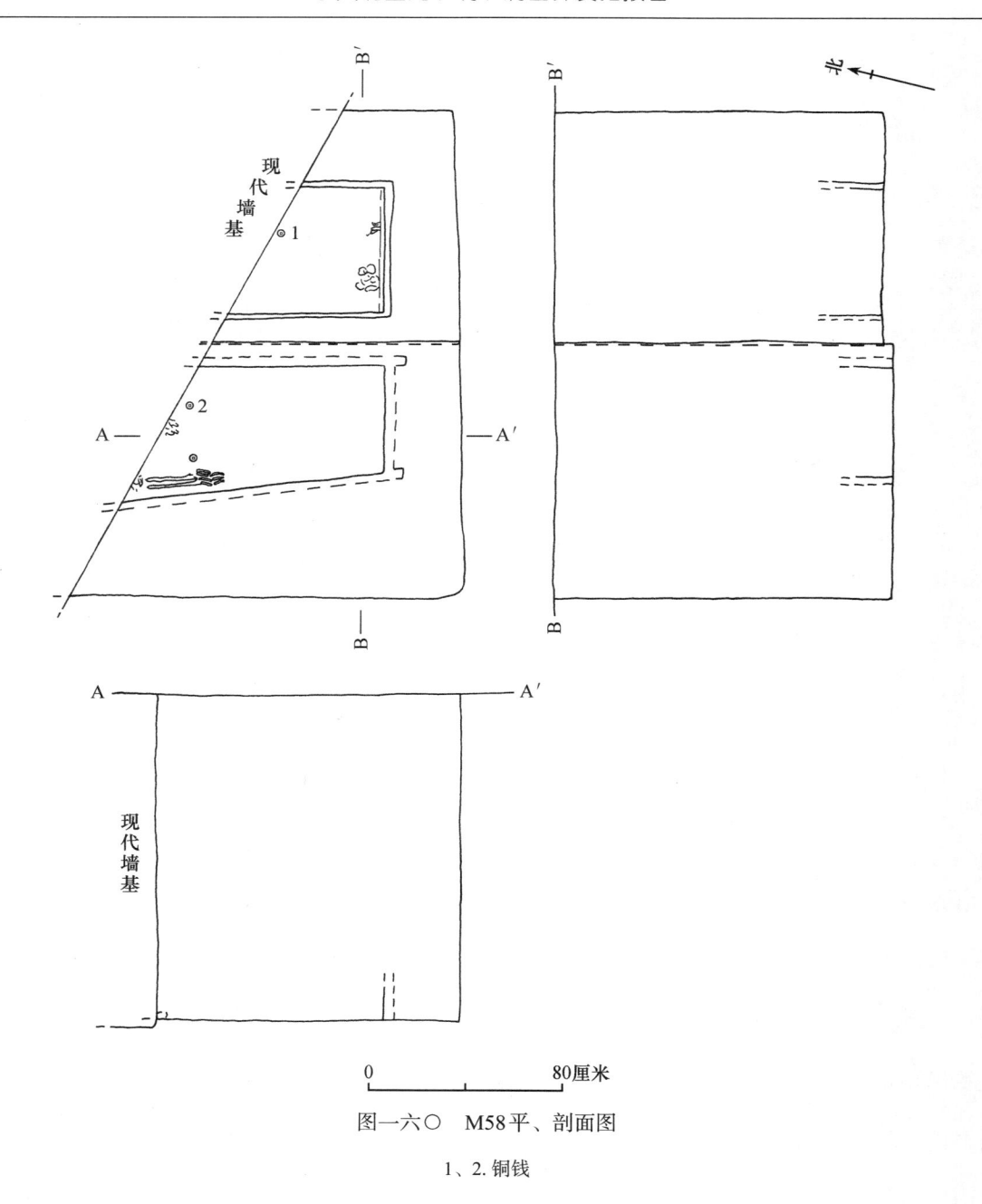

图一六〇　M58平、剖面图
1、2.铜钱

（二）出土器物

铜钱3枚，东棺内1枚，西棺2枚，可辨为道光通宝和咸丰重宝。

咸丰重宝　2枚。标本M58∶1，锈残。圆形，方穿，正、背面均有圆郭，正面铸钱文"咸丰重宝"四字，楷书，对读，背面穿上下"当十"，左右铸"宝源"满文局名。钱径3.2、穿宽0.65、郭宽0.3厘米，重9克（图一六一）。

道光通宝 1枚。标本M58：2，锈蚀严重。圆形，方穿，正、背面均有圆郭，正面铸钱文"道光通宝"四字，楷书，对读，背面穿左右铸满文，模糊不清。钱径2.3、穿宽0.5、郭宽0.26厘米，重4克。

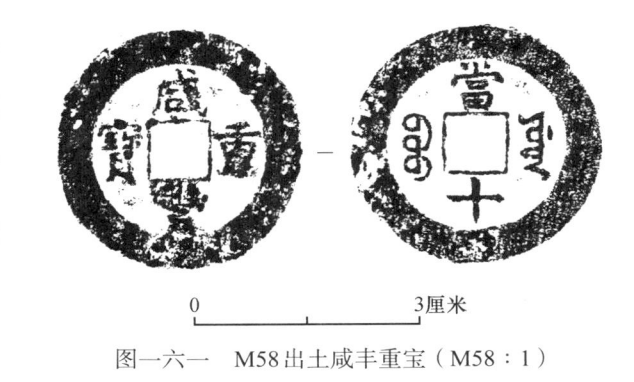

图一六一 M58出土咸丰重宝（M58：1）

十六、M60

（一）位置及形制

M60位于发掘区东部T0826内，东邻M34，西南与M59相距1.2米。开口于第2层下，打破生土。南北向，方向26°。

竖穴土坑墓（图一六二；彩版二四，2）。墓圹口部平面南北长2.5米，东西宽2.1米；底部长2.64米，宽2.2米。开口距地表深1米，墓底距地表深2.39～2.4米。内填花土，土质较硬。

内置双棺，腐朽严重，仅剩板灰痕迹。双棺间距0.14～0.16米。西棺墓穴打破东棺墓穴。西棺墓圹开口平面南北长2.62米，东西宽1.16～1.26米，深1.4米。棺长1.96米，宽0.7～0.86米，残高0.44米。棺内未发现人骨，疑被迁葬。

东棺墓圹开口平面南北长2.6米，东西宽1米，深1.39米。直壁平底。棺长1.8米，宽0.52～0.64米，残高0.44米。棺内仅存少量残骨。头向、面向，葬式不详。

（二）出土器物

铜钱1枚，出土于东棺底部。

乾隆通宝 1枚。标本M60：1，锈蚀。圆形，方穿，正、背面均有圆郭，正面铸钱文"乾隆通宝"四字，楷书，对读，背面穿左右铸满文"宝泉"二字局名。钱径2.3、穿宽0.5、郭宽0.3厘米，重3克（图一六三）。

图一六二　M60平、剖面图

1. 铜钱

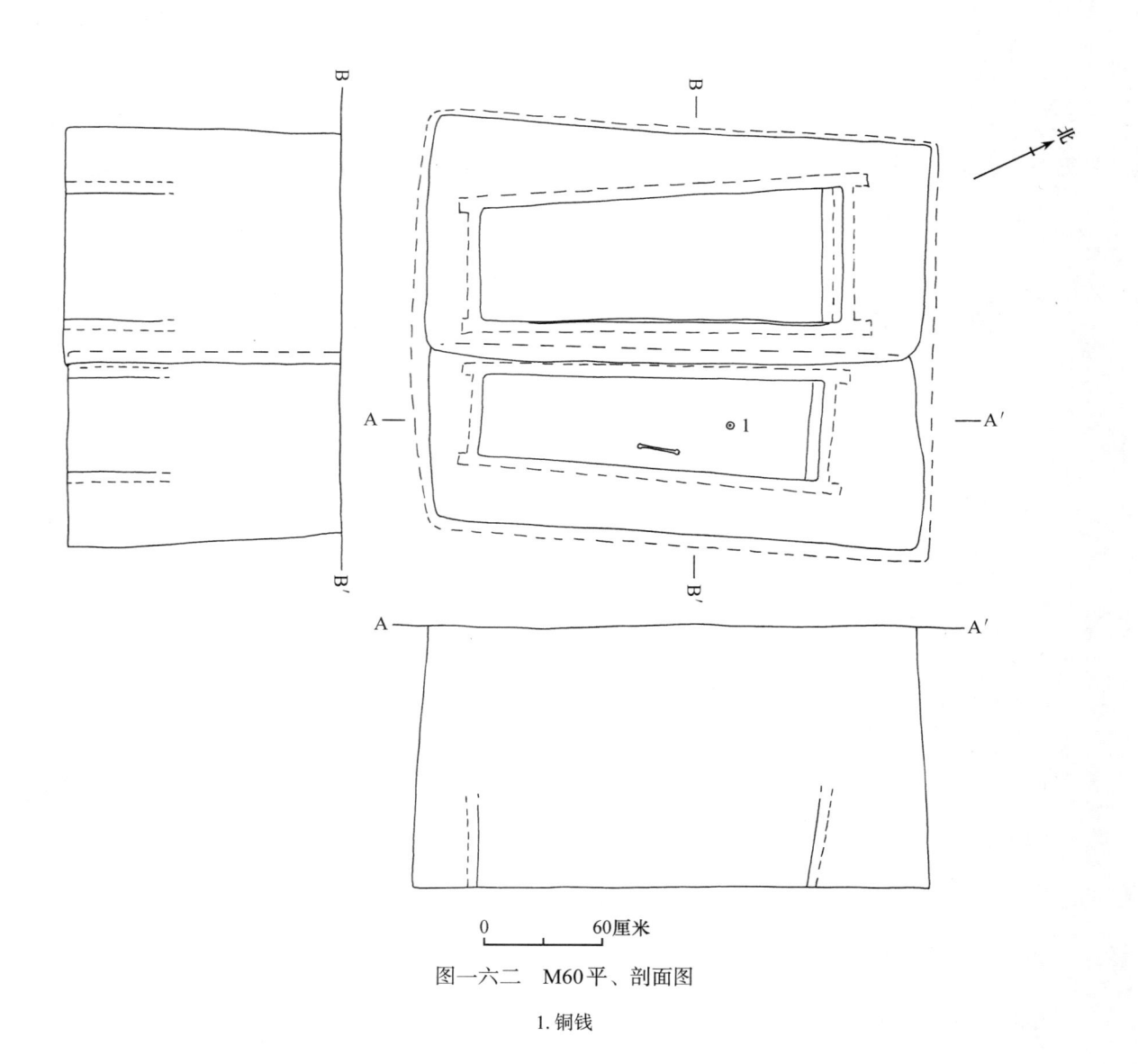

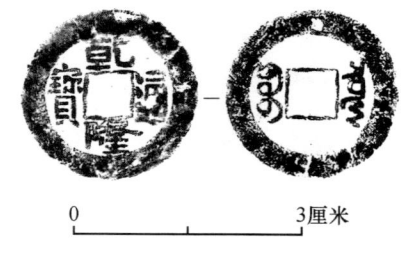

图一六三　M62出土乾隆通宝（M60∶1）

十七、M63

（一）位置及形制

M63位于发掘区西北部T1413内，东与M55相距2米。开口于第2层下，打破生土。南北向，方向192°。

长方形竖穴土坑墓（图一六四；彩版二五，1）。墓圹开口距地表深0.2米，平面南北长2.72

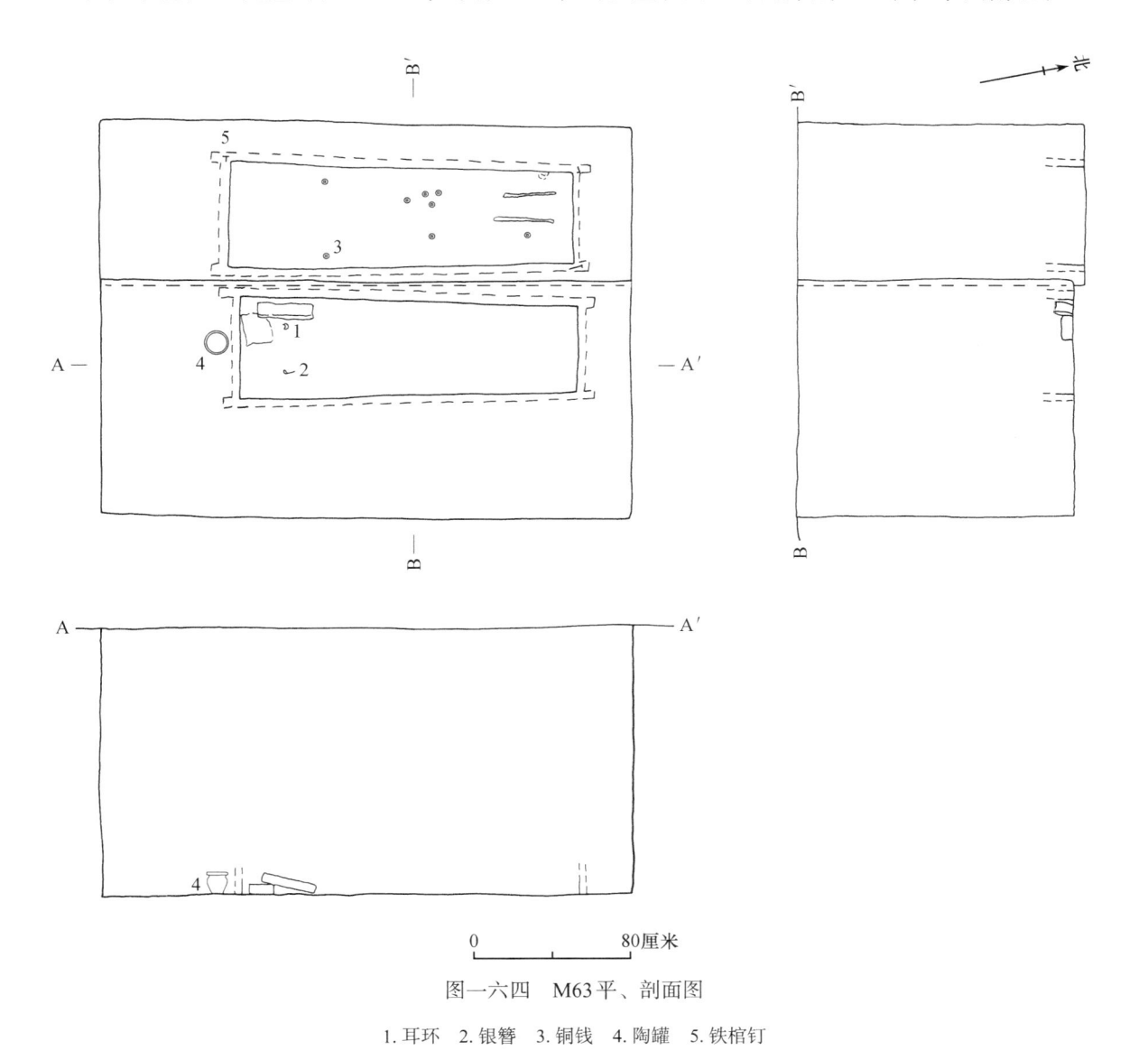

图一六四　M63平、剖面图

1. 耳环　2. 银簪　3. 铜钱　4. 陶罐　5. 铁棺钉

米，东西宽2.08米。直壁平底。内填黄褐色花土，以黄沙为主，土质松散。该墓盗扰严重，盗坑南北长2.3米，东西宽1.65米，深1.24米。内填灰褐色花土，含红色砖块和炉渣等。

内置双棺，腐朽严重，仅剩棺痕。双棺间距0.14~0.6米。东棺墓穴打破西棺墓穴。东棺墓圹开口平面南北长2.72米，东西宽1.24米，深1.4米。棺长1.72米，宽0.45~0.55米，残高0.1米，板灰厚0.03米。板灰附近残留有铁棺钉。棺内西南角有两个残砖块，底部铺红色炉灰。未发现人骨。西棺土圹南北长2.72米，东西宽0.85米，深1.46米。棺长1.76米，宽0.48~0.58米，残高0.15米，板灰厚0.03米。棺底铺有一层黑灰。棺内北部残存有两节小腿骨，应被迁葬。

（二）出土器物

陶罐1件，出土于东棺头档外侧。耳环1件，发簪1件，均出土于东棺南部。铜钱8枚，全部为同治重宝，均出土于西棺内。铁棺钉3枚，出土于西棺板灰附近。

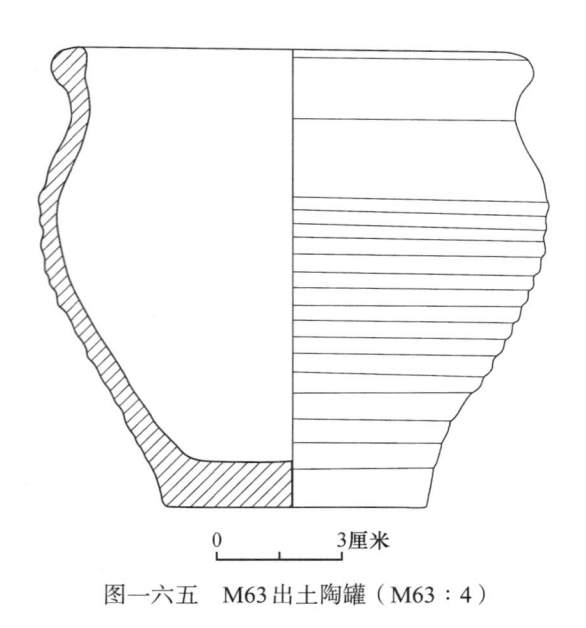

1. 陶器

陶罐 1件。标本M63：4，泥质灰陶。敞口，沿面略朝下倾斜，短束颈，溜肩，斜直腹，平底微凹。浅灰色胎，火候较高。器表肩部至底部有数道凹弦纹，为慢轮修整痕迹。口径11.3、最大腹径12.2、底径6.2、通高11.5厘米（图一六五；彩版五一，6）。

图一六五 M63出土陶罐（M63：4）

2. 铜器

铜簪 1件。标本M63：2，通体鎏金，局部脱落。簪首为龙头形，张嘴吐舌，双目圆睁，牙齿锋利，头颈两缕鬃毛弯曲向上翘起，头顶部饰乳钉纹鬃发。簪体至簪尾由粗渐细，表面錾刻成螺旋状。尾部残断。残长7.1、直径0.2~0.4厘米（图一六六，3；彩版五一，7）。

3. 银器

银耳环　1件。标本M63：1，残断成两截。通体鎏金，局部脱落。外观呈"C"形。一端圆钩状，一端窄条形，上部略呈灯笼形。表面錾刻花卉枝叶纹样。尖端呈细圆柱状。环径3.5厘米（图一六六，4；彩版五一，8）。

4. 铜钱

同治通宝　8枚。标本M63：3-1，锈蚀。圆形，方穿，正、背面均有圆郭，正面铸钱文"同治通宝"四字，楷书，对读，背面穿上下"当十"，左右铸"宝泉"满文局名。钱径2.7、穿宽0.6、郭宽0.45厘米，重5克（图一六六，1）。标本M63：3-2，锈蚀。圆形，方穿，正、背面有圆郭，正面铸钱文"同治通宝"四字，楷书，对读，背面穿上下"当十"，左右铸"宝泉"满文局名。钱径2.4、穿宽0.55、郭宽0.3厘米，重3克（图一六六，2）。

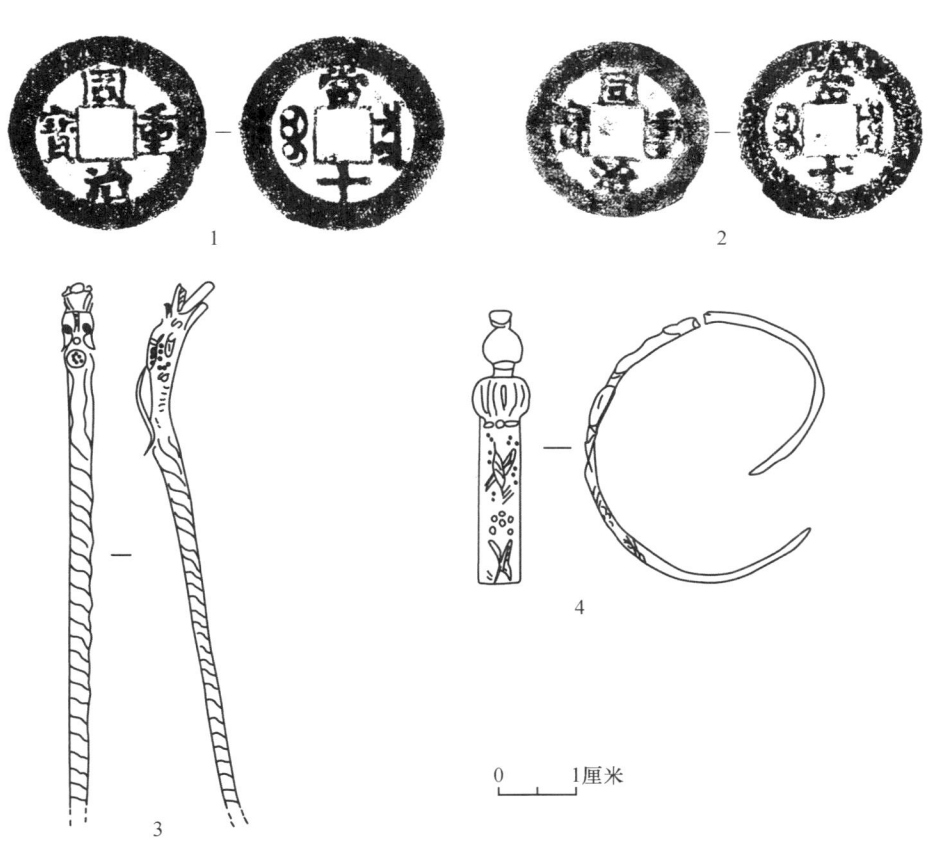

图一六六　M63出土器物

1、2.同治通宝（M63：3-1、M63：3-2）　3.铜簪（M63：2）　4.银耳环（M63：1）

十八、M68

（一）位置及形制

M68位于发掘区西南部T0613、T0713内，北与M66相距11.7米。开口于第2层下，打破M67、M79，向下打破生土。东西向，方向95°。

竖穴土坑墓（图一六七；彩版二五，2）。墓圹开口距地表深1.28米，开口平面东西长2.6～

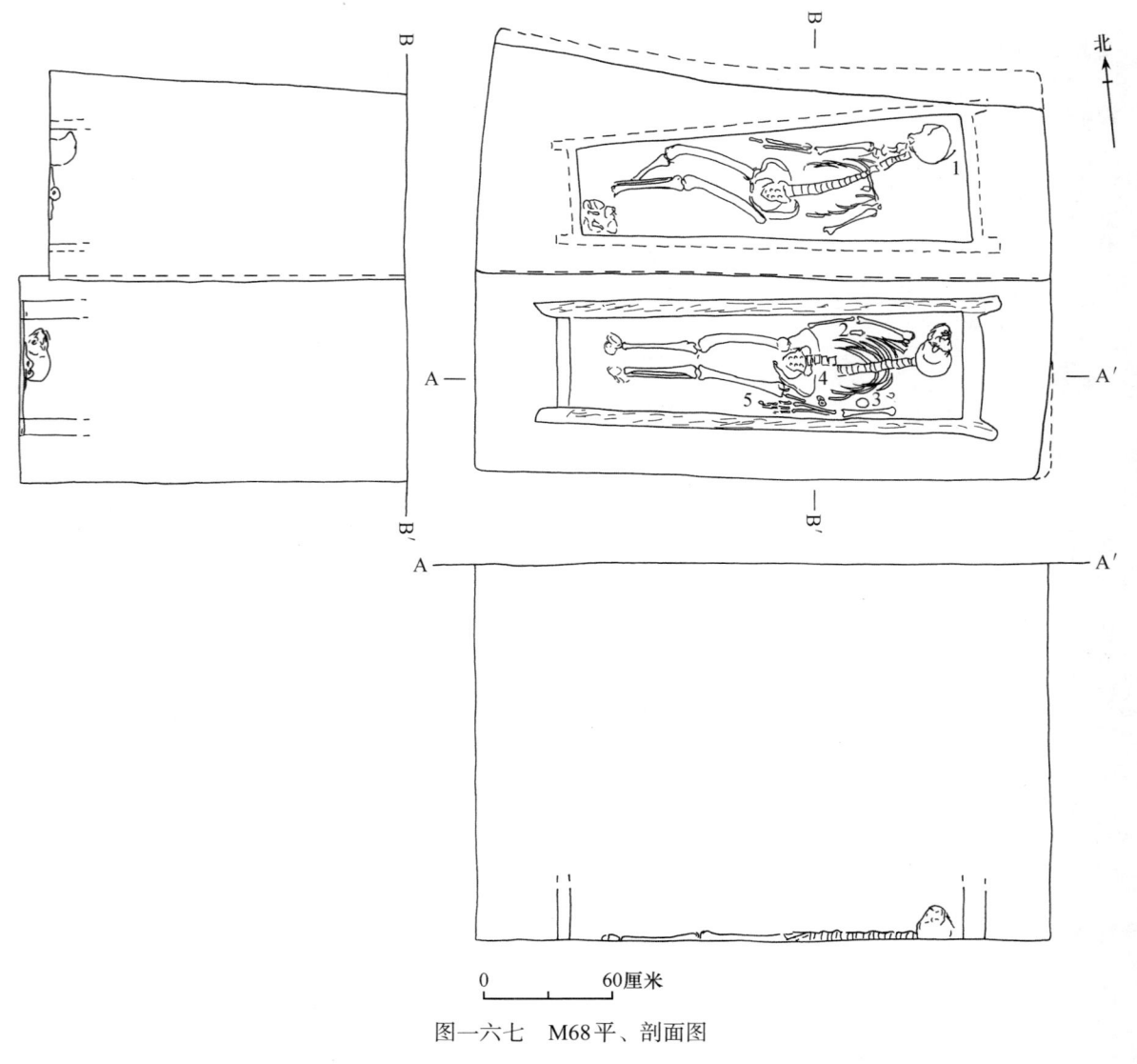

图一六七 M68平、剖面图

1.银簪 2、3.鼻烟壶 4.铜钱 5.铜烟锅

2.7米，南北宽1.76～2.06米；底部东西长2.7米，南北宽1.98～2.24米。墓壁较直，内填较疏松的黄褐色五花土，内含细沙及零星砖粒。

内置双棺，均已腐朽，仅剩棺痕。双棺间距0.22～0.26米。北棺墓穴打破南棺墓穴。北棺墓圹开口平面东西长2.6～2.7米，南北宽1.02～1.2米，深1.66米。棺长1.8米，宽0.42～0.62米，残高0.16米，板灰厚0.04米。棺内底部铺有炉渣、草木灰。人骨保存较差，长1.6米，头东脚西，面向下，仰身曲肢。经鉴定，墓主为女性，年龄40～45岁。

南棺墓圹开口东西长2.6～2.7米，底部东西长2.7米，南北残宽0.94米，深1.8米。棺长1.9米，宽0.42～0.5米，残高0.18米。棺内底部铺草木灰。人骨保存较差，骨架长1.62米，头东脚西，仰身直肢。经鉴定，墓主为男性，年龄35～40岁。

（二）出土器物

银簪1件，出土于北棺内墓主人头骨处。鼻烟壶2件，出土于南棺内墓主人肩胛骨处。铜烟锅1件，出土于南棺内人骨手部。铜钱24枚，出土于南棺内。

1. 料器

鼻烟壶　2件。标本M68∶2，铜质壶盖，顶有圆珠形盖钮，下方套接有卯榫结构的骨质柳叶形勺头。壶身为青玉色。直口，平沿，尖圆唇，束颈，丰肩，扁腹，微鼓，底内凹，椭圆形圈足。口径1.2、勺长5.3、通高6.4、壶高5.6厘米（图一六八，1；彩版五二，1）。标本M68∶3，铜质壶盖。顶有圆珠形盖钮，下方套接有卯榫结构的柳叶形鎏金铜质小勺。壶身扁圆形，玻璃质。直口，微侈，平沿，尖圆唇，束颈，圆肩，扁圆腹，微鼓，平底内弧略呈长椭圆形。口径1.6、勺长5.2、通高5.8、壶高5厘米（图一六八，2；彩版五二，2）。

2. 银器

银扁方　1件。标本M68∶1，完整。扁体呈上宽下窄的长条形。柱状扁首向内弯曲，两侧面錾刻有梅花图案。尾端略呈半圆形。扁体背面錾刻"万华"两字。通长19.8、宽0.6～1.1、厚0.2厘米（图一六九，2；彩版五二，3）。

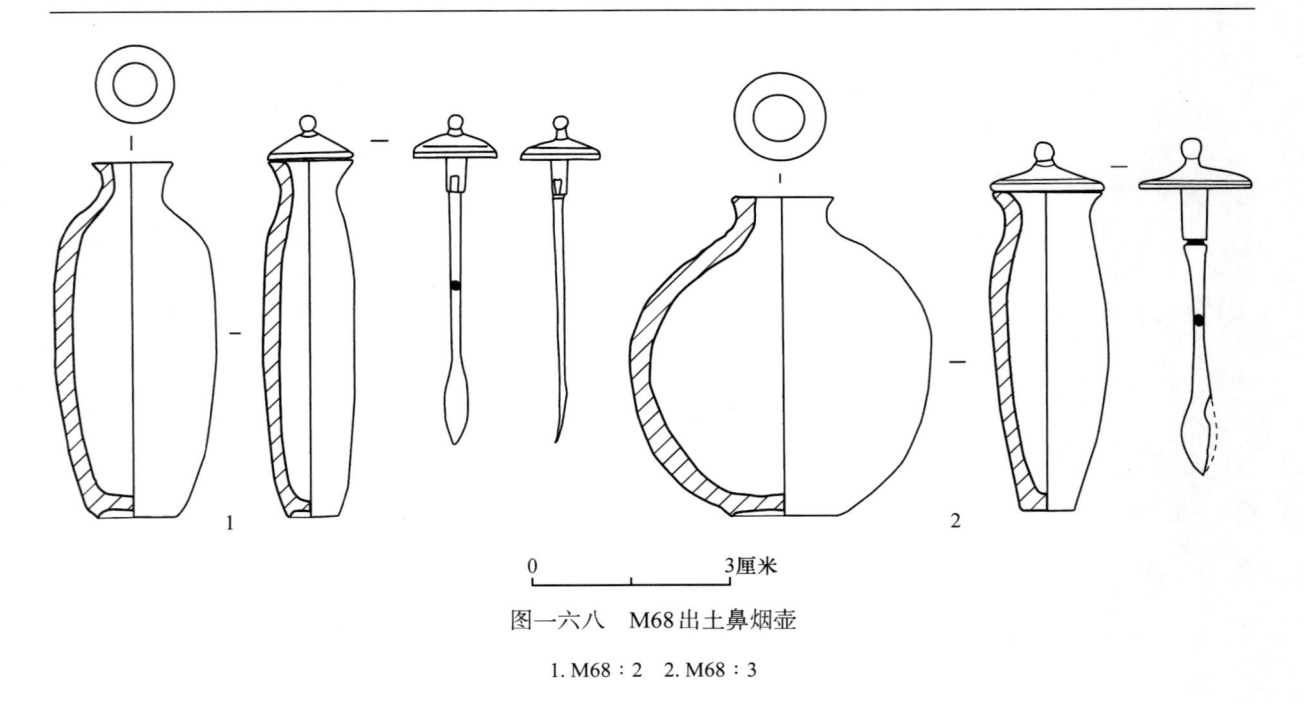

图一六八　M68出土鼻烟壶
1. M68：2　2. M68：3

3. 铜器

铜烟锅　1件。标本M68：5，烟锅与烟嘴均为铜质，烟杆为木质圆柱，连接烟锅与烟嘴，中间有孔。杆已残断。锅径2.1、管径0.6、烟杆直径0.6~1、烟嘴长7.7、烟锅通长21.2厘米。（图一六九，1；彩版五二，4）。

4. 铜钱

24枚。

康熙通宝　9枚。标本M68：4-1，锈蚀。圆形，方穿，正、背面均有圆郭，正面铸钱文"康熙通宝"四字，楷书，对读，背面穿左右分铸满文"宝泉"二字局名。字体漫漶模糊。钱径2.8、穿宽0.5、郭宽0.42厘米，重5克（图一七〇，1）。

顺治通宝　2枚。标本M68：4-2，锈蚀。圆形，方穿，正、背面均有圆郭，正面铸钱文"顺治通宝"四字，楷书，对读，背面穿左右分铸满文"宝泉"二字局名。钱径2.7、穿宽0.5、郭宽0.36厘米，重4克（图一七〇，2）。

乾隆通宝　13枚。标本M68：4-3，锈蚀。圆形，方穿，正、背面均有圆郭，正面铸钱文"乾隆通宝"四字，楷书，对读，背面穿左右分铸满文"宝泉"二字局名。字体漫漶模糊。钱径2.8、穿宽0.56、郭宽0.38厘米，重5克（图一七〇，3）。

第五章 清代墓葬

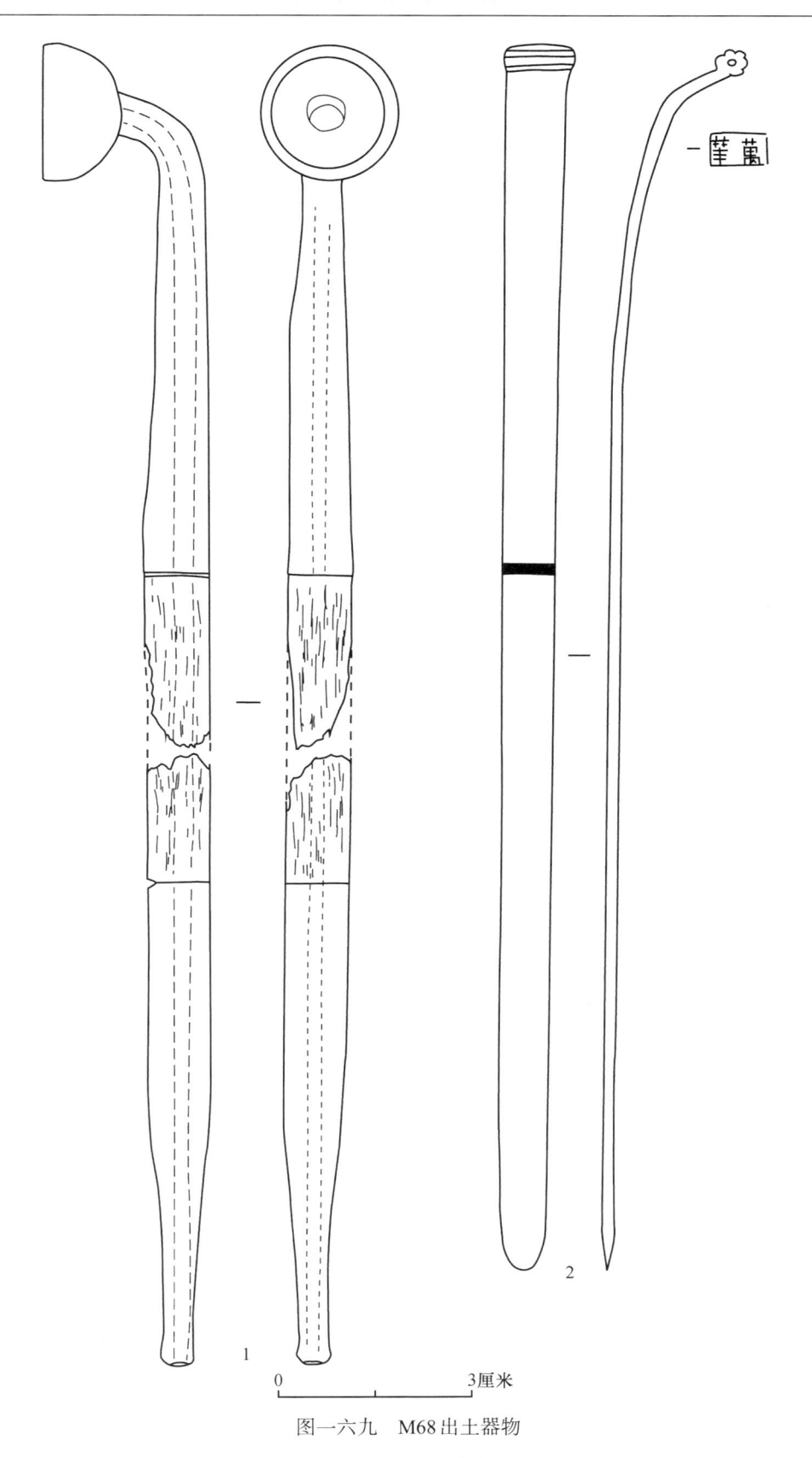

图一六九 M68出土器物

1. 铜烟锅（M68：5） 2. 银扁方（M68：1）

图一七〇　M68出土铜钱

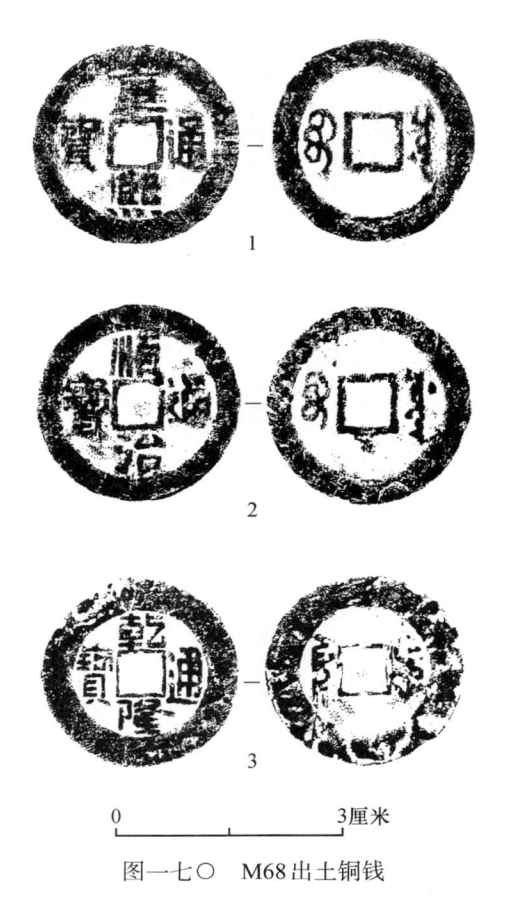

1. 康熙通宝（M68：4-1）　2. 顺治通宝（M68：4-2）　3. 乾隆通宝（M68：4-3）

十九、M73

（一）位置及形制

M73位于发掘区西部T1115内，北与M64相距6.8米。中部被一圆形扰坑打破。开口于第2层下，打破生土。东西向，方向285°。

长方形竖穴土坑墓（图一七一；彩版二六，1）。墓圹开口距现地表深1.08米，开口平面东西长2.5～2.7米，南北宽1.98～2.12米。内填较疏松的褐色花土，含细沙、朽木渣块、姜石粒、砖渣。

figure

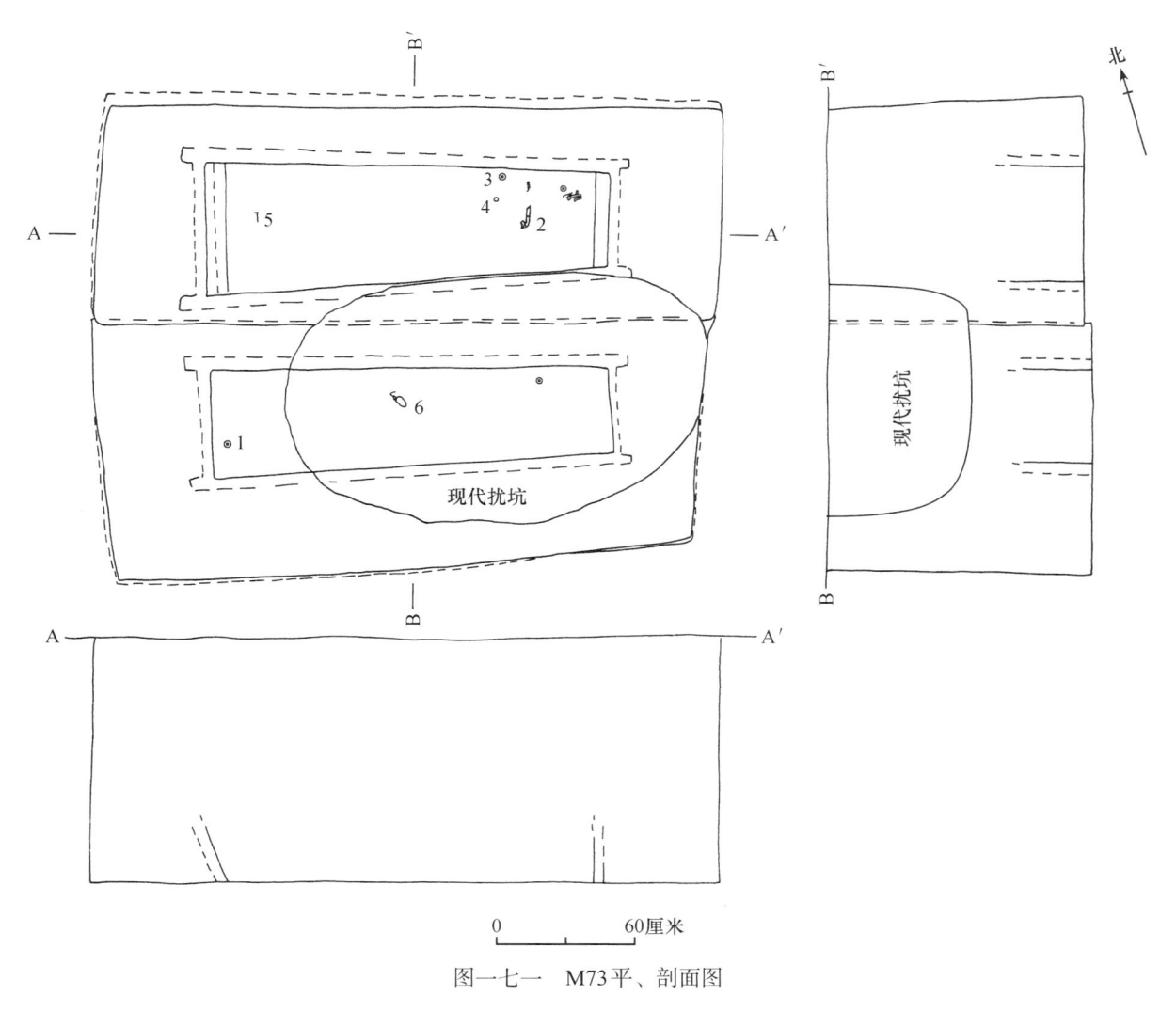

图一七一 M73 平、剖面图

1、3. 铜钱　2. 铜烟锅　4. 料珠　5. 银簪　6. 银扁方

内置双棺，棺木已朽，仅剩棺痕。双棺间距0.2~0.32米。北棺墓穴打破南棺墓穴，北棺墓圹开口平面东西长2.66~2.7米，底部东西长2.7米，南北宽0.95~1米，深1.1米。棺长2.66~2.7米，宽0.95~1米，残高0.3米，板灰厚0.05米。因被盗扰，棺内仅残留人体的两小节肢骨，墓主人头向、葬式均不详。

南棺墓圹开口平面东西长2.5~2.68米，南北残宽1~1.12米，底部东西长2.54~2.7米，南北残宽1~1.04米，深1.14米。棺长1.74米，宽0.38~0.48米，残高0.3米，板灰厚0.04米。因被盗扰，棺内仅残留少许人体骨块，墓主人头向、性别均不详。

（二）出土器物

银扁方1件，出土于扰坑内。铜烟锅1件，银簪1件，料珠1颗，均出土于北棺内。铜钱4枚，南棺内出土2枚，北棺内出土2枚。

1. 铜器

铜烟锅　1件。标本M73∶2，烟锅与烟嘴均为铜质，烟杆为木质圆柱，连接烟锅与烟嘴，中间有孔。烟杆已残断。锅径2.2、管径1、烟杆直径0.8～1厘米，烟嘴残长4厘米，烟锅通长12厘米（图一七二，4；彩版五二，7）。

2. 银器

银簪　1件。标本M73∶5，锈残。簪首与簪体分别制作，然后焊接到一起。簪首为花朵状，五朵花瓣向外展开，花蕊向上凸起，花蕊与花瓣紧贴。簪体较细，呈圆锥形，尾尖。簪首直径1.1、通长7.8厘米（图一七二，2；彩版五二，5）。

银扁方　1件。标本M73∶6，锈蚀严重。平面呈长扁条形。扁首弯曲，截面呈四棱柱状，两侧面阴刻梅花。尾部呈半圆形。表面上郭錾刻篆体"寿"字，下部錾刻一飞舞的蝙蝠，模糊不甚清晰。背面有刻"万元"二字。长18.8、宽1.7、厚0.2厘米（图一七二，1；彩版五二，6）。

3. 料器

料珠　1颗。标本M73∶4，浅黄褐色。圆形，表面有冰裂纹，中有圆形穿孔。直径1.2厘米（图一七二，3；彩版五二，8）。

4. 铜钱

嘉庆通宝　3枚。标本M73∶3-1，锈蚀。圆形，方穿，正、背面均有圆郭，正面铸钱文"嘉庆通宝"四字，楷书，对读，背面穿左右为满文"宝泉"局名。钱径2.6、穿宽0.5、郭宽

图一七二　M73出土器物

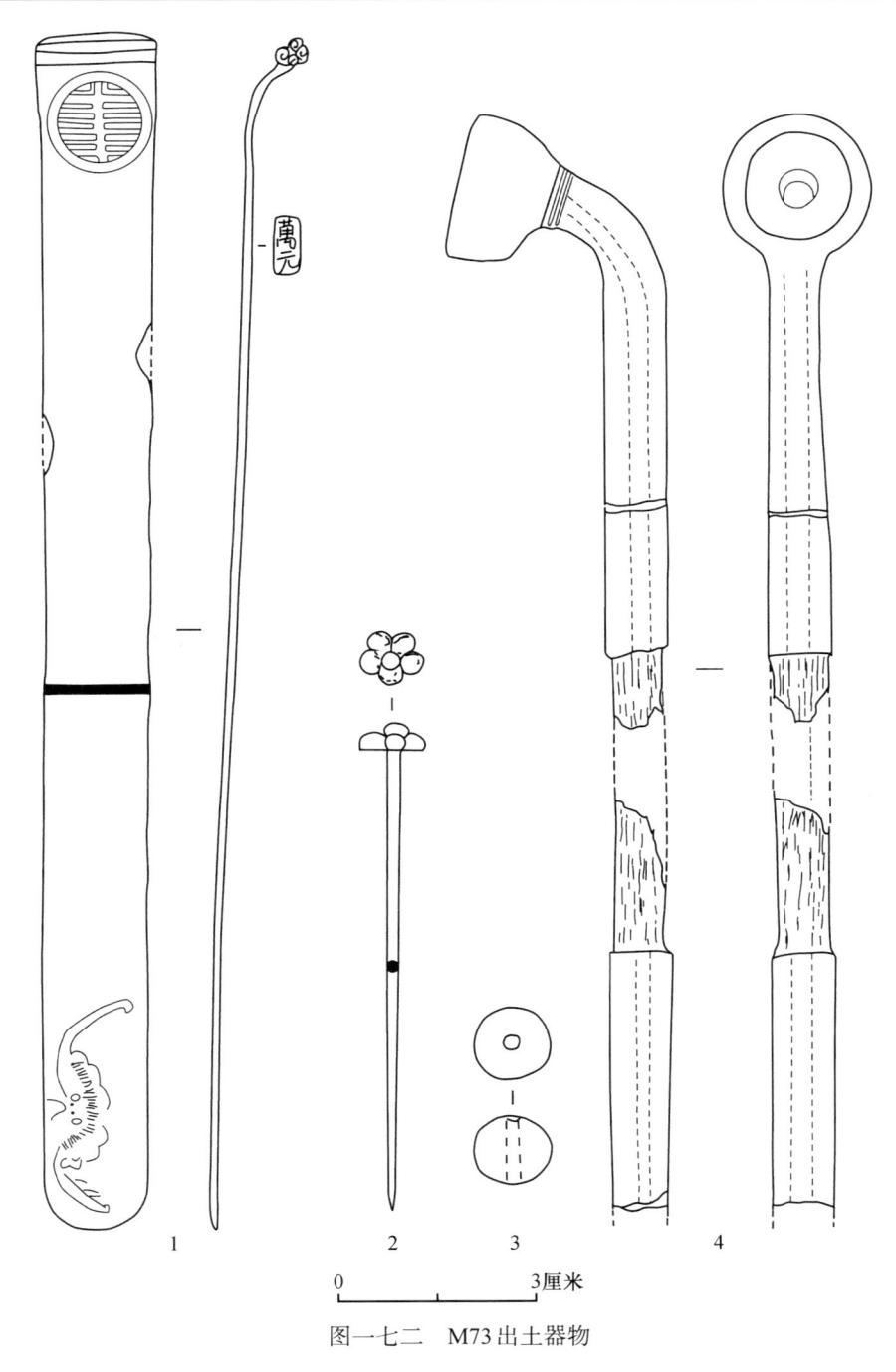

1.银扁方（M73∶6）　2.银簪（M73∶5）　3.料珠（M73∶4）　4.铜烟锅（M73∶2）

0.34厘米，重4克（图一七三，1）。

乾隆通宝　1枚。标本M73∶1，锈蚀。圆形，方穿，正、背面均有圆郭，正面铸钱文"乾隆通宝"四字，楷书，对读，背面穿左右铸满文"宝泉"二字局名，字体漫漶模糊。钱径2.7、穿宽0.51、郭宽0.43厘米，重5克（图一七三，2）。

图一七三　M73出土铜钱

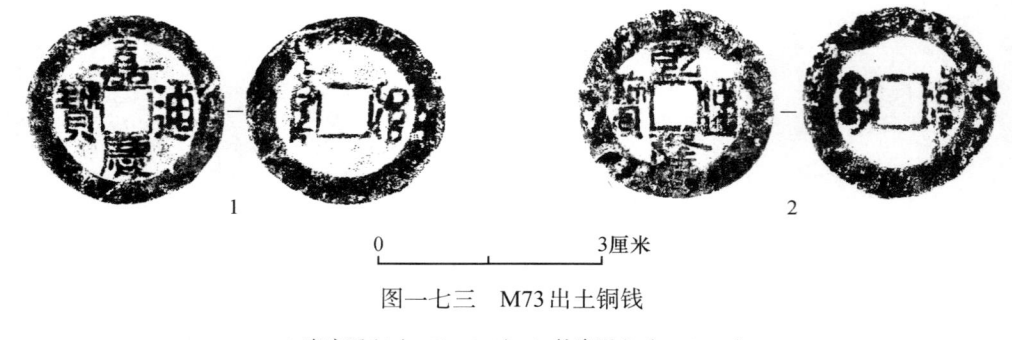

1. 嘉庆通宝（M73：3-1）　2. 乾隆通宝（M73：1）

第三节　三棺合葬墓

一、M7

（一）位置及形制

M7位于发掘区南部T0323内。开口于第2层下，打破生土。东西向，方向97°。

竖穴土坑墓（图一七四；彩版二六，2）。墓圹开口距现地表深1.12米，整体平面呈中间凸出的长方形，东西长2.1～2.8米，南北宽2.74米。直壁平底。内填花土。

内置三棺，棺木已朽，仅剩棺痕。三棺南北平行排列，中棺距南棺0.38米，距北棺0.42米。南棺墓穴打破中棺墓穴，中棺墓穴打破北棺墓穴。中棺墓圹比南棺墓圹西端凸出0.2米，东端内收0.2米。北棺墓圹两侧均比中棺墓圹内收约0.2米。中棺墓圹内填较疏松的浅黄褐五花土，含较多细黄沙和姜石粒。南棺和北棺内填较疏松的浅灰黄色沙土，含零星褐色土粒和料姜石颗粒。

南棺土圹开口平面东西长2.66米，南北宽0.8～0.9米，深0.68米。棺长1.84米，宽0.38～0.42米，残高0.1米。棺内底部铺有一层草木灰。人骨保存较差，头骨已碎，骨架长1.8米，头东脚西，仰身直肢。经鉴定，墓主为女性，年龄40～45岁。

中棺土圹开口平面东西长2.8米，南北宽0.8～1.2米，深0.76米。棺长1.7米，宽0.44～0.5

图一七四　M7平、剖面图

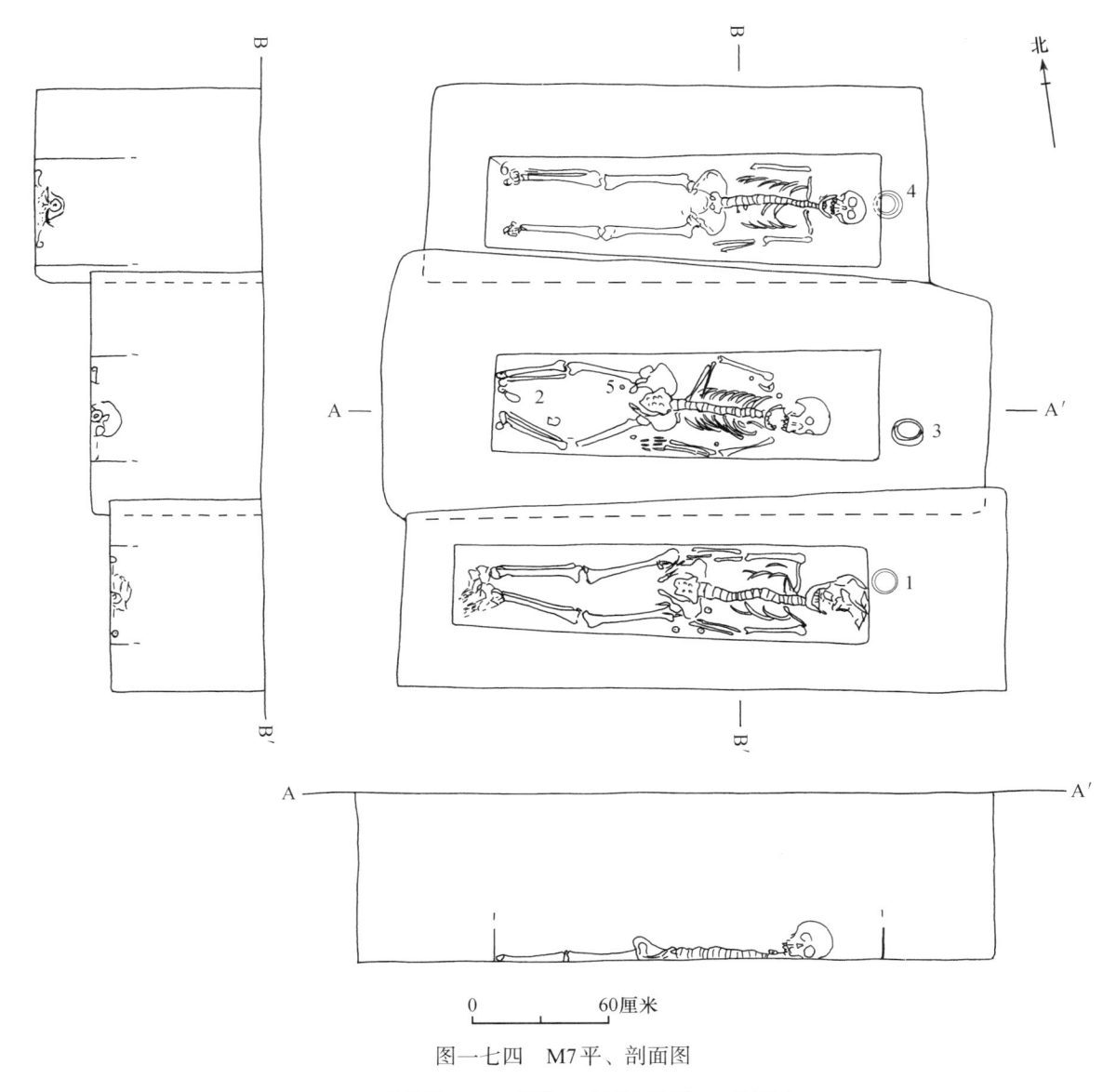

1、3. 釉陶罐　2、5. 铜钱　4. 泥质红陶罐　6. 铁棺钉

米，残高0.16米。人骨保存较好，骨架长1.48米，头东脚西，面向南，仰身直肢。经鉴定，墓主为女性，年龄在30～35岁。

北棺土圹开口东西长2.2米，南北宽0.8～1米，深1米。棺长1.74米，宽0.4～0.52米，残高0.4米。人骨保存较好，骨架长1.48米，头向东，面向上，仰身直肢。经鉴定，墓主为男性，年龄40岁左右。

（二）出土器物

釉陶罐2件，分别出土于南棺、中棺头部外侧。泥质红陶罐1件，出土于北棺头档外侧。铜钱14枚，出土于棺内人体盆骨南侧、桡尺骨、腿骨北侧和中棺内。铁棺钉1枚，出土于北棺内。

1. 陶器

陶罐　1件。标本M7∶4，残碎，修复完整。泥质红陶。敞口，圆唇，束颈，溜肩，下腹斜收，平底微凹。轮制，火候一般。内外壁有明显修坯旋痕，近底部有手指按压和指纹印痕。口径11.2、最大腹径12.1、底径6.4、通高12.1～12.5厘米（图一七五，1；彩版五三，1）。

半釉陶罐　2件。标本M7∶3，直口，圆唇，筒形腹，平底。浅黄褐色胎。胎质较粗，火候较高。内外壁有明显修坯旋痕，间施数道凹凸弦纹。器口内及外腹壁以上施半酱绿色釉。器底有叠烧时的釉痕。口沿部位釉色有脱落，腹下部至圈足底部未施釉。口径10.8、最大腹径11.3、底径7.8、通高11.4～11.7厘米（图一七五，2；彩版五三，2）。标本M7∶1，直口，圆唇，筒形腹，平底。浅黄褐色胎。胎质较粗，火候较高。内外壁有明显修坯旋痕，间施数道凹凸弦纹。器口内及外腹壁以上施深绿色半釉，釉色不均，有滴釉现象。器底有叠烧时留下的粘釉痕迹。口沿部位釉色有脱落，肩部以下至圈足底未施釉。器底制作不规整，边缘有手指划痕和指纹粘痕。口径11.4、最大腹径11.7、底径8.6、通高11厘米（图一七五，3）。

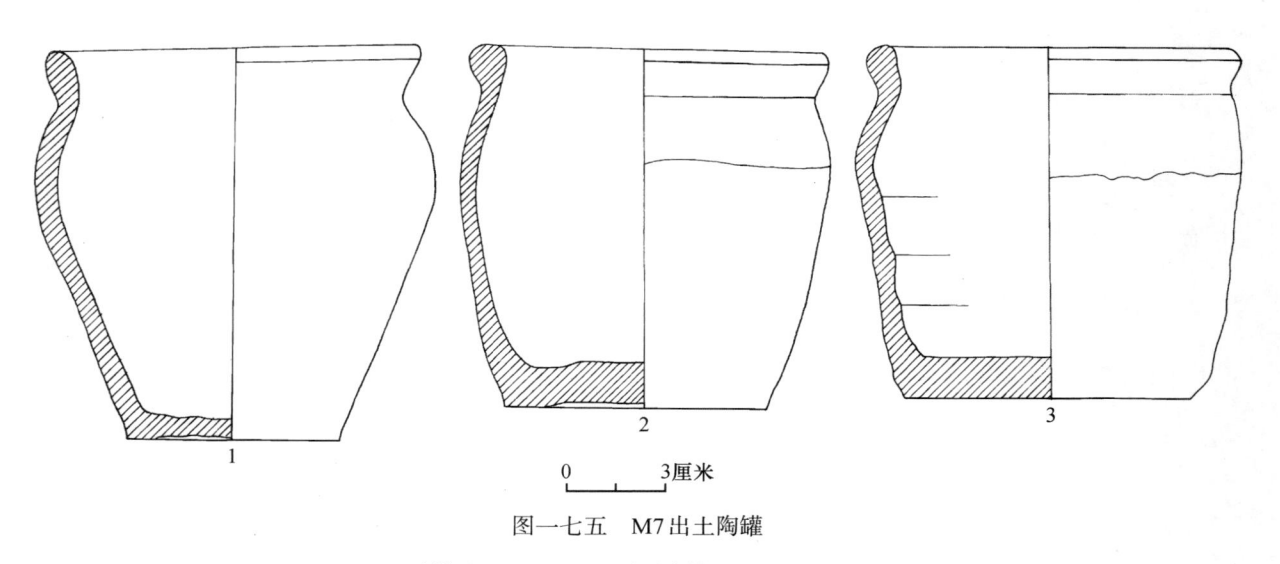

图一七五　M7出土陶罐

1. 陶罐（M7∶4）　2、3. 半釉陶罐（M7∶3、M7∶1）

2. 铜钱

康熙通宝　14枚。标本M7:2，13枚。锈蚀。圆形，方穿。正、背面均有圆郭，正面铸钱文"康熙通宝"四字，楷书，对读，背面穿左右铸满文"宝源"二字局名。钱径2.3、穿宽0.5、郭宽0.33厘米，重3克（图一七六，1）。标本M7:5，1枚。锈蚀。圆形，方穿。正、背面均有圆郭，正面铸钱文"康熙通宝"四字，楷书，对读，背面穿左右铸满汉合文"宁"字，即甘肃宁夏局。钱径2.8、穿宽0.47、郭宽0.38厘米，重4克（图一七六，2）。

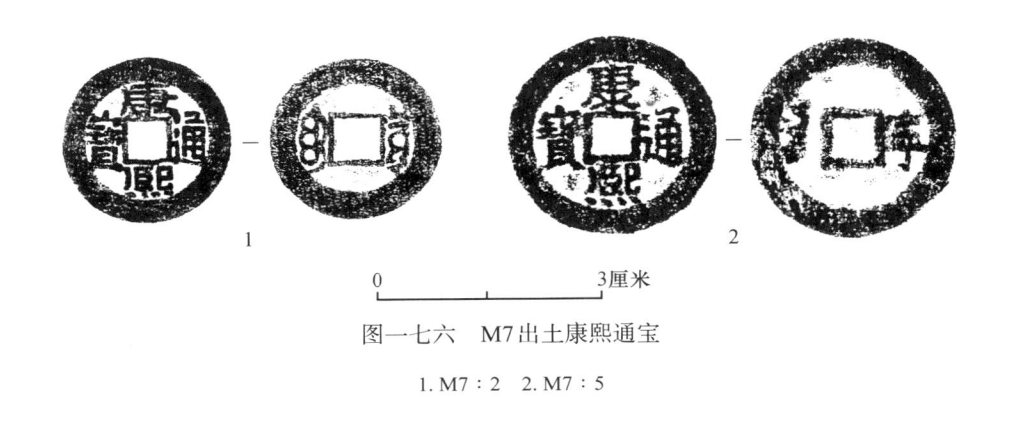

图一七六　M7出土康熙通宝
1. M7:2　2. M7:5

二、M53

（一）位置及形制

M53位于发掘区西部T1315内，北为M54，南为M64。东部、北部被现代墙基打破。开口于第2层下，打破生土。东西向，方向294°。

长方形竖穴土坑墓（图一七七；彩版二七，1）。墓圹开口距地表深1.15米，整体平面呈长方形，东西长2.91~3.45米，南北宽1.52~2.64米。内置三棺，均已腐朽，仅剩棺痕。三棺东西向，南北平行排列。中棺距北棺0.18~0.24米，距南棺0.42米。

南、北棺墓穴分别打破中棺墓穴，较中棺墓穴分别向内凹进0.16米和0.24米。西壁、南壁向外倾斜，北壁较直。中、南部墓圹内填较疏松的黄褐色五花土，含细沙、砖粒、姜石颗粒，

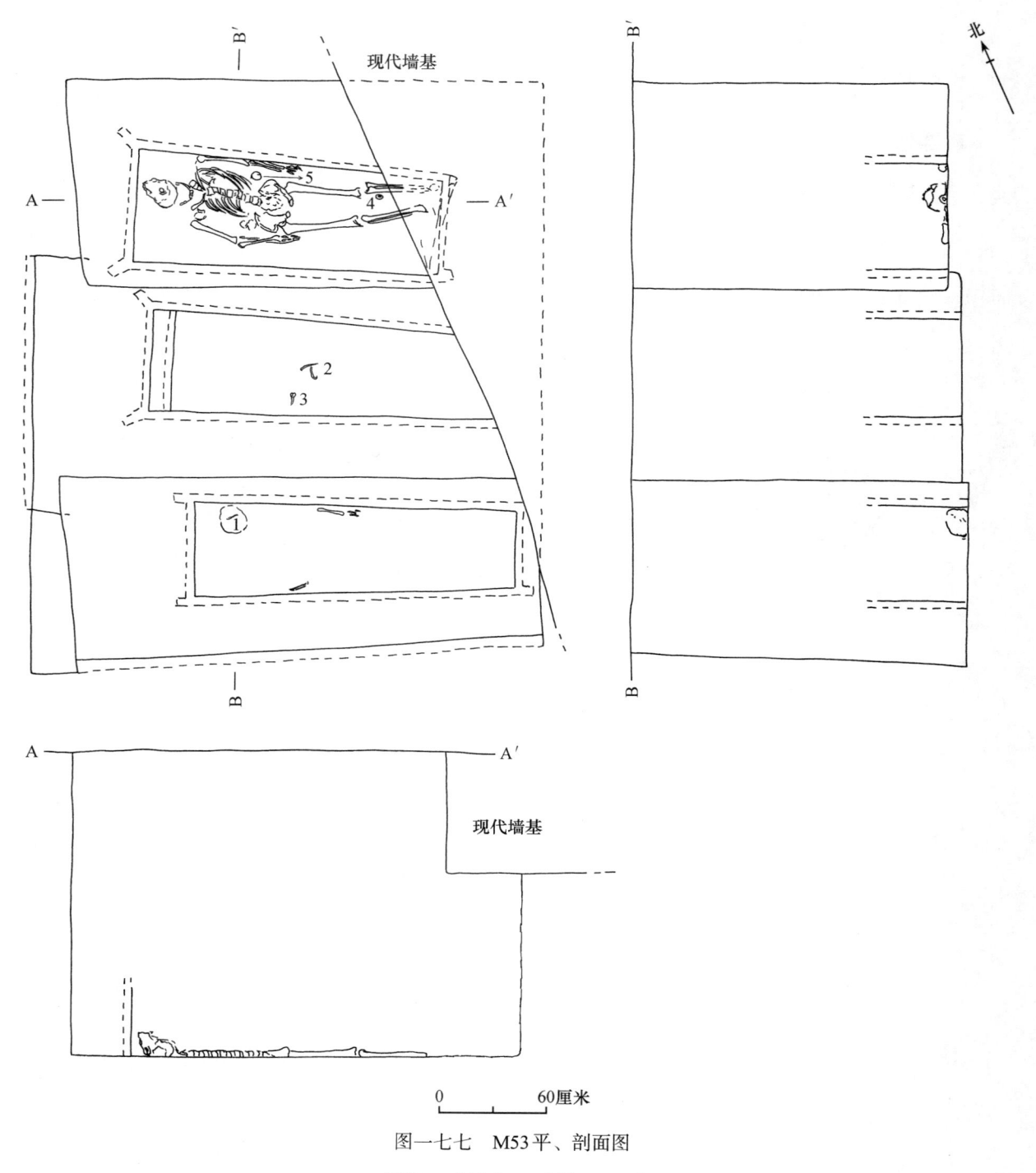

图一七七　M53平、剖面图
1、3. 银簪　2. 银扁方　4. 铜钱　5. 腰带铜饰

北部墓圹内填较疏松的黄褐色五花土，含沙量极大，内含零星姜石颗粒。

南棺墓圹开口平面东西长2.56~2.6米，南北宽0.92~1.06米，底部宽1~1.12米，深1.86

米。棺东西长1.8米，上部东西宽0.44~0.56米，底部东西宽0.52~0.64米，残高0.5米，棺痕厚0.04米。棺内底部铺有一层薄灰。棺内人骨保存情况较差，仅残存头骨及少量肢骨，头向西，面向、性别、年龄、葬式不详。

中棺墓圹开口平面东西长1.7~1.92米，底部东西长2.26~2.76米，南北宽1.57米，深1.84米。棺上部东西长1.7~1.92米，底部东西残长1.52~1.8米，宽0.48~0.58米，残高0.48米。底部仅残存少量朽木渣屑。未发现人骨。

北棺土圹开口平面长1.54~1.92米，宽1.22米，深1.76米。棺长1.58~1.64米，宽0.64~0.74米，残高0.4米，板灰厚4厘米。棺内人骨保存一般，头西脚东，面向不详，仰身直肢。经鉴定，墓主为男性，年龄在40~45岁。

（二）出土器物

银簪2件，1件出土于南棺内墓主人头骨处，1件出土于中棺中部。银扁方2件，出土于中棺内。铜腰带饰2件，出土于北棺内墓主人盆骨两侧。铜钱1枚，出土于北棺内墓主人腿骨内侧。

1. 铜器

铜腰带饰　2件，形制相同。标本M53：5-1，两椭圆形圆环用合页相连接，右侧椭圆周边錾刻凸起的葵花花叶，内镶嵌有白色宝石，左侧椭圆形扣环内錾刻"寿"字，其两侧錾刻对称的龙纹图案。通长6.6、宽4.5厘米（图一七八，6；彩版五三，3）。

2. 银器

银簪　3件。标本M53：1，簪体呈扁条锥形，向内弯曲，末端残断。簪首呈如意状，中部镂空。簪体表面錾刻梅花纹样，背面錾刻竖款"太和"二字。残长6厘米（图一七八，1；彩版五三，4）。标本M53：2-1，簪体呈扁条形。扁首圆弧扁平，扁尾尖细，呈三角尖状。正面中部錾刻花叶图案。背面扁首位置錾刻"寿"字。通长12.9、宽0.3~1.1厘米（图一七八，4；彩版五三，5）。标本M53：3-1，仅残存簪体，呈圆柱锥形。残长4.2厘米（图一七八，2）。标本M53：3-2，簪体为三棱柱状。簪首为动物头部造型。残长2.7厘米（图一七八，3）。

图一七八　M53出土器物

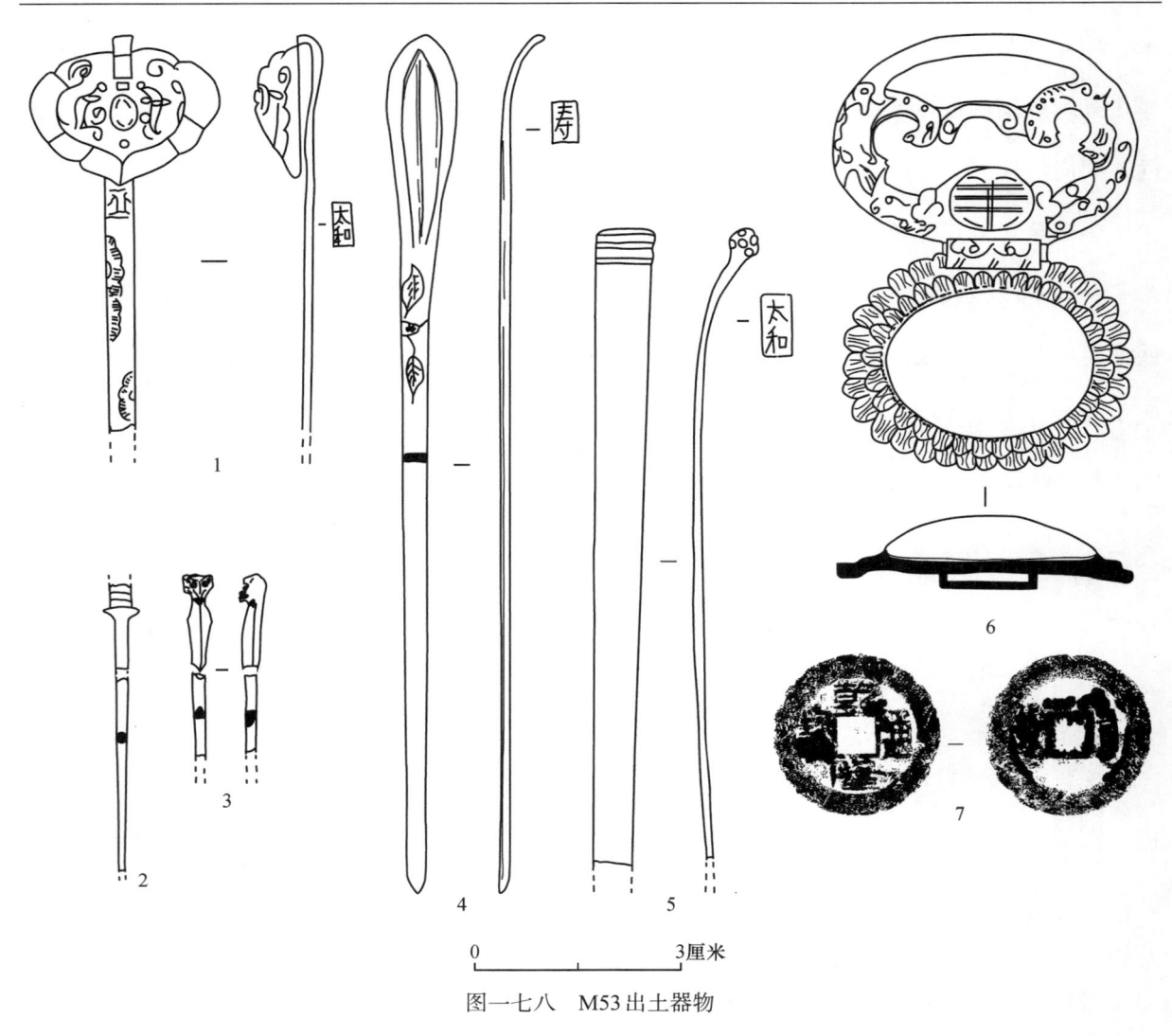

1～4. 银簪（M53：1、M53：3-1、M53：3-2、M53：2-1）　5. 银扁方（M53：2-2）
6. 铜腰带饰（M53：5-1）　7. 乾隆通宝（M53：4）

银扁方　1件。标本M53：2-2，残。外观呈扁长方形，尾端残断。扁首向内弯曲，截面呈柱状，两侧面錾刻出花朵纹样。背面扁首位置錾刻竖款"太和"二字。残长9.5、宽0.5～0.8、厚0.12厘米（图一七八，5；彩版五三，5）。

3. 铜钱

乾隆通宝　1枚。标本M53：4，锈蚀严重。圆形，方穿，正、背面均有圆郭，正面铸钱文"乾隆通宝"四字，楷书，对读，背面穿左右铸满文"宝泉"二字局名，字体漫漶模糊。钱径2.3、穿宽0.45、郭宽0.3厘米，重3克（图一七八，7）。

三、M64

（一）位置及形制

M64位于发掘区西部T1215内，北与M53相距4.9米。开口于第2层下，打破生土。东西向，方向290°。

竖穴土坑三棺合葬墓（图一七九；彩版二七，2）。开口距地表深1.12米，整体平面略呈斜梯形，南北长2.68~3.34米，东西宽2.7~3.04米，底部南北长2.68~3.42米，东西宽2.7~3.08米。内填较疏松的黄褐色五花土，含黄沙量大，含有少量褐土块及姜石颗粒。

棺木均已腐朽，仅剩板灰痕迹。三棺东西向，南北平行排列，中棺距北棺0.1米，距南棺0.3米。其中，南、北两棺墓穴分别打破中棺墓穴。

南棺墓圹开口平面东西长2.8~3.04米，南北宽0.84~1.26米，底部东西长2.84~3.08米，南北宽0.84~1.34米，深1.68米。棺长1.9，宽0.46~0.62米，残高0.38米，板灰厚0.05米。底部铺有草木灰。棺内人骨保存较差，长1.5米，头西脚东，面北，仰身屈肢。经鉴定，墓主人为女性，年龄在50岁以上。

中棺墓圹开口平面东西长2.7~2.76米，南北残宽0.76~0.9米，深1.44米。棺长1.88米，宽0.44~0.54米，残高0.14米。底部铺有草木灰。未发现人骨。

北棺墓圹开口平面东西长2.68~2.8米，南北宽1.06~1.18米，深1.48米。棺上口长2.1米，底部长1.8米，宽0.4~0.62米，残高0.14米，板灰厚0.05米。墓底铺有草木灰及白灰，残留较多朽木块及朽木渣。未发现人骨。

（二）出土器物

银扁方1件、银簪7件，位于南棺内墓主人头骨右侧。铜烟嘴1件，位于南棺内墓主人右臂处。手镯1件，出土于南棺内墓主人左手处。铜钮扣1枚，出土于南棺内。料珠3颗，出土

图一七九　M64平、剖面图

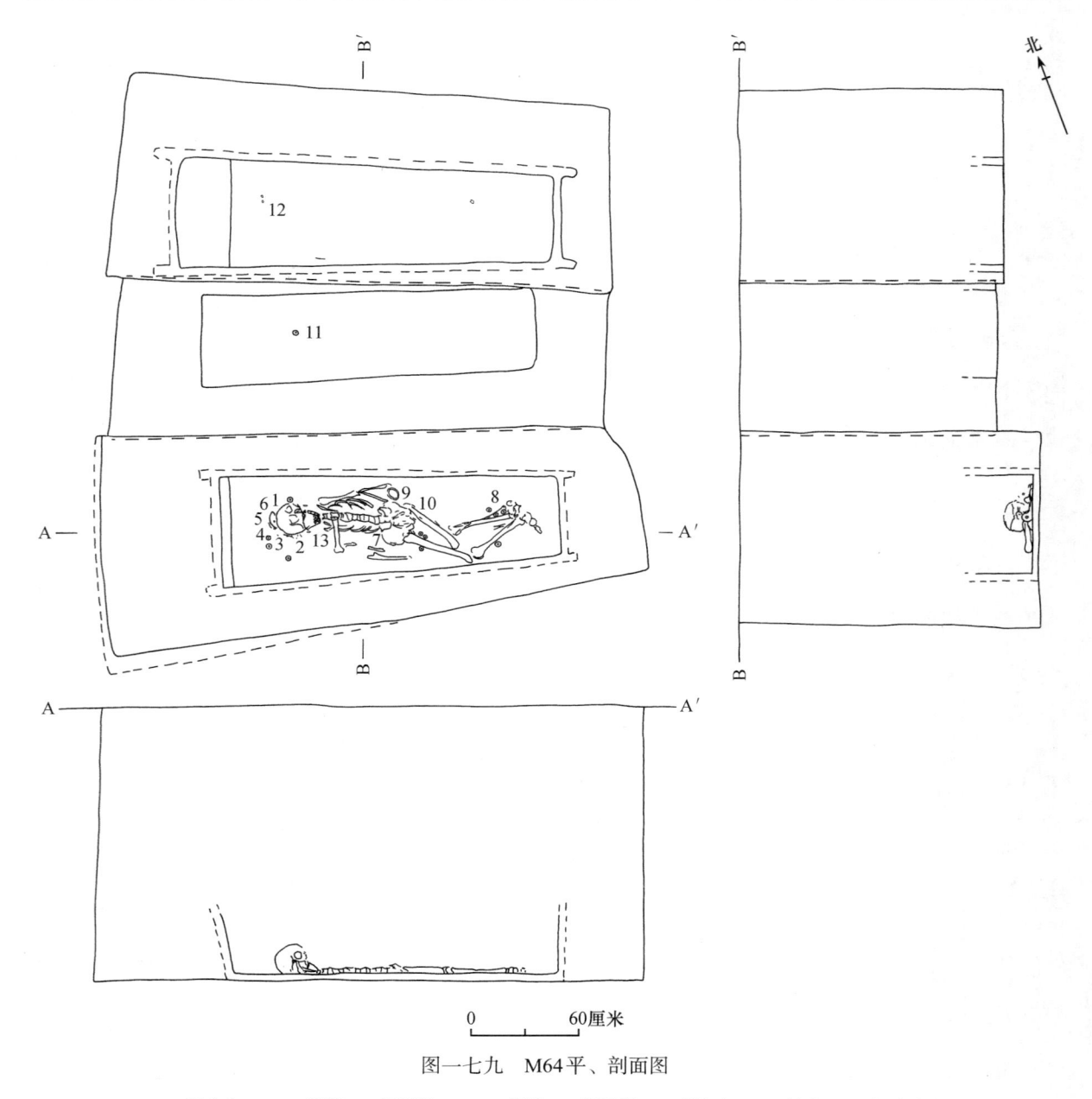

1.银扁方　2~6.银簪　7.铜烟锅　8、11.铜钱　9.铜手镯　10.铜钮扣　12.料珠　13.金耳环

于北棺内。金耳环1对，出土于南棺内墓主人头部。铜钱31枚，30枚出土于南棺内，另1枚出土于中棺内。

1. 银器

银扁方　1件。标本M64：1，通体鎏金，锈蚀脱落严重。扁体平面呈扁长条形。簪首弯曲，截面呈棱柱状，尾端呈圆弧状。宽0.7~1.1、通长17.8厘米（图一八〇，1；彩版五三，6）。

发簪　7件。标本M64：2，2件，形制相同（彩版五三，7）。通体鎏金，局部脱落。簪体呈扁条状。簪首正面尖圆向后弯曲，尾端逐渐变窄呈三角状。表面上部錾刻花叶图案和三道凹弦纹。宽0.3～1.3、通长14.5厘米（图一八〇，2）。标本M64：3，锈蚀严重。通体鎏金。簪体呈针形，尾端尖细。簪首上端为平行四边形，边饰细线形乳钉纹，正面有交叉的直线纹，下端连接有卷云纹样纹饰。簪首与簪体分别制作焊接而成。簪体宽0.2、厚0.12、通长14.4厘米（图一八〇，3；彩版五三，8）。标本M64：4，锈蚀。通体鎏金。簪体细长，呈圆柱形，尾端尖细。簪头可分两层，正面为圆形薄片，直径1.85厘米，背部用银丝与下层蝴蝶形镂空状花瓣和簪体相焊接。簪首与簪体分别制作。通长11.2厘米（图一八〇，4；彩版五四，1）。

花头簪　1件。标本M64：5，锈蚀。簪体呈细长圆柱锥形。簪首为花瓣状，其中仰莲瓣3层，内镶嵌珠子。莲花形簪托下覆莲一层。残长10.5厘米（图一八〇，5；彩版五四，2）。

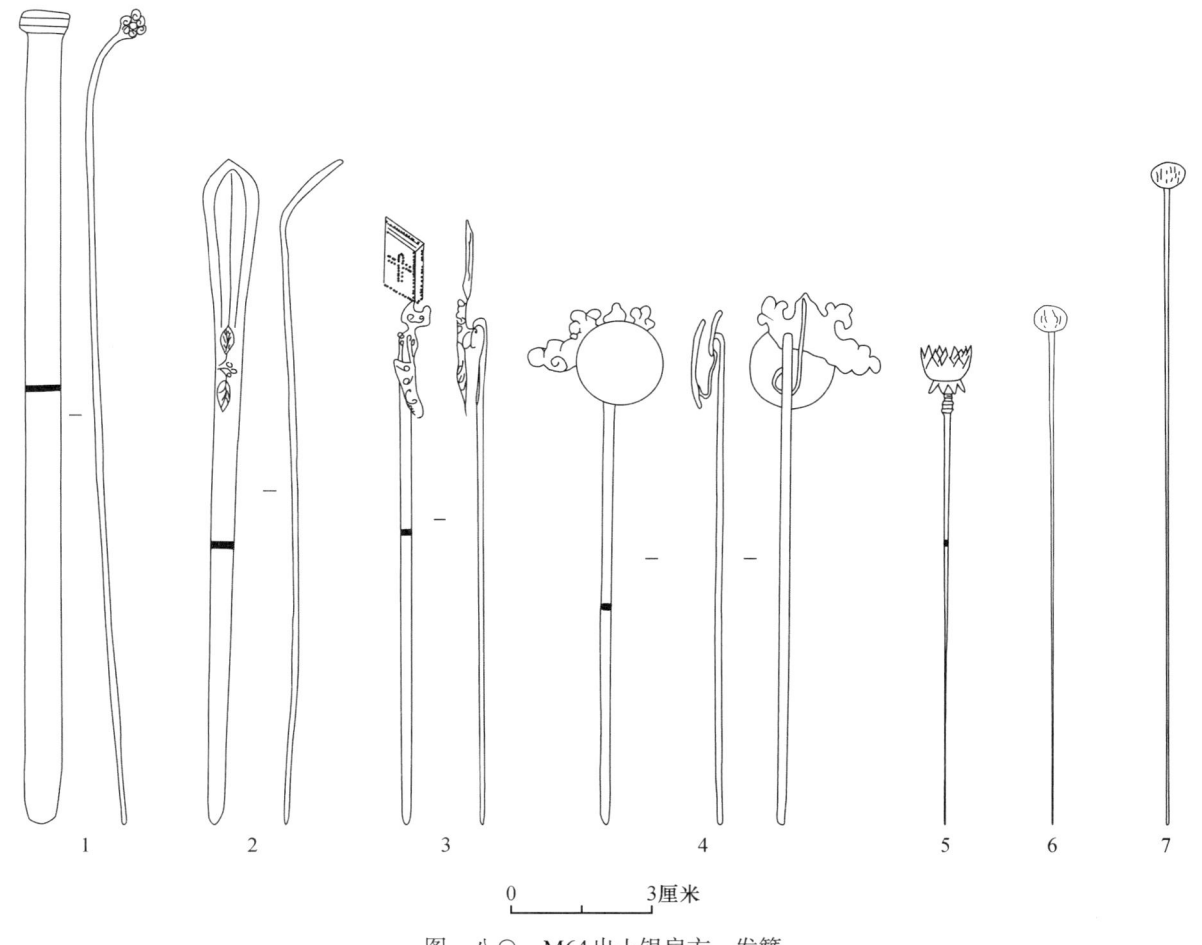

图一八〇　M64出土银扁方、发簪

1.银扁方（M64：1）　2~4.发簪（M64：2、M64：3、M64：4）　5.花头簪（M64：5）　6、7.圆珠头簪（M64：6-1、M64：6-2）

圆珠头簪　2件（彩版五四，3）。标本M64∶6-1，簪体呈细长圆锥状。簪首为球状小珠。珠体表面颜色呈银白色。簪尾尖细。长11.3厘米（图一八〇，6）。标本M64∶6-2，簪体呈细长圆锥状。簪首为扁球状小珠，珠体表面颜色呈银白色。簪尾尖细。长14.5厘米（图一八〇，7）。

2. 金器

金耳环　2件，形制相同。标本M64∶13-1、M64∶13-2，圆环形。素面。色泽金黄光亮。直径1.5厘米（图一八一，1；彩版五四，4）。

3. 铜器

铜手镯　1件。标本M64∶9，椭圆形。长径7.3、短径6.1厘米（图一八一，2；彩版五四，5）。

铜钮扣　1枚。标本M64∶10，锈蚀严重。圆球形，顶部有环形系。表面饰有小乳钉纹，靠近系处有三个小圆孔。通高3厘米（图一八一，3；彩版五四，6）。

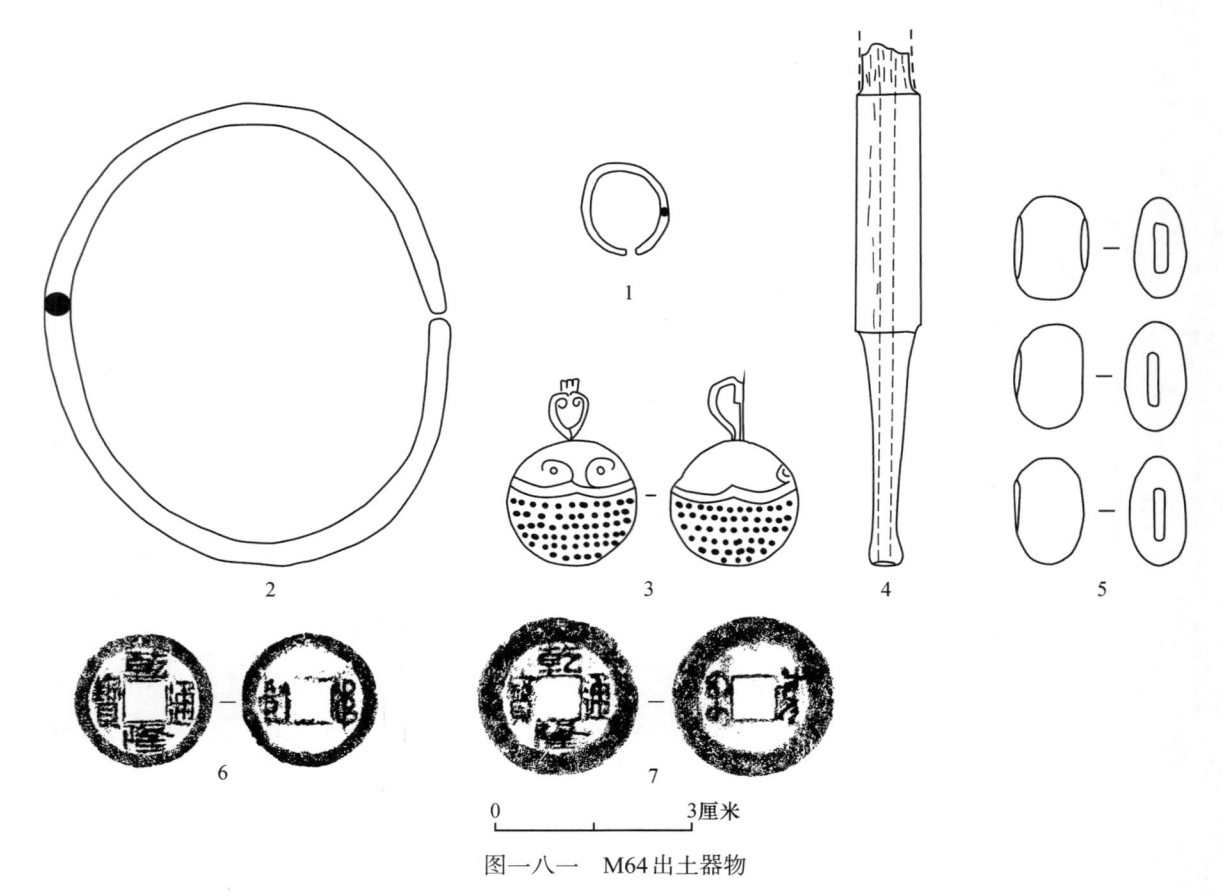

图一八一　M64出土器物

1. 金耳环（M64∶13）　2. 铜手镯（M64∶9）　3. 铜钮扣（M64∶10）　4. 铜烟锅（M64∶7）
5. 料珠（M64∶12）　6、7. 乾隆通宝（M64∶8、M64∶11）

铜烟锅　1件。标本M64：7，残断，仅剩烟嘴及烟杆部分。烟嘴为铜质。烟杆为木质圆杆，与烟嘴连接，中间有孔。烟嘴直径0.5～1厘米，长7.5厘米，残长8.5厘米（图一八一，4）。

4. 料珠

料珠　3颗。形制大小相同，标本M64：12，黄色珠体，略呈扁椭圆形，有穿孔。长径1.7、短径0.9、孔径0.8厘米（图一八一，5；彩版五四，7）。

5. 铜钱

乾隆通宝　31枚。标本M64：8，30枚。锈蚀。圆形，方穿，正、背面有圆郭，正面铸钱文"乾隆通宝"四字，楷书，对读，背面穿左右铸满文"宝泉"二字局名。钱径2.2、穿宽0.5、郭宽0.24厘米，重3克（图一八一，6）。标本M64：11，1枚。锈蚀。圆形，方穿，正、背面有圆郭，正面铸钱文"乾隆通宝"四字，楷书，对读，背面穿左右铸满文"宝泉"二字局名，字体漫漶模糊。钱径2.7、穿宽0.48、郭宽0.44厘米，重5克（图一八一，7）。

第四节　四棺合葬墓

M69

（一）位置及形制

M69位于发掘区西南部T0613内，北与M68相距1.8米，北部打破M67，东部打破M80。开口于第2层下，打破生土。东西向，方向84°。

竖穴土坑四棺合葬墓（图一八二）。墓圹开口距地表深1.08米，整体平面南北长3.46～3.66米，东西宽1.35～2.7米。内填疏松的灰褐色花土，夹有黄沙、灰白色土块及少量料姜石颗粒。

葬具为木棺和骨灰罐。木棺均已腐朽，仅剩棺痕。由北向南依次编号为棺1、棺2、棺3、棺4。棺1打破棺2，棺2和棺4分别打破棺3。棺1与棺2间距0.35～0.4米，棺2与骨灰罐间距0.14米，骨灰罐与棺4间距0.42米。

图一八二　M69平、剖面图

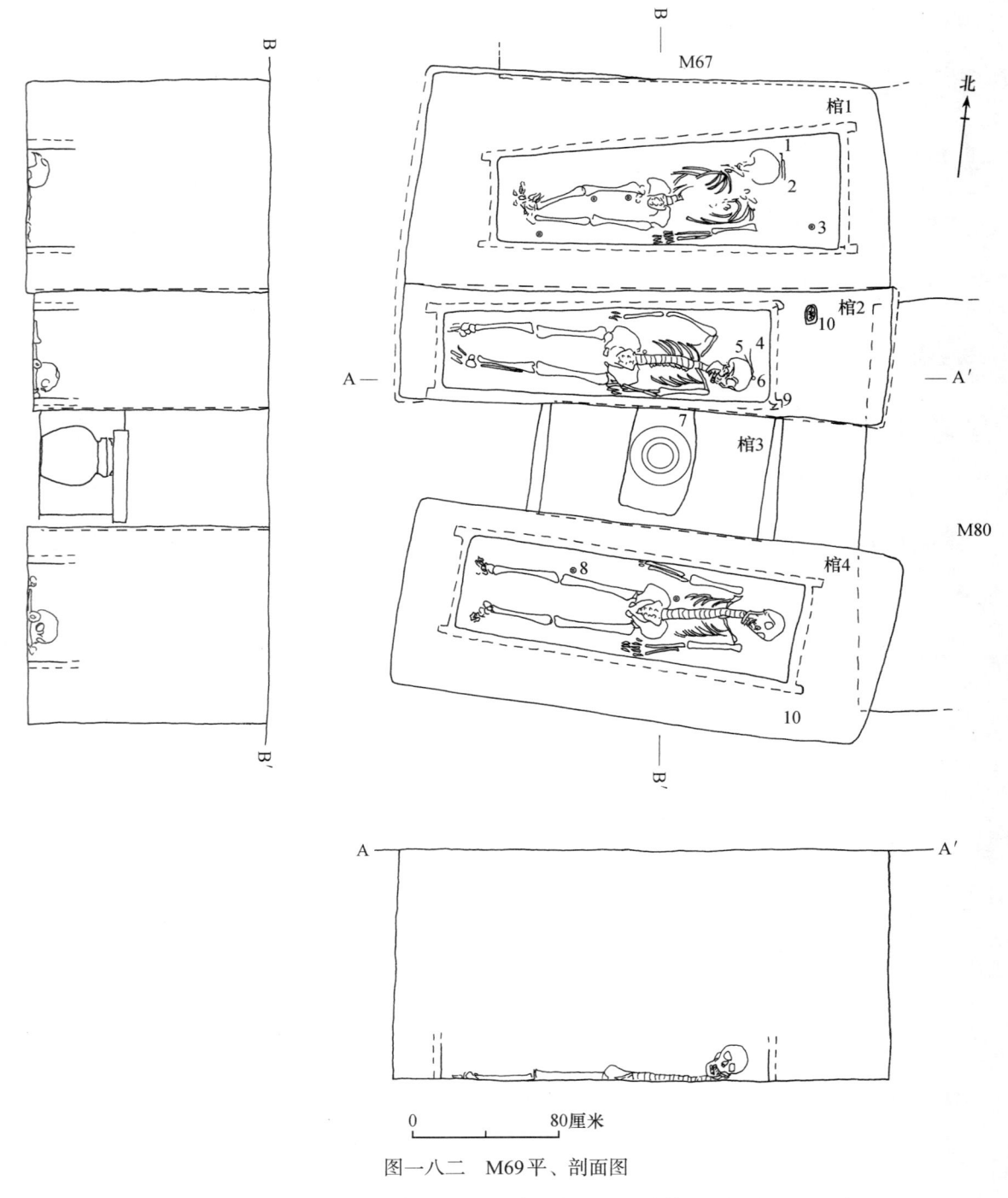

1、4. 银簪　2. 铜簪　3、8. 铜钱　5. 玉簪　6. 铜钮扣　7. 黑釉瓷罐　9. 铁棺钉　10. 瓦当

棺1墓圹开口平面东西长2.4~2.65米，南北宽1.13~1.2米，深1.34米，西、北壁上部向内微收，斜壁平底。棺长1.88米，宽0.48~0.64米，残高0.3米，板灰厚0.03米。棺底铺有草木灰。棺内人骨保存较差，长1.45米，头骨移位偏向北侧，头向东，面向不清，仰身直肢。经鉴定，墓主为女性，年龄35~40岁。

棺2墓圹开口平面东西长2.68米，南北宽0.62~0.74米，深1.3米。东、西两壁上部向内微收，斜壁平底。棺长1.8米，宽0.44~0.52米，残高0.25米，板灰厚0.03米。棺内人骨保存较好，长1.68米，头向东，面向南，仰身直肢。经鉴定，墓主为女性，年龄约40岁。

棺3墓圹开口东西长1.32~1.38米，底部东西长1.2米，南北宽0.6~0.7米，深1.26米。葬具为黑釉瓷罐。罐盖已残。罐内有用火烧过的人骨。罐上部盖有一块灰色方砖，规格为52厘米×52厘米×8厘米。

棺4墓圹东西长2.6~2.7米，南北宽1.06~1.1米，深1.3米。直壁、平底。棺长1.84米，宽0.52~0.56米，残高0.24米，板灰厚0.04米。棺底铺草木灰及白灰。棺内人骨保存较好，骨架长1.74米，头向东，面向上，仰身直肢。经鉴定，墓主为男性，年龄在50~55岁。

（二）出土器物

银簪4件，其中棺1头骨处2件，棺2头骨处2件。铜簪1件，出土于棺1头骨处。铜钱10枚，其中棺1出土6枚，南棺出土4枚。玉簪1件，出土于棺2头骨处。铜钮扣4枚，出土于棺2内。黑釉瓷罐1件，为棺3葬具。铁棺钉3枚，出土于棺2。瓦当1件，出土于棺4填土内。

1. 瓷器

黑釉瓷罐　1件。标本M69：7，保存完好。敛口，圆唇，斜束颈，广肩，鼓腹，下腹斜收，平底。浅褐色胎，胎质较粗。颈部施黄褐色釉，颈部以下施酱黑色釉，仅底部施酱黄色釉。下腹及足底无釉。釉层厚而凝重，下部流釉严重。罐内壁满施酱褐色釉。器盖盖面隆起，盖顶有圆饼形钮。盖沿内部有圈足状榫口。盖内壁无釉，外表面釉色黄褐相间，形似兔毫。口径20、腹径36、底径19.4、带盖通高42.4厘米（图一八三；彩版五四，8）。

2. 玉器

玉簪　1件。标本M69：5，黄玉质。簪体为圆柱形，簪尾钝尖。簪首雕刻莲花纹饰，背部雕刻五朵花朵，花茎处有一圆形的小孔眼。簪体直径0.5~0.7、通长13.9厘米（图一八四，1；彩版五五，1）。

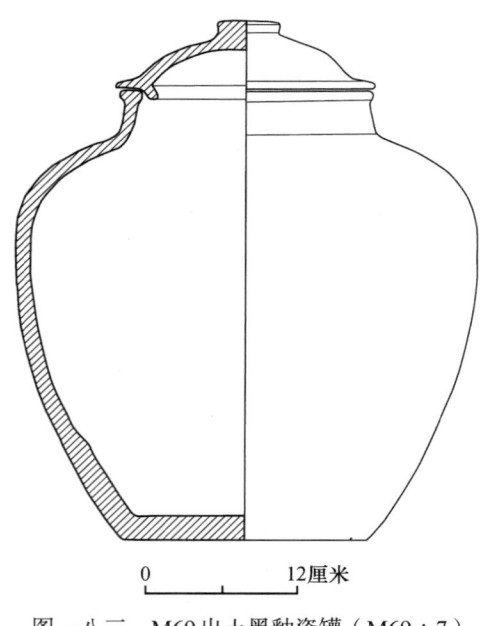

图一八三　M69出土黑釉瓷罐（M69：7）

3. 银器

银簪　2件。形制相同，均保存完好（图一八四，2；彩版五五，2）。标本M69：1-1，簪首向内弯曲，簪头略呈鼓起的半圆球形。正面錾刻花叶纹图案，背面平整，有竖款"德新"二字铭文。簪首至簪尾逐渐变窄，尾尖。簪体宽0.2～0.35、通长10.7厘米。标本M69：1-2，簪首向内弯曲，簪头略呈鼓起的半圆球形，正面錾刻花叶纹图案，背有竖款"德新"二字铭文。簪首至簪尾逐渐变窄，尾尖。簪体宽0.2～0.35、通长10.7厘米。

4. 铜器

铜簪　2件，形制相同，均保存完好（图一八四，3；彩版五五，3）。标本M69：4-1，簪首向内弯曲，簪头略呈鼓起的半圆形，背面有竖款"彩玲"二字铭文。簪首至簪尾逐渐变窄，尾尖。簪体宽0.2～0.35、厚0.1、通长11.7厘米。标本M69：4-2，簪首向内弯曲，簪头略呈鼓起的半圆形，背面有竖款"彩玲"二字。簪首至簪尾逐渐变窄，尾尖。通簪体宽0.2～0.35、厚0.1、长11.7厘米。

铜扁方　1件。标本M69：2，残。仅残存簪体下部，呈扁条形。宽0.4～0.6、残长5.7厘米（图一八五，2）。

铜钮扣　4枚，形状相同。标本M69：6，锈残。圆球形，空腔，顶部用铜丝焊接呈圆形系钮。直径1.5厘米（图一八五，3；彩版五五，4）。

5. 瓦当

1件。标本M69：10，残。泥质灰陶。圆形，四周有凸起的素缘。缘内饰莲花纹。缘宽1.1、当面直径9.6厘米（图一八五，1；彩版五五，5）。

第五章 清代墓葬

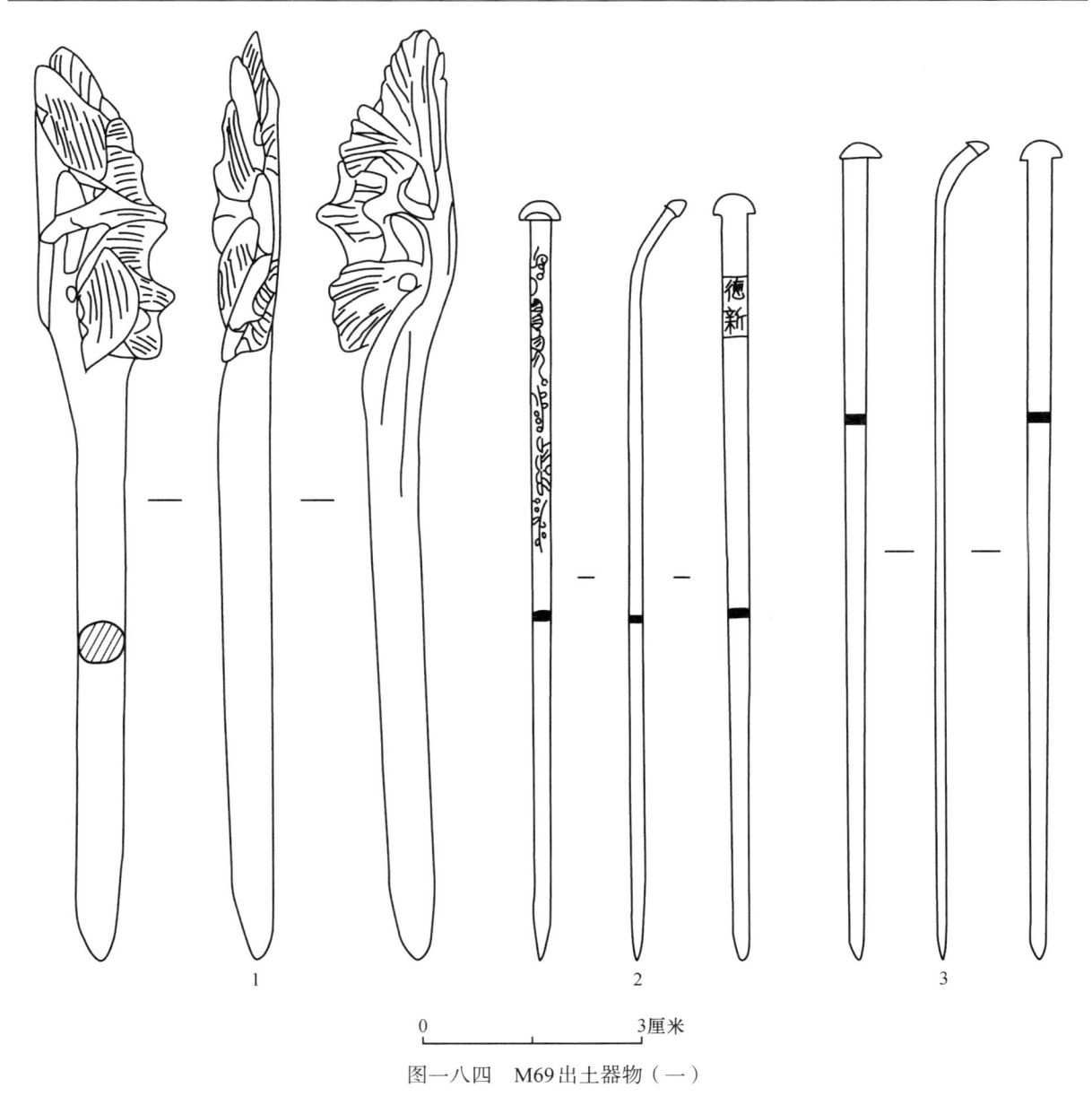

图一八四 M69出土器物（一）

1. 玉簪（M69∶5） 2. 银簪（M69∶1） 3. 铜簪（M69∶4）

6. 铜钱

弘治通宝 1枚。标本M69∶3，锈蚀。圆形，方穿，正面郭缘较窄，背面无郭，正面楷书"弘治通宝"四字，对读。钱径2.4、穿径0.48、郭厚0.13厘米，重4克（图一八五，4）。

乾隆通宝 9枚。标本M69∶8，锈蚀。圆形，方穿，正、背面有圆郭，正面铸钱文"乾隆通宝"四字，楷书，对读，背面穿左右铸满文"宝泉"二字局名。钱径2.4、穿宽0.46、郭宽0.35厘米，重4克（图一八五，5）。

图一八五　M69出土器物（二）

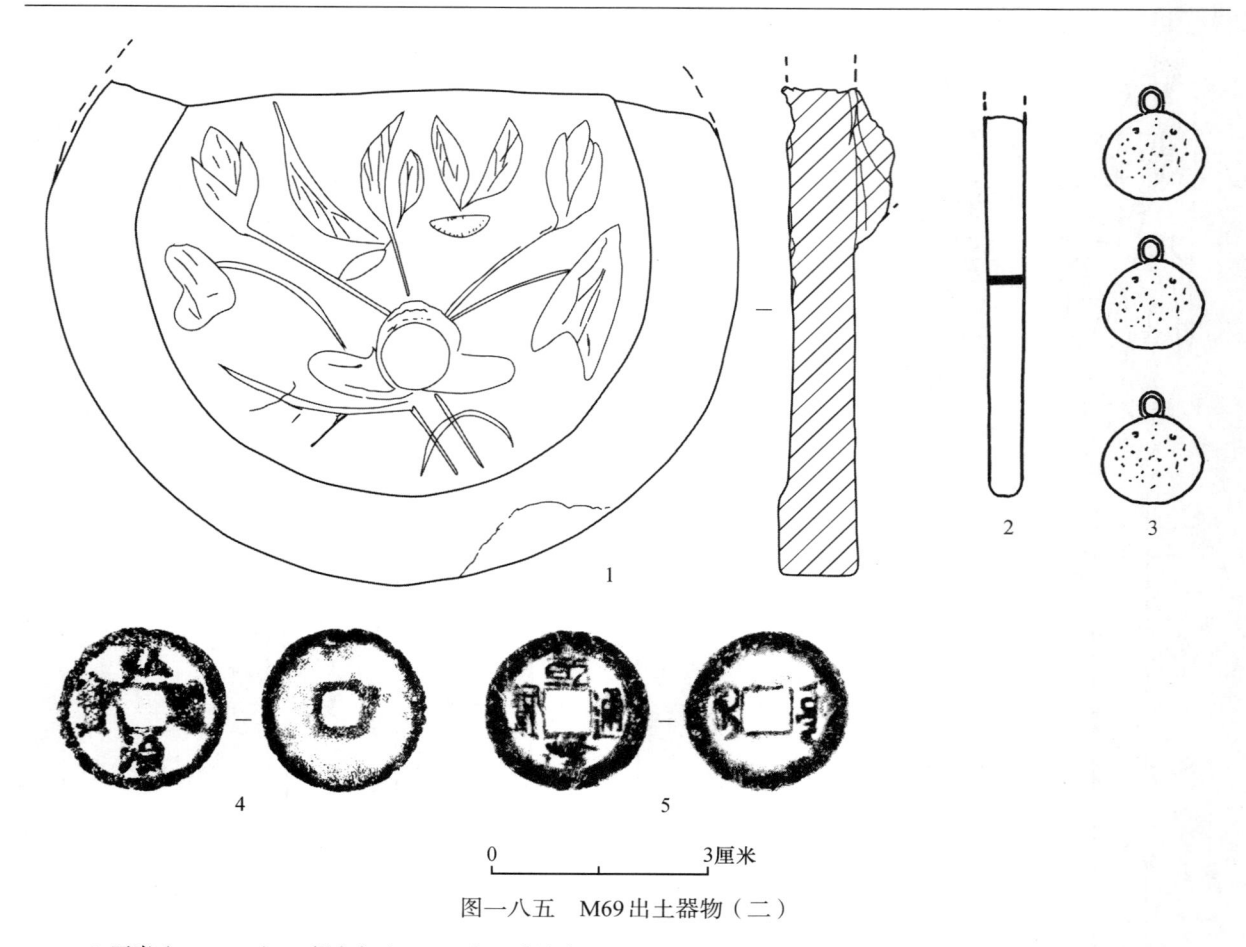

1. 瓦当（M69：10）　2. 铜扁方（M69：2）　3. 铜钮扣（M69：6）　4. 弘治通宝（M69：3）　5. 乾隆通宝（M69：8）

第五节　火　葬　墓

M65

（一）位置及形制

M65位于发掘区西南部T0712内，东与M61相距41米，北部被M75打破，南部被M74打破。开口于第2层下，打破生土。南北向，方向195°。

土圹砖室火葬墓（图一八六；彩版二八，1）。土圹开口距地表深0.9米，圹底距地表深1.84米。土圹南北残长0.8～1.3米，东西宽1.3米，深0.94米。砖室南北长1.14米，东西宽0.54米，

图一八六　M65平、剖面图

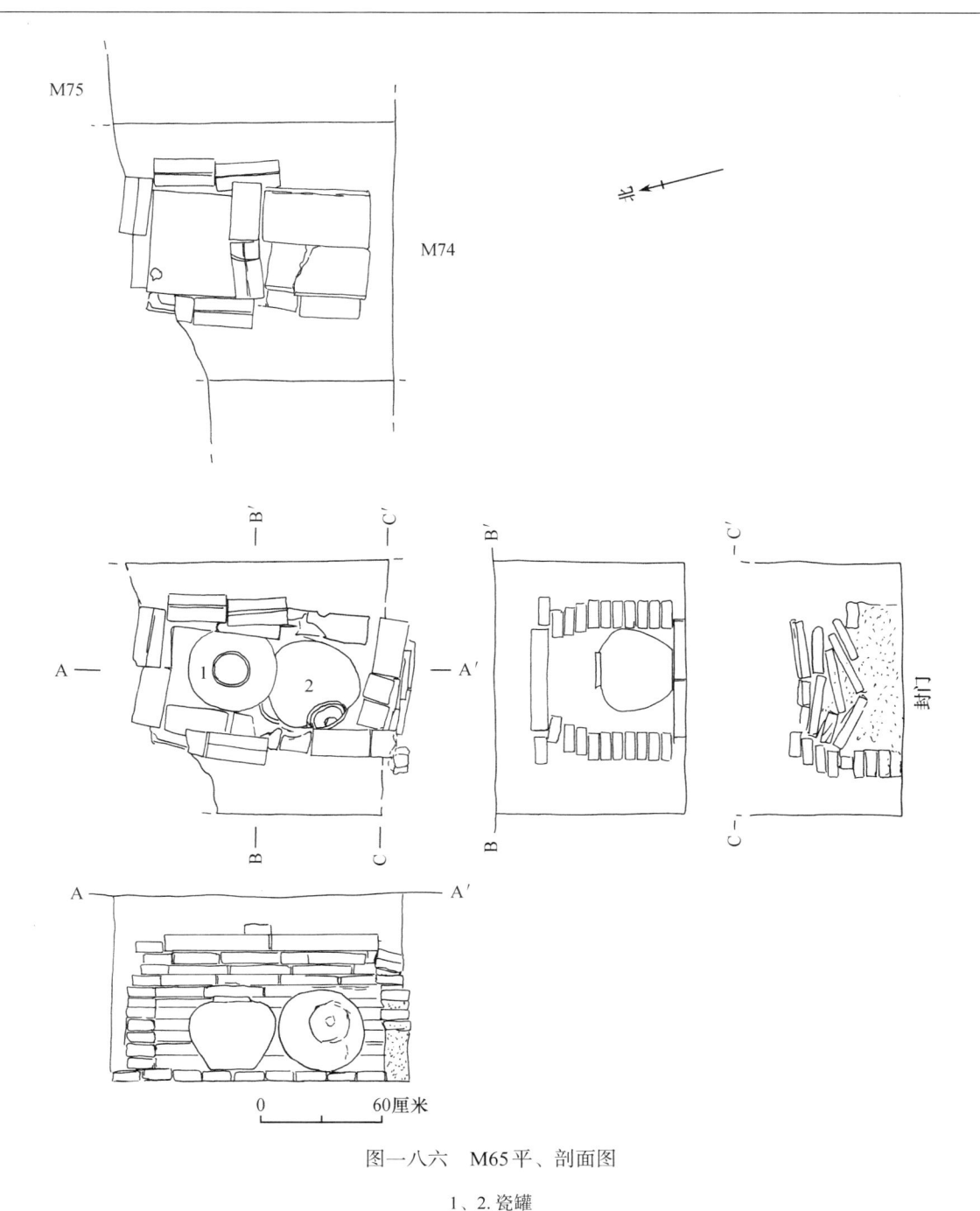

1、2. 瓷罐

高0.6米。墓壁自下向上用平砖错缝顺砌七层，之上叠涩三层，再用方砖封顶。砖缝之间用白灰砂浆粘合，表面抹有白灰面。墓室北壁部分被破坏，凹凸不平。南壁似为封门，下部堆土，上部用条砖呈"人"字形顺砌四层。封门东西长0.65米，南北宽0.14米，高0.56米。墓室底部平铺一层条砖。方砖规格为52厘米×52厘米×8厘米；条砖规格为29.5厘米×14.5厘米×4.5厘米，一面正中有沟纹，一面为素面，是清代的开条砖。

葬具为2个瓷罐，南北并排放置于砖室内。南罐向西倾斜，北罐正立，罐盖掉落到西南部。罐内为用火烧过的碎骨块、骨渣。

（二）出土器物

2件酱釉带盖大罐，均为葬具。

标本M65∶1，斜直口微敛，方圆唇，斜束颈，广肩，鼓腹，下腹斜收，平底。器内壁满施酱褐色釉，外壁施酱黑色釉，足底无釉，露黄褐色胎，胎质较粗；器盖隆起有圆饼形钮，圈足状榫口，内无釉，外施酱黑褐色釉，上有金色细线呈放射状分布，形似兔毫。口径18.6、腹径40、底径22、带盖通高42厘米（图一八七，1；彩版五五，6）。标本M65∶2，斜直口微敛，方圆唇，矮束颈，广肩，鼓腹，下腹斜收，平底。器内壁满施酱褐色釉，外壁施酱黑色釉，下腹及足底无釉，露黄褐色胎，胎质较粗。口径20、腹径36、底径19.4、通高38.8厘米（图一八七，2）。

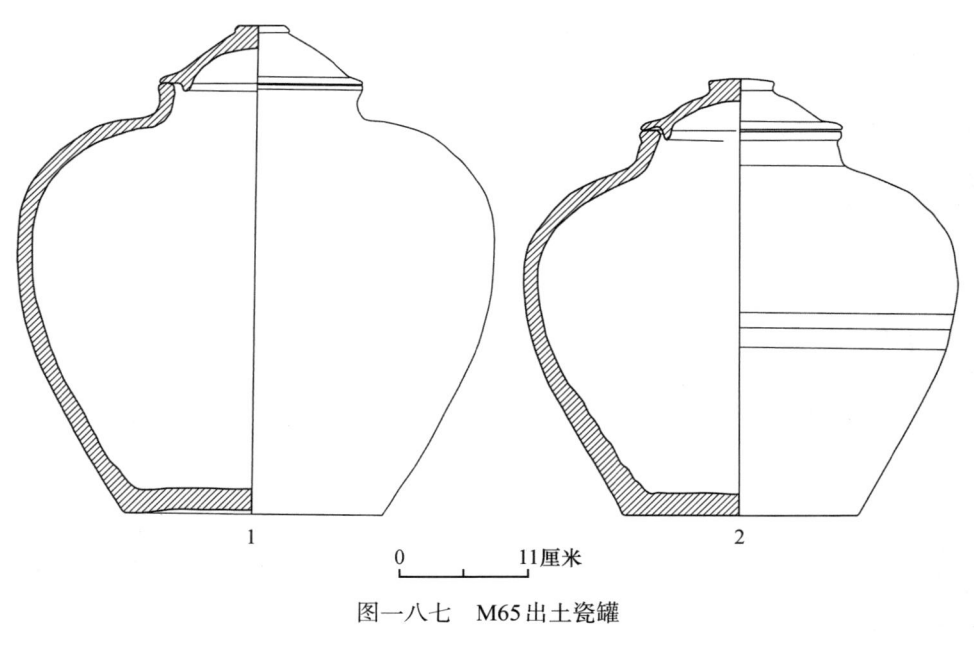

图一八七　M65出土瓷罐

1. M65∶1　2. M65∶2

第六章　时代不详墓葬

14座，即M2、M8、M12、M19、M20、M22、M28、M31、M40、M42、M43、M72、M78、M79。

一、M2

（一）位置及形制

M2位于发掘区东北部T1829内，西北与M1相距6.3米。开口于第2层下，打破生土。东西向，方向91°。

长方形竖穴土坑墓（图一八八；彩版二八，2）。墓口距地表深0.9米，墓底距地表深1.44米。墓圹东西长2.6～2.65米，南北宽1.1米，深1.35米。墓壁竖直、平整。内填较为疏松的黄褐色五花土，以黄沙为主，含有较多料姜石颗粒。

葬具为木棺，腐朽严重，仅剩痕迹，平面呈梯形，中部被填土挤压略内凹。棺内用草木灰和白灰铺底。棺平面呈梯形，东西长2米，南北宽0.42～0.6米，板灰厚3厘米。棺板处残留有铁质棺钉。

人骨保存较差，上半身腐朽成粉末，下半身仅残存脚骨和一根小腿骨。

（二）出土器物

铜钱1枚，出土于棺内中部，锈蚀严重，年款无法辨识。

图一八八　M2平、剖面图
1.铜钱

二、M8

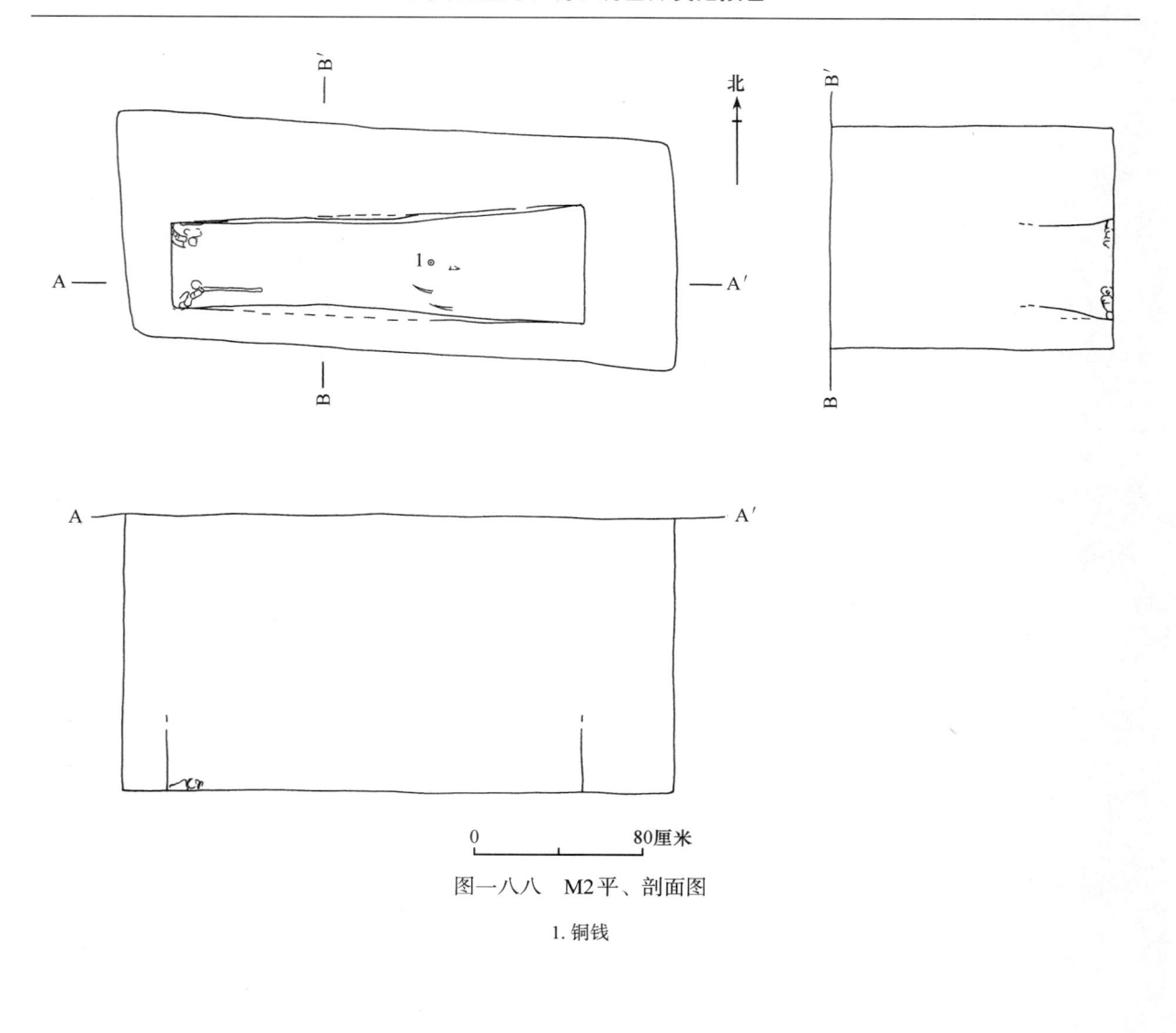

（一）位置及形制

M8位于发掘区西南部T0412内，南偏西为M72。开口于第2层下，打破生土。南北向，方向210°。

长方形竖穴土坑墓（图一八九；彩版二八，3）。墓口距地表深0.8米，墓底距地表深2.05米。墓圹南北长2.44米，东西宽1米，深1.25米。直壁，底部南高北低，呈缓坡状。内填疏松的黄褐色花土，以黄沙为主，夹杂灰褐色土块，含有少量料姜石颗粒及植物根系。

葬具为木棺，腐朽严重，仅残存微弱痕迹。棺平面呈梯形，东北—西南长1.74米，西北—

图一八九　M8平、剖面图

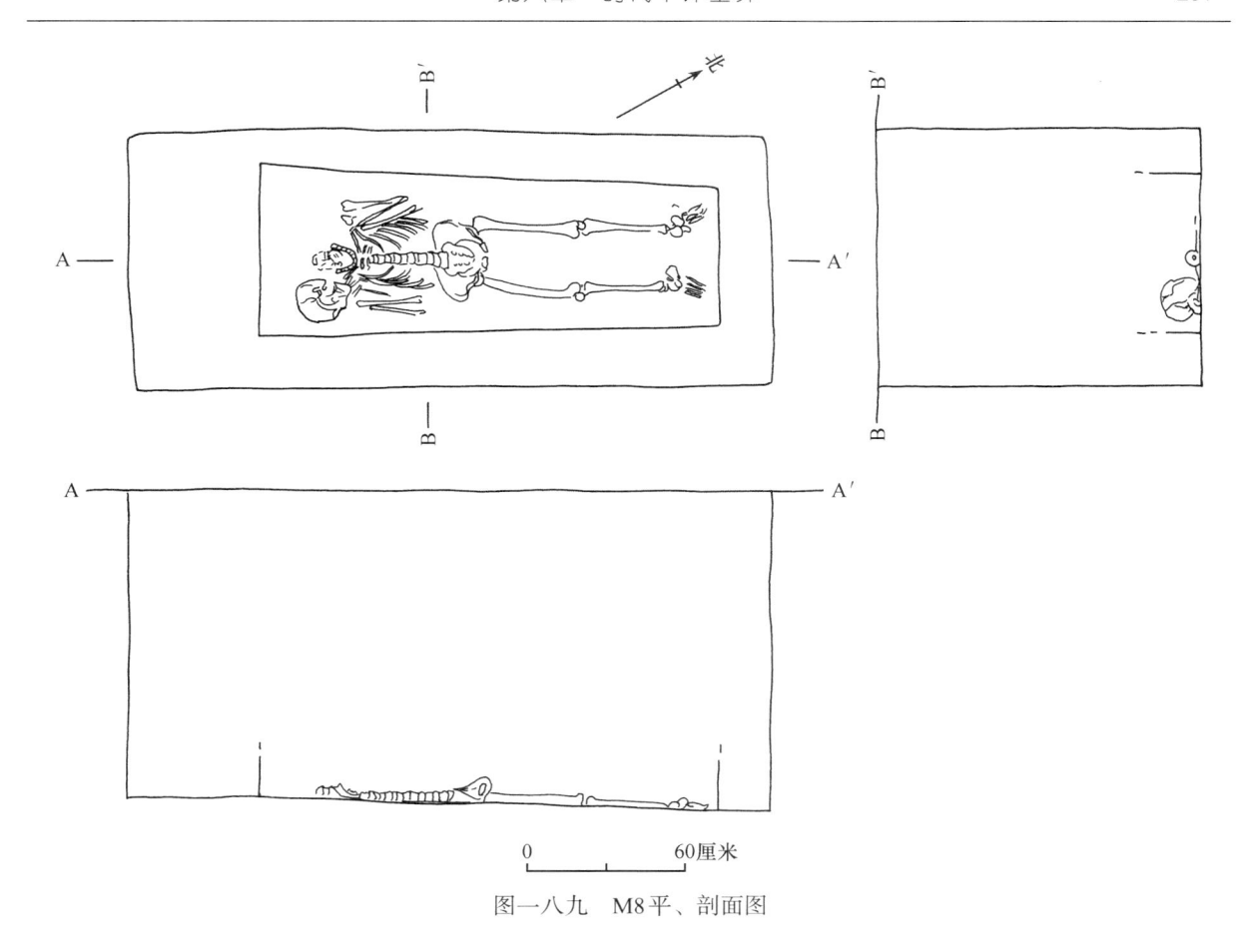

东南宽0.54~0.68米，残高0.2米。板灰厚4厘米。

人骨保存较好，头向南，偏向东侧，仰身直肢，骨架长1.56米。经鉴定，墓主为男性，年龄50岁以上。

（二）出土器物

未发现随葬品。

三、M12

（一）位置及形制

M12位于发掘区东北部T1727内，东与M11相距8.8米。开口于第2层下，打破生土。东西向，方向87°。

长梯形竖穴土坑墓（图一九〇；图八二九，1）。开口距地表深0.9米，墓底距地表深1.88米。平面呈梯形，东西长2.47米，南北宽0.72~0.98米，深0.98米。直壁、平底。内填较疏松的黄褐色五花土，含少量姜石颗粒及零星炭灰颗粒。

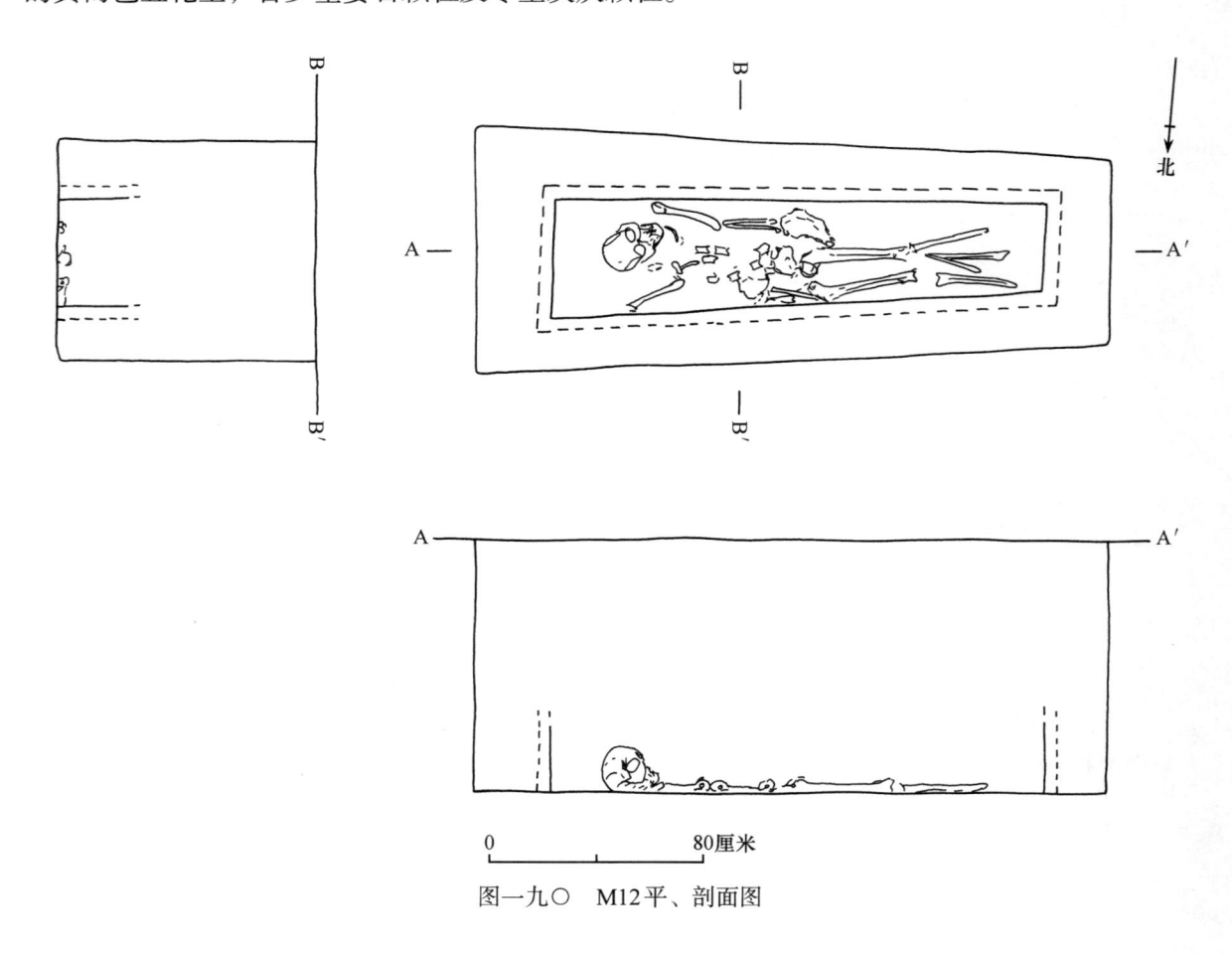

图一九〇　M12平、剖面图

葬具为木棺，棺木已朽，仅剩板灰痕迹。棺东西长1.86米，宽0.34~0.46米，残高0.28米，板灰厚0.04米。

人骨保存情况一般，肋骨、腰椎骨散乱，头向东，面向上，仰身直肢，骨架长1.56米。经鉴定，墓主为男性，年龄在50~55岁。

（二）出土器物

未发现任何随葬品。

四、M19

（一）位置及形制

M19位于发掘区东北部T1426内，北偏东为M18，东部被M20打破，南部被现代房基打破。开口于第2层下，打破生土。东北—西南向，方向51°。

竖穴土坑墓（图一九一；彩版二九，2）。墓口距地表深0.8米，墓底距地表深1.68米。墓圹平面呈长梯形，东西长2.7米，南北宽0.52～1.35米，深0.88米。直壁平底。内填灰褐色花土，土质较硬，由灰褐土、夹杂姜石颗粒的灰白色黏土、细黄沙组成。

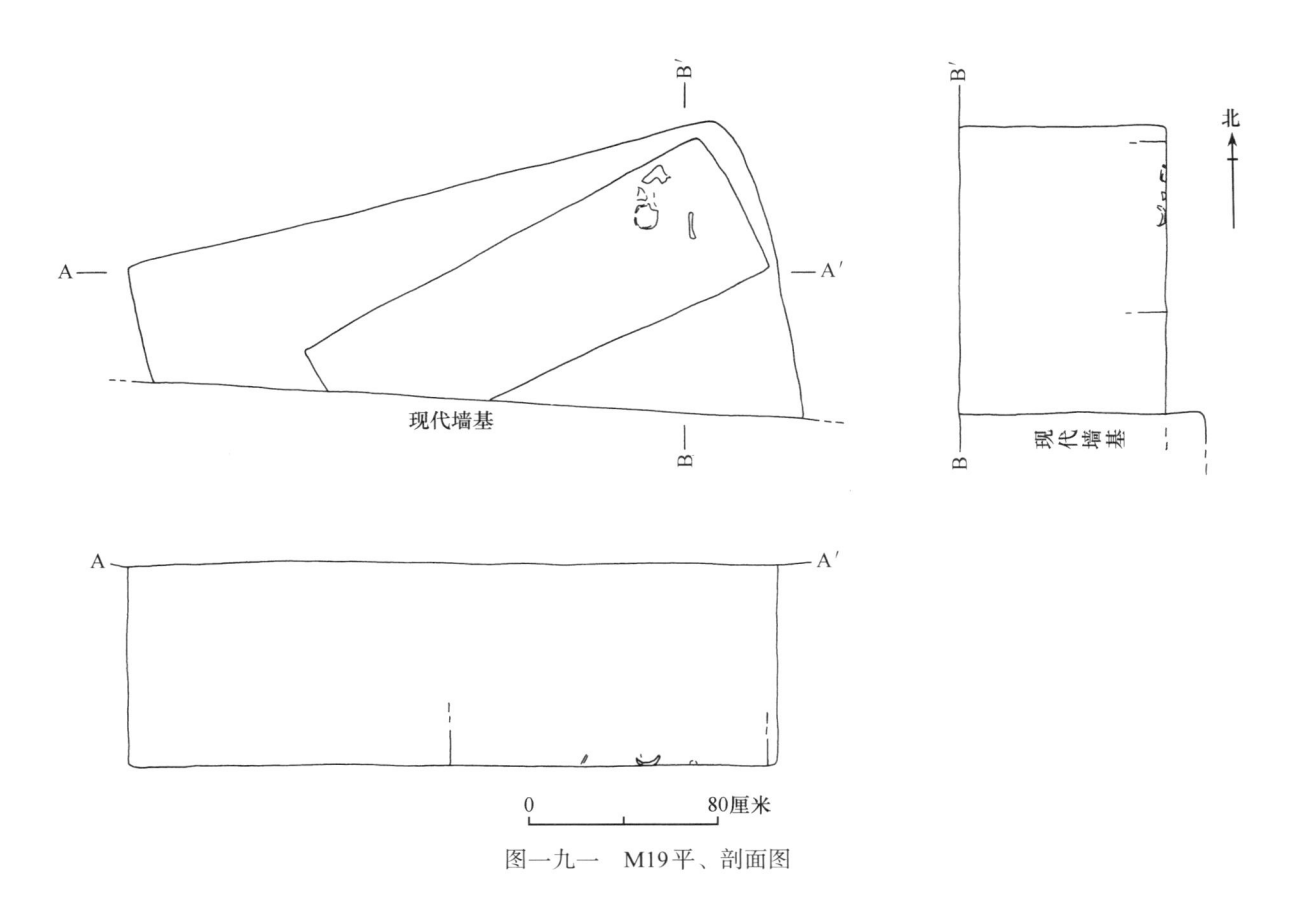

图一九一　M19平、剖面图

葬具为木棺，棺木已朽，棺痕不明显。棺板痕迹处残留有铁质棺钉。棺痕长1.94米，宽0.58～0.66米，残高0.12米，板灰厚2厘米。

人骨大部分无存，仅残存部分头盖骨及一段肢骨。根据人骨残留情况判断，该墓当为迁葬墓。

（二）出土器物

未发现随葬品。

五、M20

（一）位置及形制

M20位于发掘区东北部的T1426内，北与M18相距1.7米，西部打破M19，南部被现代房基打破，东部被扰坑打破。开口于第2层下，打破生土。东西向，方向97°。

长梯形竖穴土坑墓（图一九二；彩版二九，3）。墓口距地表深0.8米，墓底距地表深1.15

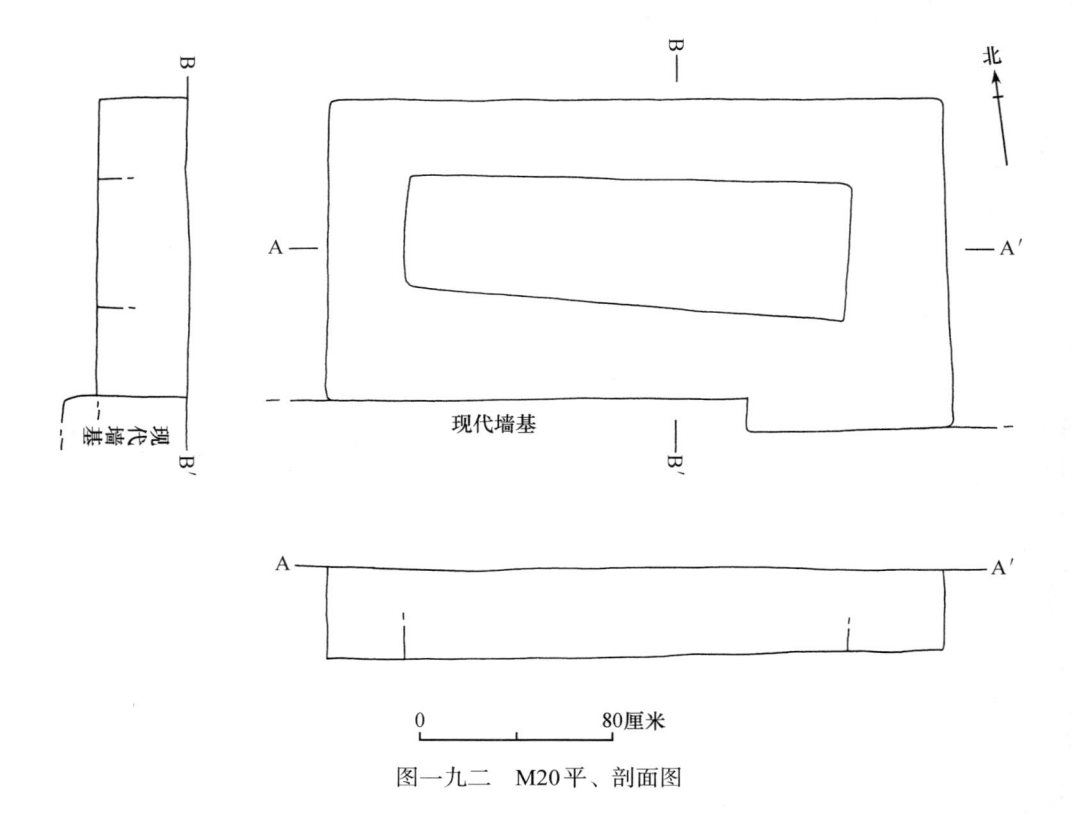

图一九二　M20平、剖面图

米。墓圹东西长2.56米，南北残宽1.3~1.42米，深0.35米。墓壁垂直、平整。内填较致密的灰褐色花土，夹杂有料姜石颗粒。

葬具为木棺，棺木已朽，棺痕不明显。棺平面呈梯形，长1.84米，宽0.5~0.6米，残存高度0.1米。

未发现人骨，当为迁葬墓。

（二）出土器物

未发现随葬品。

六、M22

（一）位置及形制

M22位于发掘区东北部T1426、T1427内，东与M21相距0.5米，南部被现代墙基打破，西部被扰坑打破。开口于第2层下，打破生土。东西向，方向97°。

长方形竖穴土坑墓（图一九三；彩版三〇，1）。墓口距地表深0.9米，墓底距地表深1.24米。墓圹东西长3.1米，南北残宽1.18~1.46米，深0.34米。直壁、平底。内填灰褐色花土，土质较硬，夹杂有料姜石颗粒。

未发现棺木痕迹及人骨遗存，疑为迁葬墓。

（二）出土器物

未发现随葬品。

图一九三　M22平、剖面图

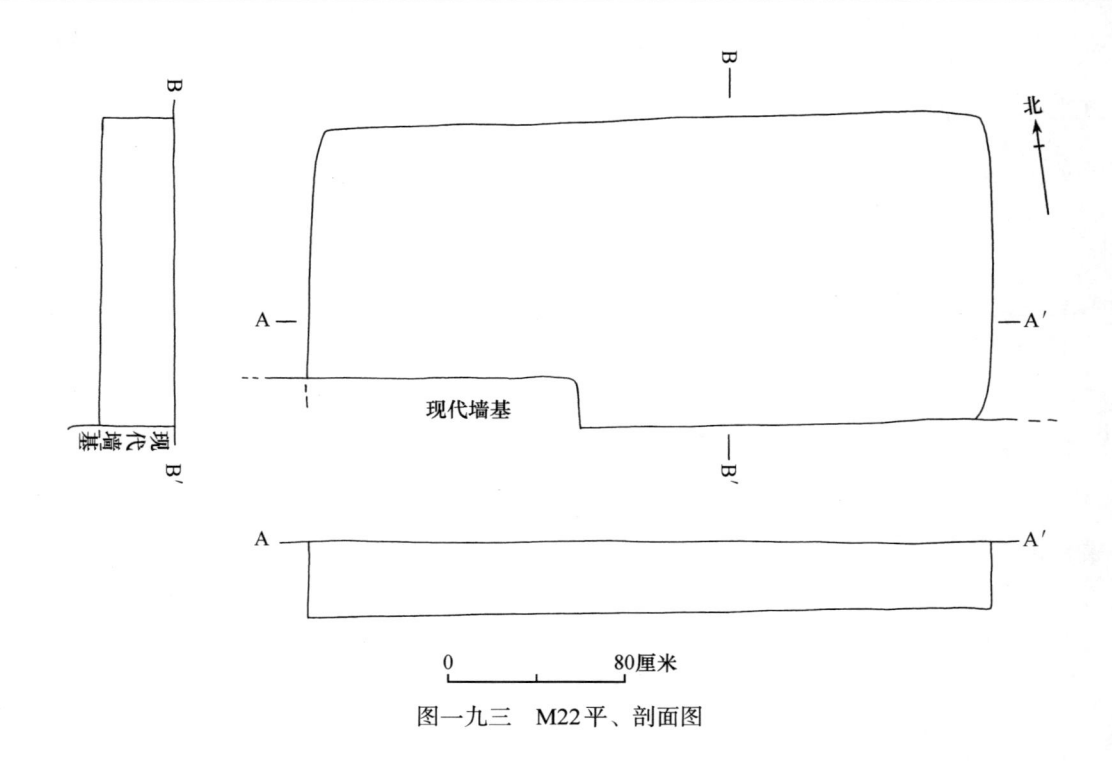

七、M28

（一）位置及形制

M28位于发掘区东北部探方T1427、T1428、T1527、T1528内，东与M27相距0.1米。开口于第2层下，打破生土。南北向，方向175°（图一九四；彩版三〇，2）。

竖穴土坑墓。墓口距地表1米，墓底距地表1.34米。平面近梯形，南宽北窄，南北长2.64米，东西宽0.84~1.1米，直壁平底，深0.34米。内填杂乱的花土，有明显扰动痕迹。填土中发现有铁棺钉和棺板灰痕迹。

未见人骨，疑被迁葬。

（二）出土器物

未发现任何随葬品。

图一九四　M28平、剖面图

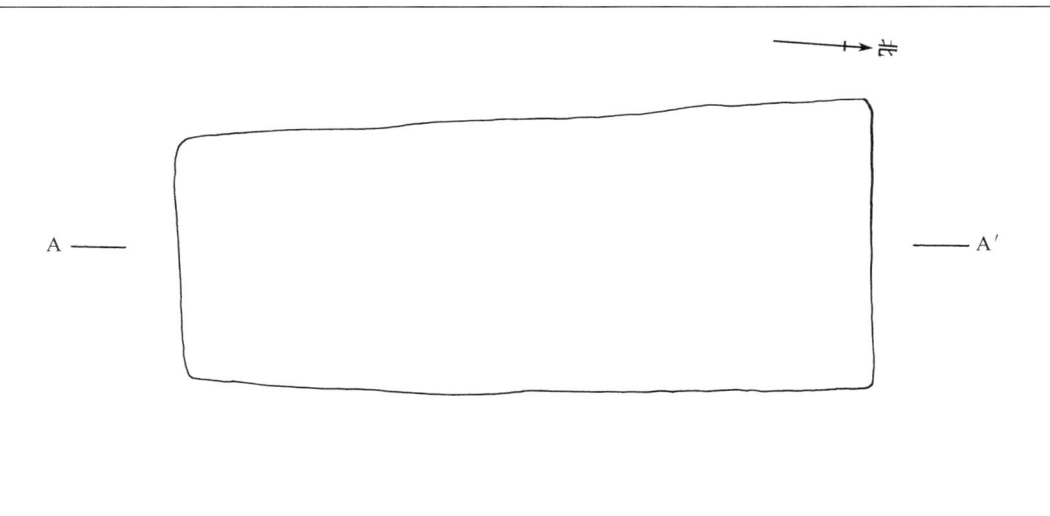

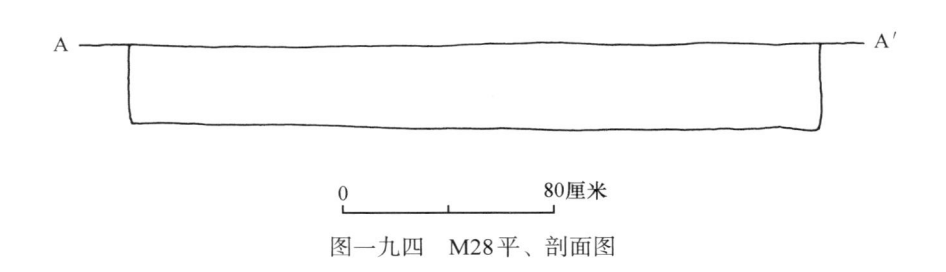

八、M31

（一）位置及形制

M31位于发掘区东北部T1428、T1429内，西与M29相距4米。北部、东部被现代墙基打破。开口于第2层下，打破生土。方向356°。

长方形竖穴土坑墓（图一九五；彩版三一，1）。墓圹开口距现地表深1.34米，南北残长0.54~1.7米，东西残宽0.8~1.5米。内填较疏松的黄褐色五花土，含少量姜石粒、砖粒、植物根系等。

内置双棺。棺木已朽，仅剩棺痕。双棺间距0.22米。西棺土圹打破东棺土圹。西棺土圹南北残长1.7米，东西残宽0.7~0.78米，深0.7米。棺残长1.5米，残宽0.34~0.5米，残高0.08米。棺内人骨保存状况一般，头骨已碎，骨架长1.4米，头北脚南，侧身屈肢。经鉴定，墓主为女性，年龄不详。

图一九五　M31平、剖面图

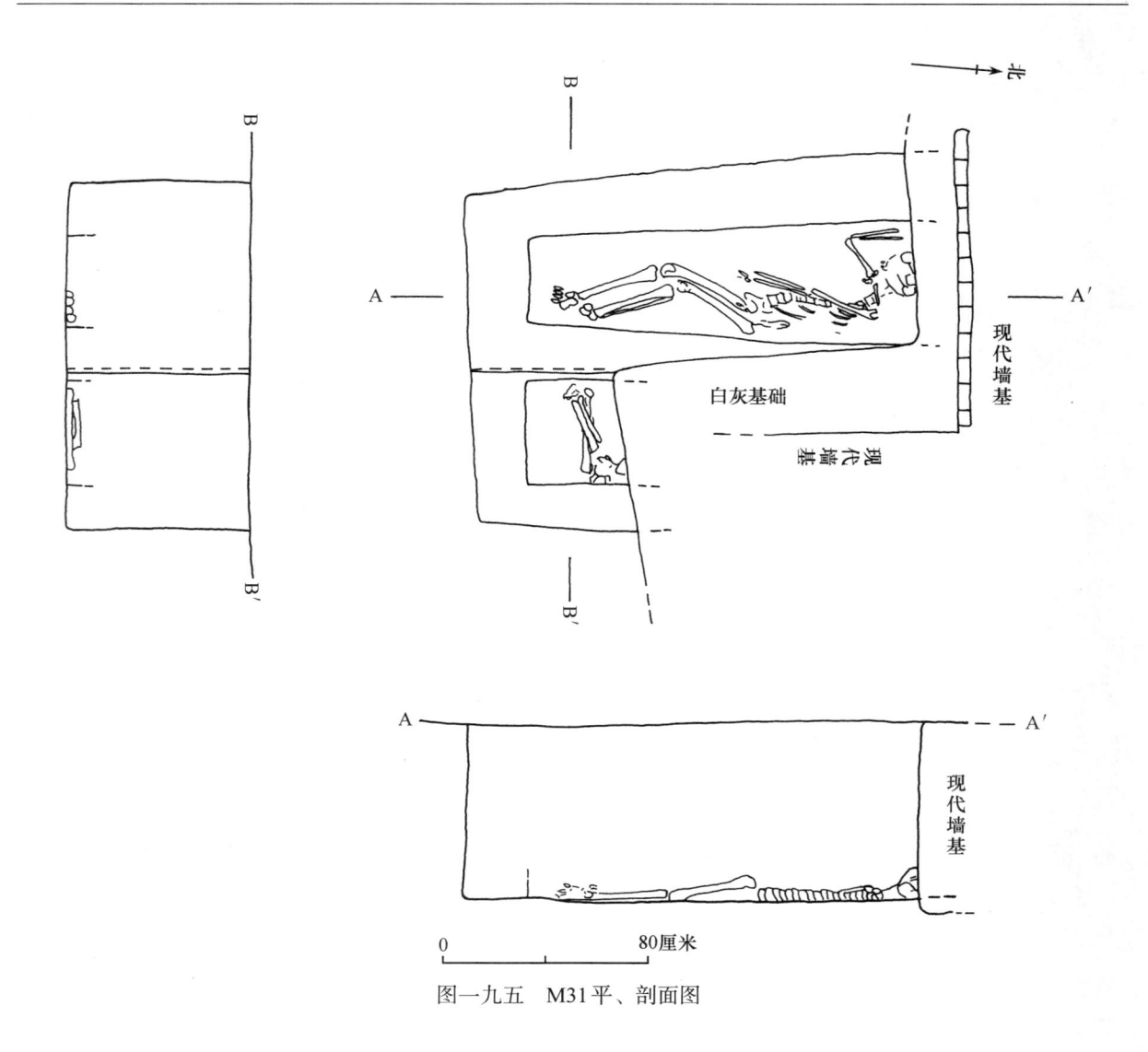

东棺土圹残长0.56~0.6米，残宽0.6~0.64米，深0.7米。东棺残长0.34~0.4米，棺尾残宽0.43米，残高0.06米。棺内底部仅残存两节小腿骨。头向、面向、性别和年龄及葬式均不详。

（二）出土器物

未见任何随葬品。

九、M40

（一）位置及形制

M40位于发掘区东北部T1325内，东与M35相距2.8米，北部被现代房基打破。开口于第2层下，打破生土。东西向，方向96°。

竖穴土坑墓（图一九六；彩版三一，2）。墓口距地表深0.9米，墓底距地表深2.3米。清理部分东西长2.6米，南北宽0.7米，深1.4米。内填散乱的花土，有明显扰动痕迹。

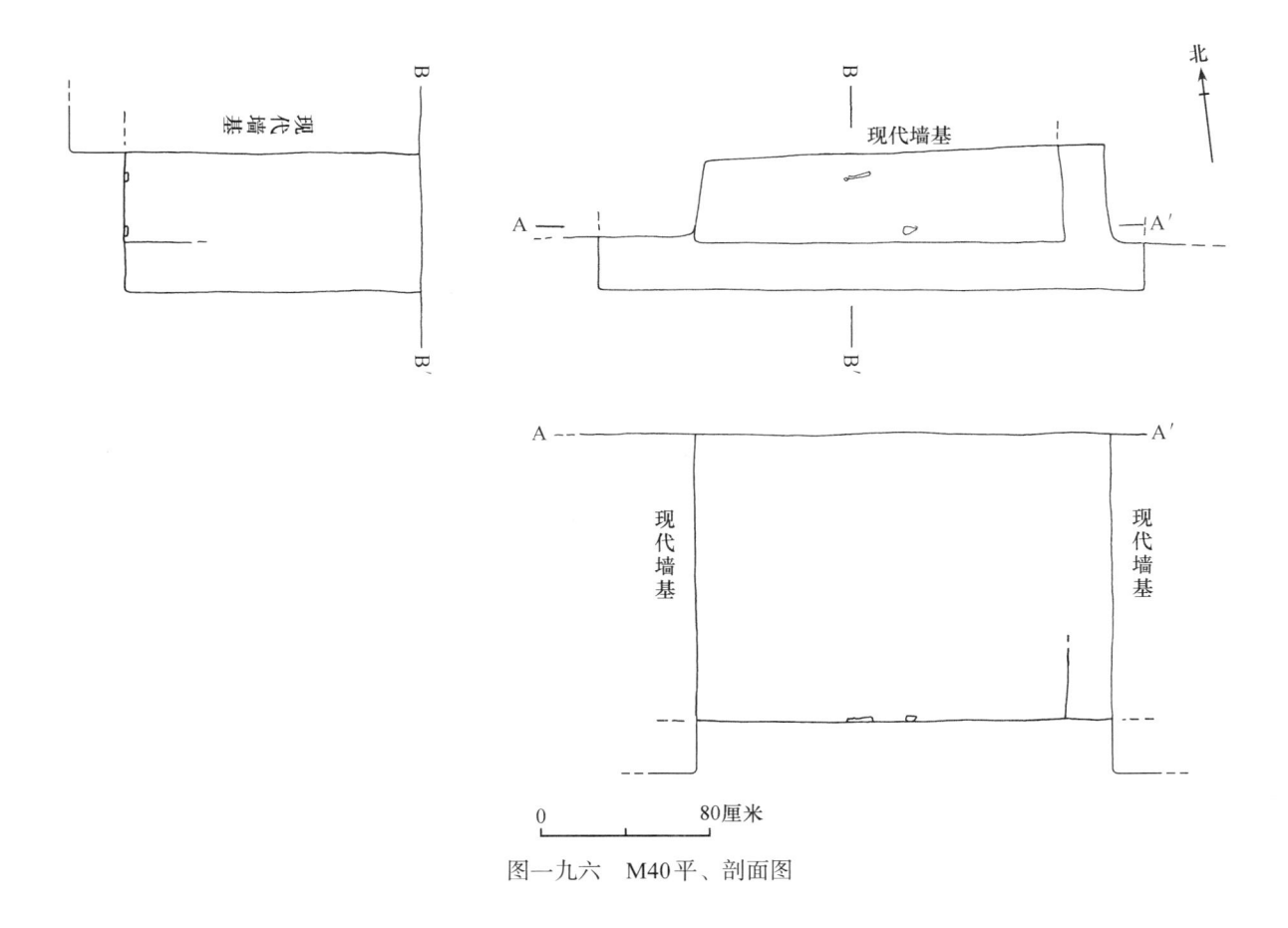

图一九六　M40平、剖面图

葬具为木棺，腐朽严重，棺痕明显。棺长2米，残宽0.44米，残高0.3米，板灰厚6厘米。棺内仅残存少量碎骨，葬式不明，疑被迁葬。

（二）出土器物

未发现随葬品。

十、M42

（一）位置及形制

M42位于发掘区东北部T1529内，南与M26相距2.1米，西侧被M43打破。开口于第2层下，打破生土。东西向，方向270°。

长方形竖穴土坑墓（图一九七）。墓口距地表深1米，墓底距地表深1.4米。墓圹东西长2.2米，南北宽1.6~1.64米，深0.4米。内填五花土。

未发现葬具、人骨，当为迁葬墓。

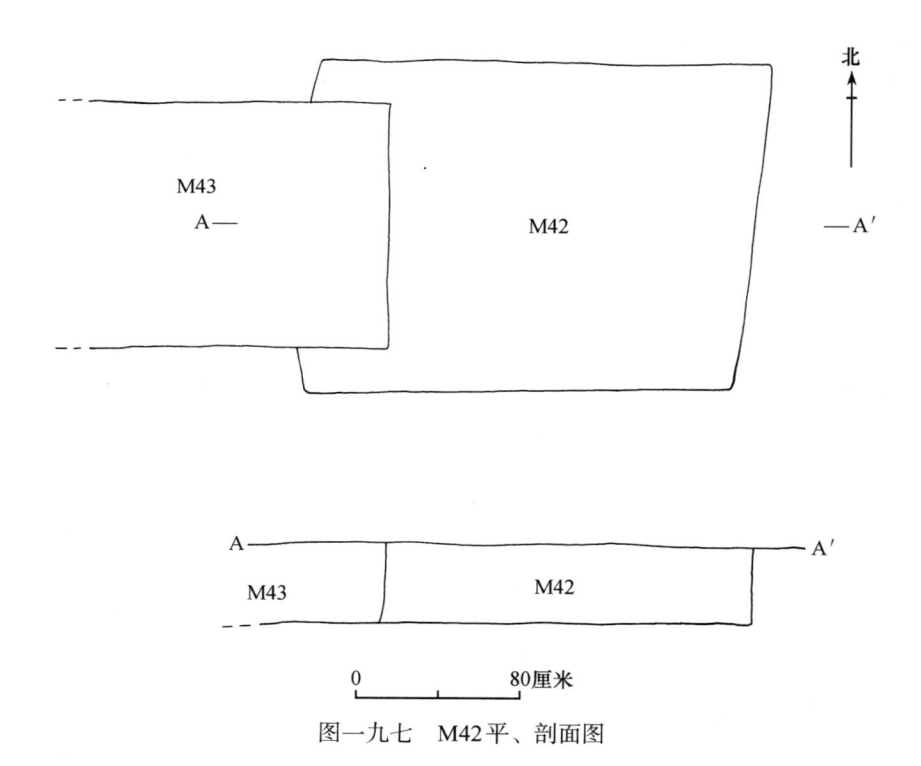

图一九七　M42平、剖面图

（二）出土器物

未发现随葬品。

十一、M43

（一）位置及形制

M43位于发掘区东北部T1529内，西与M27相距11.1米，西部打破M44，东部打破M42。开口于第2层下，打破生土。东西向，方向267°。

长方形竖穴土坑墓（图一九八）。墓口距地表深1米，墓底距地表深1.4米。墓圹平面呈长方形，东西长2.76米，南北宽1.2米，深0.4米。内填疏松的五花土。

未发现葬具和人骨，当为迁葬墓。

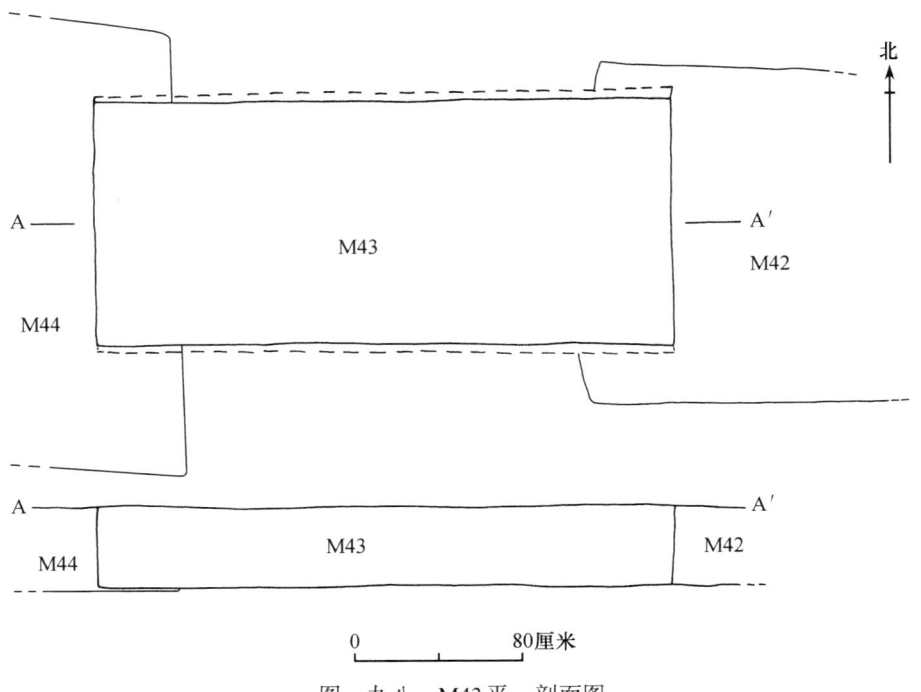

图一九八　M43平、剖面图

（二）出土器物

未发现随葬品。

十二、M72

（一）位置及形制

M72位于发掘区西南部T0312内，东北与M8相距3.1米。开口于第2层下，打破生土。方向160°。

长方形竖穴土坑墓（图一九九；彩版三一，3）。墓口距地表深0.9米，墓底距地表1.76米。墓圹长2.6米，宽1.04~1.2米，深0.86米。内填疏松的五花土。

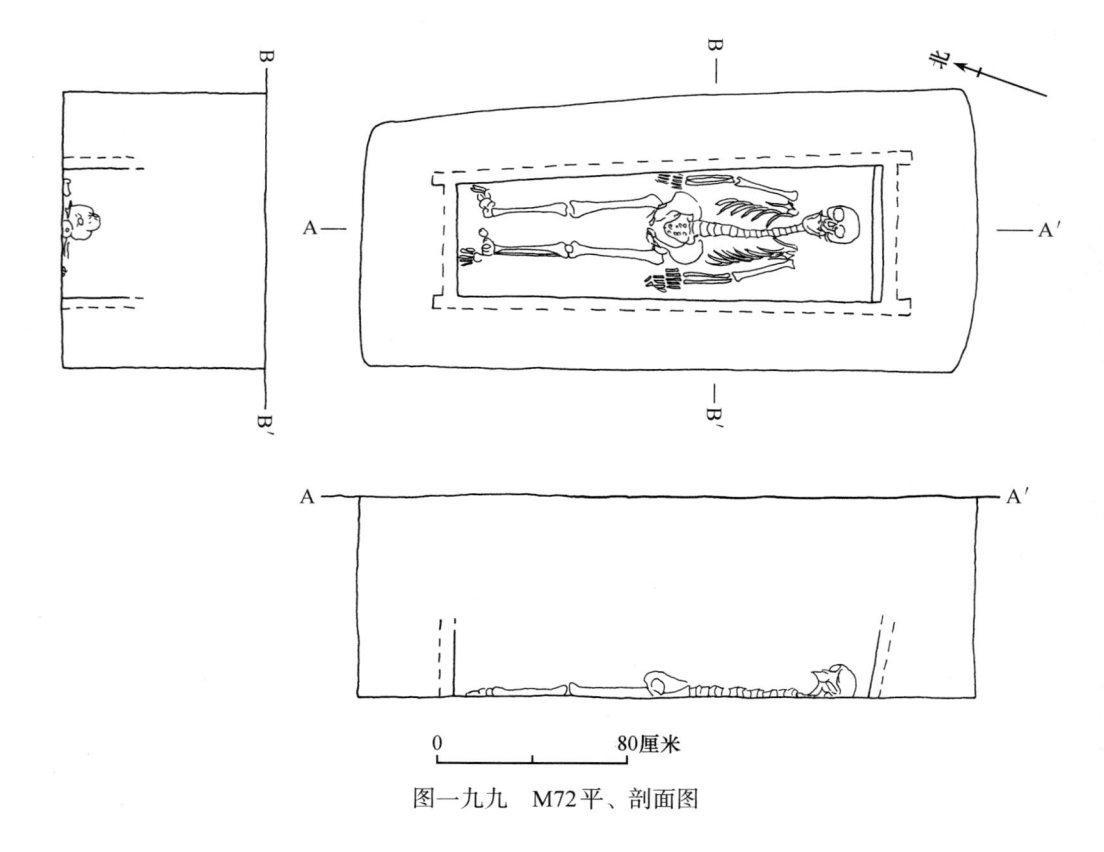

图一九九　M72平、剖面图

葬具为木棺，腐朽严重，仅剩棺痕。棺长1.9米，宽0.6~0.7米，残高0.3米，板灰厚4厘米。

人骨保存较好，长1.68米，头向东南，面向西北，仰身直肢。经鉴定，墓主为男性，年龄50岁以上。

（二）出土器物

未发现任何随葬品。

十三、M78

（一）位置及形制

M78位于发掘区东部T1328内，西与M4相距1.7米，南部被M5打破。开口于第2层下，打破生土。南北向，方向354°。

竖穴土坑墓（图二〇〇；彩版三二，1）。开口距地表深1米，底部距地表深1.2米。墓圹平面近长方形，南北残长0.5~0.58米，东西宽0.8米，深0.2米。内填较疏松的黄褐色五花土，含少量料姜石颗粒。

葬具为木棺，腐朽严重，棺痕不甚明显。棺痕长0.48米，宽0.67米，残高0.2米。

人骨保存较差，仅存破碎的头骨，头向北，性别、年龄均不详。

（二）出土器物

未出土任何随葬品。

图二〇〇　M78平、剖面图

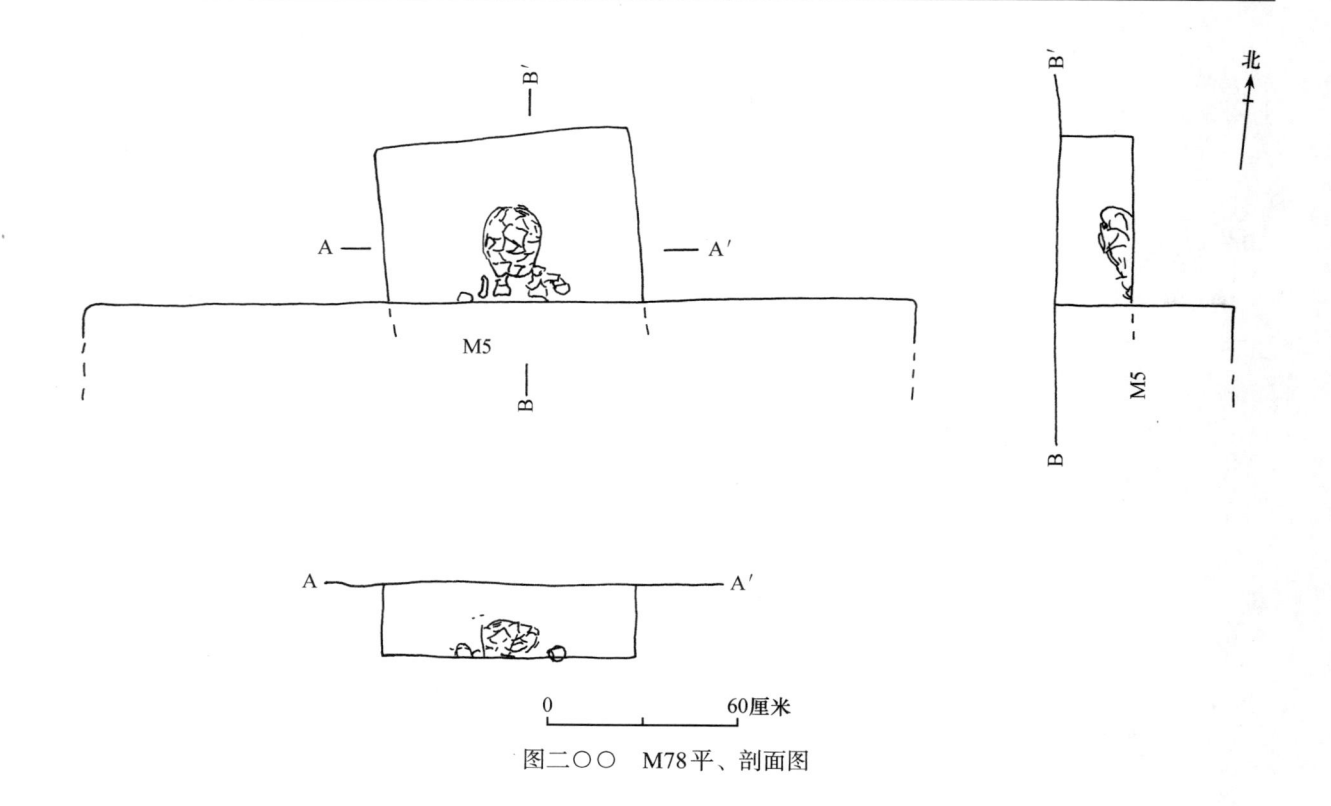

十四、M79

（一）位置及形制

M79位于发掘区西南部T0713内，北与M66相距10.9米，南部被M68打破。开口于第2层下，打破生土。南北向，方向353°。

竖穴土坑墓（图二〇一；彩版三二，2）。开口距地表深1米，底部距地表深2米。墓圹平面呈长方形，南北残长0.52~0.84米，东西宽1.14米，深1米。内填较疏松的黄褐色五花土。墓圹北侧有竖立方砖一块，正面似有墨迹。方砖规格为34.5厘米×34.5厘米×6厘米。

葬具为木棺，棺木已朽，棺痕不明显。棺长0.44~0.52米，宽1.21米，残高0.16米。

棺内人骨保存差，仅剩东、西2个并排的头骨，头骨南侧有凌乱的长骨。西侧头骨保存较好，头向北，面向上，经鉴定，为男性，年龄55岁以上。东侧头骨已残碎，头向北，面向不详。经鉴定，为女性，年龄40~45岁。

第六章　时代不详墓葬

图二〇一　M79平、剖面图

（二）出土器物

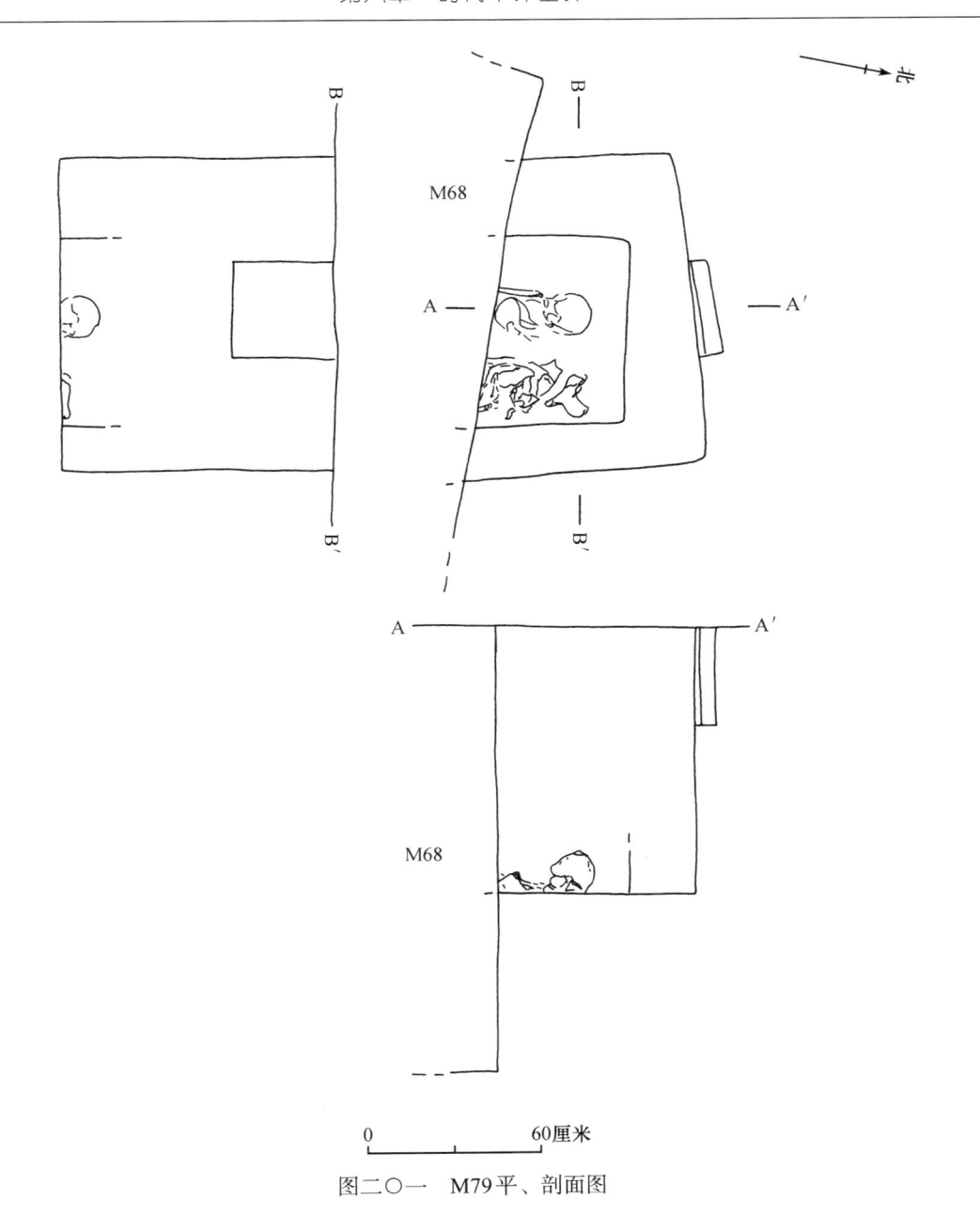

未发现任何随葬品。

第七章 结 语

第一节 墓葬年代分析

一、元代墓葬

M29为梯形砖椁墓，墓主人头南，为唐辽以来一直沿用的葬制、葬俗。

M29出土的灰陶筒形罐、黑瓷双系瓶、瓷盂在北京及周边地区金元墓葬中均有发现。灰陶筒形罐与北京亦庄X42号地金墓出土灰陶筒形罐M5∶1、M4∶1、M8∶1[1]，植物油厂金至元早期M1出土灰陶筒形罐M1∶1[2]，元铁可父子墓M1∶5[3]相同。黑釉双系瓷瓶与北京亦庄X42号地金墓出土双系罐M12∶1、M15∶1[4]相近，与元张弘略及夫人墓出土酱釉双耳罐M2∶52[5]相似。蓝釉小瓷罐M29∶12与北京海淀区南辛庄金墓M2出土白瓷小罐[6]形制相同，与北京密云金墓出土白瓷瓶M10∶5相同[7]，与平谷东高村巨家坟M1出土青白釉盖罐M1∶10相同[8]。但北京地区金墓用砖一般均为沟纹砖，且规格较大，而M29所使用的墓砖均为素面小薄砖，为元代常见用砖。考虑到器物生产及使用的延续性，将M29的年代定在元代较为

---

[1] 北京市文物研究所编著：《北京亦庄考古发掘报告（2003～2005）》，科学出版社，2009年，第293、294、298页。
[2] 北京市文物研究所编著：《丰台南苑汉墓》，科学出版社，2019年，第249页。
[3] 北京市文物研究所：《元铁可父子墓和张弘纲墓》，《考古学报》1986年第1期。
[4] 北京市文物研究所编著：《北京亦庄考古发掘报告（2003～2005）》，科学出版社，2009年，第296、299页。
[5] 任亚珊：《元代张弘略及夫人墓清理报告》，《文物春秋》2013年第5期。
[6] 秦大树：《北京市海淀区南辛庄金墓清理简报》，《文物》1988年第7期。
[7] 胡传耸：《北京市密云区金代石棺墓发掘简报》，《北方文物》2018年第2期。
[8] 北京市文物研究所编：《北京平谷东高村巨家坟金代墓葬发掘简报》，《北京文物与考古（第四辑）》，1994年。

合适。

M52为梯形竖穴土坑墓，墓主人头南。出土有完整的成套明器随葬品。陶桶、瓶、灯等形制与豆各庄元墓几乎相同[1]。出土的陶明器与石景山区刘娘府元墓几乎完全相同[2]。陶明器杯、盏、盆、桶釜、罐、灯等与大兴医学科学院M6几乎相同[3]。综上判断，M52为元代墓葬。此外，M29与M52所用墓砖尺寸相同，均为元代小薄砖，此亦为墓葬断代的一个佐证。

M21梯形竖穴土坑墓，墓主人头北，与周边明清墓葬不存在组合关系，出土陶灯与M52相似，据此判断M21为元代墓葬。

M44梯形竖穴土坑墓，墓主人头南，与周边明清墓葬不存在组合关系，出土筒形罐与M52、M29相似，据此判断M44为元代。

M27与周边墓葬无组合关系，头南，与明清墓葬头向不同，据此暂将其定为元代墓葬。

二、明清墓葬

1. 明墓

明清时期墓葬全部为竖穴土坑墓，形制相同，故断代主要依据的是出土铜钱和陶罐。明墓中出土前代铜钱较多。而清墓中，一般多为本朝铜钱。

M6、M18、M36、M59、M76仅出土铜钱，多为前代钱币，最晚为明代钱币，未见清代铜钱，据此将上述几座墓葬视为明代墓葬（表一）。

M62、M1、M24、M66、M14、M41、M67出土铜钱和陶罐，铜钱多为前代钱币，最晚为明代钱币，未见清代铜钱，其中，M42、M66出土铜簪簪首与密云第六中学明墓相似[4]。据此将上述几座墓葬视为明代墓葬。

---

[1] 北京市文物研究所：《北京地区发现两座元代墓葬》，《北京文物与考古（第三辑）》，1992年。
[2] 尚珩、郭力展：《北京石景山区刘娘府元墓发掘简报》，《考古》2014年第9期。
[3] 北京市文物研究研究所编著：《大兴古墓葬考古发掘报告集》，科学出版社，2020年，第224~226页。
[4] 北京市和文物研究所：《北京密云第六中学明清墓发掘简报》，《北京文物与考古（第七辑）》，科学出版社，2020年。

表一　明代墓葬出土铜钱统计表

墓葬编号	出土铜钱
M6	宣德通宝1枚、嘉靖通宝1枚
M18	开元通宝4枚、至道元宝2枚、咸平元宝1枚、景德元宝1枚、祥符元宝3枚、天禧通宝2枚、元丰通宝7枚、嘉祐元宝1枚、治平元宝1枚、嘉靖通宝1枚
M36	宋元通宝1枚、景德元宝1枚、天禧通宝1枚、元丰通宝2枚、天圣元宝1枚、熙宁重宝1枚、元祐通宝2枚、宣和通宝1枚、大定通宝1枚
M59	开元通宝41枚、元丰通宝1枚、永乐通宝1枚
M62	天启通宝2枚
M76	元丰通宝1枚、万历通宝2枚、天启通宝1枚、崇祯通宝1枚
M1	万历通宝1枚、崇祯通宝1枚
M24	乾元重宝1枚、崇宁通宝3枚、崇宁重宝、至正通宝1枚、元丰通宝2枚、宣和通宝1枚、熙宁重宝3枚、弘治通宝6枚
M66	熙宁重宝1枚、崇宁重宝7枚、崇宁通宝1枚、政和通宝2枚、元祐通宝1枚
M14	弘治通宝7枚
M41	嘉靖通宝10枚、隆庆通宝1枚、万历通宝5枚
M67	嘉靖通宝24枚、隆庆通宝1枚、万历通宝10枚

M9、M80两墓均只出土陶罐1个。M9陶罐陶色橙红，直领，鼓腹，与M66、M14出土陶罐几乎相同。M80陶罐陶色橙红，敞口，矮领外撇，与M41出土陶罐几乎相同。综上判断M9、M80均为明代墓葬。

2. 清代墓葬

M3、M16、M23、M34、M35、M38、M39、M46、M48、M49、M50、M51、M56、M61、M71、M74、M77、M4、M5、M11、M13、M26、M30、M32、M45、M54、M55、M58、M60、M63、M68、M73、M7、M53、M64、M69、M84均出有清代铜钱，为清代墓葬。

M15出土有开条砖，为清代造砖特征，且M15与年代明确的清墓M16紧邻，故M15为清代墓葬。

M33被破坏严重，未出土任何遗物，根据打破关系，其打破M35，M35出土清代铜钱，故M33为清墓。

M37未出任何遗物，其打破M38，M38为清墓，据此判断M37亦为清墓。

M10出土陶罐、青瓷罐、铜烟锅、铜顶戴、铜钮扣，与清墓M11相邻，出土灰陶罐M10∶5与清墓M63出土灰陶罐M63∶4相同，其余器物亦具有典型清代特征，M10应为清代墓葬。

M17出土釉陶罐1件、青花瓷罐1件、银簪1件、铜钮扣，与M13、M3为一组家族墓，为清代墓葬。

M57出土的银耳环，与伴出清代铜钱的昌平沙河清墓M16、M107、M64出土银耳环相同[1]，出土的如意头发簪与伴出清代铜钱的M54相同，且M57与清墓M58相邻，故M57为清代墓葬。

M25出土灰陶罐与M46出土灰陶罐相似，出土耳环与伴出清代铜钱的昌平沙河清墓M13相同[2]，M25与M46相距不远，据此判断M25应为清墓。M47未出土铜钱，但从出土铜烟锅和铜钮扣来看，大致应为清代墓葬。

M75同M74应为夫妻关系，M74出土有乾隆通宝，且M75出土的龙首形发簪和圆珠形发簪也是清墓中常见的随葬品。故M75为清代墓葬。

M82被M71打破，年代早于M71，M71为清墓，故M82亦为清墓。

三、年代不详墓葬

在年代不详墓葬中，根据叠压打破关系，M78被M5打破，M5出土乾隆通宝。M79被M68打破，M68出土乾隆通宝。据此判断M78、M79可能为明代墓葬。

M8、M72墓向与邻近的清代墓葬不同，为南北向，推测为明代墓葬的可能性较大。

第二节　对元明清时期墓葬面貌的整体认识

一、元　代　墓　葬

墓葬形制有竖穴土坑墓和砖椁墓，均为南北向，有头南的葬俗。全部为单人葬。分布较

---

[1] 北京市文物研究所编：《昌平沙河——汉、西晋、唐、元、明、清代墓葬发掘报告》，科学出版社，2012年，第132、176、207页。

[2] 北京市文物研究所编：《昌平沙河——汉、西晋、唐、元、明、清代墓葬发掘报告》，科学出版社，2012年，第240页。

零散。

出土器物以双系筒形罐和成套明器为显著特点，与明清时期随葬品面貌明显不同。明清时期墓葬也流行随葬陶罐，且不说陶罐形态迥异，就是摆放位置也完全不同。明清墓随葬的陶罐一般均位于墓主人头部，而元墓随葬的陶罐均位于墓主人脚部。随葬成套陶明器，亦为北京地区元墓所常见，前文已有论述，兹不赘述。

砖椁墓M29的葬俗值得关注。该墓使用了朱书板瓦买地券和口含。从残存券文内容判断，券瓦上书有逝者姓氏、埋葬地点及虚拟的茔域四至等，说明墓主人及在世的亲人希望以此来保护地下茔域的私有权，使墓主人免遭侵犯，具有镇墓解除作用。清人洪亮吉云"古人卜葬，必先作买地券，或镌于瓦石，或书作铁券，盖俗例如此"[①]。可见这是古人的一种丧葬习俗，通常流行于普通民众当中。又《地理新书》卷十四记载："《鬼律》云葬不斩草，买地不立券者，名曰盗葬，大凶。"[②]总体来说，墓内立券，一是宣誓墓主人对茔地的占有，二是希冀以此保佑墓主人及后代无凶灾。此葬俗在河北井陉南良都发现的几座元墓中既有发现，且券瓦所立位置相同[③]。关于口含，北宋《书仪》记载："古者饭用贝，今用钱，犹古用贝也。钱多既不足贵，又口所不容，珠玉更为盗贼之招，故但用钱而已。"[④]此外，在砖椁外发现的两个石块，推测也存在某种镇墓作用，可能与"墓内安金石者，子孙无风痰之患"[⑤]有一定关系。

二、明 清 墓 葬

从形制上看，明清时墓葬完全相同，均为竖穴土坑墓。墓向不统一，但总体上看基本没有墓主人头南者，这是与元墓相比较的一个显著不同。

从葬俗来看，在明初和清早期均有少量的火葬墓。明代早期的火葬墓，为延续元代旧习。

---

① （清）洪亮吉：《北江诗话》卷六，人民文学出版社，1998年，第105页。
② （宋）王洙等：《图解校正地理新书》，集文书局影印本，1985年，第452、453页。
③ 河北省文物研究所石太考古队：《井陉南良都战国、汉代遗址及元明墓葬发掘报告》，《河北考古文集（一）》，东方出版社，1998年。
④ （宋）司马光：《司马氏书仪》，商务出版社，1936年。
⑤ 《永乐大典》卷八一九九《大汉原陵秘葬经·辨掩闭骨殖》。

而清代的火葬墓为本民族固有风俗的沿用。本次发现的明代墓葬M59为1例明代火葬墓，骨灰用木匣装殓。清代火葬墓发现有2例，一为M65，在砖室内并置两罐，罐内装殓骨灰；一为M69棺3，单罐装殓骨灰。明墓M76还随葬有1件铁器，似为铁犁铧，这也是一种葬俗，起镇墓作用。类似现象还见于海淀区巨山明墓[①]。

在出土器物方面，明墓一般仅出铜钱和陶罐，饰品较少。在此次发掘的15座明墓中，仅出土3件头饰，即M14、M41出土有铜簪和骨簪各1支，M67出土铜簪1支。而清代墓葬中出土的头饰、首饰较多，如耳环、扁方、发簪、押发等。这个特征在北京地区其他区域发现的明清墓葬中也有较为明显的体现，可作为判断明清墓葬的一个参照。

从发簪的造型来看，明代较为朴素、简洁，而清代较为繁杂、款式多样，如清墓出土发簪有禅杖形簪、龙首形簪、珠头形簪、"福"字花朵头簪、"寿"字花朵头簪、花朵形簪、如意头形簪等。上述样式的发簪在北京地区发现的清墓中较为常见。

除发簪外，刻蝙蝠纹扁方、蝙蝠造型耳环、圆饼形耳环等在北京地区清墓中亦较为常见。

此外，清墓中常出的随葬品还有鼻烟壶、烟锅、铜钮扣等。尤其是鼻烟壶和烟锅的大量出土，反映出清代部分人群的生活习好。

总之，从出土遗物类型和特点来看，明清墓葬面貌之间的差异还是比较明显的。

除上述小件随葬品之外，该处明清墓葬随葬的陶罐时代特征也较为鲜明。明代墓葬随葬的陶罐几乎全部为泥质红陶罐。陶罐领部无论是小直领还是小斜领，肩腹部均饱满、圆鼓。釉陶罐3件，与清代釉陶罐明显不同，明墓随葬的釉陶罐肩部突出，而清墓出的釉陶罐均为直筒形，无肩。明墓随葬的陶罐种类较统一，清墓随葬的陶罐类型多样，有青花瓷罐、束腹耸肩罐、灰陶鼓腹罐等，灰陶鼓腹罐在北京地区其他清代墓葬中较为少见。

第三节　明清墓葬出土随葬品分类

该处明清时期墓葬出土随葬品数量较多的为罐类和头饰。

---

① 见《北京巨山创意园唐、明清墓葬考古简报》，未刊。

一、罐

基本可分为素陶罐、釉陶罐和青瓷罐三类。其中演变特征比较明显的为釉陶罐和青瓷罐。

1. 素陶罐

有红陶罐和灰陶罐两类。除M7：4、M45：4外，红陶罐全部出土于明代墓葬。

根据器形不同，可分为Ⅴ型。

Ⅰ型　敞口，肩腹微鼓，小平底，有M7：4、M41：5、M41：7、M80：1。

Ⅱ型　直口，圆腹，小圈足底，有M14：5、M14：6、M9：1、M66：3。

Ⅲ型　直口，鼓肩，斜腹，小平底，如M24：4。

Ⅳ型　大口、斜腹、小平底，有M45：4、M26：2。

Ⅴ型　敞口、肩腹较圆，有M46：1、M25：1、M39：4、M10：5。

上述Ⅰ、Ⅱ、Ⅲ型陶罐，除M7：4出土于清墓中外，余均为明墓出土，全部为泥质红陶。按M7为三人合葬，出土红陶罐者最早埋葬，其墓主人应该卒于明末清初，故陶罐仍沿用了明代式样。Ⅳ、Ⅴ型陶罐为清墓出土，其中Ⅴ型全部为泥质灰陶。

2. 釉陶罐

明清时期墓葬均有出土，由此可以看出该类陶罐的演变趋势。

釉陶罐的肩部演变趋势较为明显，即由明中晚期肩部有明显折肩到清早期肩部微鼓再到清中期无肩筒形罐。口部由无领向短领转变，由直领向斜领转变。器型整体有由胖变瘦的演变趋势（图二〇二）。

3. 青瓷罐

均见于清代墓葬。下腹部变化较明显，由斜直腹演变为束腹。口部由直口直领变为敞口束颈。器型整体由高瘦变矮胖再变高瘦。

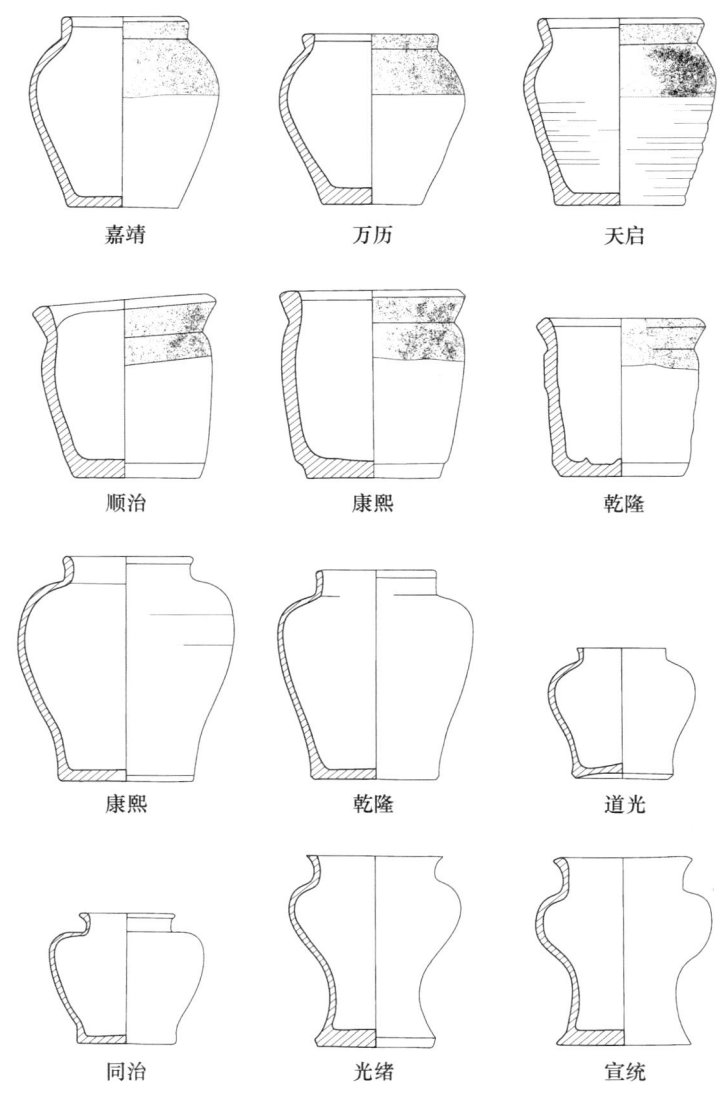

图二〇二 釉陶罐、青瓷罐演变趋势图

二、头　饰

该处墓地明代墓葬出土头饰较少，兹仅对清代墓葬出土头饰进行分类。

清代墓葬出土头饰基本可分三类，即发簪、扁方、押发。发簪数量较多，类型多样。

1. 发簪

根据簪头造型不同，可分为以下类型。

（1）花朵头簪

根据花朵造型的不同，可分五个类型。一类为单层花瓣簪头，花朵中间刻吉祥文字，有"福""寿"等，如M13：2。一类为复层花朵簪头，花瓣、衬叶、花蕊、花心俱全，如M13：3。一类为花苞头，如M56：8。一类为纯花朵头，仅采用打磨工艺，如M73：5。一类为纯花瓣，如M64：5。

（2）龙头簪

根据龙的造型的不同，可分四个类型。一类簪头为整条龙，是将整个龙体掐丝雕刻完成之后焊接到簪首，如M13：1。一类簪头为龙首，张嘴吐舌。龙首主体部分为直接在簪体上雕刻，如M63：2。一类簪头为龙首，龙嘴大张，鬃毛浓厚，采取掐丝露雕焊接工艺成形，如M56：10。一类簪头为龙首，龙嘴大张，仅雕刻出两缕较长的鬃毛，如M75：3。

（3）如意头簪

根据如意表面纹样不同，可分两类。一类如意表面满饰六瓣花叶纹，如M17：2。一类如意表面刻对龙纹，M54：1、M53：1。

（4）扁圆珠状头簪

簪头为半圆形凸起，M5：1、M56：11、M56：9、M54：2、M69：4、M75：2。

（5）圆珠头簪

簪头为一圆珠，如M75：1、M64：6。

（6）禅杖形簪

簪首为禅杖，如M13：4、M54：3。

（7）勺头形簪

簪头内弧，如M64：2。

（8）其他

仅为单例。M64：3簪首上端为平行四边形，下为卷云纹花饰。M64：4簪头正面为圆形薄片，薄片下为蝴蝶形镂空状花瓣。

2. 扁方

根据表面有无雕刻，可分两个类型。一类为素面，如M25：2。一类表面装饰有纹样，如M73：6、M39：1，扁体表面上部刻"寿"字，下部刻一蝙蝠。

三、耳　　饰

该墓地出土的耳饰数量仅次于发饰。按质地不同，有金、银、铜三种材质。按外观不同，基本可分四类。

（1）圆环状，如M71：1、M75：4、M5：2、M5：3、M32：1、M54：9、M61：2、M84：2、M56：5、M64：13。

（2）如意蝙蝠纹耳环，朝外一侧雕刻出如意状蝙蝠纹样，如M25：4、M39：5、M13：7。

（3）圆饼状耳坠，如M45：8、M57：1。

（4）其他。

仅为单例。M45：3龙形耳环。M63：1外观呈"C"形。一端圆钩状，一端窄条形，上部略呈灯笼形。表面錾刻花卉枝叶纹样。尖端呈细圆柱状。

四、首　　饰

较少，仅有铜手镯1例，为M64：9，椭圆形。

五、其　　他

出土数量较多的为烟锅，一般均由木质烟杆、铜烟锅、铜烟嘴构成。如M34：2、M47：2、M4：3、M10：2、M54：7、M68：5、M73：2、M64：7。

另有3件鼻烟壶，即M3：1、M68：2、M68：3。

第四节　对墓地的整体认识

1. 墓葬分布

元、明时期墓葬分布较零星、分散，少见像清时期那样连成一片的家族墓地，如元墓中，仅M27和M28距离较近；明墓中，仅M14、M24和M1、M9两组墓葬相距较近。清墓不但分布范围广，而且数量众多，且其中多有成组墓葬集中埋葬。清墓年代跨度长，既有早期的火葬墓，也有光绪甚至更晚时期的墓葬。一方面反映了该区域清代时人口聚集密度大，另一方面也反映了该区域在清代一直都作为墓地使用。

2. 墓主人身份

该处墓地距离元大都北城墙很近，位于元大都安贞门外，几座元墓的墓主人可能为城内居住的普通平民。

明清时期都城北城墙南缩，南缩后这里便发展成为普通村落。清墓M4、M10、M51、M74均出土有顶戴，由此判断这几座墓的墓主人均有一定的官位。其余明清时期墓葬，从随葬品判断其墓主人为一般平民阶层。

附 表

附表一 元代墓葬登记表

墓号	形制	方向	形状	长（米）	宽（米）	深（米）	合葬情况	随葬品	头向	性别	年龄
M21	竖穴土坑墓	12°	梯形	2.36	0.88~0.96	0.5	单人	陶灯1件	北	女	35岁左右
M27	竖穴土坑墓	185°	梯形	2.2	0.56~0.78	0.86	单人	铜饰1件；陶罐1件；铜钱8枚；铜平勺1件	南	女	50岁以上
M29	砖椁墓	187°	梯形	2.9	1.6~1.76	1.1	单人	双系泥质灰陶罐1件；铜钱1枚；黑釉双系罐5件；黑釉双系瓶2件；黑釉盏1件；瓷小盂1件；铜钗1件；耳勺1件；骨刷1件；骨簪1件；铜镜1件；板瓦1件；青砖1块；绿松石1块；红褐石1块	南	女	40~50岁
M44	竖穴土坑墓	190°	梯形	2.4	1~1.5	0.4	单人	陶罐1件	南	女	40~50岁
M52	竖穴土坑墓	357°	梯形	2.24	0.76~0.92	1.1	双人	陶盂7件；陶双耳罐1件；陶瓶2件；陶釜2件；陶杯2件；陶盏4件；陶灯2件；陶桶4件；陶盆4件	北	女	40~50岁

附表二 明代墓葬登记表

墓号	形制	方向	形状	长（米）	宽（米）	深（米）	合葬情况	随葬品	头向	性别	年龄
M1	竖穴土坑墓	11°	曲尺形	2.34~2.4	1.5	0.74~0.88	双人	铜钱2枚；釉陶罐2件；铁棺钉4枚	北	1男1女	女40~45岁；男35岁左右
M6	竖穴土坑墓	87°	梯形	2.34	0.82~0.88	0.82	单人	铜钱4枚；铁棺钉	东	女	30~35岁
M9	竖穴土坑墓	355°	梯形	1.8	0.72~0.9	0.6	单人	泥质红陶罐1件	北	女	20~25岁
M14	竖穴土坑墓	50°	长方形	2.2~2.8	2.64~2.74	1.14~1.28	三人	铜钱7枚；铜簪1件；骨簪1件；泥质红陶罐2件	东北	1男2女	男不详；女（中）40~50岁；女（南）30岁左右

续表

墓号	形制	方向	形状	长（米）	宽（米）	深（米）	合葬情况	随葬品	头向	性别	年龄
M18	竖穴土坑墓	75°	长方形	2.6	0.94	0.64	三人	铜钱39枚；铁棺钉3枚	东北	男	40岁左右
M24	竖穴土坑墓	60°	近长方形	1.5~1.84	0.88~1.08	0.88~1.08	双人	铜钱22枚；泥质红陶罐2件；铁棺钉2枚	东	1男1女	男50岁以上；女50岁以上
M36	竖穴土坑墓	105°	长方形	2.4	0.82~0.86	1.36	单人	铜钱10枚	不详	不详	不详
M41	竖穴土坑墓	98°	不规则形	3.14~3.54	2.34~2.6	0.4~1.1	四人	铜钱16枚；铜簪1件；骨簪1件；泥质红陶罐2件	东	1男3女	男35~40岁；女20~25岁；女20~25岁；不详
M59	竖穴土坑墓	350°	近长方形	2.2	1.32	1.12	双人	铜钱43枚；石块1块；青砖1块	北	不详	不详
M62	竖穴土坑墓	8°	近长方形	2.22	0.8~0.84	1.5	单人	铜钱2枚；陶罐1件	北	男	30~35岁
M66	竖穴土坑墓	354°	梯形	2.56~2.78	1.7~2.02	1.5~1.57	双人	头簪1件；铜钱12枚；泥质红陶罐1件	北	1男1女	女40~50岁；男40~50岁
M67	竖穴土坑墓	356°	长方形	3.2~3.4	2.3~2.7	0.9~1.24	四人	铜钱35枚；釉陶罐1件；红陶罐1件；铁棺钉2枚	北	1男3女	男中老年；女45~50岁；女45~55岁；女30~35岁
M76	竖穴土坑墓	92°	近长方形	2.2	0.74~0.76	0.24	单人	铜钱5枚；铁器1件	东	不详	不详
M80	竖穴土坑墓	355°	长方形	2.5	0.9~1.3	0.9	单人	陶罐1件	北	男	40~45岁

附表三 清代墓葬登记表

墓号	形制	方向	形状	长（米）	宽（米）	深（米）	合葬情况	随葬品	头向	性别	年龄
M3	竖穴土坑墓	86°	近长方形	2.96	1.1	1.04	单人	青花鼻烟壶1件；铜钱24枚；黑瓷罐1件；铁棺钉2枚	东	男	50岁以上
M4	竖穴土坑墓	101°	曲尺形	2.4~2.8	2.2~2.36	1.2~1.24	双人	铜钱3枚；铜簪1件；铜烟锅1件；料珠1颗；铜钮扣2枚；铜顶戴1件；铁棺钉1枚	东	1男1女	不详

续表

墓号	形制	方向	形状	长（米）	宽（米）	深（米）	合葬情况	随葬品	头向	性别	年龄
M5	竖穴土坑墓	97°	近梯形	2.44~2.62	1.66~1.8	0.56~0.6	双人	铜簪1件；银耳环2件；铜钱6枚	东	不详	不详
M7	竖穴土坑墓	97°	不规则形	2.1~2.8	2.74	0.68~1	三人	釉陶罐2件；铜钱14枚；泥质红陶罐1件；铁棺钉1枚	东	1男2女	男40岁左右；女（南）40~45岁；女（中）30~35岁
M10	竖穴土坑墓	142°	不规则形	2.55~2.85	1.75~2.08	0.98~1.03	双人	青瓷罐1件；铜烟锅1件；铜钮扣3枚；泥质红陶罐1件	东	不详	不详
M11	竖穴土坑墓	137°	近长方形	2.6~2.8	1.9~2	0.9~0.94	双人	铜钱2枚；铜钮扣1枚；泥质红陶罐2件	不详	不详	不详
M13	竖穴土坑墓	96°	近长方形	2.76~2.98	2.3	1.5~1.6	双人	铜簪7件；铜钱30枚；银耳环1件；银扁簪1件；铜钮扣7枚；白釉瓷罐2件；铁棺钉1枚	东	1男1女	女50岁以上；男50岁左右
M15	竖穴土坑墓	285°	梯形	2.54	1~1.22	0.88	单人	无	西	女	25岁左右
M16	竖穴土坑墓	90°	近长方形	2.64	1.24	0.58	单人	铜钱1枚	不详	不详	不详
M17	竖穴土坑墓	115°	近长方形	2.9	2.5~2.9	1.2~1.26	双人	铜钮扣3枚；铜饰1件；青花瓷罐1件；釉陶罐1件；条砖1块	东	1男1女	男55岁以上；女45岁以上
M23	竖穴土坑墓	150°	近梯形	3.2	2.04~2.08	1.02	单人	铜钱1枚	不详	不详	不详
M25	竖穴土坑墓	22°	近长方形	2.34~2.5	1.17~1.2	0.7	单人	陶罐1件；扁铜方1件；蚌扁方1件；耳环1对	北	女	50岁以上
M26	竖穴土坑墓	40°	近长方形	2.35~2.55	1.83~2.07	0.8~0.88	双人	铜钱1枚；泥质灰陶罐1件	东北	1男1女	男50岁以上；女中老年
M32	竖穴土坑墓	94°	曲尺形	2.6	1.58~1.88	1.42	双人	银扁方3件；铜钱7枚；银耳环2件	东	1男1女	女55~60岁；男不详

续表

墓号	形制	方向	形状	长（米）	宽（米）	深（米）	合葬情况	随葬品	头向	性别	年龄
M33	竖穴土坑墓	198°	不规则形	3.8	2.74	1.25	双人	无	不详	不详	不详
M34	竖穴土坑墓	84°	近长方形	2.64	1.1~1.2	1.1	单人	铜钱2枚；铜簪1件；铜烟锅1件	不详	不详	不详
M35	竖穴土坑墓	90°	不规则形	2.4~2.6	1.20~1.6	1.66~1.78	单人	铜钱3枚	东	男	50岁以上
M37	竖穴土坑墓	88°	梯形	2.48	1.24~1.4	1	单人	无	不详	不详	不详
M38	竖穴土坑墓	75°	近长方形	2.6	1.46	1	单人	铜钱8枚	不详	不详	不详
M39	竖穴土坑墓	111°	梯形	2.24	0.98~1.14	0.78	单人	银扁方1件；铜钱3枚；铜钮扣3枚；银耳环1件	东	女	约50岁
M45	竖穴土坑墓	39°	不规则形	1.96	2.3	0.56~0.64	双人	银扁方2件；陶罐1件；铜钮扣1件；铜耳杯2只；陶罐1件；铜钱2枚；银耳环1件	东北	1男1女	均不详
M46	竖穴土坑墓	40°	近梯形	1.8~2.5	1.2	0.42	单人	陶罐1件；铜钱1枚	东北	男	50岁以上
M47	竖穴土坑墓	105°	近梯形	2.5	0.5~1.1	0.96	单人	铜钱1枚；铜烟锅1件；铜钮扣3枚	东	男	40岁左右
M48	竖穴土坑墓	192°	梯形	1.94~2.12	1.5	0.94	单人	铜钱1枚	不详	不详	不详
M49	竖穴土坑墓	85°	梯形	2.7	1.08~1.14	1.16	单人	铜钱3枚；残铁1块	不详	不详	不详
M50	竖穴土坑墓	98°	近长方形	2.7	1.3~1.4	1.1	单人	铜钱2枚；铜钮扣1枚；玻璃钮扣1枚	东	男	35~40岁
M51	竖穴土坑墓	99°	长方形	2.7	1.2~1.24	1.2	单人	铜顶戴1件；铜钱2枚	不详	不详	不详
M53	竖穴土坑墓	294°	近长方形	2.91~3.45	1.52~2.64	1.76~1.86	三人	银簪2件；银扁方2件；铜钱1枚；铜腰带饰2件	西	1男，另2个体不详	男40~45岁；另2个体不详

续表

墓号	形制	方向	形状	长（米）	宽（米）	深（米）	合葬情况	随葬品	头向	性别	年龄
M54	竖穴土坑墓	317°	近梯形	2.8	2~2.3	1.52~1.54	双人	铜簪5件；铜扁方1件；铜烟锅4枚；铜钮扣4枚；铜饰1件；银耳环1对	北	1男1女	男40~50岁；女50~55岁
M55	竖穴土坑墓	196°	曲尺形	2.4~2.82	2.18~2.38	1.52~1.54	双人	陶罐2件；铜饰2件；铜钱4枚	东南	不详	不详
M56	竖穴土坑墓	11°	近长方形	2.96	1.48~1.5	1.58	单人	铜簪8件；铜饰1件；铜钱3枚；金耳环6件；铜钮扣5枚；银饰1件；铁棺钉2枚	北	女	50岁左右
M57	竖穴土坑墓	299°	近梯形	2.4~2.8	2.15	1.2~1.32	双人	银耳环1对；铜饰1件；铁棺钉2枚	西	1男1女	男45岁左右；女30~35岁
M58	竖穴土坑墓	330°	长方形	0.46~1.6	2.1	1.36~1.4	双人	铜钱3枚	西北	不详	不详
M60	竖穴土坑墓	26°	近长方形	2.5~2.64	2.1~2.2	1.39~1.4	双人	铜钱1枚	东北	不详	不详
M61	竖穴土坑墓	335°	近长方形	2.36~2.6	1.2~1.46	1.58	单人	铜压发1件；耳环1件；铜钱1枚；青瓷罐1件	西北	女	50岁左右
M63	竖穴土坑墓	192°	长方形	2.72	2.08	1.4~1.6	双人	耳环1件；银簪1件；铜钱8枚；陶罐1件；铁棺钉3枚	南	不详	不详
M64	竖穴土坑墓	290°	近梯形	2.68~3.42	2.7~3.08	1.44~1.68	三人	银扁方1件；银簪7件；铜烟嘴1件；铜钱31枚；手镯1件；铜钮扣1枚；金耳环1对；料珠3颗	西	1女，另2个体不详	女50岁以上；另2个体不详
M65	土扩砖室火葬墓	195°	长方形	0.8~1.3	1.3	0.94	双人	瓷罐2件	不详	不详	不详
M68	竖穴土坑墓	95°	近梯形	2.6~2.7	1.76~2.24	1.66~1.8	双人	银簪1件；鼻烟壶2件；铜钱26枚	东	1男1女	女40~45岁；男35~40岁

续表

墓号	形制	方向	形状	长（米）	宽（米）	深（米）	合葬情况	随葬品	头向	性别	年龄
M69	竖穴土坑墓	84°	不规则形	3.46~3.66	1.35~2.7	1.34	四人	银簪4件；铜簪1件；铜钱10枚；玉簪1件；铜钮扣4枚；黑釉瓷罐1件；铁棺钉3枚；瓦当1件	东	1男2女，另1火葬	男50~55岁；女40岁左右，女35~40岁
M71	竖穴土坑墓	268°	近长方形	2.14	0.9	1.18~1.2	单人	银耳环6件；铜钮扣4枚；铜钱3枚	西	不详	12~14岁
M73	竖穴土坑墓	285°	近梯形	2.5~2.7	1.98~2.12	1.1~1.14	双人	铜钱4枚；铜烟锅1件；料珠1颗；银扁方1件；银簪1件	西	不详	不详
M74	竖穴土坑墓	100°	近长方形	2.8	1~1.4	1	单人	铜钱18枚；铜顶戴1件；银簪1件	东	男	50岁以上
M75	竖穴土坑墓	84°	近长方形	3.04	1.14~1.18	0.86	单人	发簪6件；银耳环5枚	东	女	35~40岁
M77	竖穴土坑墓	147°	近长方形	2.9	1.1~1.26	1.3	单人	青瓷罐1件；铜钱2枚	东南	男	40~50岁
M81	竖穴土坑墓	261°	近长方形	1.2	0.6	0.64	单人	无	西	不详	2岁左右
M82	竖穴土坑墓	280°	近长方形	1.9	0.72~0.84	0.7	单人	铜耳勺1件；铜钱4枚	西	男	45~50岁
M83	竖穴土坑墓	280°	近长方形	2.13	0.66~0.68	0.7~0.78	单人	无	西	男	中老年
M84	竖穴土坑墓	266°	近长方形	2.16	0.93~1.1	1.2	单人	铜扁方1件；铜耳环2件；铜钱2枚	西	女	12~15岁

附表四　时代不详墓葬登记表

墓号	形制	方向	形状	长（米）	宽（米）	深（米）	合葬情况	随葬品	头向	性别	年龄	备注
M2	竖穴土坑墓	91°	近长方形	2.6~2.65	1.1	1.35	单人	铜钱1枚，出于棺内中部，腐朽严重	东	不详	不详	
M8	竖穴土坑墓	210°	长方形	2.44	1	1.25	单人	无	南	男	50岁以上	M8墓向与邻近的清代墓葬不同，为南北向，M8可能为明代墓葬

续表

墓号	形制	方向	形状	长（米）	宽（米）	深（米）	合葬情况	随葬品	头向	性别	年龄	备注
M12	竖穴土坑墓	87°	近梯形	2.47	0.72~0.98	0.98	单人	无	东	男	50~55岁	
M19	竖穴土坑墓	51°	近梯形	2.7	0.52~1.35	0.88	单人	无	不详	不详	不详	
M20	竖穴土坑墓	97°	近梯形	2.56	1.3~1.42	0.35	单人	无	东	不详	不详	
M22	竖穴土坑墓	97°	近梯形	3.1	1.18~1.46	0.34	不详	无	不详	不详	不详	
M28	竖穴土坑墓	175°	近梯形	2.64	0.84~1.1	0.34	单人	无	不详	不详	不详	
M31	竖穴土坑墓	356°	曲尺形	0.54~1.7	0.8~1.5	0.7	双人	无	北	1女，另1个体不详	不详	
M40	竖穴土坑墓	96°	近长方形	2.6	0.7	1.4	不详	无	不详	不详	不详	
M42	竖穴土坑墓	270°	近长方形	2.2	1.6~1.64	0.4	不详	无	不详	不详	不详	
M43	竖穴土坑墓	267°	长方形	2.76	1.2	0.4	不详	无	不详	不详	不详	
M72	竖穴土坑墓	160°	长方形	2.6	1.04~1.2	0.86	单人	无	东南	男	50岁以上	M72墓向与邻近的清代墓葬不同，为南北向，M72可能为明代墓葬
M78	竖穴土坑墓	354°	近长方形	0.5~0.58	0.8	0.2	单人	无	北	不详	不详	M78被M5打破，M5出土乾隆通宝，M78可能为明代墓葬
M79	竖穴土坑墓	353°	近长方形	0.52~0.84	1.14	1	双人	无	北	1男1女	女40~45岁；男55岁以上	M79被M68打破，M68出土乾隆通宝，M79可能为明代墓葬

附表五 墓葬出土

墓号\类型	五铢	宋元通宝	开元通宝	咸丰通宝	咸丰重宝	咸平元宝	景德元宝	祥符元宝	祥符通宝	天禧通宝	天圣元宝	景祐元宝	皇宋通宝	治平元宝	熙宁元宝	熙宁重宝	元丰通宝	元祐通宝	绍圣元宝	正隆元宝	圣宋通宝	崇宁通宝	崇宁重宝	嘉祐元宝	政和通宝
M1																									
M2																									
M3				3																					
M4																									
M5																									
M6																									
M7																									
M11																									
M13																									
M14																									
M16																									
M18			4			1	1	3	2				1				7							1	
M23																									
M24																3	2					3	5		
M26																									
M27			1					1		1	1		1		1			1							
M29																									
M30																									
M32																									
M34																									
M35																									
M36		1				1		1	1						1	2	2								
M38																									
M39				3																					
M41																									
M45																									
M46			1																						
M47																									
M48																									
M49																									

铜钱数量统计表

宣和通宝	大定通宝	至道元宝	至正通宝	永乐通宝	宣德通宝	弘治通宝	嘉靖通宝	隆庆通宝	万历通宝	天启通宝	崇祯通宝	顺治通宝	康熙通宝	雍正通宝	乾隆通宝	嘉庆通宝	道光通宝	同治通宝	同治重宝	光绪通宝	光绪重宝	乾元重宝	大清铜币	太平通宝	残币
									1		1														
																									1
															8	4	9								
															1	3									
															6										
			1		1																				
													14												
																	2								
																	30								
			7																						
															1										
		2			1																				14
																			1						
1		1			6															1					
															1										
	1																								
	1																								
										1														1	
1															3	3	4								
															2										
															1	2									
1	1																								
															1	2	5								
						10	1	5																	
																	2								
																									1
																1									
											1	1	1												

类型\墓号	五铢	宋元通宝	开元通宝	咸丰通宝	咸丰重宝	咸平元宝	景德元宝	祥符元宝	祥符通宝	天禧通宝	天圣元宝	景祐元宝	皇宋通宝	治平元宝	熙宁元宝	熙宁重宝	元丰通宝	元祐通宝	绍圣元宝	正隆元宝	圣宋元宝	崇宁通宝	崇宁重宝	嘉祐元宝	政和通宝
M50																									
M51																									
M53																									
M54																									
M55																									
M56																									
M58					2																				
M59			41													1									
M60																									
M61																									
M62																									
M63																									
M64																									
M66															1		1					1	7		2
M67																									
M68																									
M69																									
M71																									
M73																									
M74																									
M76																	1								
M77																									
M82																									
M84																									

续表

宣和通宝	大定通宝	至道元宝	至正通宝	永乐通宝	宣德通宝	弘治通宝	嘉靖通宝	隆庆通宝	万历通宝	天启通宝	崇祯通宝	顺治通宝	康熙通宝	雍正通宝	乾隆通宝	嘉庆通宝	道光通宝	同治通宝	同治重宝	光绪通宝	光绪重宝	乾元重宝	大清铜币	太平通宝	残币
														1	1										
															2										
															1										
															6										
																							4		
															3										
																1									
				1																					
															1										
																1									
							2																		
																	8								
															31										
						24	1	10																	
										2	9	13													
					1							9													
															3										
														1	3										
												15	3												
									2	1	1														
																	2								
					4																				
					2										2										

附录 小关墓地M52、M59烧骨加热温度及火葬方式研究

苏舒宁[1]　王康安[2]　张予南[1]　张利芳[3]

（1. 北京大学考古文博学院；2. 北京大学化学与分子工程学院；3. 北京市考古研究院）

辽金元时期，北京地区的火葬现象较为流行。明初火葬现象有所减少几近绝迹，至清初火葬现象又开始出现。有学者曾对该地区的火葬墓及其相关问题做过详细论述[1]。本文所研究的两例烧骨材料为北京小关墓地发现，其中M52为元代，M59为明代。这两例人骨遗骸上表现出典型的火烧痕迹，本文以这两例火烧骨为研究对象，利用衰减全反射红外光谱技术（Attenuated total refraction infrared spectroscopy，ATR）进行测定，并通过模拟实验建立灼烧温度标准曲线，从而精确估算火烧骨的加热温度。结合该遗址的墓葬背景资料及明代时期火葬现象的历史记载，本文试对两个个体所体现的火葬方式进行讨论。

一、红外光谱技术测定烧骨温度原理

1990年，韦纳（Stephen Weiner）和巴尔·约瑟夫（Ofer Bar-Yosef）受到波斯纳（Aaron S. Posner）等以红外光谱指标测定小鼠骨矿物质结晶度、估计发育年龄的启发[2]，第一次将傅里叶变换红外光谱技术（Fourier transform infrared spectroscopy，FTIR）应用于14个史前遗址出土的

---

[1] 李伟敏：《北京地区的火葬墓及相关问题研究》，《考古》2012年第5期。

[2] JOHN D TERMINE, AARON S POSNER. Infrared analysis of rat bone: age dependency of amorphous and crystalline mineral fractions [J]. Science, 1966, 153 (3743): 1523-1525.

骨质样本，目的在于辅助骨胶原蛋白含量判定，为^{14}C测年选择合适的样品[1]。该文第一次给出了红外峰裂分因子（Infrared peak splitting factor，IRSF；有时也称为结晶度指标，Crystallinity index，CI）的定义，即首先在495～750 cm^{-1}范围内线性拟合基线，测量扣除基线后603 cm^{-1}、565 cm^{-1}（PO_4^{3-}的弯曲不对称振动）及两峰之间峰谷的吸光度，定义IRSF为两峰吸光度之和与峰谷吸光度的比值（图一），并在之后得到广泛应用。波斯纳等的工作指出，这一指标与骨矿物质结晶程度（无定形程度）相关，随结晶度增大而增大，并与骨骼发育程度相联系[2]。需要注意的是，不同于韦纳和巴尔·约瑟夫的定义，波斯纳等使用选定区域的积分面积之比来计算IRSF，亦有数篇考古学工作采取了这一定义[3]。

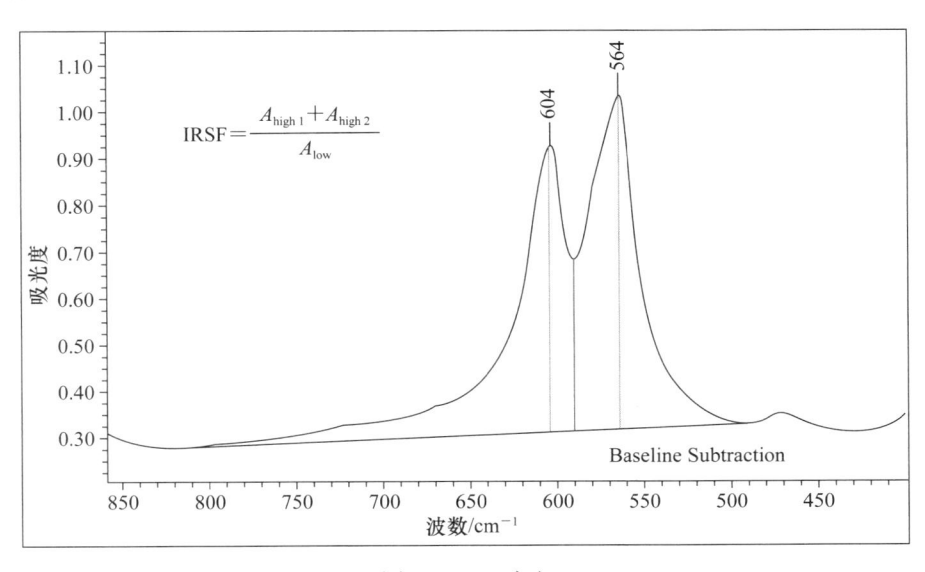

图一　IRSF定义

IRSF与骨矿物质结晶度呈正相关，后者随受热温度升高而增大，由此，IRSF能够作为有效的测温手段[4]，但仍有一些细节需要给予额外关注。2004年，楚曼（Clive N. G. Trueman）等

---

[1] STEPHEN WEINER, OFER BAR-YOSEF. States of preservation of bones from prehistoric sites in the near east: a survey [J]. Journal of archaeological science, 1990, 17 (2): 187-196.

[2] JOHN D TERMINE, AARON S POSNER. Infrared analysis of rat bone: age dependency of amorphous and crystalline mineral fractions [J]. Science, 1966, 153 (3743): 1523-1525.

[3] L WANG, H FAN, J LIU, H DAN, Q YE, M DENG. Infrared spectroscopic study of modern and ancient ivory from sites at Jinsha and Sanxingdui, China [J]. Mineralogical magazine, 2007, 71 (5): 509-518.

[4] MARY C STINER, STEVEN L KUHN, STEPHEN WEINER, OFER BAR-YOSEF. Differential burning, recrystallization, and fragmentation of archaeological bone [J]. Journal of archaeological science, 1995 (22): 223-237.

研究了一批肯尼亚安波塞利国家公园（Amboseli National Park）地表的现代骨质残留物样本，观察到IRSF与骨矿物质尺寸呈正相关，后者又与暴露时间长短呈正相关，与骨胶原蛋白含量呈负相关[1]。2008年，楚曼等通过检验一批现代和考古骨质样本解释了上述现象，即骨矿物质随着骨胶原蛋白的降解发生重结晶，结晶度增大，而骨胶原蛋白的降解程度还要取决于考古样本的地质埋藏条件[2]。最后，正如王恺等指出，高温时骨矿物质物相组成发生剧烈改变，IRSF定义所依赖的红外谱峰，位置和峰形均有改变，此时IRSF是否仍然能够指示磷灰石结晶度，尚还需要更加仔细的理论考量[3]。另一方面，除却样品内源的骨矿物质特征，IRSF的大小还与红外测试当中实验处理引入的变量有关。就目前所及研究来看，颗粒尺寸、研磨方法、取样方式、取样位置乃至不同取样者都会为IRSF的测量引入系统误差，不过，通过多次测量、过筛绘制标准曲线或引入其他指标的策略，此类误差对IRSF造成的影响可在一定程度上得到修正[4]。

二、研究材料与方法

本次实验的研究材料分为模拟实验材料与测温材料。在过往的烧骨模拟实验中，多用现代骨骼如猪骨、牛骨、羊骨制作模拟实验材料[5]。考虑到墓葬人骨受到的各种埋藏作用的影响，本

---

[1] CLIVE N G TRUEMAN, ANNA K BEHRENSMEYER, NOREEN TUROSS, STEVE WEINER. Mineralogical and compositional changes in bones exposed on soil surfaces in Amboseli national park, Kenya: diagenetic mechanisms and the role of sediment pore fluids [J]. Journal of archaeological science, 2004, 31 (8): 721-739.

[2] CLIVE N G TRUEMAN, KAREN PRIVAT, JUDITH FIELD. Why do crystallinity values fail to predict the extent of diagenetic alteration of bone mineral? [J]. Palaeogeography, palaeoclimatology, palaeoecology, 2008, 266 (3-4): 160-167.

[3] KAI WANG, YUHANG HE, RUIQI SHAO, et al. FTIR study on the phase transition of experimental and archaeological burnt ivory [J]. Heritage science, 2022, 10 (131): 1-8.

[4] TODD A SUROVELL MARY C STINER. Standardizing infra-red measures of bone mineral crystallinity: an experimental approach [J]. Journal of archaeological science 2001, 28 (6): 633-642. IOANNIS KONTOPOULOS, SAMANTHA PRESSLEE, KIRSTY PENKMAN, MATTHEW J COLLINS. Preparation of bone powder for FTIR-ATR analysis: the particle size effect [J]. Vibrational spectroscopy, 2019 (99): 167-177. T J U THOMPSON, M ISLAM, M BONNIERE. A new statistical approach for determining the crystallinity of heat-altered bone mineral from FTIR spectra [J]. Journal of archaeological science, 2013, 40 (1): 416-422.

[5] 黄超、张双权：《X射线衍射技术在烧骨实验研究中的初步应用》，《人类学学报》2021年第3期。

次模拟实验样品选取同出于北京小关墓地的一座非火葬墓考古样品，即M44内人骨。测温材料即本文研究对象，选取了M52的部分头盖骨与长骨以及M59的头盖骨、椎骨、肱骨、股骨、胫骨等部位。

其中，M52内墓主年龄经鉴定为40~50岁，为女性；右肩处有一堆火烧过的碎骨，因骨块碎小，无法判定其年龄、性别，做实验性烧骨分析的样品来自这堆烧骨。M59墓底局部（主要在中部）有黑炭痕迹，一些骨骼也呈棕色或黑色，可能为黑炭染色。其头部的左侧（东）有一个木质小匣，已腐朽，板灰痕迹较明显。木匣平行放置，平面呈长方形，南北长0.48米，东西宽0.3米，残高0.3米，内有烧过的人骨，较碎，可辨有头盖骨等，其有明显的烧痕，呈黑色、灰白色、开裂等变化。做实验性烧骨分析的样品来自木匣内。

1. 样品制备

模拟实验的样品使用M44人骨的腓骨（A组，图二）与头骨（B组，图三）两部位，每组以小刀在一固定取样位置取大量粉末样；混匀，均匀分为7份，这个步骤避免了取样位置深浅的影响；选取一个温度梯度系列（300~800℃，间隔100℃），每个温度择取一个样品，以马弗炉在该温度下加热2小时。

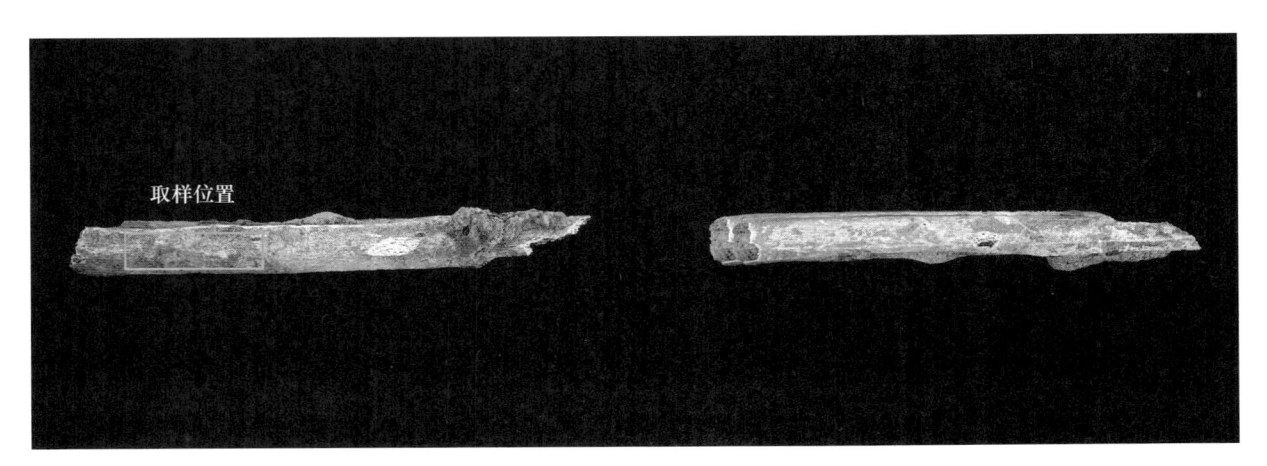

图二　模拟实验样品M44-1及取样位置

2. ATR测试

样品烧完后从马弗炉取出，在自然条件下冷却到室温状态，然后将烧制好的粉末样品置于玛瑙研钵中手工研磨成粉末，并送至实验室进行ATR测试。

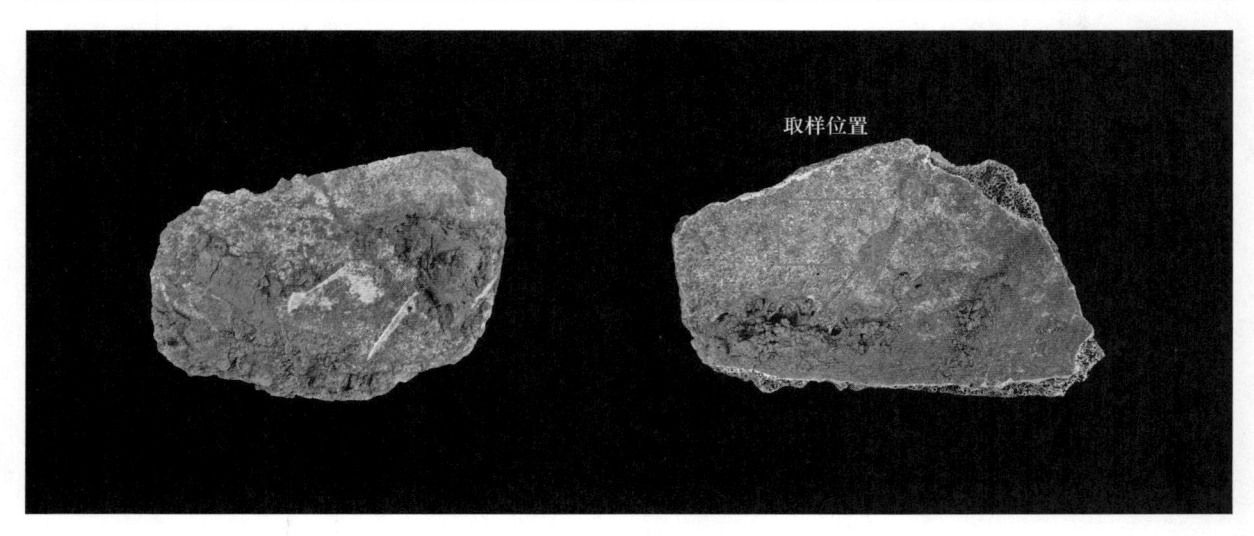

图三　模拟实验样品M44-2及取样位置

由于ATR光束在低频段对样品的穿透深度增加，反射损失的能量增多，导致其基线在低频段会向上倾斜，因此需要首先对这一偏移进行校正：针对每张光谱，使用Omnic依次计算自动基线校正（Auto-baseline correction）和ATR基线校正（参数：Diamond，45°incident angle，1.0 reflection times，1.62 refractive index）。图四示出了一例原始数据及其经过两次校正后的光谱。

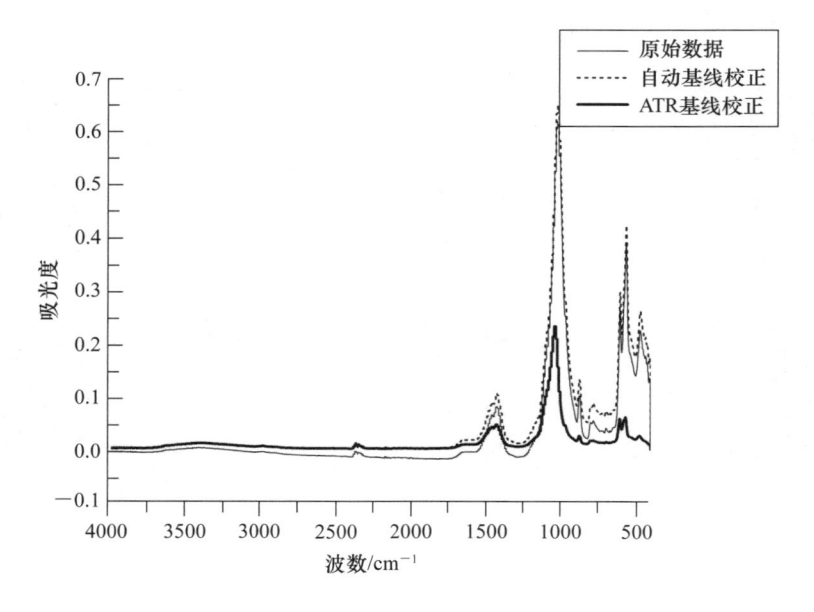

图四　原始数据和自动基线校正、ATR基线校正后的红外光谱

3. IRSF计算

进行IRSF计算前，数据还需三步预处理，全部通过编写的Python脚本批量进行：①重采

样：波数统一插值到 400~4000 cm^{-1} 范围，间隔设为 0.5 cm^{-1}；②平滑：采用 RamPy 模块内置的 Bartlett 平滑算法，窗口点数（Window length）设为 9；③归一化：使用最大值—最小值缩放（Min-max scale）。图五示出了一例原始数据及其经过 Omnic 基线校正、重采样、平滑后的光谱。

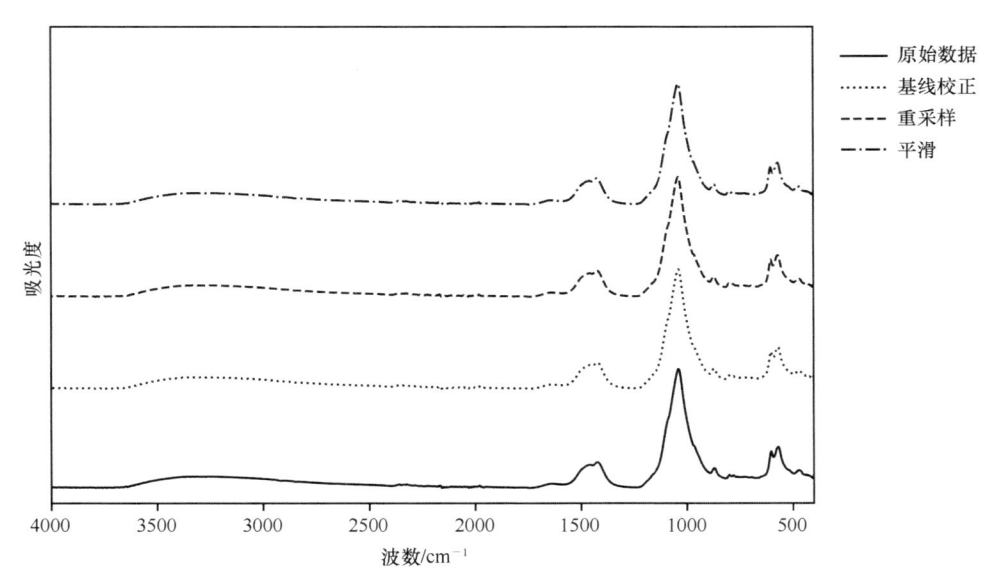

图五　原始数据和 Omnic 基线校正、重采样、平滑后的红外光谱

随后，样品基线使用 500~750 cm^{-1} 范围进行线性拟合。对于每张光谱，首先在 400~650 cm^{-1} 范围内搜索两处局部极大值与局部极小值强度，扣除基线后，按图一内公式求取比值，即作为 IRSF。这一计算通过编写的 Python 脚本批量进行。

三、实 验 结 果

本节首先介绍模拟实验获取的红外谱图及温度标准曲线，基于此，可以对考古烧骨样品的情况作初步分析。

1. 模拟实验红外图谱

图六、图七示出了 A、B 两组模拟实验的红外谱图与 IRSF 值，各峰位置、强度均与文献符合很好。随灼烧温度上升，ν_4（PO_4^{3-}）两峰逐渐劈裂，IRSF 增大。

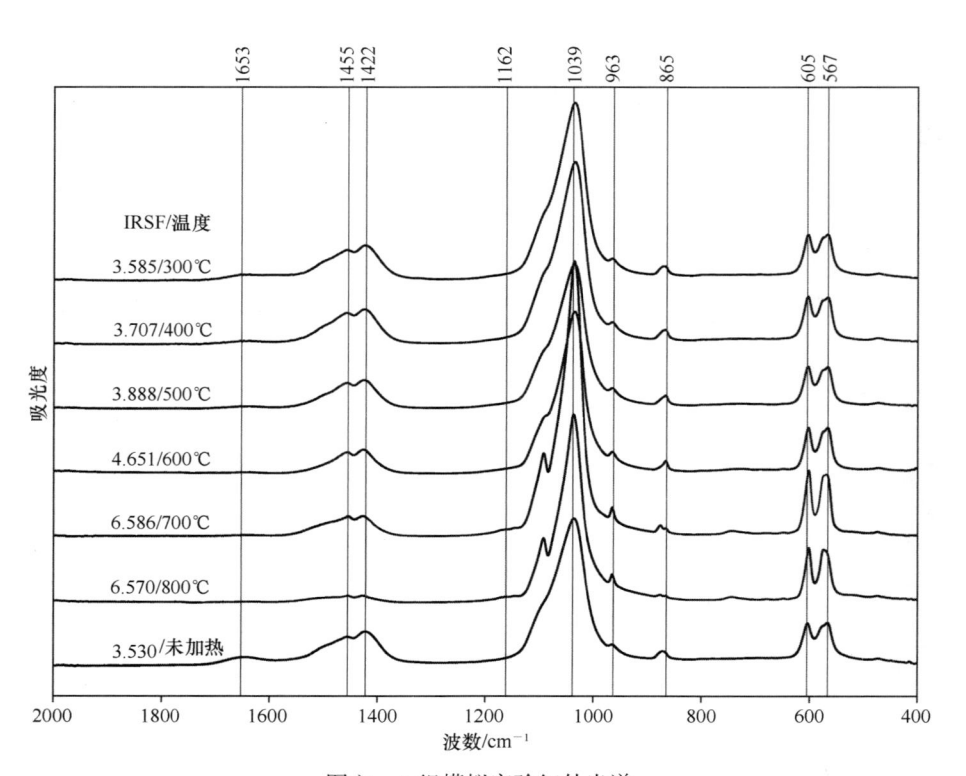

图六　A组模拟实验红外光谱

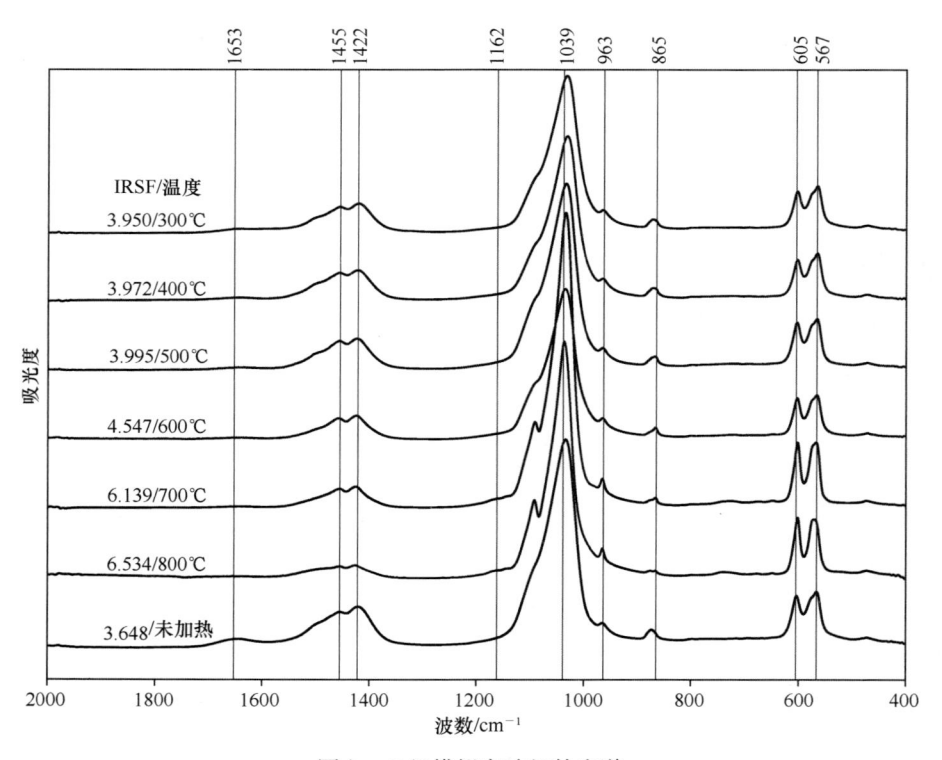

图七　B组模拟实验红外光谱

2. 模拟实验温度曲线

根据公式计算，可得模拟实验中不同温度灼烧下考古样品的IRSF值（图八、图九）。可以看出，除700℃数据略不一致，两组模拟实验的数据并无很大差别，可知不同人骨部位对模拟实验结果并没有很大影响。由此建立了IRSF值与温度的关系。并且容易发现，IRSF与温度的关系不是线性的，300～500℃的IRSF值增长缓慢，但600℃以上IRSF值有明显的增长。这与过往以X射线衍射技术（X-ray diffraction，XRD）进行的烧骨实验所观察到的结果是吻合的[1]。由于A组模拟实验所测700℃数据较为异常，B组所建立的标准温度曲线拟合更好，故选取B组标准温度曲线作为考古样品测温的标准。

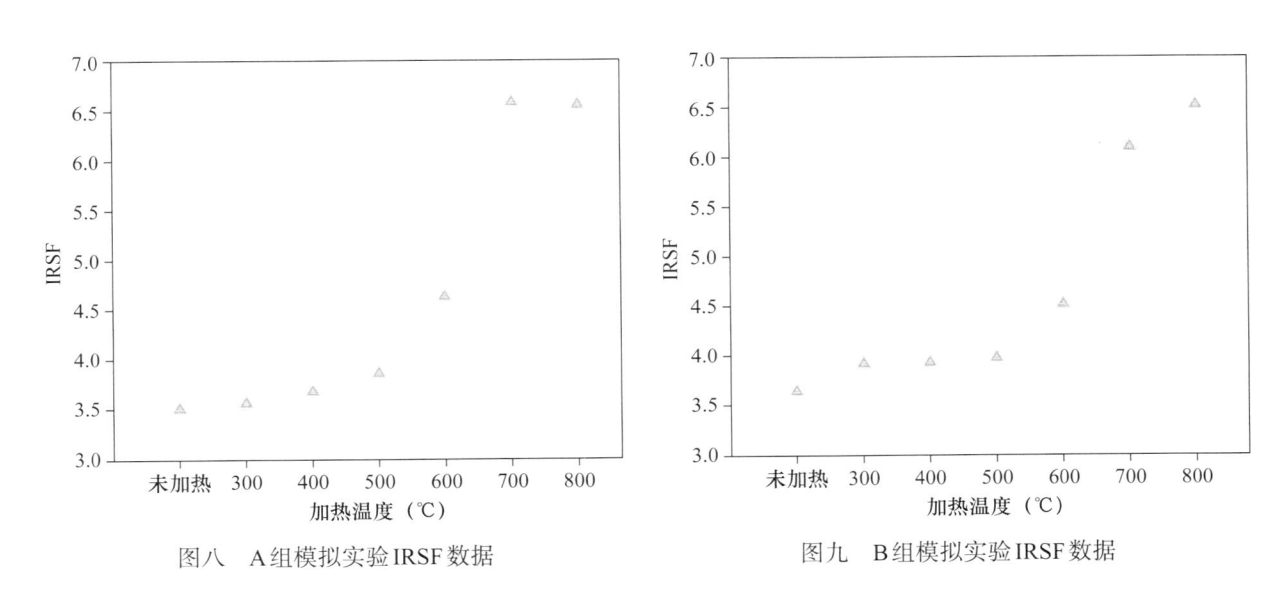

图八　A组模拟实验IRSF数据　　　　　图九　B组模拟实验IRSF数据

3. 考古样品测温

使用与模拟实验相同的方法，对M52与M59两座火葬墓烧骨样品进行ATR测试，一块骨骼可以选取2～3个位置进行取样测试，若一块骨骼有两处明显不同颜色的部位，应分别进行取样，如M59-2存在明显的灰、白两色（图一〇），因此需分别进行取样测试，从而探求骨骼表面不同颜色部位的温度差异。表一、表二显示了ATR测试的结果，将得到的数据用散点图和

---

[1] SHIPMAN P, FOSTER G, SCHOENINGER M. Burnt bones and teeth: an experimental study of color, morphology, crystal structure and shrinkage [J]. Journal of archaeological science, 1984, 11 (2): 307-325.

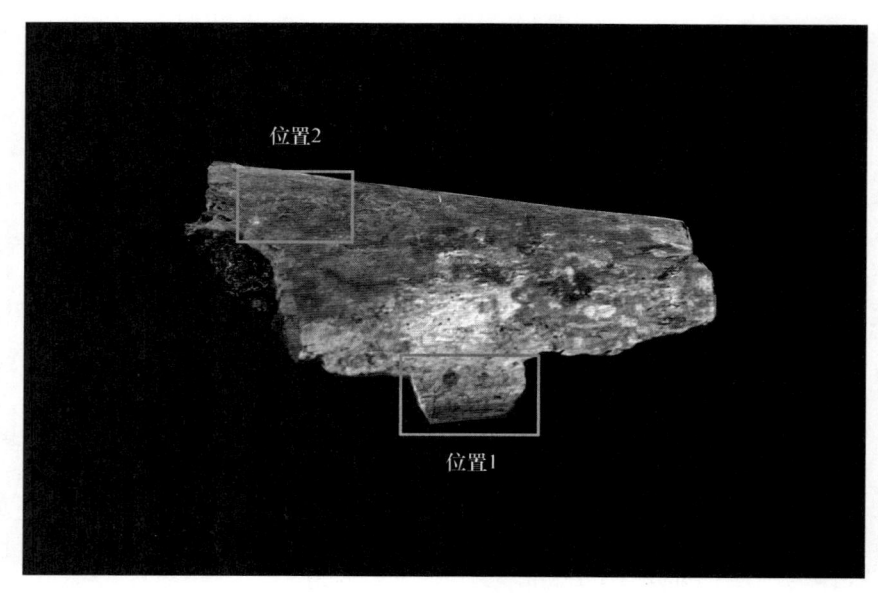

图一〇　M59-2取样位置

箱线图表示（图一一），选取骨骼各解剖部位所测温度的中位数，在骨架图中标明温度分布（图一二）。由于古代火化并不像现代火化具有统一标准，存在个体差异，因此将M52与M59两个个体所得的数据用不同图例表示，并绘于一张图上。

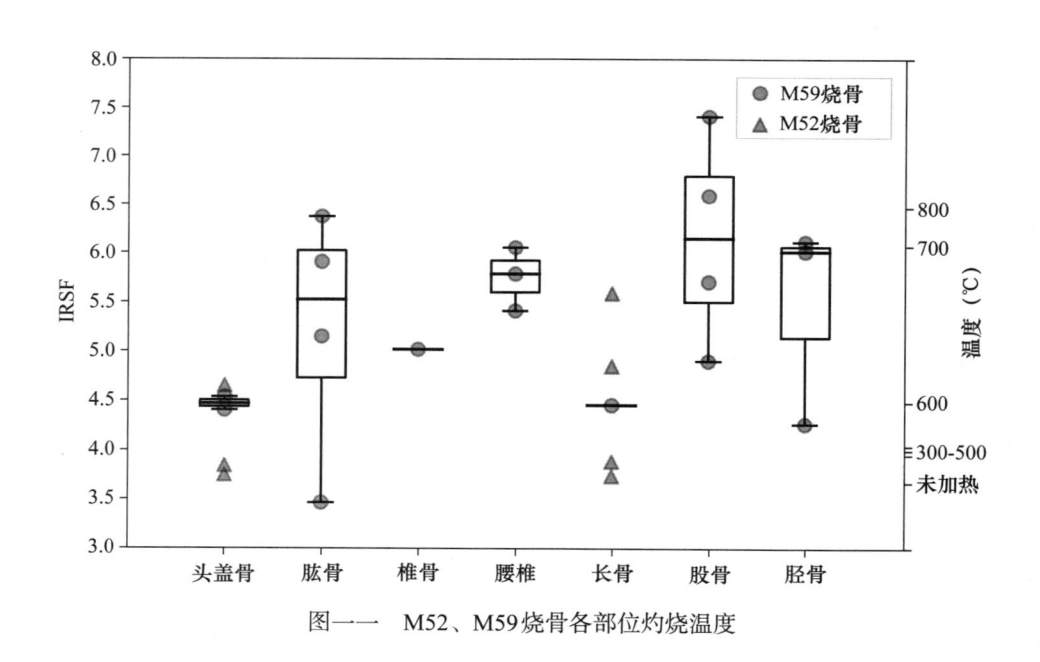

图一一　M52、M59烧骨各部位灼烧温度

从图中结果看出，不同的解剖部位温度差异明显，显示了尸骨火化时火场温度的极不均匀。其中，头骨、腰椎的IRSF数据更为集中，而肱骨、股骨、胫骨等长骨IRSF指标明显离散。

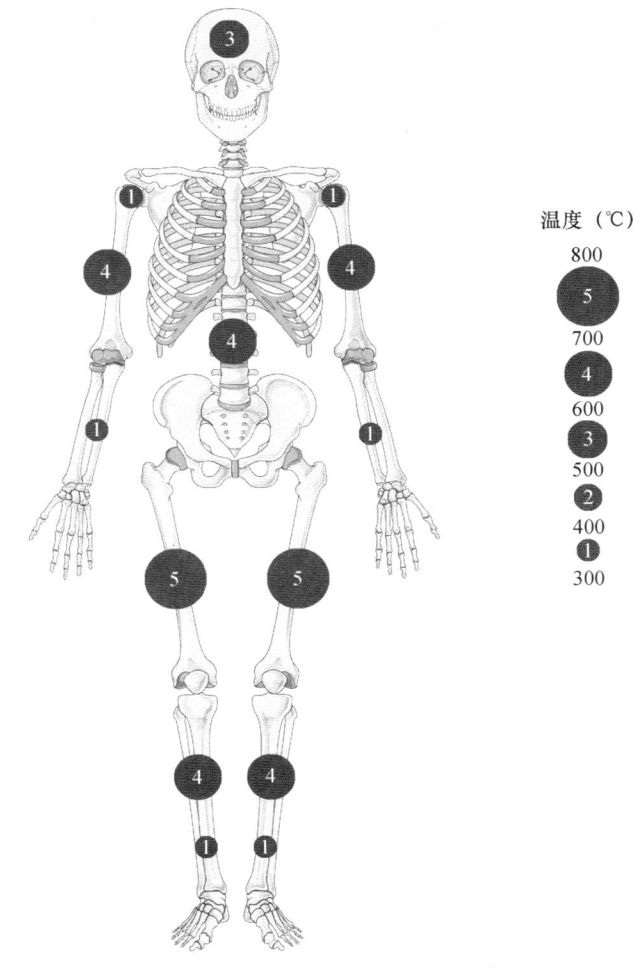

图一二　M59烧骨温度分布图[①]

其原因可能是长骨纵向长度长，在温度分布不均的火场中容易受热不均匀。其次一块骨骼上不同颜色部位的温度也具有明显差异，显示出单块骨骼也存在受热不均匀、燃烧不充分的情况。

表一　M52样品所测温度

测试编号	样品	解剖部位	IRSF	温度（℃）
M52-1-001	M52-1白	长骨	3.877	~300
M52-1-002	M52-1灰	长骨	3.730	~300
M52-2-001	M52-2	头盖骨	3.740	~300
M52-3-001	M52-3白	头盖骨	4.646	600
M52-3-002	M52-3灰	头盖骨	3.836	~300
M52-4-001	M52-4	长骨	4.846	600~700
M52-5-001	M52-5	长骨	5.591	~700

---

① 更新自网络：Full Template Name [EB/OL]. [2024-09-15]. https://app.biorender.com/biorender-templates.

表二　M59样品所测温度

测试编号	样品	解剖部位	IRSF	温度（℃）
M59-1-001	M59-1	腰椎	5.785	~700
M59-1-002	M59-1	腰椎	5.412	600~700
M59-1-003	M59-1	腰椎	6.055	~700
M59-2-001	M59-2白	肱骨	6.374	700
M59-2-002	M59-2灰	肱骨	3.453	未加热~<300
M59-3-001	M59-3	头盖骨	4.532	600
M59-4-001	M59-4	头盖骨	4.397	500~600
M59-5-001	M59-5	椎骨	5.013	600~700
M59-6-001	M59-6	肱骨（头）	5.145	600~700
M59-6-002	M59-6	肱骨（头）	5.904	~700
M59-7-001	M59-7	股骨	5.705	600~700
M59-7-002	M59-7	股骨	6.594	800
M59-8-001	M59-8	胫骨	4.264	500~600
M59-8-002	M59-8	胫骨	6.112	~700
M59-8-003	M59-8	胫骨	6.013	~700
M59-9-001	M59-9	股骨	4.897	600~700
M59-9-002	M59-9	股骨	7.416	>800
M59-10-001	M59-10	长骨	4.451	~600

四、讨　　论

骨骼火化过程受氧气、温度、持续燃烧时间三个因素影响。通过上述实验测温，我们得到了M52与M59烧骨各解剖部位大致所经历的燃烧温度，可以看出骨骼的火化程度是不同的，这反映了火场温度的不均匀。以下从燃烧结构与逝者姿势两个角度探讨温度不均的可能原因。

1. 燃烧结构

火化现场的燃烧结构是火场温度分布的重要影响因素，文献载"北京路百姓父母死，往往置以柴薪之上，以火焚之"[①]，"且焚烧之日，仍须冥衣棺木，辅以柴薪，方能举火"[②]。古代的火化燃料往往以柴薪居多，因此这里探讨的燃烧结构事实上就是柴薪或柴堆的结构。现代火葬

---

① 《大元圣政国朝典章》，影印元刊本，中国广播电视出版社，1998年，第1155页。
② （明）陈龙正：《几亭外书》卷四，《续修四库全书》本，上海古籍出版社，1995年，第351页。

在火化炉中进行，温度大约100～500℃，持续2个小时左右，这期间温度分布往往是均匀的，人骨各部位都能得到充分燃烧。但是考古火葬或古代的火化过程难以达到统一均衡的标准，在火化过程中还要不断添加燃料以维持火势与温度。从实验测温的数据来看，股骨所受到的加热温度普遍较高，腰椎次之，头盖骨最低，可反映出火场中心大约在股骨或髋骨附近，也即每次增添的燃料多集中于这个部位。而头部和下肢的胫骨显然位于火场或柴堆燃烧结构的边缘。

2. 逝者姿势

逝者位于柴薪上的姿势也会影响到各身体部位的燃烧程度。古代火化，逝者往往是被放置在柴堆上进行火化的。火化过程中，逝者的姿势会经历一个自然的过程——由于高温脱水的影响，身体的组织与肌肉向内收缩，人体形成类似拳击时的姿势，因此这种火化带来的影响也被称为"拳击姿势（Pugilistic posture）"，"拳击姿势"容易导致人骨受热不均，从图中可以看出（图一三），"拳击姿势"下，上下肢骨变化最为明显，肱骨、尺桡骨逐渐向胸部收缩，更加靠近火场中心。[①]

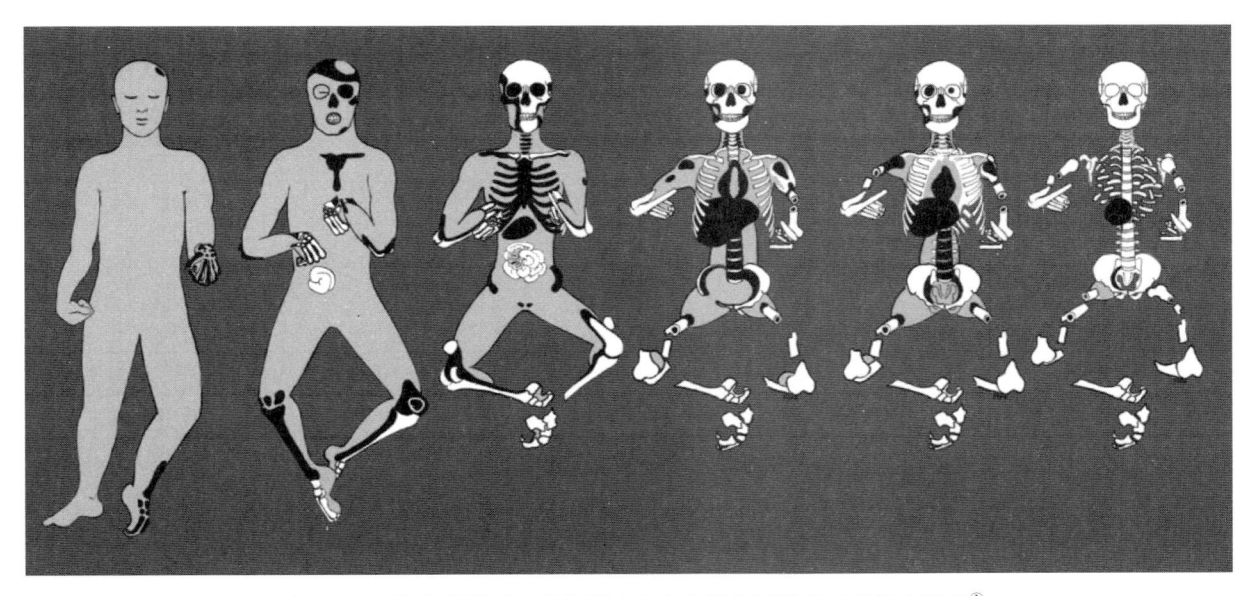

图一三　身体烧伤模式的整体顺序和火化期间四肢运动的拳击姿势[①]

其次，逝者的仰、俯、侧卧位也会对骨骼燃烧差异产生影响。如果逝者呈现仰卧位，骨

---

① ELAYNE J PORE. Overall sequence of burn patterns of the body with the pugilistic posture with movement of the limbs during the fire [EB/OL]. [2024-06-10]. https://www.burnedbone.com/gallery.

骼的背表面会与火堆结构直接接触，会受到较少的氧气流动，处于还原条件，燃烧不充分。如为俯卧位，骨骼的腹侧表面会显示出还原的迹象。侧卧位则可以通过左右两侧肋骨的燃烧程度来判断[1]。由于M52与M59两座墓葬骨骼破碎，大多难以辨识，因此难以从骨骼燃烧温度判断仰卧位。但是从火化过程来看，身体的姿势在这一过程会不断经过改变，上文所述的"拳击姿势"就是改变之一，随着温度上升，韧带松动，会使得肢骨如手和脚逐渐远离火场中心而至于火堆边缘，甚至完全远离火堆；再者肢骨往往骨体细长，本身亦容易受热不均，这一点在实验测温所得数据中可以反映。因此，如果逝者采取俯卧位或侧卧位，会使得附肢骨基本散落，得不到充分燃烧。考虑实验测温所得结果：肱骨燃烧温度与腰椎相近，温度较高。所以肱骨应该靠近火场中心，即靠近身体中轴，因此，逝者最有可能的姿势为仰卧位，双臂紧贴身体两侧，双手或交叉置于腹部或胸前[2]。

五、结　　论

综上所述，本文采用衰减全反射红外光谱技术方法，研究了北京明代的火烧骨材料，探讨了火葬对人类遗骸产生的影响。通过模拟实验与测温，可得M52与M59两个个体大致经历500~800℃的火葬温度，并且人骨各解剖部位温度分布并不均匀，这反映了火化过程中燃烧结构与逝者姿势的重要信息。

---

[1] ROSSELLA PABA, T J U THOMPSON B, LAURA FANTI, CARLO LUGLIÈ. Rising from the ashes: a multi-technique analytical approach to determine cremation: a case study from a Middle Neolithic burial in Sardinia (Italy) [J]. Journal of archaeological science: reports, 2021 (36).
[2] MC KINLEY J I. The anglo-saxon cemetery at Spong Hill, North Elmham part viii: the cremations [J]. East anglian archaeology, 1994 (69): 83-84.

彩　版

彩版一

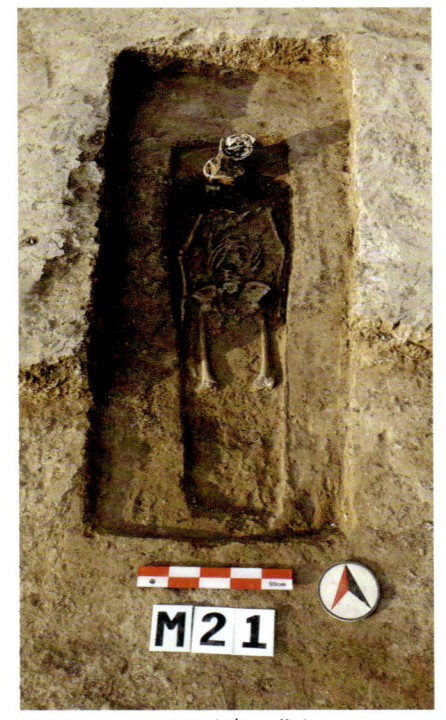

1. M21（南→北）

2. M27（北→南）

3. M29（北→南）

4. M29清理后（北→南）

M21、M27、M29全景照片

彩版二

1. M44（南→北）

2. M52（南→北）

3. M52棺尾处随葬品

M44、M52全景照片及M52棺尾处随葬品

彩版三

1. M6（西→东）

2. M9（北→南）

M6、M9全景照片

彩版四

1. M18（东→西）

2. M36（西→东）

3. M59（南→北）

4. M62（南→北）

M18、M36、M59、M62全景照片

彩版五

1. M76（西→东）

2. M80（南→北）

3. M1（北→南）

M76、M80、M1全景照片

彩版六

1. M24（东北→西南）

2. M66（南→北）

M24、M66全景照片

彩版七

1. M14（西南→东北）

2. M41（西→东）

3. M67（南→北）

M14、M41、M67全景照片

彩版八

1. M3（东→西）

2. M15（西→东）

M3、M15全景照片

1. M16（东→西）

2. M23（西北→东南）

M16、M23全景照片

彩版一〇

1. M25（东北→西南）

2. M34（西→东）

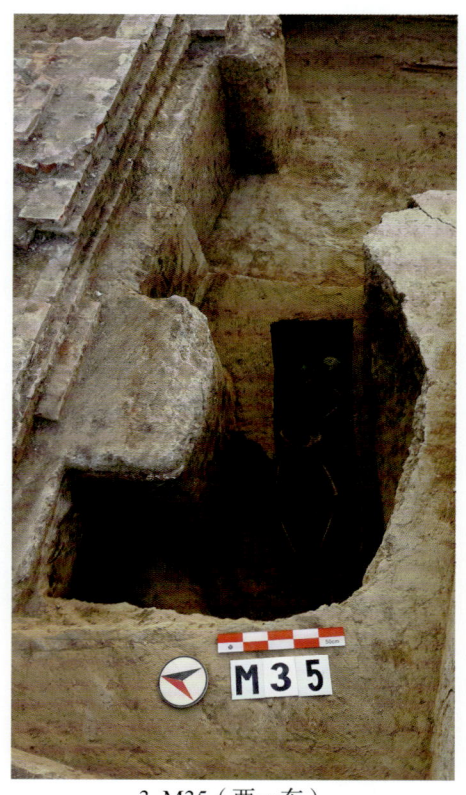

3. M35（西→东）

M25、M34、M35全景照片

彩版一一

1. M37（东→西）

2. M38（西南→东北）

M37、M38全景照片

彩版一二

1. M39（西→东）

2. M46（东北→西南）

M39、M46全景照片

彩版一三

1. M47（西→东）
2. M48（北→南）
3. M49（西南→东北）
4. M50（西→东）

M47~M50全景照片

彩版一四

1. M51（东→西）

2. M56（南→北）

M51、M56全景照片

1. M61（东南→西北）

2. M71（东→西）

M61、M71全景照片

彩版一六

1. M74（西→东）

2. M75（西南→东北）

3. M77（东南→西北）

M74、M75、M77全景照片

1. M81（东→西）

2. M4（西→东）

M81、M4全景照片

彩版一七

彩版一八

1. M5（西→东）

2. M10（东南→西北）

M5、M10全景照片

1. M11（西北→东南）

2. M13（东→西）

M11、M13全景照片

彩版一九

彩版二〇

1. M17（西→东）

2. M26（西南→东北）

M17、M26全景照片

彩版二一

1. M30（西→东）

2. M32（西→东） 　　　3. M33（南→北）

M30、M32、M33全景照片

彩版二二

1. M45（东北→西南）

2. M54（东南→西北）

M45、M54全景照片

1. M55（北→南）

2. M57（东南→西北）

M55、M57全景照片

彩版二三

彩版二四

1. M58（俯拍）

2. M60（西南→东北）

M58、M60全景照片

彩版二五

1. M63（南→北）

2. M68（西→东）

M63、M68全景照片

彩版二六

1. M73（东→西）

2. M7（西→东）

M73、M7全景照片

1. M53（西→东）

2. M64（东→西）

M53、M64全景照片

彩版二八

1. M65（西→东）

2. M2（西→东）

3. M8（北→南）

M65、M2、M8全景照片

1. M12（东→西）

2. M19（西→东）

3. M20（东→西）

M12、M19、M20全景照片

彩版三〇

1. M22（西→东）

2. M28（北→南）

M22、M28全景照片

1. M31（南→北）

2. M40（东→西）

3. M72（西北→东南）

M31、M40、M72全景照片

彩版三二

1. M78（东→西）

2. M79（南→北）

M78、M79全景照片

彩版三三

1. 陶灯（M21：1）

2. 铜饰（M27：2）

3. 铜耳勺（M27：1）

4. 双系筒形罐（M29：1）

5. 黑瓷双系罐（M29出土）

6. 黑瓷双系瓶（M29出土）

7. 瓷盂（M29：12）

8. 瓷盏（M29：11）

M21、M27、M29出土器物

彩版三四

1. 铜镜（M29：15）

2. 铁耳挖（M29：13）、骨簪（M29：20）

3. 骨刷（M29：14-1）

4. 骨刷（M29：14-2）

5. 板瓦（M29：16）（背）

6. 板瓦（M29：16）（正）

7. 青砖（M29：17）

8. 红褐色石块（M29：19）

M29出土器物

彩版三五

1. 石块（M29∶18）

2. 陶罐（M44∶1）

3. 双系筒形罐（M52∶3）

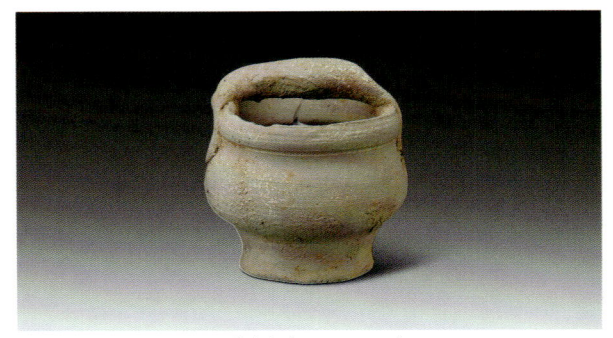

4. 陶桶（M52∶12）

5. 陶桶（M52∶13）

6. 陶桶（M52∶25）

7. 陶桶（M52∶26）

8. 陶罐（M52出土）

M29、M44、M52出土器物

彩版三六

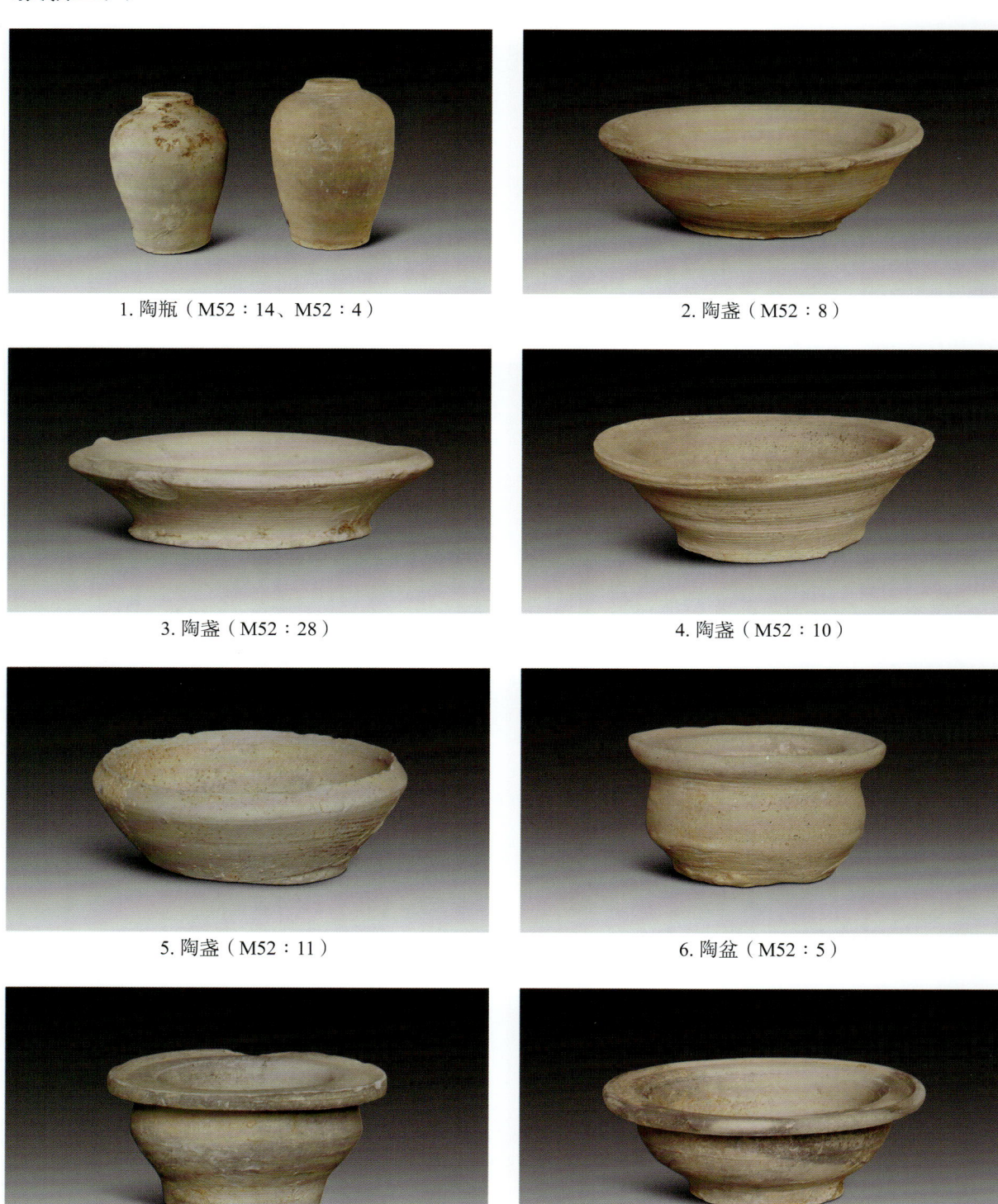

1. 陶瓶（M52：14、M52：4）
2. 陶盏（M52：8）
3. 陶盏（M52：28）
4. 陶盏（M52：10）
5. 陶盏（M52：11）
6. 陶盆（M52：5）
7. 陶盆（M52：16）
8. 陶盆（M52：23）

M52出土器物

彩版三七

1. 陶盆（M52:24）
2. 陶杯（M52:6） 
3. 陶杯（M52:27） 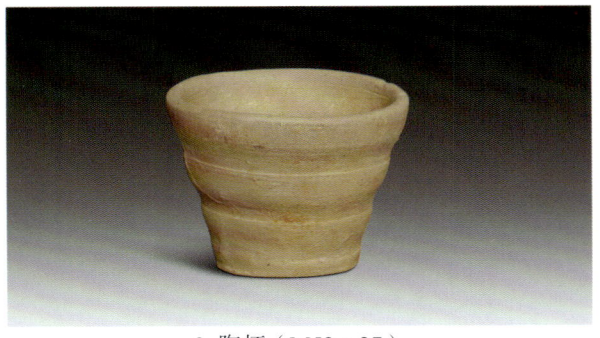
4. 陶灯（M52:7） 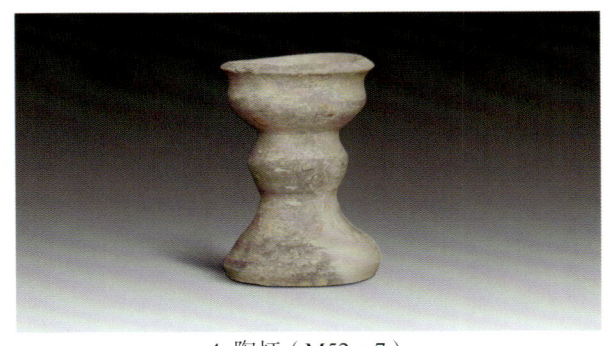
5. 陶灯（M52:17） 
6. 陶釜（M52:9） 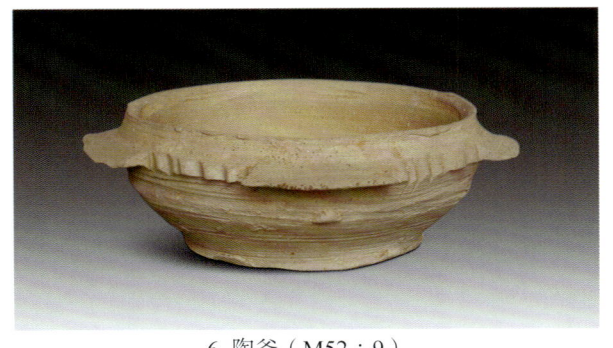
7. 陶釜（M52:18） 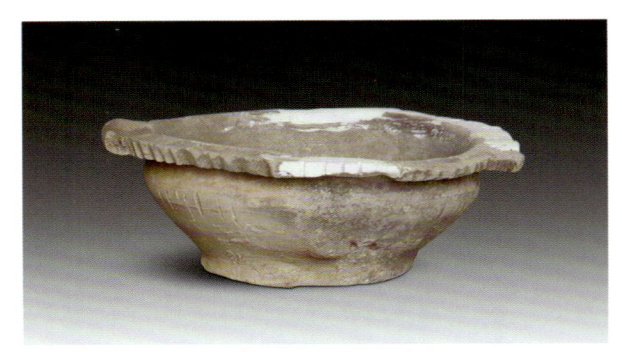
8. 青砖（M52:29） 

M52出土器物

彩版三八

1. 陶罐（M9：1）

2. 开元通宝（M59：1-1）

3. 永乐通宝（M59：1-3）

4. 青砖（M59：4）

5. 陶罐（M62：2）

6. 陶罐（M80：1）

7. 釉陶罐（M1：3）

8. 釉陶罐（M1：2）

M1、M9、M59、M62、M80出土器物

彩版三九

1. 陶罐（M24:4）
2. 陶罐（M66:3）
3. 铜簪（M66:1）
4. 陶罐（M14:5）
5. 陶罐（M14:6）
6. 铜簪（M14:3）
7. 骨簪（M14:4）
8. 陶罐（M41:5）

M14、M24、M41、M66出土器物

彩版四〇

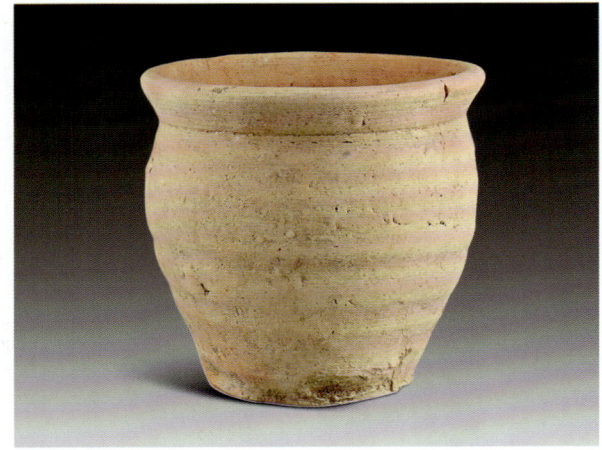

1. 陶罐（M41:7）

2. 铜簪（M41:2）

3. 骨簪（M41:3）

4. 陶罐（M67:4）

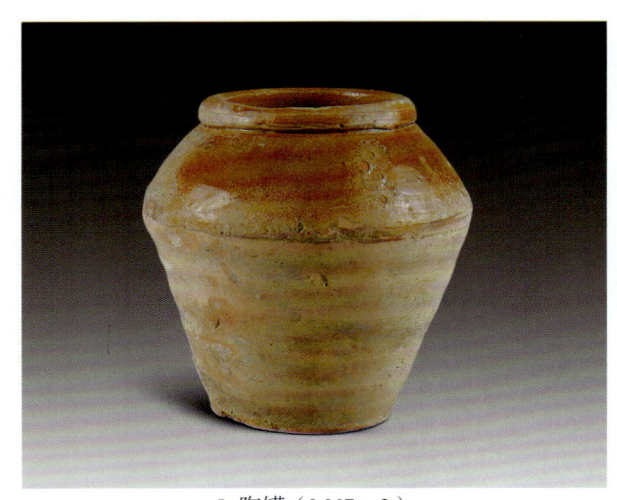

5. 陶罐（M67:3）

M41、M67出土器物

彩版四一

1. 青花鼻烟壶（M3∶1）
2. 青花鼻烟壶（M3∶1） 
3. 黑瓷罐（M3∶3） 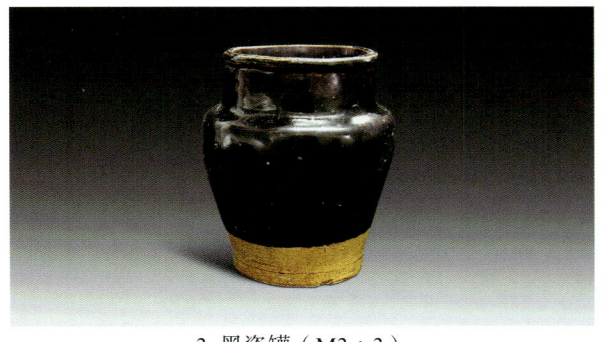
4. 陶罐（M25∶1） 
5. 鎏金银耳环（M25∶4） 
6. 铜扁方（M25∶2） 
7. 铜簪（M34∶1） 
8. 铜烟锅（M34∶2） 

M3、M25、M34出土器物

彩版四二

1. 陶罐（M39：4）

2. 银耳环（M39：5）

3. 银扁方（M39：1）

4. 铜钮扣（M39：3）

5. 咸丰重宝（M39：2）（正）

6. 咸丰重宝（M39：2）（背）

7. 陶罐（M46：1）

8. 铜烟锅（M47：2）

M39、M46、M47出土器物

彩版四三

1. 铜钮扣（M47：3）

2. 铜钮扣（M50：2）、琉璃钮扣（M50：3）

3. 铜顶戴（M51：1）

4. 龙首形簪（M56：10）

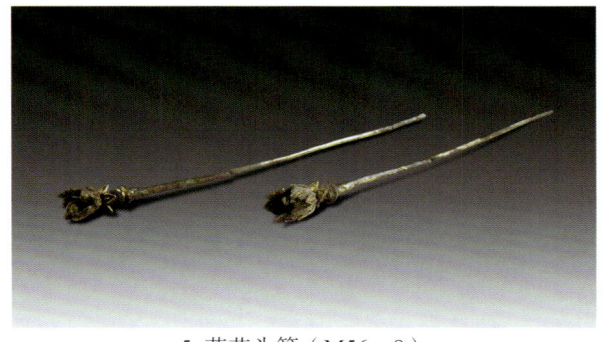

5. 莲花头簪（M56：8）

6. 扁圆头簪（M56：11）

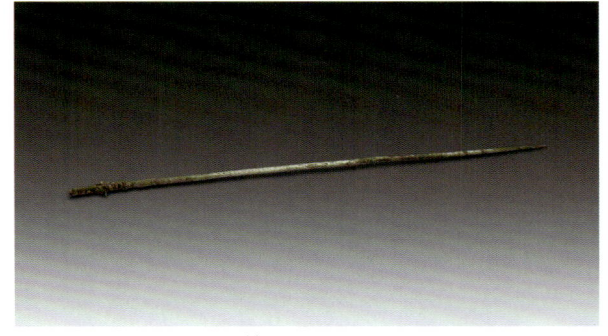

7. 簪（M56：1）

8. 金刚杵形饰（M56：3）

M47、M50、M51、M56出土器物

彩版四四

1. 铜钮扣（M56:6）

2. 银环（M56:7）

3. 金耳环（M56:5）

4. 青瓷罐（M61:4）

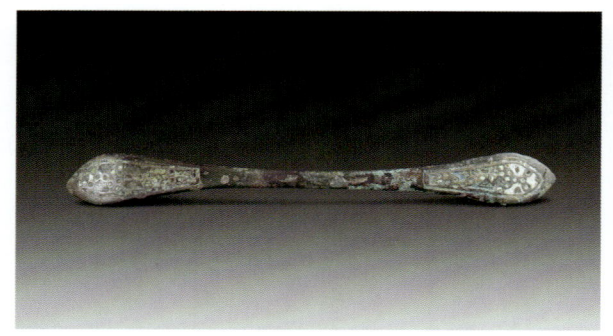

5. 铜押发（M61:1）

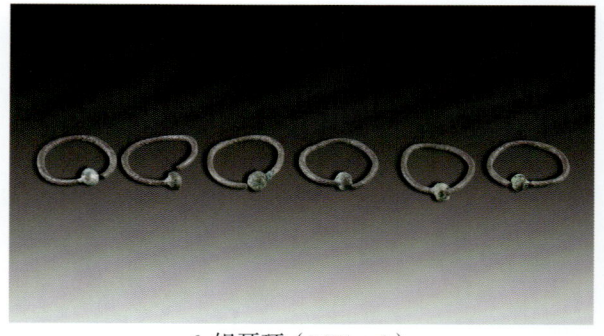

6. 银耳环（M71:1）

7. 铜钮扣（M71:2）

8. 铜顶戴（M74:2-1）

M56、M61、M71、M74出土器物

彩版四五

1. 鎏金铜簪（M75:3） 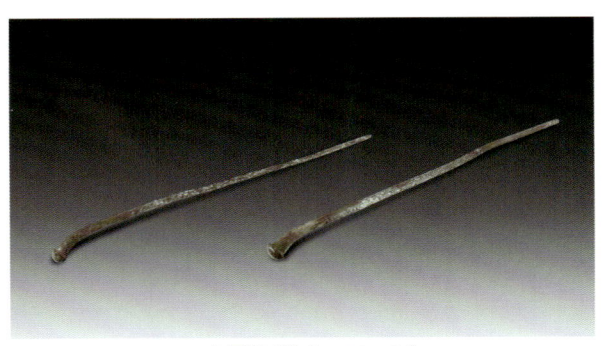   2. 扁圆头簪（M75:2）

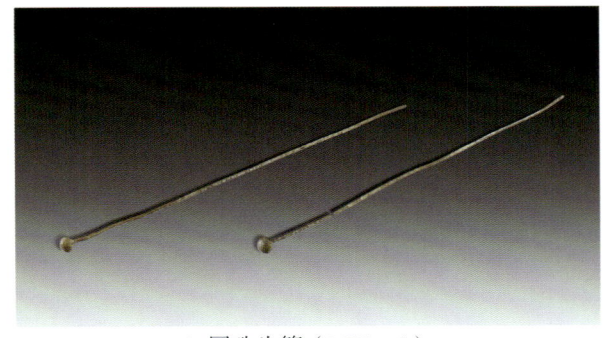

3. 圆珠头簪（M75:1）    4. 银耳环（M75:4）

5. 青瓷罐（M77:1）    6. 铜顶戴（M4:2）

7. 铜烟锅（M4:3）    8. 铜烟锅（M4:3）

M75、M77、M4出土器物

彩版四六

1. 铜钮扣（M4：5-1、M4：5-2）

2. 料珠（M4：4）

3. 铜簪（M5：1）

4. 银耳环（M5：2、M5：3）

5. 青瓷罐（M10：1）

6. 陶罐（M10：5）

7. 铜烟锅（M10：2）

8. 铜钮扣（M10：3）

M4、M5、M10出土器物

彩版四七

1. 陶罐（M11:3）
2. 陶罐（M11:4） 
3. 青釉瓷罐（M13:10） 
4. 青釉瓷罐（M13:11） 
5. 禅杖形簪（M13:4） 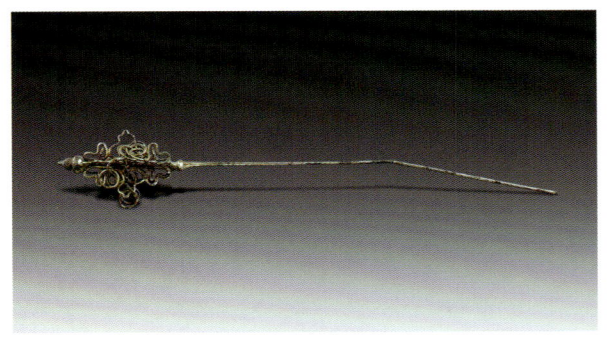
6. 花朵头刻字簪（M13:2） 
7. 花朵头簪（M13:3） 
8. 佛手形簪（M13:1-1） 

M11、M13出土器物

彩版四八

1. 云龙形簪（M13：1-2）

2. 银扁方（M13：6）

3. 银耳环（M13：7-1、M13：7-2）

4. 道光通宝（M13：5）（正面）

5. 道光通宝（M13：5）（背面）

6. 釉陶罐（M17：4）

7. 青花瓷罐（M17：3）

8. 银簪（M17：2）

M13、M17出土器物

彩版四九

1. 铜钮扣（M17：1）

2. 陶罐（M26：2）

3. 银扁方（M32：1）、银簪（M32：2）

4. 银耳环（M32：3-1、M32：3-2）

5. 陶罐（M45：4）

6. 银扁方（M45：1）

7. 银耳环（M45：8）

8. 铜簪（M45：6）

M17、M26、M32、M45出土器物

彩版五〇

1. 如意头簪（M54∶1）

2. 扁圆头簪（M54∶2）

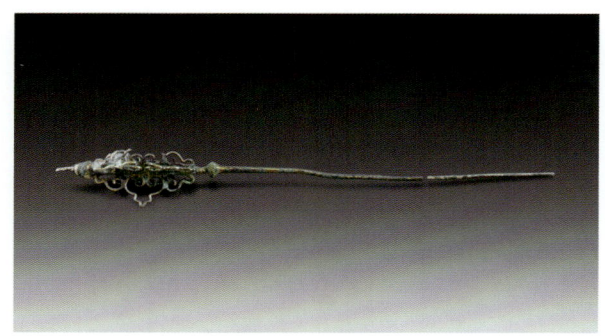

3. 禅杖头簪（M54∶3）

4. 铜扁方（M54∶4）

5. 铜钮扣（M54∶6）

6. 铜烟锅（M54∶7）

7. 铜烟锅（M54∶7）

8. 银耳环（M54∶9）

M54出土器物

彩版五一

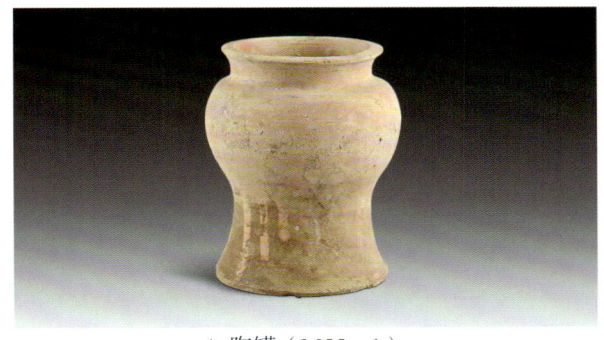

1. 陶罐（M55：1）

2. 陶罐（M55：5）

3. 铜球形器（M55：2）（正）

4. 铜球形器（M55：2）（背）

5. 银耳环（M57：1）

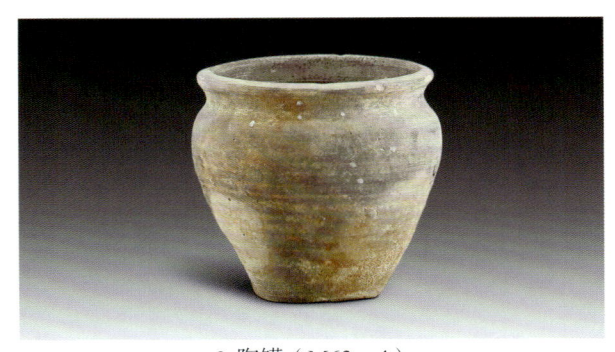

6. 陶罐（M63：4）

7. 铜簪（M63：2）

8. 银耳环（M63：1）

M55、M57、M63出土器物

彩版五二

1. 鼻烟壶（M68:2）

2. 鼻烟壶（M68:3）

3. 银扁方（M68:1）

4. 铜烟锅（M68:5）

5. 银簪（M73:5）

6. 银扁方（M73:6）

7. 铜烟锅（M73:2）

8. 料珠（M73:4）

M68、M73出土器物

彩版五三

1. 陶罐（M7:4）

2. 半釉陶罐（M7:3）

3. 铜腰带饰（M53:5-1、M53:5-2）

4. 银簪（M53:1）

5. 银扁方（M53:2-2）、银簪（M53:2-1）

6. 银扁方（M64:1）

7. 发簪（M64:2）

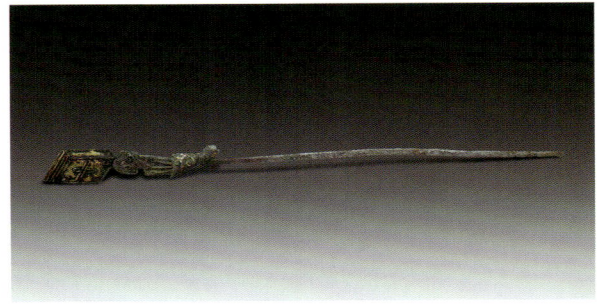

8. 发簪（M64:3）

M7、M53、M64出土器物

彩版五四

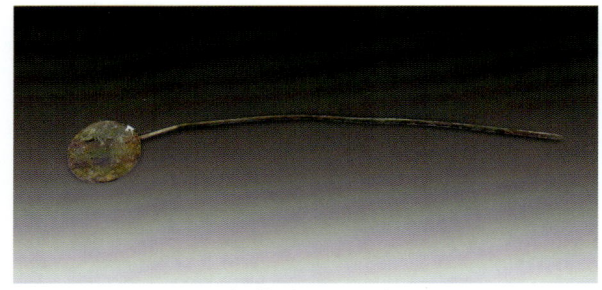

1. 银簪（M64：4）

2. 花头簪（M64：5）

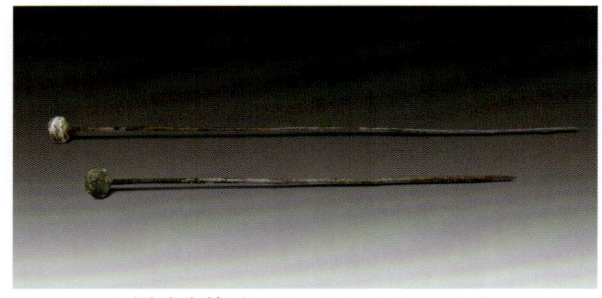

3. 圆珠头簪（M64：6-1、M64：6-2）

4. 金耳环（M64：13-1、M64：13-2）

5. 铜手镯（M64：9）

6. 铜钮扣（M64：10）

7. 料珠（M64：12）

8. 黑釉瓷罐（M69：7）

M64、M69出土器物

彩版五五

1. 玉簪（M69：5）

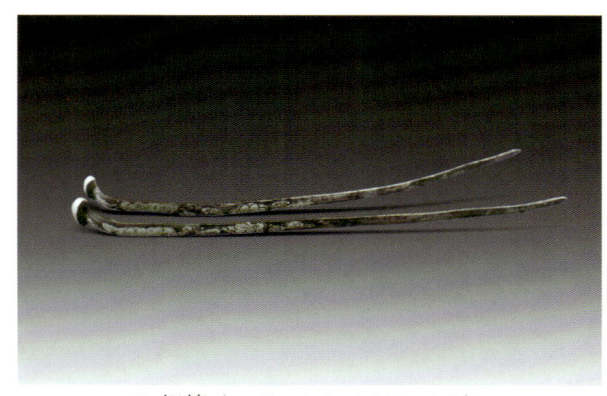

2. 银簪（M69：1-1、M69：1-2）

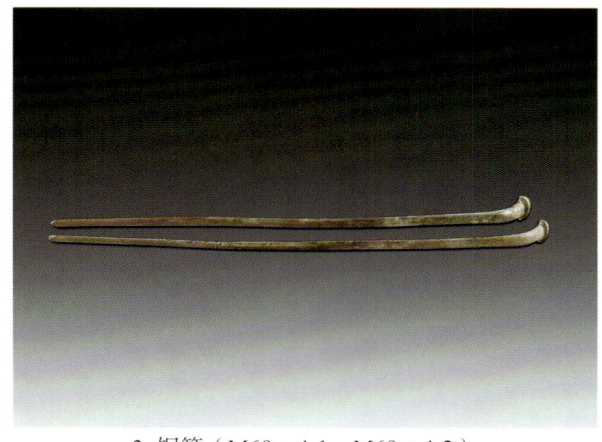

3. 铜簪（M69：4-1、M69：4-2）

4. 铜钮扣（M69：6）

5. 瓦当（M69：10）

6. 瓷罐（M65：1）

M65、M69出土器物